Canllawiau Adolygu

Safon UG ac Uwch

ECONOMEG
Trwy Ddiagramau

Andrew Gillespie

Addasiad Cymraeg: Colin Isaac

Y fersiwn Saesneg

Cyhoeddwyd gan Oxford University Press sy'n rhan o Brifysgol Rhydychen

© Andrew Gillespie 1998, 2002, 2009

Mae hawliau moesol yr awdur wedi'u cadarnhau

Cyhoeddwyd gyntaf 1998

Ail Argraffiad 2001

Ail argraffwyd gyda chywiriadau 2002

Trydydd Argraffiad 2009

Cedwir y cyfan o'r hawliau

Y fersiwn Cymraeg

© Atebol Cyfyngedig, Adeiladau'r Fagwyr, Llanfihangel Genau'r Glyn, Aberystwyth, Ceredigion SY24 5AQ

Addasiad Cymraeg gan Colin Isaac

Dyluniwyd gan stiwdio@ceri-talybont.com

Ymgynghorydd Pwnc: Janet Burnhill, Ysgol Gyfun Gymraeg Glantaf, Caerdydd

Argraffwyd gan Y Lolfa

Noddwyd gan Lywodraeth Cymru

ISBN : 978-1-908574-28-2

CYNNWYS

Asesu ac arholi Economeg   iv

Cynnwys manylebau   vi

Sut i adolygu a llwyddo yn yr arholiad   xi

Ateb cwestiynau Economeg   xii

MICRO-ECONOMEG

Termau allweddol mewn Economeg   1

Cyflwyniad i Economeg   3

Galw   6

Elastigedd galw (pris, incwm a chroes)   9

Cyflenwad   12

Galw a chyflenwad   14

Marchnadoedd amaethyddol (cynhyrchion cynradd)   16

Marchnadoedd: cludiant   18

Marchnadoedd: iechyd   21

Marchnadoedd: tai   22

Marchnadoedd: chwaraeon a hamdden   24

Mecanwaith y farchnad; methiannau ac amherffeithrwydd   26

Materion amgylcheddol   30

Ffiniol, cyfartalog a chyfanswm   31

Costau   33

Cromliniau cost y tymor hir   35

Penderfynadau pris a chynnyrch   37

Cystadleuaeth berffaith   39

Monopoli   41

Cystadleuaeth fonopolaidd a marchnadoedd cystadladwy   44

Priswahaniaethu   45

Oligopoli   46

Polisi cystadleuaeth   48

Mathau o fusnes   49

Amcanion cwmnïau   50

Llafur   51

Incwm a chyfoeth   55

MACRO-ECONOMEG

Cyfrifydda incwm gwladol   56

Galw cyfanredol, chwistrelliadau a gollyngiadau   58

Treuliant   60

Buddsoddiant   63

Polisi ac amcanion y Llywodraeth a'r lluosydd   66

Preifateiddio   67

Galw a chyflenwad cyfanredol   68

Croesddiagramau Keynesaidd (diagramau 45°)   71

Polisi cyllidol   74

Arian a bancio   77

Y galw am arian (hylifddewis)   80

Y mecanwaith trosglwyddo ariannol   81

Chwyddiant   83

Diweithdra   86

Y gromlin Phillips: chwyddiant a diweithdra   90

Keynesiaid ac arianyddwyr   91

Cyfraddau cyfnewid   92

Y fantol daliadau   95

Masnach ryngwladol   98

Economeg mewn gwledydd sy'n datblygu   102

Yr Undeb Ewropeaidd   107

Twf a chylchredau economaidd   110

Economi'r DU a hanes economaidd   112

CWESTIYNAU ADOLYGU SAFON UWCH   113

GEIRFA   116

MYNEGAI   119

Asesu ac arholi Economeg

AQA

Arholiadau UG

Uned 1: Marchnadoedd a Methiant y Farchnad

50% o UG a 25% o Safon Uwch.

1 awr 15 munud; 75 marc.

Adran A: 25 o eitemau testun gwrthrychol gorfodol (25 marc).

Adran B: dau gwestiwn ymateb-i-ddata dewisol; mae'r ymgeiswyr yn ateb un (50 marc).

Uned 2: Yr Economi Gwladol

50% o UG a 25% o Safon Uwch.

1 awr 15 munud; 75 marc.

Adran A: 25 o eitemau testun gwrthrychol gorfodol (25 marc).

Adran B: dau gwestiwn ymateb-i-ddata dewisol; mae'r ymgeiswyr yn ateb un (50 marc).

Arholiadau U2

Uned 3: Economeg Busnes a Dosraniad Incwm

25% o Safon Uwch.

Arholiad 2 awr; 80 marc.

Adran A: gosodir dau gwestiwn ymateb-i-ddata dewisol; mae'r ymgeiswyr yn ateb un (40 marc). Bydd un cwestiwn bob tro yn ymwneud â'r cyd-destun byd-eang a bydd y llall yn ymwneud â chyd-destun yr Undeb Ewropeaidd.

Adran B: tri chwestiwn traethawd dewisol; mae'r ymgeiswyr yn ateb un.

Uned 4: Yr Economi Gwladol a Rhyngwladol

25% o Safon Uwch.

Arholiad 2 awr; 80 marc.

Adran A: gosodir dau gwestiwn ymateb-i-ddata dewisol; mae'r ymgeiswyr yn ateb un (40 marc). Bydd un cwestiwn bob tro yn ymwneud â'r cyd-destun byd-eang a bydd y llall yn ymwneud â chyd-destun yr Undeb Ewropeaidd.

Adran B: tri chwestiwn traethawd dewisol; mae'r ymgeiswyr yn ateb un.

Mae pob uned ar gael yn Ionawr a Mehefin.

Edexcel

UG

Uned 1: Marchnadoedd Cystadleuol – Sut Maen nhw'n Gweithio a Pham Maen Nhw'n Methu

50% o gyfanswm y marciau UG; 25% o gyfanswm y marciau Safon Uwch.

Cyflwyniad i natur economeg, a sut mae'r mecanwaith prisiau yn dyrannu adnoddau mewn marchnadoedd. Natur methiant y farchnad, ei achosion a ffyrdd posibl o'i gywiro. 1 awr 30 munud, yn cynnwys cwestiynau amlddewis wedi'u hategu ac un cwestiwn ymateb-i-ddata allan o ddewis o ddau gwestiwn.

Uned 2: Rheoli'r Economi

50% o gyfanswm y marciau UG; 25% o gyfanswm y marciau Safon Uwch.

Mesuriadau allweddol o berfformiad economaidd a phrif amcanion ac arfau polisi economaidd. Yn cynnwys defnyddio model GC/CC sylfaenol. 1 awr 30 munud, yn cynnwys un cwestiwn ymateb-i-ddata allan o ddewis o ddau gwestiwn.

U2

Uned 3: Economeg Busnes ac Effeithlonrwydd Economaidd

40% o gyfanswm y marciau U2; 20% o gyfanswm y marciau Safon Uwch.

Yn datblygu cynnwys Uned 1 ac yn archwilio sut yr effeithir ar brisio a natur y gystadleuaeth rhwng cwmnïau gan nifer a maint cyfranogwyr y farchnad. 1 awr 30 munud; cwestiynau amlddewis wedi'u hategu ac un cwestiwn ymateb-i-ddata allan o ddewis o ddau gwestiwn.

Uned 4: Yr Economi Byd-eang

60% o gyfanswm y marciau U2; 30% o gyfanswm y marciau Safon Uwch.

Yn datblygu'r wybodaeth a'r sgiliau a gafwyd yn Uned 2 fel y gellir eu cymhwyso mewn cyd-destun byd-eang.

Arholiad 2 awr; un cwestiwn traethawd â dwy ran o ddewis o dri maes pwnc, ac un cwestiwn ymateb-i-ddata allan o ddewis o ddau gwestiwn.

OCR

Dwy uned orfodol yn UG a **dwy** uned arall yn U2. Caiff yr unedau U2 hyn eu hasesu'n allanol hefyd.

Mae'r ymgeiswyr yn dewis **un** o **ddau** opsiwn ar gyfer U2 Uned 3 - **naill ai** U2 F583: *Economeg Gwaith a Hamdden* **neu** U2 F584: *Economeg Cludiant*, ynghyd ag U2 F585: *Yr Economi Byd-eang*.

Unedau UG

Uned F581 Marchnadoedd ar waith

50% o gyfanswm y marciau UG.

1 awr 30 munud; 60 marc.

Cwestiynau yn seiliedig ar thema neu astudiaeth achos benodol yn cynnwys rhai cwestiynau ateb byr a dehongli data plws un cwestiwn sy'n gofyn am ateb a ysgrifennir mewn rhyddiaith ddi-dor.

Uned F582 Yr economi gwladol a rhyngwladol

50% o gyfanswm y marciau UG.

1 awr 30 munud; 60 marc.

Cwestiynau yn seiliedig ar thema neu astudiaeth achos benodol yn cynnwys rhai cwestiynau ateb-byr a dehongli data plws un cwestiwn sy'n gofyn am ateb a ysgrifennir mewn rhyddiaith ddi-dor.

Unedau U2

Naill ai Uned F583 Economeg gwaith a hamdden *neu* Uned F584 Economeg cludiant

Mae'r papurau hyn yn cynnwys: *Adran A*; mae gofyn i'r ymgeiswyr ateb un cwestiwn ymateb-i-ddata.

Adran B; mae gofyn i'r ymgeiswyr ateb un cwestiwn strwythuredig o ddewis o dri. Mae pob cwestiwn strwythuredig â dwy ran.

Plws **Uned F585 Yr economi byd-eang**

Mae gofyn i'r ymgeiswyr ateb cwestiynau sy'n seiliedig ar ddeunydd ysgogi a ryddhawyd ymlaen llaw. Gall rhai cwestiynau gynnwys dehongli data. Bydd y rhan fwyaf o'r cwestiynau yn gofyn am ateb ag arddull traethawd o hydoedd gwahanol wedi'i ysgrifennu mewn rhyddiaith di-dor.

Mae pob papur yn 25% o gyfanswm Safon Uwch.

2 awr, Papur Ysgrifenedig; 60 marc.

CBAC

UG

Uned 1

1 awr, Papur Ysgrifenedig; 50 marc.
20% o Safon Uwch; 40% o Safon UG
Cwestiynau ateb-byr gorfodol i asesu'r cynnwys UG i gyd.

Uned 2

2 awr, Papur Ysgrifenedig; 80 marc.
30% o Safon Uwch; 60% o Safon UG
Un cwestiwn ymateb-i-ddata gorfodol (40 marc) a dau draethawd dwyran (20 marc yr un) i asesu'r cynnwys UG i gyd. Bydd un o'r traethodau o ddewis o dri yn asesu micro-economeg yn y bôn a bydd un traethawd o ddewis o dri yn asesu macro-economeg yn y bôn.

U2

Uned 3

1 awr 45 munud, Papur Ysgrifenedig; 60 marc.
25% o Safon Uwch.
Cwestiynau ateb-byr gorfodol (40 marc) ac un traethawd synoptig (20 marc) o ddewis o dri i asesu'r cynnwys Safon Uwch i gyd.

Uned 4

2 awr, Papur Ysgrifenedig; 60 marc.
25% o Safon Uwch.
Un cwestiwn ymateb-i-ddata o ddewis o ddau (40 marc) ac un traethawd synoptig (20 marc) o ddewis o dri i asesu'r cynnwys Safon Uwch i gyd.

Cynnwys manylebau

AQA

Uned	Pwnc	Tud.
Economeg UG / Uned 1: **Marchnadoedd a Methiant y Farchnad**	Natur a Phwrpas Gweithgaredd Economaidd	3
	Adnoddau Economaidd	1
	Amcanion Economaidd Unigolion, Cwmnïau a Llywodraethau	2
	Prinder, Dewis a Dyrannu Adnoddau	3
	Diagramau Posibilrwydd Cynhyrchu	4–5
	Barnau ar Werth,Gosodiadau Esboniadol a Normadol	3
	Penderfynyddion y Galw am Nwyddau a Gwasanaethau	6–8
	Elastigedd Pris Galw, Elastigedd Incwm Galw a Chroeselastigedd Galw	9–11
	Penderfynyddion Cyflenwad Nwyddau a Gwasanaethau	12–13
	Elastigedd Pris Cyflenwad	13
	Penderfynyddion Prisiau Cytbwys y Farchnad	14–15
	Cymwysiadau Galw a Chyflenwad	16–25
	Sut mae Marchnadoedd a Phrisiau'n Dyrannu	14–15
	Arbenigaeth Adnoddau, Rhaniad Llafur a Chyfnewid	1
	Darbodion ac Annarbodion Maint Cynhyrchu	35–36
	Ystyr Methiant y Farchnad	26–27
	Nwyddau Cyhoeddus	28
	Allanolderau Cadarnhaol a Negyddol mewn Treuliant a Chynhyrchu	27
	Nwyddau Rhinwedd a Dirinwedd	26
	Monopoli a Dyrannu Adnoddau	41–43
	Anghydraddoldebau yn Nosraniad Incwm a Chyfoeth	55
	Sail Resymegol ar gyfer Ymyriad Llywodraeth	26–29
	Dulliau Ymyriad Llywodraeth i Gywiro Ystumiadau mewn Marchnadoedd Unigol	26–29
Economeg UG / Uned 2: **Yr Economi Gwladol**	Methiant y Llywodraeth	29
	Dangosyddion Macro-economaidd	66
	Y Gylchred Economaidd	110–111
	Llif Cylchol Incwm	58–59
	Dadansoddiad Galw Cyfanredol (GC) a Chyflenwad Cyfanredol (CC)	68–70
	Penderfynyddion Galw Cyfanredol	58–65
	Galw Cyfanredol a Lefel Gweithgaredd Economaidd	58–59, 68–70
	Penderfynyddion Cyflenwad Cyfanredol y Tymor Byr	68
	Penderfynyddion Cyflenwad Cyfanredol y Tymor Hir	68, 70
	Amcanion Polisi Economaidd y Llywodraeth	66, 70
	Twf Economaidd	110–111
	Chwyddiant a Dadchwyddiant	83–85
	Cyflogaeth a Diweithdra	86–89
	Cyfrif Cyfredol y Fantol Daliadau	94–97
	Polisi Cyllidol	74–76
	Polisi Ariannol	77–82
	Polisïau Ochr-Gyflenwad	2, 68
Economeg U2 / Uned 3: **Economeg Busnes a Dosraniad Incwm**	Amcanion Cwmnïau	50
	Y Gwahanu rhwng Perchenogaeth a Rheoli	50
	Deddf Adenillion Lleihaol ac Adenillion Maint	27, 35–36
	Costau Sefydlog a Newidiol, Ffiniol, Cyfartalog a Chyfanswm	31–36
	Costau, Costau Tymor Byr a Thymor Hir	33–36
	Darbodion ac Annarbodion Maint	35–36
	Newid Technolegol	36
	Cyfanswm y Derbyniadau, Derbyniadau Cyfartalog a Derbyniadau Ffiniol	31–32
	Model Cystadleuaeh Berffaith	39–40
	Cystadleuaeth a'r Dyrannu Effeithlon o Adnoddau	26, 39–40
	Dynameg Cystadleuaeth a Phrosesau Marchnad Gystadleuol	39–40
	Monopoli ac Oligopoli	41–47
	Gwneuthurwyr Pris a Derbynyddion Pris	2, 39–47
	Twf Cwmnïau	50
	Ffynonellau Grym Monopoli	41–43
	Model Monopoli	41–43

Cynnwys manylebau (parhad)

	Oligopoli Cydgynllwynol ac Anghydgynllwynol	46–47
	Cyd-ddibyniaeth mewn Marchnadoedd Oligopolaidd	46–47
	Priswahaniaethu	45
	Marchnadoedd Cystadladwy ac Anghystadladwy	44
	Strwythur y Farchnad, Effeithlonrwydd Statig, Effeithlonrwydd Dynamig a Dyrannu Adnoddau	39–48
	Y Galw am Lafur, Damcaniaeth Cynhyrchedd Ffiniol	51–54
	Dylanwadau ar Gyflenwad Llafur i Farchnadoedd Gwahanol	51–54
	Penderfynyddion Cyfraddau Cyflog Cymharol a Lefelau Cyflogaeth	51–54
	Undebau Llafur	53
	Cyfradd y Lleiafswm Cyflog Cenedlaethol	54
	Dosraniad Incwm a Chyfoeth	55
	Methiant y Farchnad a Methiant y Llywodraeth	26–30
	Polisi Cystadleuaeth	48
	Perchenogaeth Gyhoeddus, Preifateiddio, Rheoleiddio a Dadreoleiddio Marchnadoedd	67
	Syniadau o Degwch	55
	Problem Tlodi	55
	Dadansoddiad Cost a Budd	65
Economeg U2 / Uned 4: Yr Economi Gwladol a Rhyngwladol	Y Gylchred Economaidd a Thwf Economaidd	110–111
	Defnyddiau Data Incwm Gwladol	56
	Diweithdra	86–89
	Chwyddiant a Dadchwyddiant	83–85
	Modelau a Pholisïau Macro-economaidd	66
	Polisi Cyllidol	74
	Polisïau Ochr-Gyflenwad	68–70
	Polisi Ariannol, y Cyflenwad Arian a Chyfraddau Llog	77–82
	Polisi Cyfradd Gyfnewid	92
	Globaleiddio	99
	Masnach	98–101
	Y Fantol Daliadau	94–97
	Systemau Cyfraddau Cyfnewid	92–93
	Yr Undeb Ewropeaidd (UE)	107–109

Edexcel

Uned	Pwnc	Tud.
UG / Uned 1	Prinder	1, 3
	Gwahaniaethu rhwng adnoddau adnewyddadwy ac adnoddau anadnewyddadwy	1
	Ffiniau posibilrwydd cynhyrchu	4–5
	Gwahaniaethu rhwng symudiadau ar hyd ffiniau posibilrwydd cynhyrchu a symudiadau ffiniau posibilrwydd cynhyrchu	4–5
	Arbenigaeth a rhaniad llafur	1
	Marchnad rydd ac economïau cymysg	3
	Economeg esboniadol a normadol	3
	Symud ar hyd y gromlin alw	6–8
	Symudiadau'r gromlin alw	6–8
	Elastigedd pris galw, elastigedd incwm galw a chroeselastigedd galw	9–11
	Symud ar hyd y gromlin gyflenwad	12–13
	Symudiadau'r gromlin gyflenwad	12–13
	Elastigedd pris cyflenwad	13
	Pennu cydbwysedd y farchnad	14–15
	Gwarged defnyddwyr a gwarged cynhyrchwyr	26
	Swyddogaethau'r mecanwaith prisiau	14–15
	Y mecanwaith prisiau	14–15
	Trethi anuniongyrchol a chymorthdaliadau	14–15
	Y galw am lafur a chyflenwad llafur	51–54
	Methiant y farchnad	26
	Allanolderau	27
	Nwyddau cyhoeddus	28
	Gwybodaeth amherffaith am y farchnad	26
	Ansymudedd llafur	26
	Marchnadoedd cynwyddau ansefydlog	28, 16–17
	Dulliau ymyriad llywodraeth	26–29
	Methiant y llywodraeth	29

Cynnwys manylebau (parhad)

UG / Uned 2		
	Twf economaidd	110–111
	Chwyddiant	83–85
	Cyflogaeth a diweithdra	86–89
	Y fantol daliadau	94–97
	Mesurau datblygiad	102–106
	Incwm gwladol	56–57
	Incwm a chyfoeth	55
	Chwistrelliadau a gollyngiadau	58–59
	Cydrannau'r galw cyfanredol	58–59
	Treuliant	60–62
	Buddsoddiant	63–65
	Gwariant y llywodraeth	74–76
	Gwariant ar allforion – gwariant ar fewnforion	72
	Symudiadau ar hyd rhestr y galw cyfanredol a symudiadau'r rhestr	58–59
	Cyflenwad cyfanredol	58–59
	Symudiadau ar hyd rhestr y cyflenwad cyfanredol a symudiadau'r rhestr	58–59
	Lefel gytbwys cynnyrch	58–59
	Y lluosydd	66
	Twf gwirioneddol a photensial	110–111
	Cyfyngiadau ar dwf	110–111
	Buddion a chostau twf	110–111
	Amcanion macro-economaidd	66
	Gwrthdaro rhwng amcanion	66
	Polisïau ochr-alw a pholisïau ochr-gyflenwad	66
U2 / Uned 3		
	Amcanion cwmnïau	50
	Twf cwmnïau	50
	Derbyniadau a chostau	37–38
	Darbodion ac annarbodion maint	35–36
	Effeithlonrwydd cynhyrchiol a dyrannol	39–40
	Elw normal ac elw goruwchnormal	37–38
	Uchafu elw	37–38
	Rhwystrau i fynediad a gadael	42
	Crynhoad marchnad	1
	Cystadleuaeth berffaith	39–40
	Monopoli	41–43
	Monopsoni	52
	Oligopoli	46–47
	Cystadleuaeth fonopolaidd	44
	Cystadladwyedd	45
	Ymyriad llywodraeth i gynnal cystadleuaeth	48
U2 / Uned 4		
	Achosion ac effeithiau globaleiddio	99
	Patrymau masnach	98–101
	Arbenigaeth a mantais gymharol	98–101
	Cyfundrefn Masnach y Byd	101
	Cyfyngiadau ar fasnach rydd a diffynnaeth	100
	Y fantol daliadau	94–97
	Diffygion a gwargedion cyfrif cyfredol	94–97
	Dylanwadau ar gyfraddau cyfnewid	92–93
	Newidiadau yng nghyfraddau cyfnewid	92–93
	Undeb ariannol	92–93
	Gallu i gystadlu	101
	Ffactorau sy'n dylanwadu ar y gallu i gystadlu	101
	Polisi'r llywodraeth	66
	Tlodi absoliwt a chymharol	55
	Mesuriadau o anghydraddoldeb	55
	Cyfyngiadau ar dwf a datblygiad	102–106
	Polisïau macro-economaidd	66
	Gwariant cyhoeddus a threthi	74–76
	Benthyca'r sector cyhoeddus a dyled y sector cyhoeddus	74–76
	Ffyrdd o wella twf a datblygiad	105, 110

Cynnwys manylebau (parhad)

OCR

Uned	Pwnc	Tud.
UG Uned F581: Marchnadoedd ar Waith	Y broblem economaidd ganolog o brinder	3
	Adnoddau economaidd/ffactorau cynhyrchu meidraidd	3
	Sut mae prinder yn arwain at ddewis, cyfnewid ac arbenigo	3
	Marchnadoedd fel dull o ymdrin â phroblem prinder	3
	Cysyniadau cost ymwad a'r ffin posibilrwydd cynhyrchu	3–5
	Galw	6–8
	Cyflenwad	12–13
	Cydbwysedd y farchnad	14–15
	Elastigeddau	9–11
	Effeithlonrwydd dyrannol	26
	Ystyr a natur methiant y farchnad	26
UG Uned F582: Yr Economi Gwladol a Rhyngwladol	Cydrannau'r galw cyfanredol a dylanwadau arno	58–59, 68
	Y ffactorau sy'n dylanwadu ar y cyflenwad cyfanredol	68
	Effeithiau newidiadau yn y galw cyfanredol a'r cyflenwad cyfanredol	68–70
	Llif cylchol incwm	58–59
	Amcanion polisi'r llywodraeth ar gyfer y macro-economi	66
	Defnyddio data i fesur perfformiad economaidd	66
	Achosion a chanlyniadau:	
	• chwyddiant	83–85
	• diweithdra	86–89
	• diffyg neu warged yng nghyfrif cyfredol y fantol daliadau	94–97
	Costau twf economaidd, ei fuddion a'r gallu i'w gynnal	110–11
	Cyfraddau cyfnewid	92–93
	Natur polisïau:	
	• cyllidol	74–76
	• ariannol	77–82
	• ochr-gyflenwad	2, 68–70
	Masnach rydd yn erbyn diffynnaeth	98–101
	Dulliau diffynnaeth	98–101
U2 Uned F583: Economeg Gwaith a Hamdden	Strwythur cyflogaeth ac enillion y DU	55
	Y gwahaniaeth rhwng gwaith a hamdden	24–25
	Gwahaniaethu rhwng ffyrdd gwahanol o ddefnyddio amser hamdden a dyraniad amser	24–25
	Costau a derbyniadau cwmnïau: cysyniadau cyfanswm, cyfartalog a ffiniol	31–32
	Gwahaniaethu rhwng y tymor byr a'r tymor hir	32
	Darbodion maint	35–36
	Amcanion cwmnïau:	
	• uchafu elw	50
	• amcanion gwahanol	50
	Cysyniad strwythur marchnad effeithlon o ran costau, prisiau, cynnyrch ac elw	26
	Modelau strwythur marchnad:	
	• monopoli	41–43
	• oligopoli	46–47
	• cystadleuaeth fonopolaidd	44
	Cysyniad cystadladwyedd mewn marchnadoedd	45
	Cymharu canlyniadau yn y strwythurau marchnad gwahanol hyn	2, 39–47
	Pwysigrwydd rhwystrau i fynediad	39–47
	Pennu cyflogau a chyflogaeth	51–54
	Llafur fel galw deilliedig	51
	Cyflenwad llafur	51–54
	Dylanwad addysg a hyfforddiant ar gyfalaf dynol	51–54
	Enillion trosglwydd a rhent economaidd	51–54
	Achosion a chanlyniadau methiant y farchnad lafur	51–54
	Undebau llafur	53
	Ystyr, mesur ac achosion anghydraddoldeb a thlodi	55
	Polisïau llywodraeth i ddileu neu leihau methiant y farchnad lafur	51–54
U2 Uned F584: Economeg Cludiant	Cludiant fel galw deilliedig	18–20
	Crynhoad marchnad	1
	Costau a derbyniadau cwmnïau	31–38
	Gwahaniaethu rhwng y tymor byr a'r tymor hir	32
	Darbodion maint	35–36
	Amcanion cwmnïau	50
	Cysyniad strwythur marchnad effeithlon o ran costau, prisiau, cynnyrch ac elw	34–40

Cynnwys manylebau (parhad)

	Modelau strwythur marchnad:	
	• monopoli	41–43
	• oligopoli	46–47
	• cystadleuaeth fonopolaidd	44
	Cysyniad cystadladwyedd mewn marchnadoedd	45
	Cymhareb crynhoad	1
	Pwysigrwydd rhwystrau i fynediad	39–47
	Ystyriaethau effeithlonrwydd	39–47
	Dadl monopoli naturiol	43
	Allanolderau negyddol	18–20
	Cludiant a'r amgylchedd	18-20
	Rôl rheoleiddio, trethi anuniongyrchol a chymorthdaliadau wrth ymdrin ag allanolderau negyddol a defnyddio tanwydd	18–20
	Tagfeydd trafnidiaeth fel achos o fethiant y farchnad	18–20
	Costau tagfeydd	18–20
	Dulliau ar gyfer ymdrin â thagfeydd	18–20
	Prisio ffyrdd a thaliadau atal tagfeydd: manteision ac anfanteision	18–20
	Sut caiff adnoddau eu dyrannu mewn cludiant	18–20
	Rôl y sectorau cyhoeddus a phreifat mewn penderfyniadau dyrannu adnoddau	18–20
	Dadansoddiad cost a budd – yr angen am ddull dadansoddiad cost a budd ar gyfer dyrannu adnoddau a'i gymhwyso	65
U2 Uned F585: Yr Economi Byd-eang	Twf economaidd	110–111
	Achosion a chanlyniadau twf economaidd	110–111
	Materion polisi	110–111

CBAC

Uned	Pwnc	Tud.
UG / Uned 1 Marchnadoedd a'r Gymdeithas	Prinder, dewis, cost ymwad	3–5
	Cromliniau posibilrwydd cynhyrchu	4–5
	Arbenigaeth, rhaniad llafur a chyfnewid	1
	Ffactorau sy'n dylanwadu ar alw a chyflenwad	6–13
	Pennu'r pris cytbwys a'r cynnyrch cytbwys mewn marchnad rydd gystadleuol	14–15
	Gwarged defnyddwyr a gwarged cynhyrchwyr	26
	Elastigedd pris galw, elastigedd incwm galw a chroeselastigedd galw, elastigedd pris cyflenwad	9–11
	Sut caiff adnoddau eu dyrannu mewn economi marchnad rydd	14–15
	Pam mae marchnadoedd weithiau'n methu	26–30
	Pam a sut mae llywodraethau'n ymyrryd mewn marchnadoedd	26–30
	Effeithiau ymyriad llywodraeth	26–30
UG / Uned 2 Theori a Pholisi Macro-economaidd	Model llif cylchol incwm	58–59
	Cydrannau'r galw cyfanredol	58–59, 68–70
	Galw cyfanredol (GC)	68–70
	Cyflenwad cyfanredol (CC)	68–70
	Pennu cynnyrch a lefel prisiau	68–70
	Polisi'r llywodraeth	66
	Amcanion	66
	Polisi cyllidol	74–76
	Polisi ariannol	77–82
	Polisi cyfradd gyfnewid	92–93
	Polisïau ochr-gyflenwad	2, 68–70
	Patrwm masnach ryngwladol	98–101
U2 / Uned 3 Cystadleuaeth ac Ymddygiad Cystadleuol	Amcanion busnes	50
	Costau, derbyniadau ac elw	33–38
	Cystadleuaeth berffaith	39–40
	Monopoli	41–43
	Cystadleuaeth fonopolaidd	44
	Oligopoli	46–47
	Polisi cystadleuaeth	48
U2 / Uned 4 Materion Macro-economaidd a'r Economi Byd-eang	Diweithdra	86–89
	Chwyddiant	83–85
	Twf economaidd	110–111
	Theori masnach	98–101
	Cyfrifon y fantol daliadau	94–97
	Sefydliadau economaidd rhyngwladol	97
	Datblygu economaidd	102–106

Sut i adolygu a llwyddo yn yr arholiad

Sut i adolygu: Mynnwch gopi o'r fanyleb. Torrwch hi i lawr yn adrannau hylaw. Lluniwch amserlen adolygu. Ticiwch eitemau wrth i chi ymdrin â nhw. Crynhowch eich nodiadau yn nodiadau adolygu cryno sy'n ysgogi'r cof. Dysgwch y canlynol: Beth yw ystyr y termau? Beth yw'r berthynas rhwng y gwahanol newidynnau? Beth yw'r diagramau perthnasol? Beth yw arwyddocâd y pwnc – pam rydych chi wedi ei astudio? Ystyriwch 'fuddsoddiant', er enghraifft – Beth yw hwn? Beth sy'n effeithio arno? Beth yw canlyniadau newidiadau ynddo? Hefyd, dylech edrych ar hen bapurau – i weld sut mae arholwyr wedi gosod cwestiynau ar bynciau yn y blynyddoedd diwethaf. Cofiwch ymarfer!

Sefyll yr arholiad:
* **Pan fyddwch chi yn ystafell yr arholiad:** Gwnewch yn siŵr eich bod yn gwybod faint o amser sydd gennych, beth sy'n rhaid i chi ei wneud a faint o gwestiynau mae'n rhaid i chi eu hateb. Darllenwch y papur cyfan yn gyflym gwpl o weithiau. Meddyliwch cyn ysgrifennu. Cadwch olwg ar eich amser. Peidiwch ag ysgrifennu gormod am bynciau rydych chi'n eu gwybod yn dda ac oedi dechrau cwestiynau lle rydych chi'n fwy ansicr. Cynlluniwch eich atebion er mwyn gwneud yn siŵr eich bod yn ateb y cwestiwn yn iawn.

* **Darllenwch y cwestiwn:** Yna darllenwch ef eto! Un o'r prif gamgymeriadau mae ymgeiswyr yn ei wneud yw peidio ag ateb y cwestiwn sydd wedi'i osod. Ar ôl i chi ddechrau ateb mae'n anodd iawn ei newid, felly gwnewch yn siŵr eich bod yn ateb y cwestiwn yn iawn y tro cyntaf. Darllenwch y cwestiwn yn drylwyr, ystyriwch sut y byddwch yn ei ateb *cyn* i chi ddechrau.

* **Chwiliwch am eiriau arwain:** Gwnewch yn siŵr eich bod yn gwirio pa sgiliau sydd eu hangen i ateb y cwestiwn. Er enghraifft, os ydy'r cwestiwn yn gofyn 'eglurwch', mae hyn yn gofyn am am sgiliau o lefel is na chwestiwn sy'n gofyn 'dadansoddwch'. Yn yr un modd, mae cwestiwn sy'n gofyn 'archwiliwch' yn gofyn am sgiliau is na chwestiwn sy'n gofyn 'gwerthuswch'. Rhaid i chi gydweddu eich ateb â'r math o gwestiwn – mae cwestiwn 'trafodwch', er enghraifft, yn gofyn i chi ddatblygu'r dadleuon a llunio casgliad. Dydy 'nodwch' ddim yn gofyn am ddim mwy na gwneud nifer o bwyntiau perthnasol a dangos gwybodaeth.

* **Amseru:** Allwch chi ddim *colli* marciau mewn arholiad, yn yr ystyr y caiff marciau eu didynnu os gwnewch chi gamgymeriad. Fodd bynnag, gallwch chi eich cosbi eich hun drwy gymryd gormod o amser i ateb cwestiwn a pheidio â gorffen yr arholiad. Gwnewch yn siŵr eich bod yn gwybod faint o amser sydd gennych ar gyfer pob rhan o'r arholiad a'ch bod chi'n symud ymlaen i'r cwestiwn nesaf ar yr adeg briodol. Os na wnewch chi orffen, yna yn amlwg rydych chi'n lleihau eich gobaith o wneud yn dda.

* **Chwiliwch am eiriau penodol:** Gwiriwch ydy'r cwestiwn eisiau enghreifftiau neu ydy e'n cyfeirio at sefyllfa *benodol*, fel newid 'dramatig', 'sydyn', 'tymor hir' neu 'tymor byr'. Mae angen i chi gyfeirio yn eich ateb at unrhyw eiriau ychwanegol sydd yn y cwestiwn.

* **Dylech chi osgoi:**
   i) ateb gormod o gwestiynau neu rhy ychydig o gwestiynau (!); credwch neu beidio, mae hyn yn digwydd; gwnewch yn siŵr eich bod yn gwybod yr hyn sydd i'w wneud ym mhob papur,

   ii) bod yn rhy ddisgrifiadol – datblygwch eich syniadau,

   iii) ateb y cwestiwn yr hoffech chi fod wedi ei gael yn hytrach na'r un rydych chi wedi ei gael.

Pob hwyl!

Ateb cwestiynau Economeg

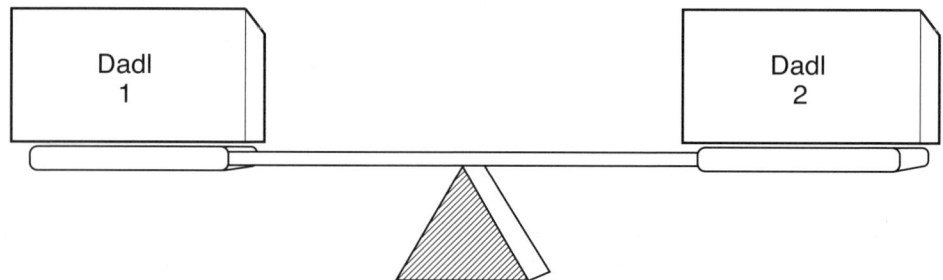

Termau allweddol mewn Economeg

Adnoddau: mae'r adnoddau mewn economi yn darparu'r mewnbwn ar gyfer cynhyrchu. Maen nhw'n cynnwys:
- Tir: mae hyn yn cynnwys faint o dir sydd ar gael ynghyd â mwynau a defnyddiau crai
- Llafur: mae hyn yn cynnwys niferoedd a sgiliau gweithwyr
- Cyfalaf: mae hyn yn cyfeirio at fewnbwn sydd wedi cael ei gynhyrchu fel peiriannau; bydd ansawdd cyfalaf yn dibynnu ar lefel technoleg
- Menter: mae hyn yn cyfeirio at allu pobl i weld cyfleoedd busnes a gweithredu i fanteisio ar y rhain; mae mentrwyr yn fodlon cymryd risgiau i ennill gwobrwyon fel elw.

Adnoddau cynaliadwy (adnewyddadwy): gall y rhain gael eu hailgyflenwi os cân nhw eu disbyddu, e.e. caiff adnoddau dŵr eu hailgyflenwi gan law, gall y pridd barhau i dyfu cnydau os caiff ei drin yn iawn, gall coedwigoedd gael eu hailosod.

Adnoddau nad ydynt yn gynaliadwy (anadnewyddadwy): ni all y rhain gael eu hailgyflenwi, e.e. olew.

Prinder: mae'r nifer cyfyngedig o adnoddau yn yr economi yn creu'r problemau economaidd sylfaenol. Beth ddylai'r adnoddau hyn gael eu defnyddio i'w gynhyrchu? Sut y dylid eu cyfuno ar gyfer cynhyrchu effeithlon? Ar ôl y cynhyrchu, sut y dylid penderfynu pwy sy'n cael beth?

- **Derbyniadau:** gwerth gwerthiant cwmni.
  Cyfanswm y derbyniadau = pris × maint
- **Costau**
  - Cyfanswm y costau = Costau sefydlog + costau newidiol
  - Cost Uned = $\dfrac{\text{Cyfanswm y gost}}{\text{Cynnyrch}}$ = Cost gyfartalog
- **Elw = Derbyniadau – Costau**
- **Elw normal:** lefel yr elw a fydd yn cadw adnoddau yn eu defnydd presennol yn y tymor hir. Mae i'w gael pan fydd cyfanswm y derbyniadau yn hafal i gyfanswm y costau.
- **Elw annormal neu oruwchnormal:** elw sy'n ychwanegol at elw normal.
- **Uchafu elw:** un o dybiaethau sylfaenol economeg glasurol yw bod cwmnïau'n ceisio uchafu elw (h.y. y gwahaniaeth rhwng cyfanswm y derbyniadau a chyfanswm y costau). Mae hyn yn digwydd lle mae'r gost ffiniol yn hafal i'r derbyniadau ffiniol, h.y. ni ellir gwneud elw ychwanegol gan fod elw nawr wedi'i uchafu.

Arbenigaeth: mae hyn yn digwydd pan fydd unigolyn, busnes neu wlad yn canolbwyntio ar amrywiaeth gyfyngedig o dasgau. Y ddadl yw ei bod hi'n bosibl bod yn fwy medrus ac effeithlon drwy arbenigo. Yna gallwch werthu'r cynnyrch i eraill yn gyfnewid am eu nwyddau nhw. Byddan nhw eisiau prynu eich nwyddau chi oherwydd eich bod chi'n gallu eu gwneud nhw a'u gwerthu nhw am elw yn rhatach nag y gallen nhw eu hunain eu gwneud nhw, am eich bod chi'n arbenigwr. Yn yr un modd, mae'n rhatach i chi brynu nwyddau eraill gan bobl sy'n arbenigo mewn cynhyrchu'r rhain yn hytrach na cheisio eu gwneud nhw eich hun.
Arbenigaeth yw'r sail ar gyfer masnach.

Rhaniad llafur: mae hyn yn digwydd pan gaiff proses ei rhannu'n dasgau bach sydd wedi'u diffinio'n gul. Bydd unigolion yn arbenigo mewn rhannau penodol o'r broses. Fe'i disgrifiwyd gyntaf gan Adam Smith yn *The Wealth of Nations* yn 1776, yn y bôn mae'n cynnwys dull llinell gynhyrchu.

- Dylai rhaniad llafur gynyddu cynhyrchedd oherwydd bod unigolion yn dod yn fwy medrus drwy wneud yr un peth dro ar ôl tro.
- Dylai arbed amser gan mai dim ond un dasg mae angen hyfforddi unigolion ar ei chyfer a does dim rhaid iddyn nhw symud o gwmpas.
- Mae rhaniad llafur yn ei gwneud hi'n haws amnewid staff gan mai dim ond un dasg mae angen hyfforddi pobl newydd ar ei chyfer – ac mae cyfnod hyfforddi byrrach. Fodd bynnag, mae gorarbenigo yn gallu achosi i weithwyr ddiflasu gan nad oes amrywiaeth yn eu swyddi. Gall y colli cymhelliant hyn arwain at ostyngiad mewn cynhyrchedd.

Marchnadoedd: mae'r rhain yn cynnwys proses gyfnewid rhwng prynwyr a gwerthwyr. Mewn marchnad rydd mae'r mecanwaith prisiau yn creu cydbwysedd rhwng dymuniadau prynwyr a gwerthwyr.

Cydbwysedd: mae hyn yn digwydd pan fydd y cyflenwad yn cyd-fynd â'r galw. Gall y cydbwysedd fod yn sefydlog, sy'n golygu nad oes cymhelliad i symud o'r safle hwn; neu gall fod yn ansefydlog a gall y farchnad symud o'r safle hwn i anghydbwysedd.

Cost ymwad: mae defnyddio unrhyw adnodd yn golygu cost ymwad, h.y. gallai gael ei ddefnyddio ar gyfer rhywbeth arall. Wrth wneud penderfyniadau, dylai unigolion a llywodraethau bob amser ystyried ar gyfer beth arall y gallai eu hadnoddau gael eu defnyddio.

Tymor byr/tymor hir: mewn economeg diffinnir y tymor byr fel y cyfnod pan fydd o leiaf un ffactor cynhyrchu yn sefydlog. Mae'r tymor hir yn gyfnod lle mae pob ffactor yn newidiol. Yn y tymor hir gall cwmni newid ei system gynhyrchu yn llwyr gan na chyfyngir arno gan ffactor sefydlog. Hefyd, yn y tymor hir mae'n bosibl mynd i mewn ac allan o farchnad.
Mae hyd y tymor byr yn dibynnu ar y diwydiant; e.e. yn y diwydiant olew gall newid y ffactorau cynhyrchu i gyd gymryd blynyddoedd; mewn caffi lleol gall fod yn fater o fisoedd.

Cyfran o'r farchnad: mae hyn yn mesur gwerthiant cynnyrch neu frand fel canran o gyfanswm y gwerthiant yn y farchnad.

Cyfran o'r farchnad = $\dfrac{\text{gwerthiant cynnyrch}}{\text{gwerthiant y farchnad}} \times 100$

Cymhareb crynhoad: mae cymhareb crynhoad N cwmni yn mesur y gyfran o'r farchnad sydd gan yr N mwyaf o gwmnïau mewn marchnad, e.e. os ydy cymhareb crynhoad 4 cwmni yn 80%, mae'n golygu bod gan y pedwar cwmni mwyaf 80% o'r gwerthiant yn y farchnad.

Termau allweddol mewn Economeg (parhad)

Mathau o farchnad

	Nifer y cwmnïau	Rhyddid mynediad yn y tymor hir?	Natur y cynnyrch	Enghraifft
Cystadleuaeth berffaith	llawer	oes	yr un fath	gwenith
Cystadleuaeth fonopolaidd	llawer	oes	wedi'i wahaniaethu	tai bwyta; esgidiau
Oligopoli	ychydig	nac oes	wedi'i wahaniaethu	cwmnïau hedfan; uwchfarchnadoedd; prif bapurau newydd
Monopoli	un	nac oes	unigryw	Mae *Intel* yn dominyddu'r farchnad ficrobrosesyddion; bu gan *Durex* fwy na 90% o'r farchnad gondomau; mae *Microsoft* yn dominyddu'r farchnad ar gyfer systemau gweithredu cyfrifiaduron personol (e.e. *Windows* 2000)

	Elw annormal?	Rhwystrau i fynediad
Cystadleuaeth berffaith	y tymor byr yn unig	nac oes
Cystadleuaeth fonopolaidd	y tymor byr yn unig	nac oes
Oligopoli	yn dibynnu ar y model	oes
Monopoli	y tymor byr a'r tymor hir	oes

Asiantau neu actorion economaidd: y grwpiau gwahanol o fewn economi, h.y:
- defnyddwyr: yn dymuno uchafu eu boddhad (defnydd-deb) o dreuliant
- cwmnïau: yn dymuno uchafu eu helw (derbyniadau – costau)
- gweithwyr: yn dymuno uchafu eu lles yn y gwaith
- llywodraethau: yn dymuno uchafu lles eu dinasyddion

Gwerthoedd enwol a real: defnyddir y term gwerthoedd enwol am werthoedd sydd heb eu cymhwyso ar gyfer chwyddiant. Nodir y gwerthoedd hyn yn ôl prisiau cyfredol (h.y. fe'u mesurir ar lefel y prisiau sydd i'w cael yn y cyfnod dan sylw).

Defnyddir y term gwerthoedd real am werthoedd sydd wedi'u cymhwyso ar gyfer chwyddiant. Nodir y gwerthoedd hyn yn ôl prisiau cyson. Mae hyn yn golygu cymryd un cyfnod fel blwyddyn sail ac yna cymhwyso'r gwerthoedd dilynol, gan gael gwared ag effaith chwyddiant.

Mathau o gynhyrchion
- **Cyfategolion** (*complements*) – cynhyrchion sydd â chydalw (*joint demand*) amdanynt, h.y. mae cwsmeriaid yn eu prynu nhw gyda'i gilydd, e.e. chwaraewyr DVD a disgiau
- **Amnewidion** (*substitutes*) – cynhyrchion sydd â galw cystadleuol amdanynt, h.y. gall defnyddwyr symud o un cynnyrch i'r llall, e.e. *Coca Cola* a *Pepsi*.

Penaethiaid ac asiantau
Gall pennaeth neu berchennog ddirprwyo penderfyniadau i asiant. Os yw'n gostus i'r pennaeth fonitro'r asiant, mae gan yr asiant wybodaeth fewnol am ei berfformiad ei hun, gan achosi problem pennaeth-asiant.

Y broblem pennaeth-asiant: y pennaeth yw'r unigolyn neu'r gyfundrefn sy'n elwa neu'n colli o ganlyniad i benderfyniad. Yr asiant yw'r unigolyn neu'r gyfundrefn sy'n gweithredu ar ran y pennaeth. Mewn cwmni, er enghraifft, y cyfranddaliwr yw'r pennaeth a'r rheolwr/rheolwyr yw'r asiant. Weithiau efallai na fydd yr asiant yn dangos popeth i'r pennaeth ac efallai na fydd yn gweithio'n llawn ar ran y pennaeth, e.e. gallai rheolwyr ymwneud a dêl arbennig am eu bod nhw eisiau gwneud hynny ond efallai nad hynny yw'r penderfyniad gorau i'r perchenogion.

Rhanddeiliaid (*stakeholders*) busnes yw'r unigolion a'r cyfundrefnau yr effeithir arnyn nhw gan ei weithredoedd. Mae'r rhain yn cynnwys:
- Gweithwyr (mae eu cyflogaeth, eu telerau a'u hamodau, eu boddhad swydd ac ansawdd eu bywyd gwaith i gyd yn dibynnu ar yr busnes)
- Cyflenwyr (maen nhw'n gwerthu i'r busnes ac yn dibynnu arno am achebion a thâl)
- Y gymuned leol (bydd gweithwyr yn gwario arian yn yr ardal; efallai y bydd busnes yn cyflogi pobl o'r ardal)
- Buddsoddwyr (maen nhw wedi mentro eu harian ac yn gyffredinol byddan nhw'n disgwyl i'r busnes dyfu a thalu buddrannau)
- Y llywodraeth (bydd yn disgwyl i gwmnïau ymddwyn yn gyfreithlon a thalu eu trethi)
- Y cwsmer (bydd yn disgwyl gwerth da am arian a chynnyrch diogel)

Polisïau ochr-gyflenwad
Polisi ochr-gyflenwad yw cynllun gan y llywodraeth i hybu grymoedd y farchnad, torri costau a chynyddu lefel cynnyrch cyflogaeth lawn. Y prif gategorïau ar gyfer polisi ochr-gyflenwad yw:
- gwella hyblygrwydd prisiau ac arwyddion mewn marchnad
- cynyddu cystadleuaeth
- gwella cymhellion

Cyflwyniad i Economeg

Mathau o economeg

- Mae **economeg esboniadol** *(positive)* yn seiliedig ar ddamcaniaethau y gellir eu profi, e.e. gall y syniad bod cyfraddau llog uwch yn arwain at ostyngiad yn y galw cyfanredol gael ei brofi drwy edrych ar ddata'r gorffennol. Yn yr un modd gallwn brofi a ydy cyfraddau is o dreth incwm yn arwain at fwy o wario.

yn erbyn

- Mae **economeg normadol** *(normative)* yn seiliedig ar farn, e.e. barn un person yw'r syniad y dylai'r Llywodraeth roi blaenoriaeth i ostwng diweithdra; gallai person arall gredu ei bod yn bwysicach cynyddu twf. Yn aml mae gosodiadau normadol yn cynnwys y gair 'dylai'; maen nhw'n cynnwys barn ar werth.

- Mae **micro-economeg** yn canolbwyntio ar farchnadoedd unigol a phenderfyniadau gan gartrefi a chwmnïau unigol.

yn erbyn

- Mae **macro-economeg** yn canolbwyntio ar yr economi cyfan, e.e. mae'n ystyried lefel prisiau ar gyfer yr economi cyfan yn hytrach nag ar gyfer un farchnad.

Sectorau'r economi

- **Sector preifat:** mae adnoddau dan berchenogaeth unigolion preifat

- **Sector cyhoeddus:** mae adnoddau dan berchenogaeth y Wladwriaeth

- **Sector cynradd:** diwydiannau echdynnol *(extractive)*, e.e. coedwigaeth, pysgota, glo

- **Sector eilaidd:** mae'n trawsnewid defnyddiau yn nwyddau, e.e. gweithgynhyrchu

- **Sector trydyddol:** sector gwasanaethu, e.e. cyllid, twristiaeth

Yn y DU, mae'r sector gwasanaethu wedi bod yn tyfu ac mae'r sector cynradd wedi bod yn lleihau ers tipyn.

Ffactorau cynhyrchu (neu adnoddau)

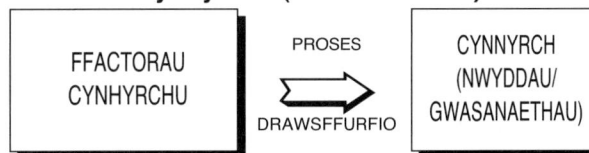

FFACTORAU CYNHYRCHU → PROSES DRAWSFFURFIO → CYNNYRCH (NWYDDAU/GWASANAETHAU)

- **Tir:** adnoddau naturiol, e.e. tir ei hun, mwynau, y môr
- **Llafur:** adnoddau dynol; mae hyn yn dibynnu ar faint y boblogaeth, oed gweithio, sgiliau pobl a lefel hyfforddiant
- **Cyfalaf:** cymhorthion gwneud *(man-made)* i gynhyrchu, e.e. ffatrïoedd a chyfarpar
- **Menter:** y gallu i gyfuno ffactorau cynhyrchu a chymryd risgiau wrth sefydlu mentrau newydd

Mathau o gynhyrchu

- **Cyfalaf-ddwys:** defnyddio meintiau cymharol uchel o gyfalaf o'i gymharu â ffactorau cynhyrchu eraill, e.e. puro olew
- **Llafur-ddwys:** defnyddio meintiau cymharol uchel o lafur o'i gymharu â ffactorau cynhyrchu eraill, e.e. trin gwallt

Prinder a dewis

Ar unrhyw adeg benodol cyfyngir ar gynnyrch mewn economi gan yr adnoddau a'r dechnoleg sydd ar gael. Fodd bynnag, mae chwenychiadau *(wants)* defnyddwyr yn anghyfyngedig ac felly rhaid gwneud penderfyniadau ynghylch:

- **Beth i'w gynhyrchu?** Pa nwyddau a gwasanaethau ddylai gael eu gwneud gyda'r adnoddau sydd ar gael?

- **Sut i gynhyrchu?** Beth yw'r modd mwyaf effeithlon o ddefnyddio'r adnoddau?

- **Ar gyfer pwy i gynhyrchu?** Sut y caiff y nwyddau a'r gwasanaethau eu dyrannu ymhlith defnyddwyr?

Dyma'r tair problem economaidd sylfaenol. Mae systemau economaidd gwahanol yn eu datrys nhw mewn ffyrdd gwahanol.

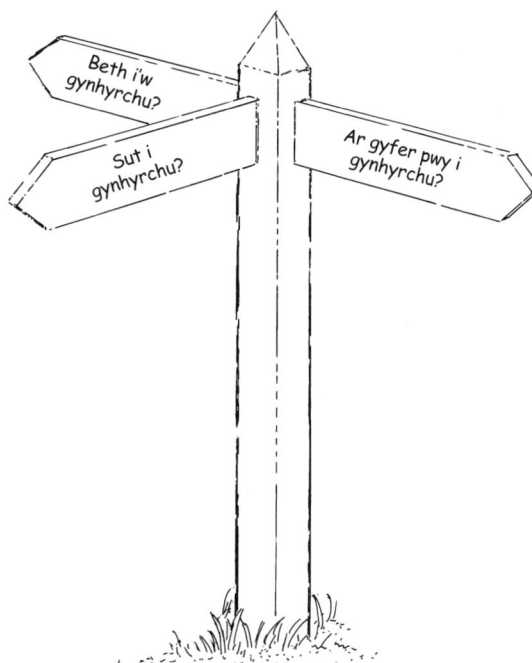

Beth i'w gynhyrchu?

Sut i gynhyrchu?

Ar gyfer pwy i gynhyrchu?

Cyflwyniad i Economeg (parhad)

Mathau o economi

Marchnad rydd: mae dyrannu adnoddau yn cael ei adael i rymoedd y marchnad sef cyflenwad a galw.

Economi cymysg: gwneir rhai o'r penderfyniadau gan y Llywodraeth a gwneir rhai gan rymoedd y farchnad.

Economi gorfodol neu gynlluniedig: y Llywodraeth sy'n penderfynu beth sy'n cael ei gynhyrchu, sut mae'n cael ei gynhyrchu, ac ar gyfer pwy.

Sector preifat

Sector cyhoeddus

Mewn gwirionedd, mae pob economi yn gymysg i ryw raddau, ond maen nhw'n amrywio o ran y graddau mae'r Llywodraeth yn ymyrryd. Ers yr 1980au, mae Llywodraeth y DU wedi gostwng ei darpariaeth o nwyddau a gwasanaethau (e.e. trwy breifateiddio) a chynyddu rôl y sector preifat. Mae'r duedd hon wedi cael ei dilyn mewn sawl gwlad arall, e.e. ar ôl dirywiad Comiwnyddiaeth yn Nwyrain Ewrop. Mae preifateiddiadau'r DU yn cynnwys *British Telecom* a Nwy Prydain. Fodd bynnag, yn 2008 fe wnaeth Llywodraeth y DU wladoli banciau *Northern Rock* a *Bradford & Bingley*.

Cost ymwad yw'r aberth a wneir yn y dewis arall gorau nesaf. Os ydy cwmni'n buddsoddi ym mhroject A yn hytrach na phroject B, er enghraifft, yna project B yw'r gost ymwad. Os defnyddiwn ein hincwm i brynu X yn hytrach nag Y, Y yw'r gost ymwad.

Mathau o nwyddau
- **Nwyddau cyfalaf (nwyddau cynhyrchydd):** fe'u defnyddir i gynhyrchu nwyddau traul yn y dyfodol, e.e. peiriannau a chyfarpar; chân nhw ddim eu prynu ar gyfer treuliant terfynol.
- **Nwyddau traul:** fe'u prynir ar gyfer treuliant terfynol, e.e. peiriannau golchi, chwaraewyr MP3. Mae nwyddau traul nad ydynt yn para (e.e. bwyd) yn cael eu treulio ar unwaith; ni chaiff nwyddau traul sy'n para eu treulio ar unwaith, e.e. setiau teledu.
- **Nwyddau am ddim:** does dim cost ymwad i'r rhain, e.e. aer. (Noder: y dyddiau hyn gall aer <u>glân</u> fod â chost ymwad gan fod angen adnoddau i waredu llygredd.)
- **Nwyddau economaidd:** cynhyrchion sy'n brin ac sydd â chost ymwad, e.e. i gynhyrchu mwy o geir mae angen cymryd adnoddau i ffwrdd o gynhyrchu rhywbeth arall.

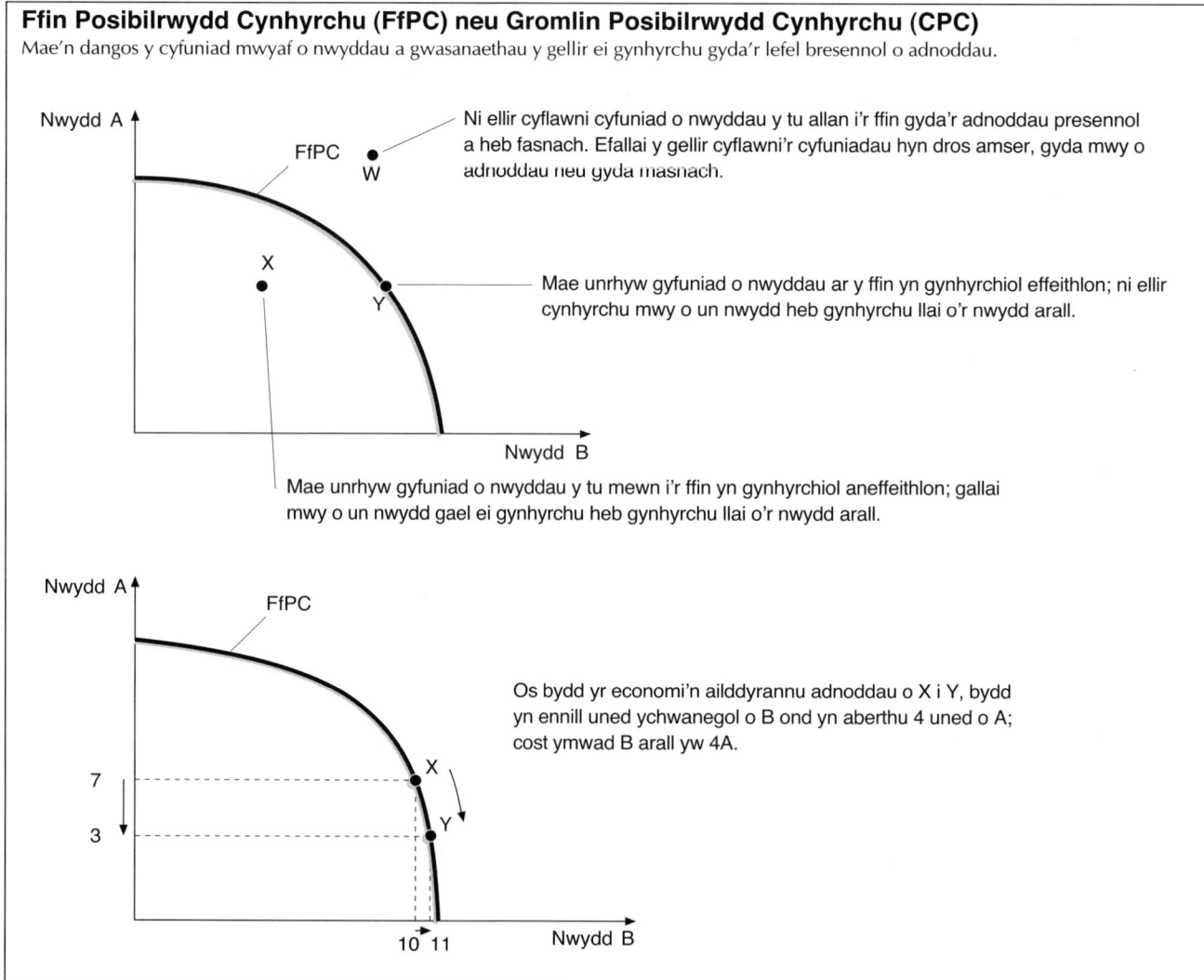

Ffin Posibilrwydd Cynhyrchu (FfPC) neu Gromlin Posibilrwydd Cynhyrchu (CPC)
Mae'n dangos y cyfuniad mwyaf o nwyddau a gwasanaethau y gellir ei gynhyrchu gyda'r lefel bresennol o adnoddau.

Ni ellir cyflawni cyfuniad o nwyddau y tu allan i'r ffin gyda'r adnoddau presennol a heb fasnach. Efallai y gellir cyflawni'r cyfuniadau hyn dros amser, gyda mwy o adnoddau neu gyda masnach.

Mae unrhyw gyfuniad o nwyddau ar y ffin yn gynhyrchiol effeithlon; ni ellir cynhyrchu mwy o un nwydd heb gynhyrchu llai o'r nwydd arall.

Mae unrhyw gyfuniad o nwyddau y tu mewn i'r ffin yn gynhyrchiol aneffeithlon; gallai mwy o un nwydd gael ei gynhyrchu heb gynhyrchu llai o'r nwydd arall.

Os bydd yr economi'n ailddyrannu adnoddau o X i Y, bydd yn ennill uned ychwanegol o B ond yn aberthu 4 uned o A; cost ymwad B arall yw 4A.

Cyflwyniad i Economeg (parhad)

Siâp y ffin posibilrwydd cynhyrchu

Fel arfer mae'n geugrwm *(concave)* i'r tarddbwynt oherwydd deddf adenillion lleihaol – wrth i adnoddau gael eu trosglwyddo o Nwydd A i Nwydd B, bydd y cynnyrch ychwanegol o B yn mynd yn llai ac yn llai, a bydd y maint a aberthir o A yn fwy ac yn fwy.

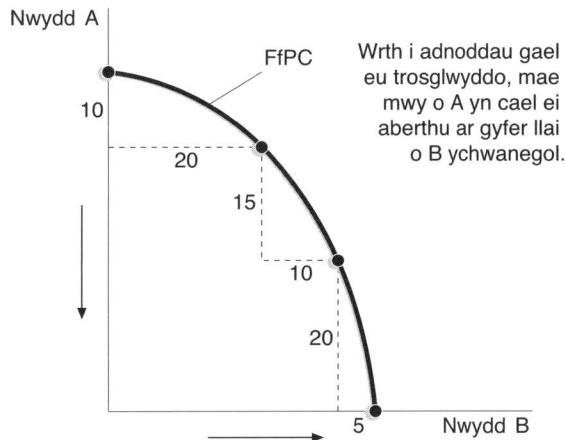

Wrth i adnoddau gael eu trosglwyddo, mae mwy o A yn cael ei aberthu ar gyfer llai o B ychwanegol.

Os ydy adenillion yn gyson, mae'r FfPC yn llinell syth – wrth i adnoddau gael eu trosglwyddo o un nwydd i'r llall, mae maint y cynnyrch a aberthir gan un nwydd ac a enillir gan y llall yn gyson.

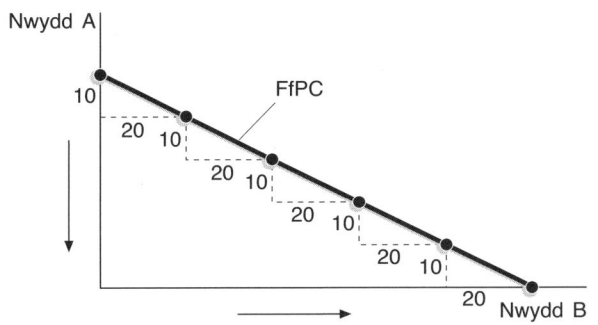

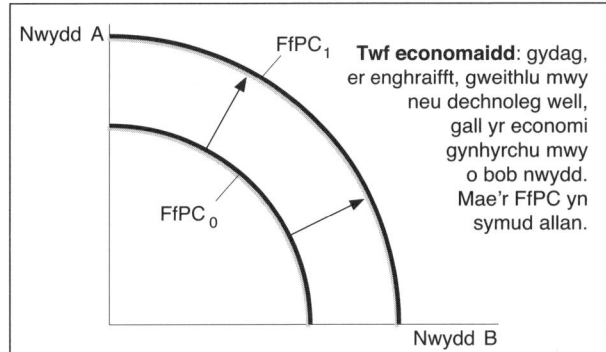

Twf economaidd: gydag, er enghraifft, gweithlu mwy neu dechnoleg well, gall yr economi gynhyrchu mwy o bob nwydd. Mae'r FfPC yn symud allan.

Mathau o economi

Marchnad rydd

- gwneir penderfyniadau gan brynwyr a gwerthwyr unigol sy'n gweithredu er eu lles eu hunain; mae cynhyrchwyr yn ceisio uchafu eu helw; mae defnyddwyr yn ceisio uchafu eu defnydd-deb
- y mecanwaith prisiau sy'n dyrannu adnoddau

Economi gorfodol neu gynlluniedig

- gwneir penderfyniadau gan asiantaeth gynllunio ganolog
- mae adnoddau dan berchenogaeth y Wladwriaeth (llywodraeth)
- y Wladwriaeth sy'n gosod prisiau
- lles cymdeithasol yw'r cymhelliad ar gyfer cynhyrchu
- diffyg grymoedd y farchnad

Manteision y farchnad rydd
- caiff adnoddau eu dyrannu gan rymoedd y farchnad a'r mecanwaith prisiau (a alwyd yn Llaw Gudd gan Adam Smith); does dim ymyriad Llywodraeth
- mae'r cymhelliad elw yn darparu cymhelliad i ostwng costau a bod yn arloesol
- mae'r farchnad rydd yn uchafu gwarged cymunedol os nad oes methiannau nag amherffeithrwydd

Anfanteision marchnad rydd
gweler methiannau ac amherffeithrwydd y farchnad ar dudalennau 26-29, e.e.
- nwyddau cyhoeddus
- nwyddau rhinwedd
- allanolderau
- ansefydlogrwydd
- anghydraddoldeb incwm
- problemau gwybodaeth
- grym yn y farchnad
- ansymudedd ffactorau

Marchnad rydd

Manteision yr economi gorfodol neu gynlluniedig
- gall y Llywodraeth ddylanwadu ar ddosraniad incwm i'w wneud yn fwy cyfartal
- gall y Llywodraeth bennu pa nwyddau a gyflenwir (e.e. gall atal cynhyrchu nwyddau sy'n gymdeithasol annymunol)

Anfanteision yr economi gorfodol neu gynlluniedig
- mae angen maint enfawr o wybodaeth (a bron yn anochel bydd yna orlwytho gwybodaeth a fydd yn arwain at aneffeithlonrwydd); yn aml yn fiwrocrataidd
- does dim cymhelliad i unigolion na chwmnïau fod yn arloesol; diffyg cymhelliad elw; yn aml mae nwyddau o ansawdd gwael ac fel arfer mae dewis cyfyngedig
- mae'n dueddol o arwain at aneffeithlonrwydd dyrannol a chynhyrchiol o ganlyniad i ddiffyg cystadleuaeth a dim cymhelliad elw

Economi gorfodol neu gynlluniedig

Galw

Mae cromlin alw yn dangos y maint mae defnyddwyr yn fodlon ac yn gallu ei brynu am bob pris, â phopeth arall yn ddigyfnewid. Os bydd pethau eraill yn newid (e.e. incwm y defnyddwyr yn codi) bydd y defnyddwyr yn debygol o eisiau mwy neu lai am bob pris a bydd cromlin y galw yn symud.

Mae **deddf galw** yn nodi y bydd maint y galw yn uwch am bris is a thybio bod pob ffactor arall yn ddigyfnewid. Mae'r galw am nwydd neu wasanaeth yn dibynnu ar ffactorau fel y pris, incwm defnyddwyr, pris nwyddau eraill, hysbysebu, chwaeth defnyddwyr.

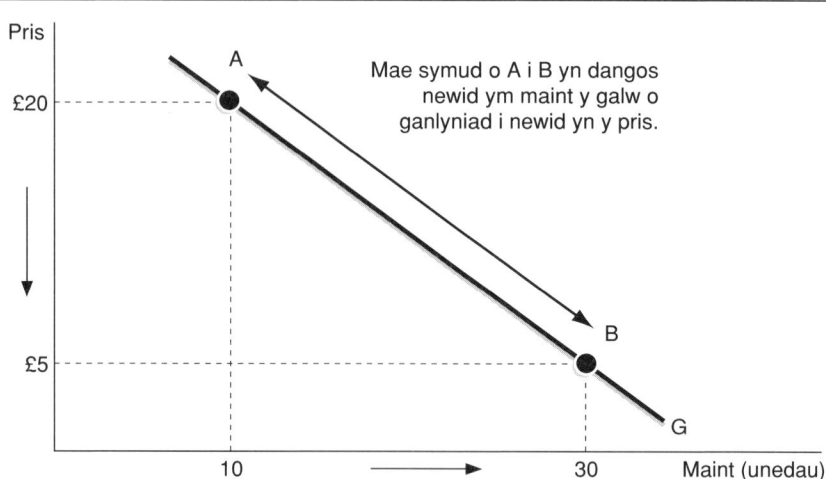

Mae symud o A i B yn dangos newid ym maint y galw o ganlyniad i newid yn y pris.

Symudiadau ar hyd cromlin y galw: estyniadau a chyfangiadau

Bydd newid yn y pris yn arwain at 'newid ym maint y galw'. Dangosir hyn gan symudiad ar hyd cromlin y galw.

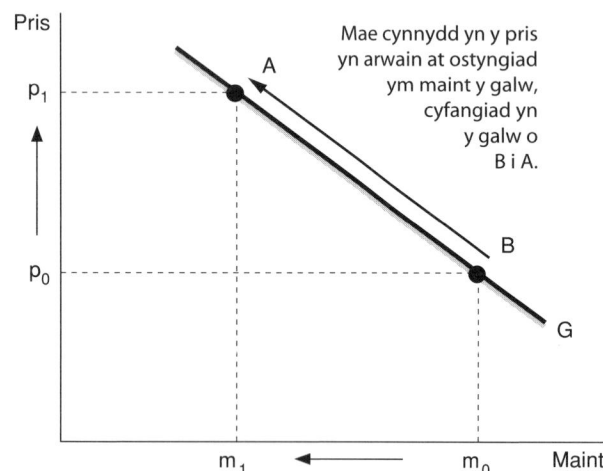

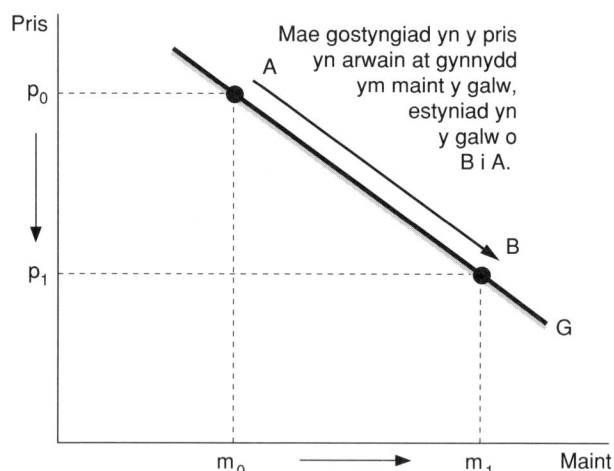

Mae cynnydd yn y pris yn arwain at ostyngiad ym maint y galw, cyfangiad yn y galw o B i A.

Mae gostyngiad yn y pris yn arwain at gynnydd ym maint y galw, estyniad yn y galw o B i A.

Symudiad yn y galw

Bydd newid mewn unrhyw ffactor sy'n effeithio ar alw, ar wahân i'r pris, yn arwain at symudiad (shift) yn y galw. Am bob pris bydd cynnydd neu ostyngiad ym maint y galw, felly bydd cromlin y galw yn symud.

Er enghraifft, os B yw maint y galw yn wreiddiol am p_0, mae gostyngiad yn y galw yn achosi i faint y galw ostwng i A. Gyda chynnydd yn y galw bydd maint y galw yn cynyddu i C.

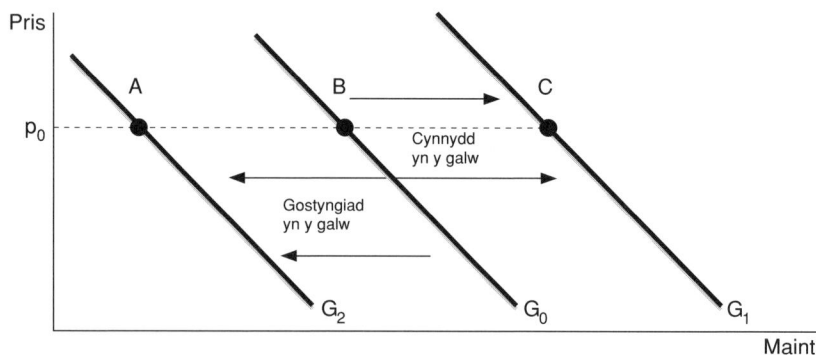

Cromlin y galw yn symud allan

Bydd cromlin y galw yn symud allan pan fydd mwy o alw am bob pris. Gallai hyn ddigwydd oherwydd y canlynol:

- incwm real yn cynyddu (a thybio bod y nwydd yn normal)
- pris amnewidyn yn codi, e.e. gallai prisiau uwch am goffi gynyddu'r galw am de
- pris cyfategolyn yn gostwng, e.e. gallai gostyngiad ym mhris ceir gynyddu'r galw am betrol

- hysbysebu'r cynnyrch yn fwy effeithiol
- y boblogaeth yn tyfu, felly mae mwy o bobl
- chwaeth yn newid fel y bydd mwy o bobl eisiau'r cynnyrch
- mwy o gredyd ar gael, felly gall pobl gael benthyg mwy o arian

Galw (parhad)

Cromliniau galw sy'n goleddu i lawr

Mae cromlin y galw yn goleddu i lawr oherwydd deddf defnydd-deb ffiniol lleihaol. Bydd pob uned ychwanegol o nwydd neu wasanaeth yn y pen draw yn rhoi llai o foddhad (defnydd-deb), felly bydd y defnyddiwr yn fodlon talu llai yn unig am fwy o nwyddau.

Noder: er bod y defnyddiwr yn cael llai o foddhad ychwanegol o bob uned ychwanegol, bydd cyfanswm y boddhad yn cynyddu.

Cromlin alw'r farchnad: symiant llorweddol cromliniau galw unigolion.

Elastigedd pris, elastigedd incwm a chroeselastigedd galw (gweler hefyd tudalennau 9-11)

- Bydd maint y newid ym maint y galw sy'n dilyn newid yn y pris yn dibynnu ar elastigedd pris y galw.
- Bydd y cynnydd neu'r gostyngiad yn y galw sy'n dilyn newid mewn incwm yn dibynnu ar elastigedd incwm y galw.
- Bydd y cynnydd neu'r gostyngiad yn y galw sy'n dilyn newid ym mhris nwyddau eraill yn dibynnu ar groeselastigedd y galw.

Cromlin y galw sy'n goleddu i fyny

Gall cromlin y galw oleddu i fyny. Mae hyn yn golygu y bydd maint y galw yn fwy pan fydd y pris yn cynyddu. Gall hyn ddigwydd gyda:

- 'nwyddau rhodresgar' (*ostentatious*) – mae pobl eisiau cael eu gweld yn prynu nwyddau drutach. Fe'u gelwir hefyd yn nwyddau Veblen.
- nwyddau Giffen – nwyddau israddol iawn yw'r rhain ac os byddan nhw'n mynd yn ddrutach, ni all defnyddwyr fforddio cynhyrchion eraill, felly byddan nhw'n gwario'r arian sydd ganddynt ar y rhain.

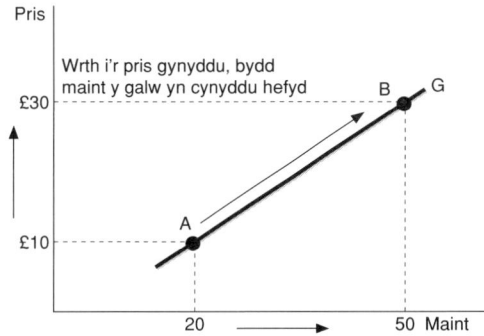

Effaith incwm ac effaith amnewid

Os bydd pris nwydd yn gostwng, bydd maint y galw fel arfer yn cynyddu, a hynny oherwydd:

- effaith amnewid – gyda'r gostyngiad ym mhris nwydd A, bydd A yn gymharol ratach na nwyddau eraill ac yn anochel bydd awydd i brynu mwy. Yn anochel bydd defnyddwyr yn newid i'r nwydd cymharol ratach.
- effaith incwm – gyda'r gostyngiad ym mhris A, bydd gan y defnyddiwr fwy o incwm real. Pe bai'n prynu'r un maint o nwyddau ag o'r blaen, byddai arian dros ben. Felly bydd gan y defnyddiwr fwy o allu prynu am fod nwydd A yn rhatach. Mae hyn yn arwain at effaith incwm. **Os ydy'r nwydd yn normal**, bydd y defnyddwyr eisiau prynu mwy oherwydd yr effaith incwm. Felly mae'r effaith incwm a'r effaith amnewid yn achosi i'r defnyddiwr eisiau mwy.

Os ydy'r nwydd yn israddol, h.y. cynnyrch sylfaenol hunan-frand, bydd y defnyddiwr eisiau prynu llai; nawr bod gan y defnyddiwr fwy o incwm real, bydd eisiau newid i brynu nwyddau mwy moethus. Felly mae'r effaith incwm yn gweithio'n groes i'r effaith amnewid. Ond yr effaith amnewid sydd fwyaf ac felly bydd y defnyddwyr yn prynu mwy.

Os ydy'r nwydd yn nwydd Giffen, eto mae'r effaith incwm yn gweithio'n groes i'r effaith amnewid, ond yma mae'n ei gorbwyso. Mae hyn yn golygu y bydd maint y galw yn gostwng pan fydd y pris yn gostwng, ac felly mae cromlin y galw yn goleddu i fyny.

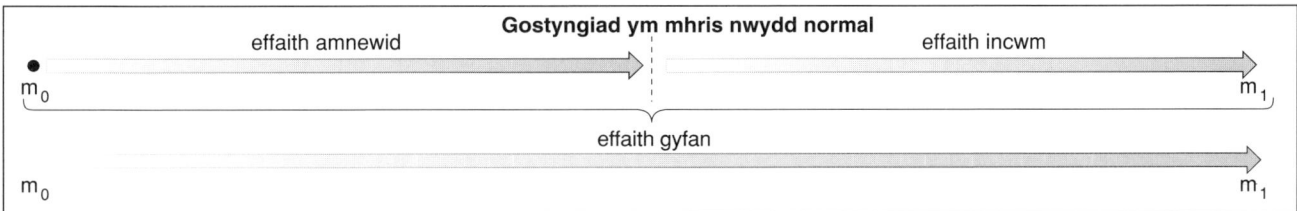

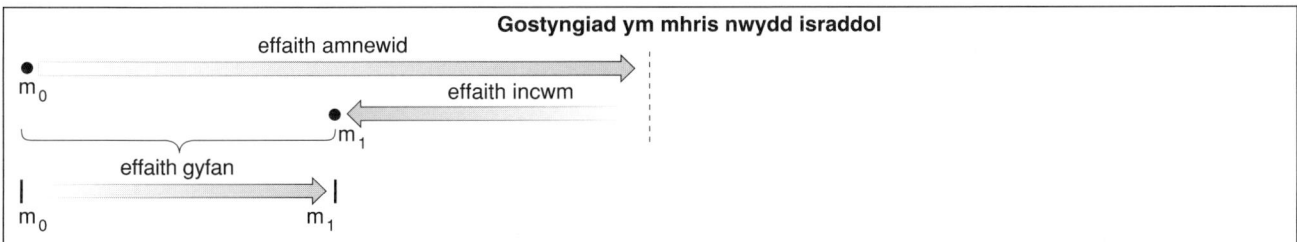

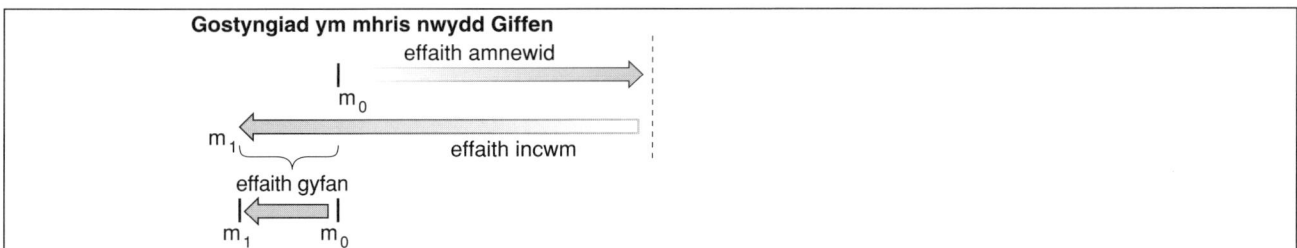

Galw (parhad)

Defnydd-deb

Gair arall am foddhad yw defnydd-deb.

Ffiniol a chyfan

Defnydd-deb ffiniol (DefFf) yw'r boddhad ychwanegol a geir o dreulio uned arall o nwydd.

Defnydd-deb cyfan (DefC) yw'r boddhad cyfan a geir o dreulio nifer penodol o nwyddau.

Mae **deddf defnydd-deb ffiniol lleihaol** yn nodi y bydd unedau olynol o dreuliant yn y pen draw yn arwain at ostyngiad yn eu defnydd-deb ffiniol.

Uchafu defnydd-deb

Tybiwn mai nod defnyddwyr rhesymegol yw uchafu eu defnydd-deb, a derbyn y cyfyngiadau canlynol: a) incwm cyfyngedig, b) set benodol o brisiau, c) chwaeth cyson.

I uchafu defnydd-deb, bydd defnyddwyr yn treulio hyd at y pwynt lle bydd

$$\frac{DefFf_A}{P_A} = \frac{DefFf_B}{P_B} = \frac{DefFf_C}{P_C} = \ .....$$

Defnyddir y term amod hafalffiniol am hyn. $DefFf_A$ = Defnydd-deb ffiniol nwydd A, P_A = Pris A, ayb.

Mae hyn yn golygu bod y boddhad ychwanegol y £ ar yr uned olaf o nwydd A yn hafal i'r boddhad ychwanegol y £ ar yr uned olaf o nwydd B, nwydd C, nwydd CH ac yn y blaen. Pe na bai felly, byddai defnyddwyr yn ad-drefnu eu gwariant ac yn cynyddu eu boddhad. Er enghraifft, pe bai'r A olaf y £ yn rhoi mwy o foddhad na'r B olaf, byddai'r defnyddwyr yn prynu mwy o A a llai o B. (Allen nhw ddim cael mwy o'r ddau oherwydd y cyfyngir arnyn nhw gan incwm.)

Paradocs gwerth

Mae dŵr yn llawer mwy hanfodol na diemyntau ond mae pobl yn fodlon talu mwy am ddiemyntau. Y rheswm yw bod cymharol ychydig ohonyn nhw ac mae defnydd-deb ffiniol un arall yn uchel. Mae'r defnydd-deb cyfan amdanyn nhw yn eithaf isel. Fodd bynnag, mae llawer iawn o ddŵr ac felly mae defnydd-deb ychwanegol uned arall yn isel. Ond mae'r defnydd-deb cyfan yn uchel.

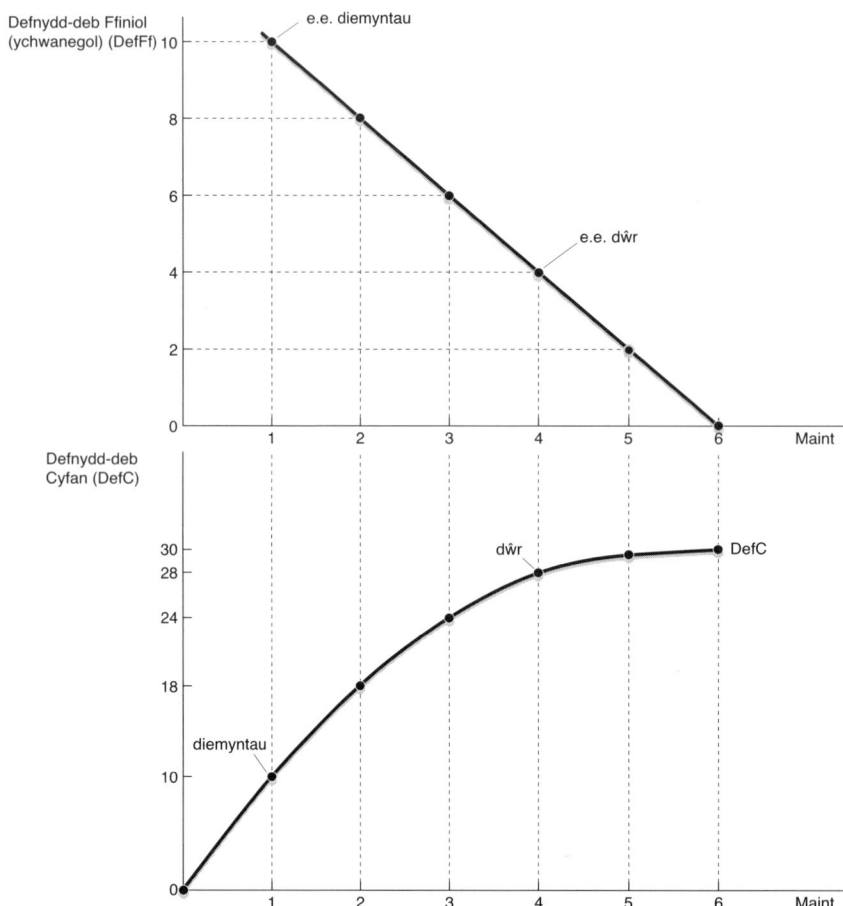

Mathau o alw

Cydalw

Mae i'w gael pan brynir cyfategolion gyda'i gilydd, e.e. consolau cyfrifiadurol a gemau.

Galw cyfansawdd

Mae i'w gael pan fydd galw am nwydd ar gyfer dau ddefnydd neu fwy, e.e. gall fod galw am dir i adeiladu siopau, i adeiladu tai neu i adeiladu ffatri. Bydd cynnydd yn y galw ar gyfer un defnydd yn arwain at ostyngiad yn y cyflenwad ar gyfer defnydd arall, e.e. gall llaeth gael ei ddefnyddio ar gyfer caws neu fenyn; os defnyddir mwy ar gyfer caws, bydd llai ar gael ar gyfer menyn.

Galw deilliedig

Mae i'w gael pan fydd galw am un nwydd o ganlyniad i alw am nwydd arall, e.e. mae galw am lafur oherwydd bod galw am y cynnyrch terfynol.

Elastigedd galw (pris, incwm a chroes)

Mae **elastigedd galw** yn mesur sensitifedd galw i newid mewn newidyn. Gallai'r newidyn fod yn bris y nwydd, pris nwyddau eraill neu incwm.

Mae **arwydd yr ateb** yn dibynnu ar y cyfeiriad mae dwy ran yr hafaliad yn mynd. Os ydy'r galw a'r newidyn yn symud i'r un cyfeiriad (e.e. mae'r ddau'n cynyddu neu mae'r ddau'n gostwng) bydd yr arwydd yn bositif. Os ydyn nhw'n symud i gyfeiriadau gwahanol bydd yr ateb yn negatif, e.e. os bydd galw'n cynyddu pan fydd incwm yn cynyddu, bydd yr ateb yn bositif; os bydd galw'n gostwng pan fydd incwm yn cynyddu, bydd yr ateb yn negatif.
Mae'r arwydd yn dangos cyfeiriad y symud, nid yw'n dangos yr elastigedd gwirioneddol; dangosir hynny gan faint y rhif (h.y. ydy e'n fwy nag un neu'n llai nag un).

Maint yr ateb (gan anwybyddu'r arwydd)

- Os ydy'r galw'n elastig, mae hyn yn golygu bod y newid canrannol yn y galw yn fwy na'r newid canrannol yn y newidyn. Bydd gwerth yr ateb (gan anwybyddu'r arwydd) yn fwy nag un.
- Os ydy'r galw'n anelastig, mae hyn yn golygu bod y newid canrannol yn y galw yn llai na'r newid canrannol yn y newidyn. Bydd gwerth yr ateb (gan anwybyddu'r arwydd) yn llai nag un.
- Os ydy'r galw'n uned elastig, mae'r newid canrannol yn y galw yr un fath â'r newid canrannol yn y newidyn. Bydd gwerth yr ateb (gan anwybyddu'r arwydd) yn hafal i un.

Elastigedd galw

	Gwerth (gan anwybyddu'r arwydd)	Disgrifiad
Perffaith elastig	anfeidredd	mae'r newid canrannol ym maint y galw yn anfeidraidd
Elastig	>1	mae'r newid canrannol ym maint y galw yn fwy na'r newid canrannol yn y newidyn
Uned elastig	=1	mae'r newid canrannol ym maint y galw yn hafal i'r newid canrannol yn y newidyn
Anelastig	<1	mae'r newid canrannol ym maint y galw yn llai na'r newid canrannol yn y newidyn
Perffaith anelastig	0	does dim newid ym maint y galw

Elastigedd pris galw

Mae'n mesur sensitifedd maint y galw i newid yn y pris.

$$\frac{\text{newid canrannol ym maint y galw}}{\text{newid canrannol yn y pris}}$$

Yr arwydd

Fel arfer bydd elastigedd pris galw yn negatif: pan fydd y pris yn codi, bydd maint y galw yn gostwng, ac i'r gwrthwyneb. Fodd bynnag, ar gyfer nwydd Giffen neu nwydd Veblen, mae elastigedd pris galw yn bositif. Pan fydd pris yn codi, bydd maint y galw yn codi hefyd.

Mae'r galw'n bris elastig
newid % ym maint y galw > newid % yn y pris

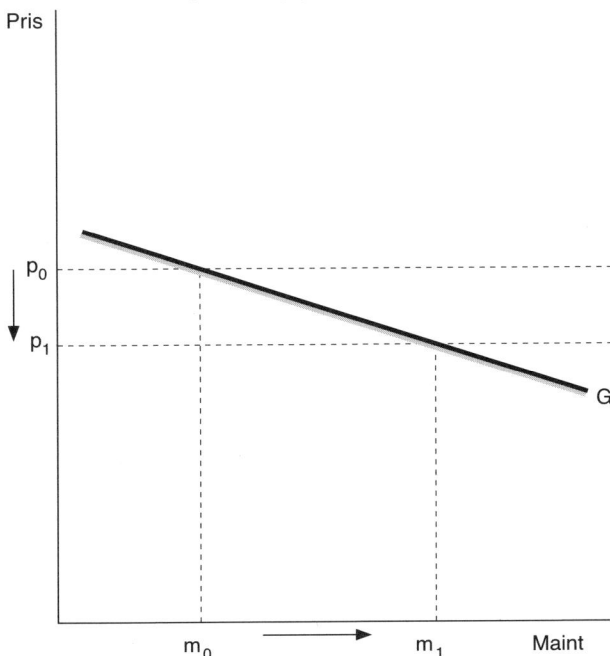

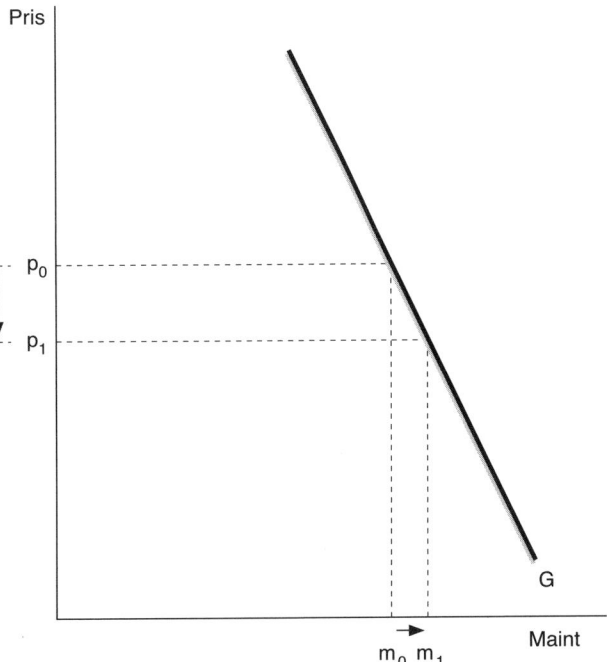

Mae'r galw'n bris anelastig
newid % ym maint y galw < newid % yn y pris

Elastigedd galw (pris, incwm a chroes) (parhad)

Mae **maint elastigedd pris galw** yn dibynnu ar:
- nifer ac argaeledd amnewidion. Os oes llawer o amnewidion ar gael, gall defnyddwyr newid i ffwrdd yn hawdd os bydd y cwmni'n codi ei bris. Bydd galw'n fwy pris elastig.
- y cyfnod amser. Yn y tymor byr efallai na fydd yn hawdd cael hyd i ddewisiadau eraill, ac felly mae'r galw'n debygol o fod yn bris anelastig. Dros amser, gall defnyddwyr chwilio am fwy o amnewidion ac felly mae'r galw'n debygol o fod yn fwy pris elastig.
- y ganran o incwm sy'n cael ei gwario ar y nwydd, e.e. mae defnyddwyr yn gwario canran fach yn unig o'u hincwm ar halen ac felly dydyn nhw ddim yn sensitif iawn i newidiadau ym mhris y nwydd hwn. Mae'r galw'n bris anelastig. Ond mae peiriannau golchi, cyfrifiaduron personol a gwyliau yn mynd â chanran uwch o incwm ac mae cartrefi'n fwy tebygol o chwilio am y pris gorau. Mae'r nwyddau hyn yn fwy sensitif i bris.
- y math o nwydd. Mae rhai nwyddau'n creu arferiad ac felly maen nhw'n dueddol o fod yn bris anelastig. Achos eithafol fyddai cyffuriau, ond mae hefyd yn wir am eitemau fel papurau newydd a brandiau o goffi.
- lled y diffiniad. Os byddwn yn diffinio'r categori o nwyddau a gwasanaethau sydd o ddiddordeb i ni yn eang iawn, bydd galw'n fwy pris anelastig, e.e. os edrychwn ar y galw am un brand o fenyn neu fargarin, gall defnyddwyr newid yn hawdd i frand arall os bydd y pris yn codi, ond os edrychwn ar yr <u>holl</u> frandiau, bydd defnyddwyr yn llai tebygol o roi'r gorau i'r cynnyrch yn gyfan gwbl.

Elastigedd pris a chromlin alw sy'n llinell syth

Bydd elastigedd pris yn amrywio ar gromlin alw sy'n llinell syth sy'n goleddu i lawr. Bydd yn amrywio o fod yn elastig yn y rhan uchaf ar y chwith i fod yn uned elastig yn y canol ac yn anelastig yn y rhan isaf ar y dde.

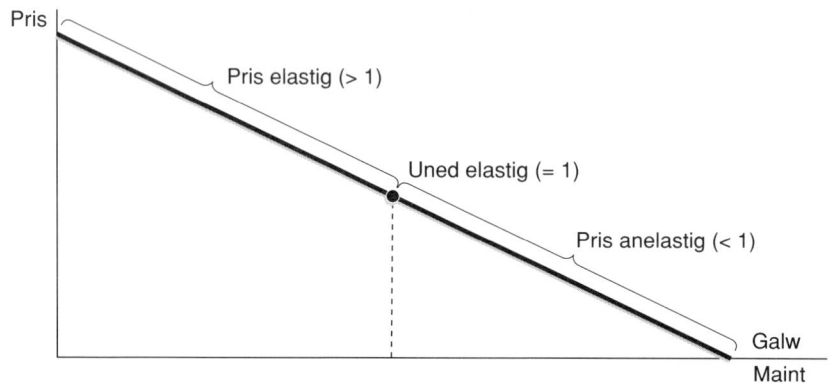

Achosion eithafol o elastigedd pris galw

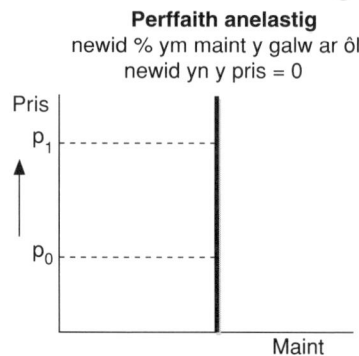

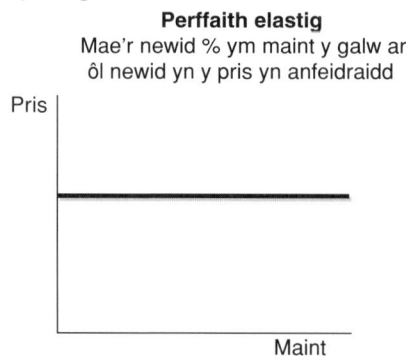

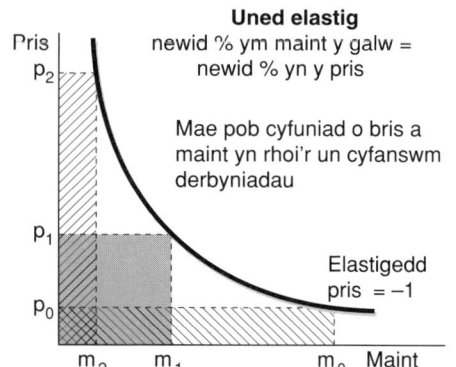

Perffaith anelastig
newid % ym maint y galw ar ôl newid yn y pris = 0

Perffaith elastig
Mae'r newid % ym maint y galw ar ôl newid yn y pris yn anfeidraidd

Uned elastig
newid % ym maint y galw = newid % yn y pris

Mae pob cyfuniad o bris a maint yn rhoi'r un cyfanswm derbyniadau

Elastigedd pris = −1

Elastigedd pris a derbyniadau

Os ydy'r galw'n bris elastig, bydd gostyngiad yn y pris yn arwain at gynnydd yn y derbyniadau. Er bod pob nwydd yn rhatach, mae'r cynnydd ym maint y galw yn fwy na'r hyn sydd ei angen i wneud iawn am hynny ac mae'r derbyniadau'n cynyddu.

Os ydy'r galw'n bris anelastig, bydd gostyngiad yn y pris yn arwain at ostyngiad yn y derbyniadau. Nid yw'r cynnydd ym maint y galw yn gwneud iawn am y ffaith bod pob uned yn gwerthu am lai.

I gynyddu'r derbyniadau pan fo'r galw'n bris anelastig, dylai'r cwmni gynyddu'r pris.

Os ydy'r galw ag elastigedd o un, ni fydd y derbyniadau'n newid pan fydd y pris yn newid.

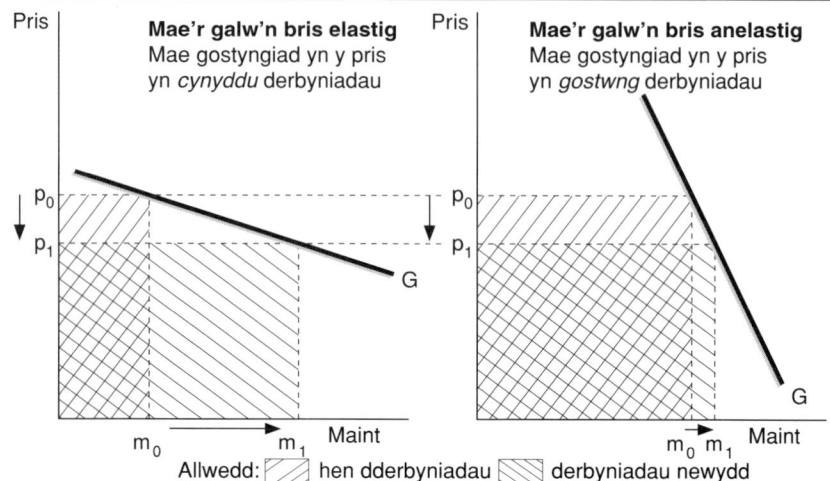

Mae'r galw'n bris elastig
Mae gostyngiad yn y pris yn *cynyddu* derbyniadau

Mae'r galw'n bris anelastig
Mae gostyngiad yn y pris yn *gostwng* derbyniadau

Allwedd: ▧ hen dderbyniadau ▨ derbyniadau newydd

Elastigedd galw (pris, incwm a chroes) (parhad)

Croeselastigedd pris galw

Mae'n mesur sensitifedd y galw am un nwydd i newid ym mhris nwydd arall.

Croeselastigedd pris y galw am nwydd A mewn perthynas â nwydd B =

$$\frac{\text{newid canrannol yn y galw am nwydd A}}{\text{newid canrannol ym mhris nwydd B}}$$

Os ydy'r ddau nwydd yn amnewidion, bydd y croeselastigedd pris yn bositif. Os bydd pris nwydd B yn codi, bydd pobl yn troi at nwydd A a bydd y galw am A yn cynyddu. Os ydy'r nwyddau'n gyfategolion, fel ffyn golff a pheli golff, bydd yr arwydd yn negatif. Wrth i bris ffyn golff godi, bydd llai o bobl yn prynu ffyn a bydd llai o bobl yn prynu peli golff.

Elastigedd incwm galw

Mae'n mesur sensitifedd galw i newid mewn incwm.

$$\frac{\text{newid canrannol yn y galw}}{\text{newid canrannol mewn incwm}}$$

Yr arwydd

Os ydy'r nwydd yn normal, bydd incwm elastigedd yn bositif. Wrth i incwm gynyddu, bydd y galw'n cynyddu. Os ydy'r gwerth yn fwy nag 1, mae'r galw'n incwm elastig, e.e. gwyliau dramor; yn aml gelwir y rhain yn 'nwyddau moeth', e.e. gofal iechyd preifat. Os ydy'r gwerth yn llai nag 1, mae'r galw'n incwm anelastig, e.e. y galw am fara; yn aml mae'r rhain yn 'angenrheidiau'.

Yn achos nwydd israddol neu nwydd Giffen, bydd elastigedd incwm yn negatif. Gyda mwy o incwm bydd pobl yn newid o'r nwydd hwn i nwydd mwy uwchraddol, e.e. maen nhw'n newid o gynhyrchion hunan-frand uwchfarchnadoedd i enw brand mwy dethol, o ddefnyddio bysiau i brynu car.

Y maint

Po uchaf yw'r ffigur (gan anwybyddu'r arwydd), mwyaf i gyd yw'r berthynas rhwng galw ac incwm.

Mae cromlin Engels yn dangos y berthynas rhwng incwm a galw (gweler y diagram ar y dde).

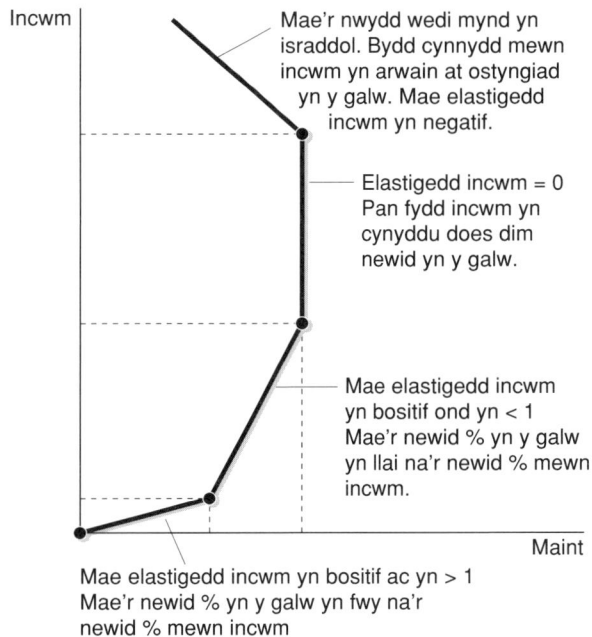

Incwm

Mae'r nwydd wedi mynd yn israddol. Bydd cynnydd mewn incwm yn arwain at ostyngiad yn y galw. Mae elastigedd incwm yn negatif.

Elastigedd incwm = 0
Pan fydd incwm yn cynyddu does dim newid yn y galw.

Mae elastigedd incwm yn bositif ond yn < 1
Mae'r newid % yn y galw yn llai na'r newid % mewn incwm.

Maint

Mae elastigedd incwm yn bositif ac yn > 1
Mae'r newid % yn y galw yn fwy na'r newid % mewn incwm

Mathau o nwyddau

	Nwyddau normal	Nwyddau israddol	Nwyddau Giffen
Elastigedd pris	NEGATIF Os bydd pris yn codi, bydd maint y galw yn gostwng. Cromlin alw sy'n goleddu i lawr	NEGATIF Os bydd pris yn codi, bydd maint y galw yn gostwng. Cromlin alw sy'n goleddu i lawr	POSITIF Os bydd pris yn codi, bydd maint y galw yn cynyddu. Cromlin alw sy'n goleddu i fyny
Elastigedd incwm	POSITIF Pan fydd incwm yn cynyddu, bydd y galw'n cynyddu	NEGATIF Pan fydd incwm yn cynyddu, bydd y galw'n gostwng wrth i ddefnyddwyr newid i nwyddau mwy moethus	NEGATIF Pan fydd incwm yn cynyddu, bydd y galw'n gostwng wrth i ddefnyddwyr newid i nwyddau mwy moethus

Ffyrdd o ddefnyddio elastigedd

Ffyrdd o ddefnyddio elastigedd pris

- fe'i defnyddir i bennu polisi prisio: os ydy'r galw'n bris anelastig, bydd cwmnïau'n cynyddu'r pris i gynyddu derbyniadau; os ydy'r galw'n bris elastig, bydd cwmnïau'n gostwng y pris.
- gall cwmnïau ei ddefnyddio ar gyfer cynllunio, e.e. trwy amcangyfrif effaith newid yn y pris, gall cwmnïau gynllunio nifer y nwyddau i'w cynhyrchu, nifer y bobl i'w cyflogi, a'r effaith ar y llif arian.
- fe'i defnyddir wrth briswahaniaethu i osod y pris ym mhob marchnad.
- fe'i defnyddir gan y Llywodraeth i amcangyfrif effaith cynnydd mewn treth anuniongyrchol o ran gwerthiant a derbyniadau treth.
- fe'i defnyddir i amcangyfrif effaith unrhyw symudiad yn y cyflenwad ar wariant defnyddwyr, derbyniadau cynhyrchwyr ac incwm.

Ffyrdd o ddefnyddio croeselastigedd pris

- gall cwmnïau amcangyfrif yr effaith ar eu galw os bydd cystadleuydd yn gostwng pris.
- gall cwmnïau amcangyfrif yr effaith ar y galw am eu cynnyrch os bydd cwmnïau eraill yn gostwng pris cyfategolyn, e.e. os byddan nhw'n gostwng pris cyfrifiadur, faint o gynnydd fydd yn y galw am feddalwedd?

Ffyrdd o ddefnyddio elastigedd incwm

- gall bennu pa nwyddau i'w cynhyrchu neu eu stocio, e.e. wrth i'r economi dyfu, efallai y bydd cwmnïau'n osgoi nwyddau israddol.

- gall helpu cwmnïau i gynllunio gofynion cynhyrchu a chyflogaeth wrth i'r economi dyfu.
- gall helpu cwmnïau i amcangyfrif newidiadau posibl yn y galw, e.e. wrth i incwm mewn gwledydd tramor gynyddu, gall hyn greu marchnadoedd newydd.

Pam mae elastigedd pris yn bwysig i lywodraeth

Bydd cyflwyno treth ar nwyddau neu wasanaethau yn cynyddu'r pris. Bydd hynny yn ei dro yn cael effaith ar y pris cytbwys a'r maint cytbwys. Os ydy'r galw'n gymharol bris anelastig (o'i gymharu â'r cyflenwad), bydd baich y dreth anuniongyrchol yn disgyn ar y prynwr yn hytrach na'r cyflenwr. Bydd yr effaith yn fwy ar y pris yn y farchnad nag ar y maint a dreulir. Os ydy'r galw'n fwy pris elastig na'r cyflenwad, bydd baich y dreth anuniongyrchol yn disgyn ar y cyflenwr a bydd yr effaith ar y maint yn hytrach nag ar y pris.

Mae trethu cynhyrchion fel sigaréts a phetrol yn cael effaith gymharol fawr ar y pris terfynol mae defnyddwyr yn ei dalu o'i gymharu â maint y galw.

Pam mae elastigedd incwm yn bwysig i lywodraeth

Os ydy'r llywodraeth yn newid treth incwm mae hyn yn newid incwm gwario cartrefi, fydd yn ei dro yn effeithio ar eu gwariant. Bydd maint yr effaith yn dibynnu ar elastigedd incwm galw. Mae elastigedd incwm galw positif uchel yn golygu y bydd yr effaith ar wariant yn gymharol uchel.

Cyflenwad

Mae **cromlin gyflenwad** yn dangos y maint mae cynhyrchwyr yn fodlon ac yn gallu ei gyflenwi am bob pris, â phopeth arall yn ddigyfnewid.

Yn ôl **deddf cyflenwad**, bydd maint uwch yn cael ei gyflenwi am brisiau uwch, â phopeth arall yn ddigyfnewid. Mae cromlin y cyflenwad yn deillio o gromlin y gost ffiniol; wrth i gost ychwanegol cynhyrchu uned gynyddu, bydd angen pris uwch ar gynhyrchwyr i gynhyrchu'r cynnyrch.

Bydd cyflenwad cynnyrch yn dibynnu ar ffactorau fel nifer y cynhyrchwyr, cyflwr technoleg, prisiau ffactorau cynhyrchu, trethi anuniongyrchol a chymorthdaliadau'r Llywodraeth, a nodau cynhyrchwyr.

Symudiadau yn y cyflenwad

Os bydd ffactorau eraill yn newid (ar wahân i'r pris), bydd mwy neu lai yn cael ei gyflenwi am bob pris. Dangosir hyn fel symudiad yng nghromlin y cyflenwad neu newid yn y cyflenwad.

Symudiadau allan yn y cyflenwad

Os bydd cromlin y cyflenwad yn symud allan, caiff mwy ei gyflenwi am bob pris. Gallai'r canlynol achosi hyn:

- cynnydd yn nifer y cyflenwyr
- gwelliant mewn technoleg
- gostyngiad ym mhrisiau ffactorau cynhyrchu – os bydd llafur yn rhatach, er enghraifft, gellir cyflenwi mwy am bob pris
- gostyngiad mewn treth anuniongyrchol neu gynnydd mewn cymorthdaliadau i gynhyrchwyr
- newid ym mhrisiau nwyddau eraill, e.e. os bydd pris nwydd B yn gostwng, efallai y bydd cynhyrchwyr yn symud eu hadnoddau i mewn i gynhyrchu nwydd A, fydd yn cynyddu cyflenwad A
- ffactorau eraill, e.e. gall newidiadau yn y tywydd gynyddu cyflenwad cynhyrchion amaethyddol; gall rheolaeth well wella cynhyrchedd y gweithlu.

Cydgyflenwad

Mae hyn i'w gael pan fydd dau nwydd neu fwy yn cael eu cyflenwi gyda'i gilydd; bydd newid yng nghyflenwad un yn newid cyflenwad y llall, e.e. mae cig eidion yn darparu croen (*hides*) a chig. Mae mwy o gig eidion yn hafal i fwy o groen a mwy o gig.

Symudiadau ar hyd cromlin gyflenwad: estyniadau a chyfangiadau

Bydd newid ym mhris nwydd yn arwain at newid ym maint y cyflenwad; dangosir hyn fel symudiad ar hyd cromlin y cyflenwad.

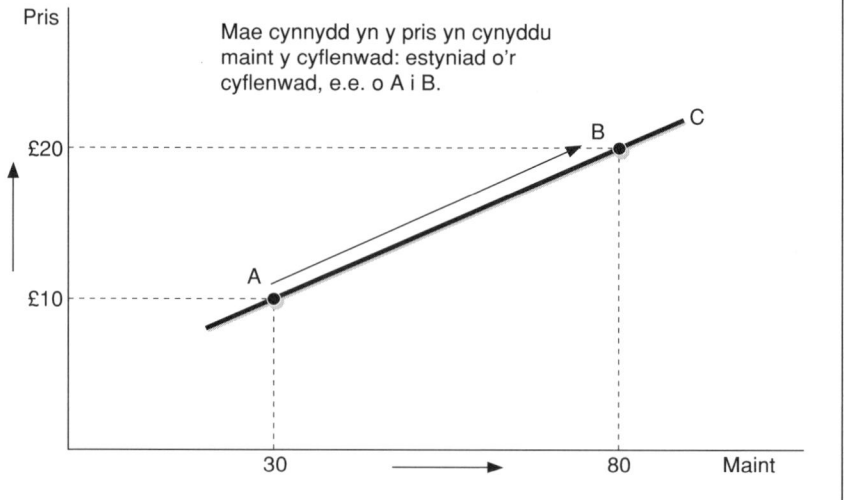

Mae cynnydd yn y pris yn cynyddu maint y cyflenwad: estyniad o'r cyflenwad, e.e. o A i B.

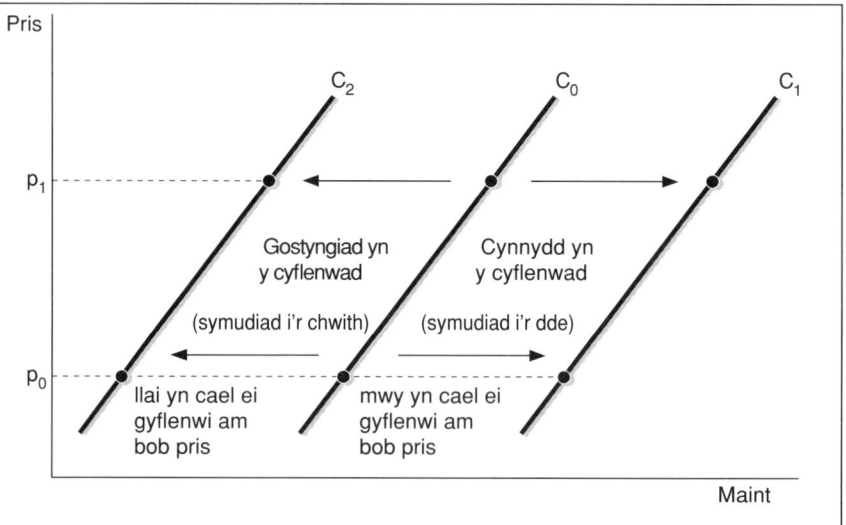

Gostyngiad yn y cyflenwad (symudiad i'r chwith) — llai yn cael ei gyflenwi am bob pris

Cynnydd yn y cyflenwad (symudiad i'r dde) — mwy yn cael ei gyflenwi am bob pris

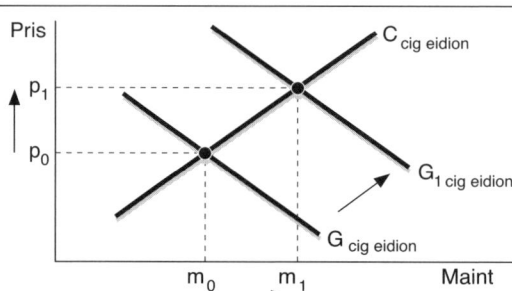

Marchnad am gig eidion

Mae cynnydd yn y galw am gig eidion yn achosi i fwy gael ei gyflenwi am bris uwch.

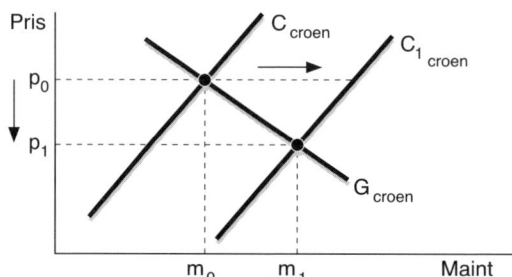

Marchnad am groen

Mae cynnydd ym maint y cig eidion yn cynyddu cyflenwad croen buchod am yr hen bris p_0 ac mae'n arwain at ostyngiad yn y pris cytbwys.

Cyflenwad (parhad)

Elastigedd pris cyflenwad

Mae'n mesur ymatebolrwydd cyflenwad i newid yn y pris.

$$\frac{\text{newid canrannol ym maint y cyflenwad}}{\text{newid canrannol yn y pris}}$$

Maint yr ateb (gan anwybyddu'r arwydd)

- Os ydy'r newid canrannol ym maint y cyflenwad yn fwy na'r newid canrannol yn y pris, mae'r cyflenwad yn bris elastig. Bydd yr ateb yn fwy nag un.
- Os ydy'r newid canrannol ym maint y cyflenwad yn llai na'r newid canrannol yn y pris, mae'r cyflenwad yn anelastig.

Yn achos cromlin gyflenwad sy'n llinell syth:
- os yw wedi'i thynnu o'r tarddbwynt mae elastigedd pris cyflenwad yn un
- os yw'n croestorri echelin y pris mae'n bris elastig
- os yw'n croestorri echelin y maint mae'n bris anelastig

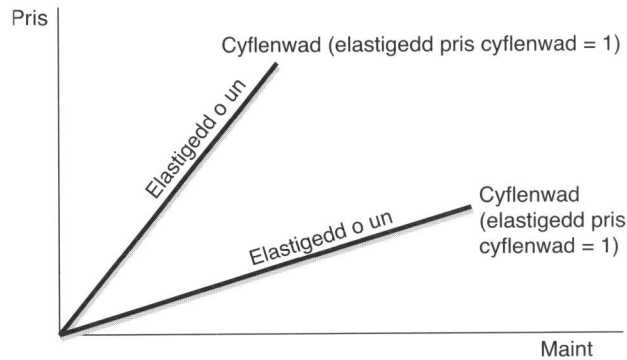

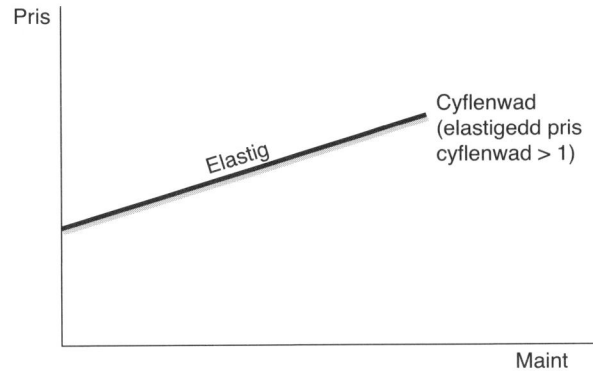

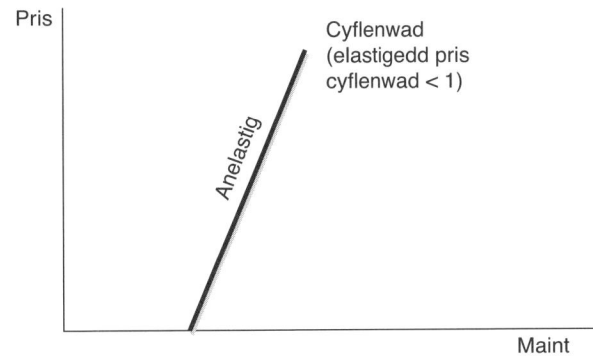

Pris / Maint

Cyflenwad (elastigedd pris cyflenwad > 1) — Elastig

Cyflenwad (elastigedd pris cyflenwad = 1) — Elastigedd o un

Cyflenwad (elastigedd pris cyflenwad = 1) — Elastigedd o un

Cyflenwad (elastigedd pris cyflenwad < 1) — Anelastig

Achosion eithafol o elastigedd pris cyflenwad

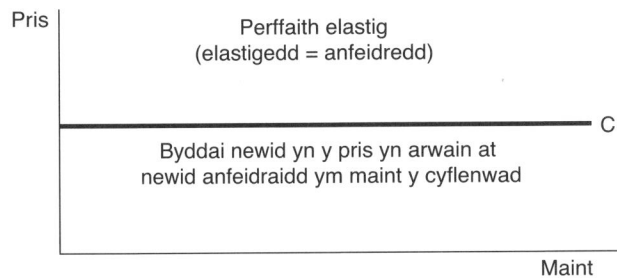

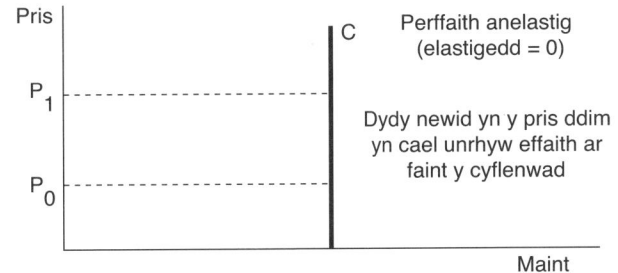

Pris / Maint

Perffaith elastig (elastigedd = anfeidredd)

Byddai newid yn y pris yn arwain at newid anfeidraidd ym maint y cyflenwad

Perffaith anelastig (elastigedd = 0)

P_1, P_0

Dydy newid yn y pris ddim yn cael unrhyw effaith ar faint y cyflenwad

Ffactorau sy'n pennu elastigedd pris cyflenwad

- **nifer y cynhyrchwyr.** Po fwyaf o gynhyrchwyr sydd, hawsaf i gyd y dylai fod i'r diwydiant gynyddu cynnyrch mewn ymateb i gynnydd yn y pris.
- **bodolaeth gallu cynhyrchu sbâr.** Po fwyaf o allu cynhyrchu sydd yn y diwydiant, hawsaf i gyd y dylai fod i gynyddu cynnyrch os bydd pris yn codi.
- **rhwyddineb storio stociau.** Os yw'n hawdd stocio nwyddau, yna os bydd y pris yn codi gall y cwmni werthu'r stociau hyn ac felly mae cyflenwad yn fwy elastig. Yn achos nwyddau fel blodau ffres, efallai nad yw'n hawdd eu storio ac felly ni fydd y cyflenwad yn hyblyg iawn.
- **y cyfnod amser.** Dros amser gall y cwmni fuddsoddi mewn hyfforddiant a mwy o gyfarpar a gall mwy o gwmnïau ymuno â'r diwydiant, felly dylai cyflenwad fod yn fwy hyblyg, h.y. yn fwy elastig.
- **symudedd ffactorau**, h.y. po hawsaf yw i adnoddau symud i mewn i'r diwydiant, mwyaf elastig fydd cyflenwad
- **hyd y cyfnod cynhyrchu**, h.y. po gyflymaf yw i gynhyrchu nwydd, hawsaf i gyd y bydd i ymateb i newid yn y pris; fel arfer mae cyflenwad mewn gweithgynhyrchu yn fwy pris elastig na chyflenwad mewn amaethyddiaeth.

Cyfnodau cyflenwi

- Byrhoedlog: cyflenwad yn gwbl anelastig
- Tymor byr: cyfyngir arno gan ffactorau sefydlog; fel arfer mae cyflenwad yn anelastig
- Tymor hir: y ffactorau i gyd yn newidiol, felly mae cyflenwad yn fwy elastig

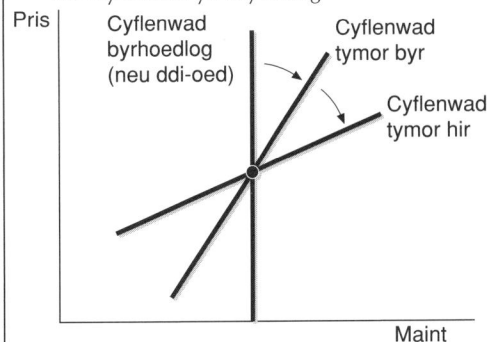

Pris / Maint

Cyflenwad byrhoedlog (neu ddi-oed)

Cyflenwad tymor byr

Cyflenwad tymor hir

Mae'r amser mae'n ei gymryd i symud o'r tymor byr i'r tymor hir yn dibynnu ar faint o amser mae'n ei gymryd i newid y ffactorau cynhyrchu i gyd. Gall hyn gymryd blynyddoedd, e.e. yn y sector pŵer niwclear, neu wythnosau/fisoedd, e.e. ar gyfer stondin mewn marchnad leol.

Galw a chyflenwad

Yn y system farchnad, mae adnoddau'n cael eu dyrannu gan y mecanwaith prisiau. Bydd y pris yn addasu i hafalu'r cyflenwad a'r galw.

Y mecanwaith prisiau

Dogni: a derbyn bod adnoddau'n brin a chwenychiadau'n anfeidraidd, mae'r mecanwaith prisiau yn dogni'r galw fel y bydd yn cwrdd â'r cyflenwad; e.e. os ydy'r galw'n fwy na'r cyflenwad, mae'r pris yn codi i ostwng maint y galw nes y cyrhaeddir cydbwysedd.

Cymhelliad: mae prisiau uchel yn gymhelliad i gynhyrchwyr mewn marchnadoedd eraill i adael y marchnadoedd hynny a dod i mewn i'r farchnad hon oherwydd yr elw y gellir ei ennill.

Rhoi arwyddion: mae'r pris yn rhoi arwydd i gynhyrchwyr; os ydy prisiau'n codi mae hyn yn arwydd i gynhyrchu mwy.

Cydbwysedd

Mae cydbwysedd i'w gael pan fydd maint y cyflenwad yn hafal i faint y galw a does dim cymhelliad i newid, h.y. mae llonyddwch. Mae hyn yn digwydd yn p_0m_0.

Os bydd y pris yn uwch na'r pris cytbwys (e.e. p_1) bydd gorgyflenwad (m_1m_2); bydd maint y cyflenwad yn fwy na maint y galw a bydd y pris yn gostwng. Wrth iddo wneud hyn, bydd maint y galw yn cynyddu a bydd maint y cyflenwad yn gostwng. Bydd hyn yn parhau nes y bydd maint y cyflenwad yn hafal i faint y galw a bydd cydbwysedd wedi'i gyrraedd (p_0m_0). Os bydd y pris yn is na'r pris cytbwys (e.e. p_3) bydd goralw (m_3m_4); bydd maint y galw yn fwy na maint y cyflenwad. Yn y sefyllfa hon bydd y pris yn codi. Bydd hyn yn cynyddu maint y cyflenwad ac yn gostwng maint y galw nes cyrraedd cydbwysedd (p_0m_0).

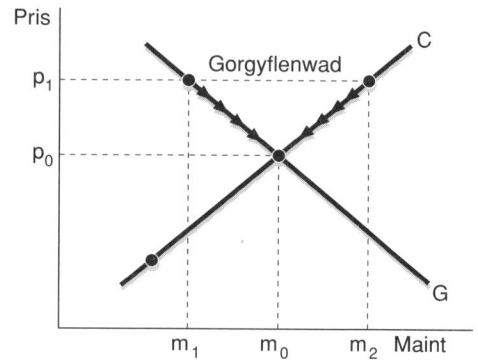

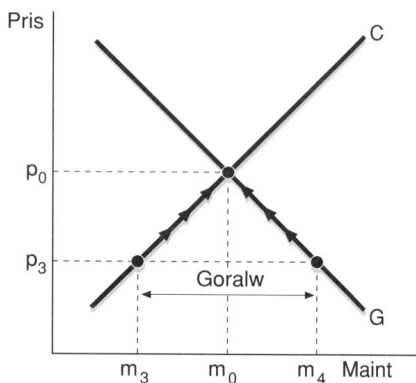

Sefyllfa	Disgrifiad	Effaith
maint y galw > maint y cyflenwad	goralw/prinder	pris yn codi
maint y galw = maint y cyflenwad	cydbwysedd	pris yn ddigyfnewid
maint y galw < maint y cyflenwad	gorgyflenwad/gwarged	pris yn gostwng

Y mecanwaith prisiau: cynnydd yn y galw

Os bydd y galw am gynnyrch yn cynyddu, bydd hyn yn arwain at oralw am yr hen bris. Bydd y pris yn codi, gan ostwng maint y galw (dyfais ddogni), hybu cwmnïau presennol i gynhyrchu mwy (cymhelliad) a hybu eraill i ymuno â'r diwydiant (arwydd). Bydd hyn yn dod ag adnoddau i mewn i'r diwydiant hwn ac allan o ddiwydiant arall.

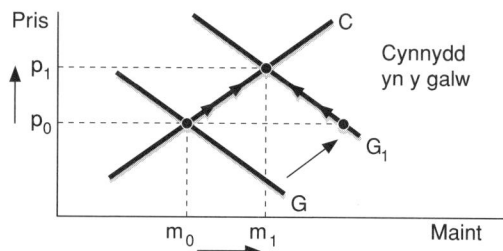

Y mecanwaith prisiau: cynnydd yn y cyflenwad

Yn achos cynnydd yn y cyflenwad bydd cromlin y cyflenwad yn symud i'r dde. Am yr hen bris cytbwys (p_0) mae gorgyflenwad. Bydd y pris yn gostwng, gan gynyddu maint y galw a gostwng maint y cyflenwad. Bydd y pris yn gostwng nes iddo gyrraedd y cydbwysedd newydd yn p_1m_1.

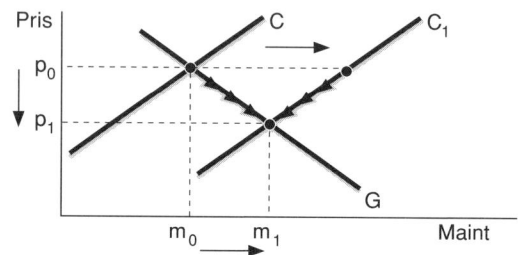

Rheoli prisiau
Isafbris

Mae hyn yn golygu na chaniateir i'r pris fynd yn is na lefel benodol. Os ydy pris y farchnad yn is na'r lefel hon yr effaith fydd creu gorgyflenwad. Er enghraifft, mae'r Llywodraeth wedi cyflwyno lleiafswm cyflog. Os gosodir hwn yn uwch na chyfradd y farchnad, bydd y rhai sy'n dal i gael eu cyflogi yn ennill mwy nag o'r blaen ond bydd gorgyflenwad, h.y. bydd y pris uwch yn golygu bod mwy o bobl eisiau gweithio ond bod llai o alw am weithwyr.

Noder: os bydd yr isafbris yn is na'r cydbwysedd ni fydd yn cael dim effaith.

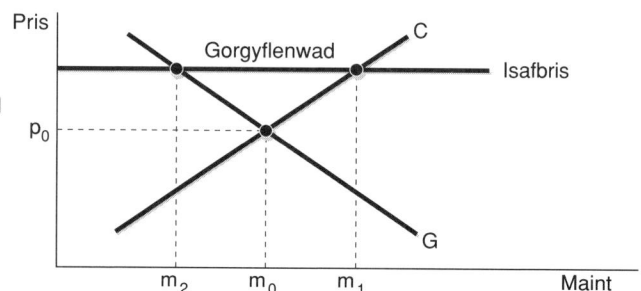

Galw a chyflenwad (parhad)

Rheoli prisiau
Uchafbris

Mae hyn yn gosod terfyn ar gyfer y pris, e.e. gallai'r Llywodraeth osod uchafbris ar gyfer rhent. Os ydy pris y farchnad yn uwch na'r lefel hon, yr effaith fydd creu goralw. Yn aml mae uchafbrisiau'n achosi i farchnad ddu godi lle bydd pobl yn dechrau masnachu am bris y farchnad yn hytrach na'r 'pris swyddogol', e.e. weithiau caiff prisiau ar gyfer cyngherddau eu gosod yn is na phrisiau'r farchnad a dyna pam mae towtiaid tocynnau yn eu prynu nhw am y pris sefydlog ac yn eu gwerthu am fwy. *Noder: os ydy'r uchafbris yn uwch na'r cydbwysedd ni fydd yn cael dim effaith.*

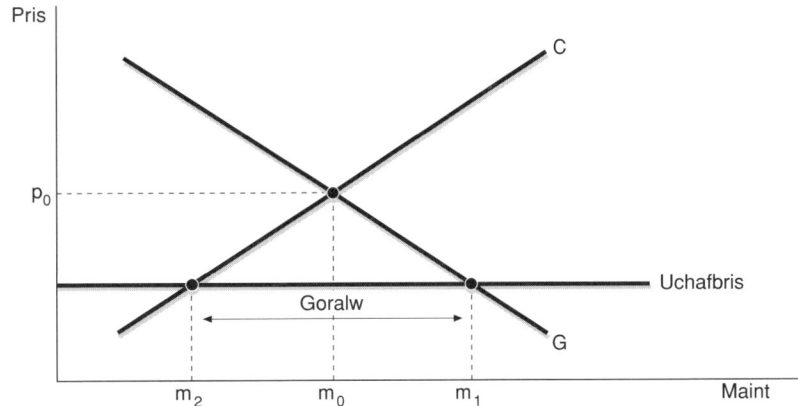

Dim cydbwysedd

Efallai na fydd yn bosibl cyflenwi nwydd am nad oes pris cytbwys.

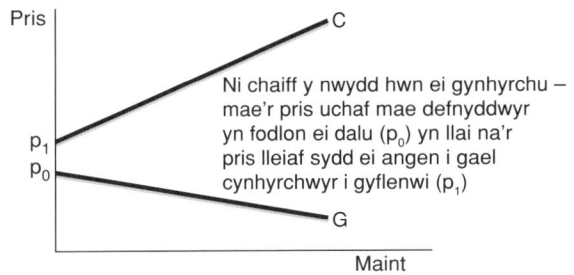

Ni chaiff y nwydd hwn ei gynhyrchu – mae'r pris uchaf mae defnyddwyr yn fodlon ei dalu (p_0) yn llai na'r pris lleiaf sydd ei angen i gael cynhyrchwyr i gyflenwi (p_1)

Trethi anuniongyrchol

Mae trethi anuniongyrchol yn drethi a osodir ar y cyflenwr ac maen nhw'n cael yr effaith o gynyddu costau.

Mae dau fath:

a **trethi *ad valorem*** sy'n ychwanegu *canran* benodol at y pris

b **trethi penodol (neu drethi yr uned)** sy'n ychwanegu *swm* sefydlog o arian at y costau.

Mae cyflenwyr yn ceisio trosglwyddo'r costau uwch hyn i'r defnyddiwr. Mae eu gallu i wneud hyn yn dibynnu ar elastigeddau cymharol galw a chyflenwad.

- Os ydy'r galw'n fwy anelastig na'r cyflenwad y defnyddwyr fydd yn talu cyfran fwyaf (neu bwysfan mwyaf) y dreth
- Os ydy'r cyflenwad yn fwy anelastig na'r galw y cynhyrchwyr fydd yn talu pwysfan mwyaf y dreth.

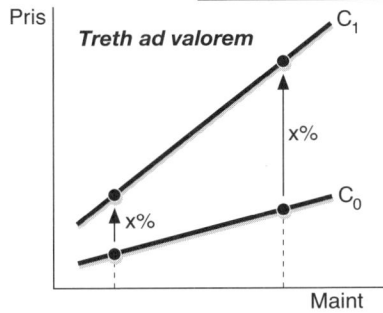

Treth ad valorem

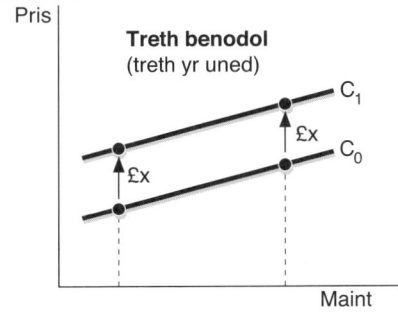

Treth benodol (treth yr uned)

Arenillion treth (Tax yield)

Pan gyflwynir treth anuniongyrchol gyntaf, bydd yr arenillion (h.y. y derbyniadau a gynhyrchir ar gyfer y Llywodraeth) yn cynyddu'n awtomatig gan nad oedd dim cyn hynny. Pan gaiff y dreth ei chynyddu ni fydd yr arenillion o reidrwydd yn cynyddu:

- pan gynyddir trethi anuniongyrchol, bydd yr arenillion yn cynyddu os bydd y galw a'r cyflenwad yn gymharol anelastig.
- os cynyddir treth anuniongyrchol a bod y galw a'r cyflenwad yn gymharol elastig, bydd yr arenillion yn gostwng. Er bod y dreth yr uned yn uwch, mae'r gostyngiad yn y nifer a brynir yn lleihau derbyniadau cyfan y Llywodraeth.

I uchafu derbyniadau gall y Llywodraeth ehangu sylfaen y dreth, h.y. trethu mwy o nwyddau a gwasanaethau; trwy drethu mwy o nwyddau, bydd y defnyddwyr yn ei chael hi'n llai hawdd newid i nwydd arall rhatach ac felly bydd galw'n anelastig.

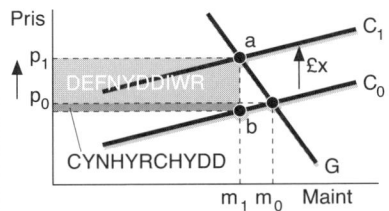

Treth = ab yr uned. Mae'r defnyddiwr yn talu p_0p_1 yn ychwanegol. Mae llai yn cael ei dalu gan y cynhyrchydd am fod y galw'n fwy anelastig na'r cyflenwad.

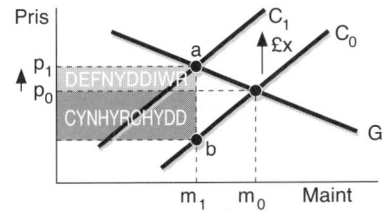

Mae'r cyflenwad yn fwy anelastig na'r galw, felly cynhyrchwyr sy'n talu pwysfan mwyaf y dreth.

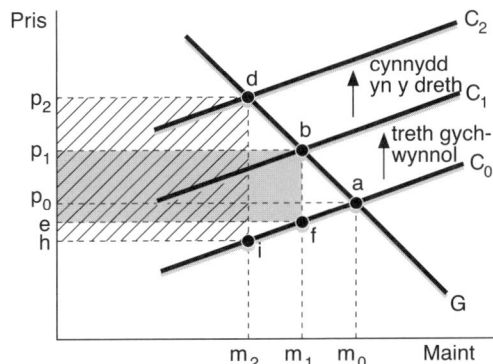

Gosodir treth ar gynhyrchwyr, mae'r cyflenwad yn symud o C_0 i C_1. Derbyniadau'r dreth i'r Llywodraeth yw $p_1$bfe. Cynyddir y dreth, mae'r cyflenwad yn symud o C_1 i C_2. Nawr derbyniadau'r dreth yw $p_2$dih. Mae'r derbyniadau i'r Llywodraeth (neu'r arenillion) wedi cynyddu am fod y galw'n anelastig.

Marchnadoedd amaethyddol (cynhyrchion cynradd)

Mae cynhyrchwyr mewn marchnadoedd amaethyddol yn wynebu dwy broblem:
- tuedd dymor hir i brisiau ostwng
- ansefydlogrwydd prisiau yn y tymor byr

Tuedd dymor hir i brisiau amaethyddol ostwng
- mae'r cyflenwad yn cynyddu o ganlyniad i dechnoleg well, e.e. gwrteithiau, peiriannau
- nid yw'r galw'n cynyddu'n gyflym gan ei fod yn incwm anelastig

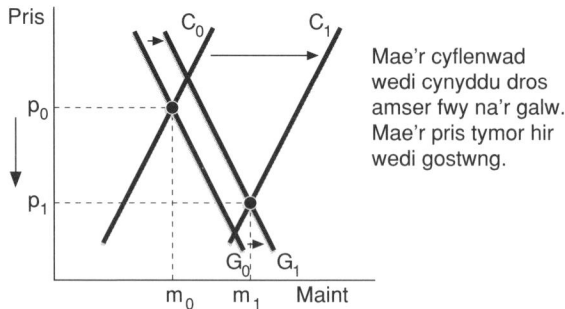

Mae'r cyflenwad wedi cynyddu dros amser fwy na'r galw. Mae'r pris tymor hir wedi gostwng.

Ansefydlogrwydd prisiau cynhyrchion amaethyddol yn y tymor byr
- galw anelastig am fod bwyd yn anghenraid
- cyflenwad tymor byr anelastig (e.e. o ganlyniad i anawsterau cadw stociau; cyfnod cynhyrchu hir)
- mae'r cyflenwad yn agored i symudiadau sydyn, e.e. newidiadau yn y tywydd

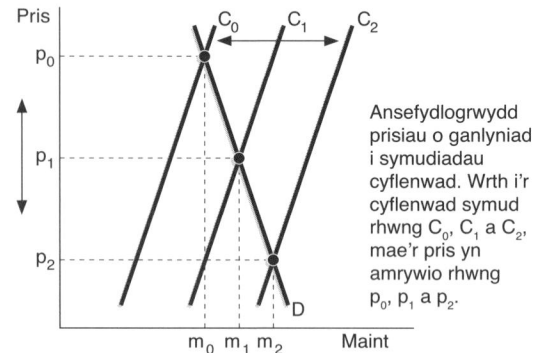

Ansefydlogrwydd prisiau o ganlyniad i symudiadau cyflenwad. Wrth i'r cyflenwad symud rhwng C_0, C_1 a C_2, mae'r pris yn amrywio rhwng p_0, p_1 a p_2.

Noder: Mae marchnadoedd cynwyddau (*commodities*)yn gyffredinol (e.e. aur, gwenith, olew ac arian [*silver*]) yn cael newidiadau mawr mewn prisiau o ganlyniad i newidiadau yn y galw a hefyd cyflenwad a galw sy'n bris anelastig.

Ansefydlogrwydd prisiau ac incwm
Mae prisiau ansefydlog yn golygu incwm ansefydlog i ffermwyr a chynhyrchwyr eraill o gynhyrchion cynradd. Os ydy'r galw'n anelastig mae'n golygu bod cynhyrchwyr yn ennill mwy mewn blynyddoedd gwael nag mewn blynyddoedd da; gyda gostyngiad yn y cyflenwad, bydd prisiau'n codi a bydd cynhyrchwyr yn ennill mwy!

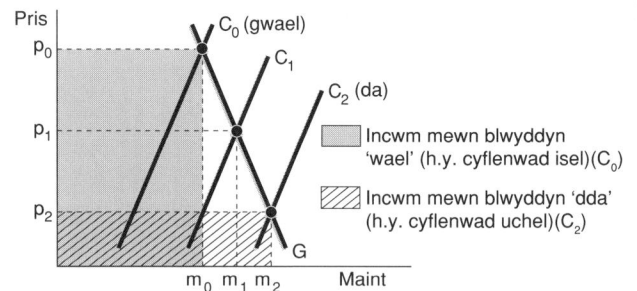

Incwm mewn blwyddyn 'wael' (h.y. cyflenwad isel)(C_0)

Incwm mewn blwyddyn 'dda' (h.y. cyflenwad uchel)(C_2)

Model y we
Mae'n amlygu'r ansefydlogrwydd prisiau mewn marchnadoedd amaethyddol.
Tybir y canlynol:
- yn y tymor di-oed *(immediate)* mae'r cyflenwad yn gwbl anelastig; ni all ffermwyr gynyddu eu cynnyrch ar ôl i gnwd gael ei dyfu a'i gymryd i'r farchnad tan y tymor nesaf
- bydd penderfyniad ffermwr ynghylch faint i'w gynhyrchu dymor nesaf yn dibynnu ar y pris y tymor hwn gan ei bod yn cymryd un tymor i'r cnwd dyfu, felly rhaid ei blannu nawr (y term am hyn yw 'disgwyliadau addasol')
- mae'r cyflenwad tymor hir yn fwy elastig na'r tymor di-oed – oherwydd dros amser gall ffermwyr benderfynu faint o adnoddau i'w rhoi i'r cnwd hwn ac felly mae'n nhw'n gallu cynyddu neu ostwng cynnyrch.

Mae cydbwysedd yn wreiddiol yn p_0m_0 nes i sioc cyflenwad sydyn, e.e. trychineb naturiol, ostwng y cnwd sydd ar gael i m_1. Gyda'r gostyngiad yn y cyflenwad, mae'r pris yn codi i p_1. Yna mae ffermwyr yn penderfynu faint i'w blannu flwyddyn nesaf; a derbyn y pris uchel p_1 maen nhw'n penderfynu cyflenwi m_2. Ar ddiwedd y flwyddyn nesaf cynhyrchir m_2; oherwydd bod hyn yn llawer mwy o gnwd nag o'r blaen, mae'r pris yn gostwng i p_2. Mae ffermwyr nawr yn gweld y pris isel p_2 ac yn penderfynu gostwng cynhyrchu i m_3. Ar ddiwedd y cyfnod nesaf maen nhw'n cynhyrchu hyn ac mae'r pris yn codi i p_3. Mae hyn yn arwydd i blannu llawer mwy yn y cyfnod nesaf. Mae'r broses hon yn parhau.

- Os ydy cromlin y galw yn fwy anelastig na chromlin y cyflenwad mae hyn yn achosi gwe ddargyfeiriol, h.y. newidiadau mwy a mwy yn y pris ymhellach ac ymhellach o'r pris cytbwys.
- Os ydy cromlin y galw yn fwy elastig na chromlin y cyflenwad mae'n achosi gwe gydgyfeiriol, lle mae'r pris yn raddol yn symud yn ôl tuag at gydbwysedd.

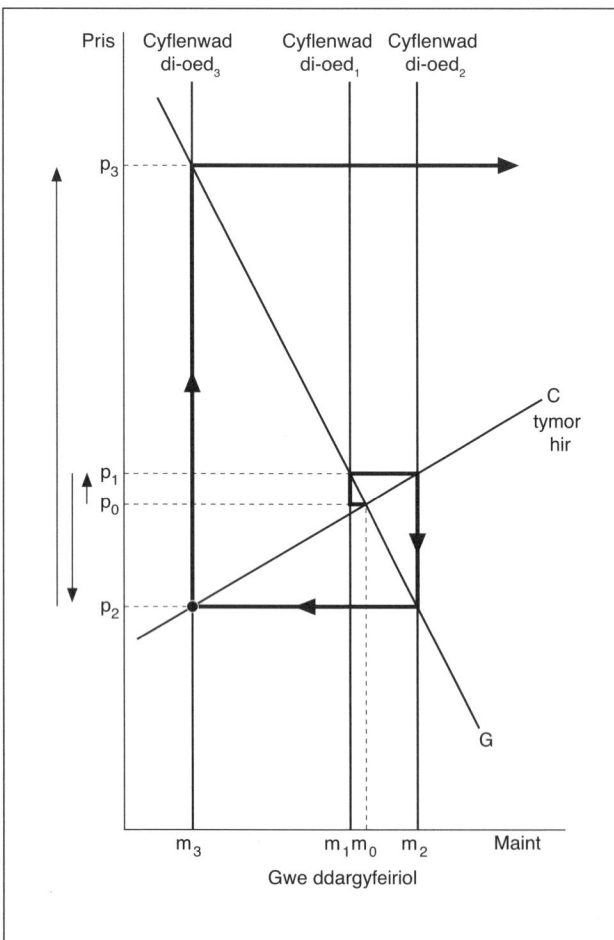

Gwe ddargyfeiriol

Marchnadoedd amaethyddol (cynhyrchion cynradd) (parhad)

Cynlluniau stoc clustogi

Stoc diogelu a gedwir i helpu i leihau ansefydlogrwydd prisiau yw stoc clustogi (*buffer*). Mae prisiau'n osodedig ar lefel benodol (neu o fewn amrediad penodol); os bydd gorgyflenwad am y pris hwn bydd y Llywodraeth yn ei brynu; os bydd goralw bydd y Llywodraeth yn gwerthu ei stociau.

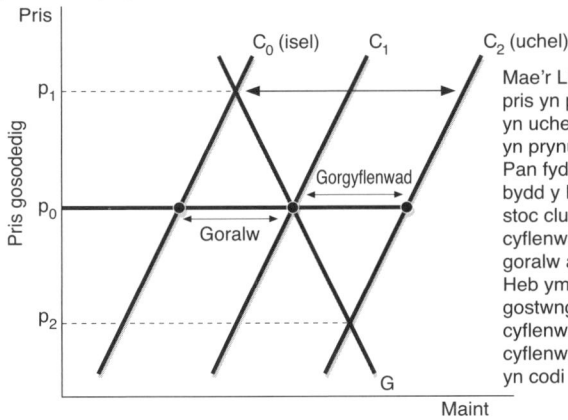

Mae'r Llywodraeth yn gosod y pris yn p_0. Pan fydd y cyflenwad yn uchel (C_2) bydd y Llywodraeth yn prynu'r gorgyflenwad am p_0. Pan fydd y cyflenwad yn isel (C_0) bydd y Llywodraeth yn gwerthu stoc clustogi, sy'n cynyddu'r cyflenwad, i gael gwared â'r goralw am y pris p_0.

Heb ymyriad byddai'r pris yn gostwng i p_2 pan fyddai'r cyflenwad yn uchel; pan fyddai'r cyflenwad yn isel byddai'r pris yn codi i p_1.

Problemau cynllun stoc clustogi

- costau storio
- mae rhai nwyddau'n ddarfodus
- costau gweinyddu
- os bydd y Llywodraeth yn gosod y pris yn rhy uchel (fel a wnaed yn Ewrop) bydd yn prynu cnydau yn barhaol – mae hyn wedi arwain at lynnoedd gwin a mynyddoedd menyn. Mae hyn yn debygol o fod yn broblem barhaol wrth i dechnoleg wella, felly dylai'r pris cytbwys yn aml fod yn is na'r pris a osodwyd yn wreiddiol
- gall fod cyflenwadau annigonol os bydd llawer o flynyddoedd gwael
- i godi arian ar gyfer yr ymyriad hwn, rhaid cynyddu trethi
- gallai ymyrryd mewn rhannau eraill o'r economi fod yn bwysicach

Cynllun pris gwarantiedig

Mae'r Llywodraeth yn gwarantu pris, e.e. p_1. Felly mae ffermwyr yn cynhyrchu m_1. Pris clirio'r farchnad ar gyfer y maint hwn yw p_2 (h.y. am y pris hwn mae galw am y maint hwn) ac felly mae'r Llywodraeth yn talu cymhorthdal i'r ffermwyr yn hafal i $p_2 p_1$ yr uned. Cyfanswm y cymhorthdal: $p_1 ab p_2$.

Noder: trwy adael i'r farchnad glirio, mae'r system hon yn golygu nad oes raid i'r Llywodraeth storio'r cnydau.

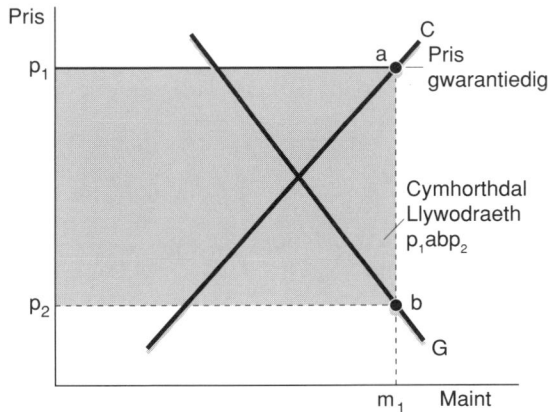

Polisi Amaethyddol Cyffredin Ewropeaidd (CAP)

Mae'n amcanu at sicrhau cyflenwadau o fwyd i'r defnyddiwr yn Ewrop a sicrhau adenillion digonol i'r ffermwyr. Mae system yr Undeb Ewopeaidd yn trethu bwydydd sy'n cael eu mewnforio i gynyddu eu pris i lefel cnydau Ewropeaidd. Mae hefyd yn gweithredu cynllun stoc clustogi.

Polisi neilltuo tir (Set aside policy)

Mae'r dull hwn gan yr UE yn talu ffermwyr am gynhyrchu cnydau grawnfwyd ar eu tir ond mae'n mynnu nad ydynt yn cynhyrchu dim! Gwneir hyn i atal gorgyflenwadau o rawn ledled Ewrop, y byddai'n rhaid i'r Undeb Ewropeaidd eu prynu.

Cynlluniau cymhorthdal incwm

Mae cynllun sy'n cadw'r pris mae ffermwyr yn ei dderbyn yn gyson yn dal i arwain at incwm ansefydlog. Dewis arall yw i'r Llywodraeth sefydlogi incwm ond bydd hynny'n golygu y bydd prisiau'n dal i amrywio.

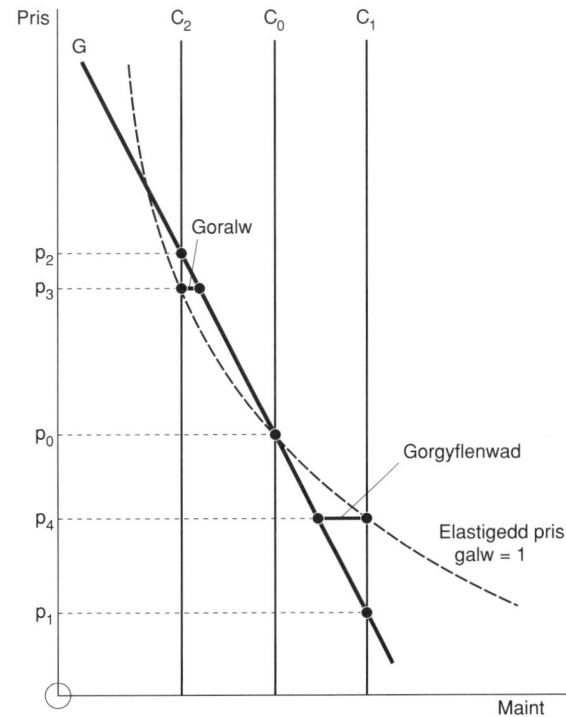

Mewn marchnad rydd byddai'r pris yn amrywio o p_0, p_1 a p_2 a byddai incwm yn amrywio. Mae'r Llywodraeth yn gosod prisiau ar sail y gromlin alw sydd ag elastigedd o 1 fel y bydd incwm ffermwyr yn gyson, h.y. p_3, p_0, p_4. Pan fydd y cyflenwad yn C_1 bydd y Llywodraeth yn gosod y pris p_4. Am y pris hwn bydd gorgyflenwad; bydd y Llywodraeth yn prynu hwn gan greu stoc clustogi. Pan fydd y cyflenwad yn C_2, bydd y Llywodraeth yn gosod y pris p_3. Bydd goralw, felly bydd y Llywodraeth yn gwerthu stoc clustogi.

Prisiau uchel am wenith

Mae pris gwenith wedi codi'n sylweddol yn y blynyddoedd diwethaf oherwydd:
- mwy o alw am fod incwm a phoblogaeth y byd yn cynyddu
- cyflenwad llai wrth i gnydau gael eu defnyddio fel biodanwyddau
- hapfasnachwyr yn prynu cnydau yn y gobaith y bydd prisiau'n codi ymhellach

Marchnadoedd: cludiant

Mae **cludiant** yn golygu symud pobl a nwyddau rhwng cyrchfannau.

Dull cludo yw'r dull o symud teithwyr a llwythi (*freight*). Y prif ddulliau cludo yw: ffyrdd, awyr, môr a phiblinellau.

Mae economeg gludiant yn ymdrin â'r dyraniad adnoddau yn y sector cludiant a ddefnyddir i symud teithwyr a llwythi o un lle i le arall. Yn achos cludiant, gellir mesur galw mewn gwahanol ffyrdd, fel niferoedd y teithiau neu gyfanswm y pellter sy'n cael ei deithio. Mae penderfyniadau galw yn cynnwys: pa daith i'w gwneud, pa ddull cludo i'w ddewis a phryd i wneud y daith.

Mae cyflenwad yn dibynnu ar allu'r system gludiant i gludo teithwyr. Gyda phreifateiddio llawer o weithrediadau cludiant (e.e. bysiau moethus, bysiau a threnau) mae penderfyniadau cyflenwad yn y DU yn fwyfwy yn cael eu gwneud gan gwmnïau sector preifat. Mae pris teithio yn cynnwys cost y teithio o ran arian ac amser (h.y. yr hyn rydych yn ei roi heibio wrth deithio yn y ffordd hon).

Mae cludiant yn cynhyrchu allanolderau positif a negatif:

- allanolderau positif: gall gynyddu gwerthoedd tir mewn ardal a gall ysgogi gweithgareddau economaidd mewn rhanbarth.
- allanolderau negatif: llygredd aer, llygredd sŵn, peryglon diogelwch a thagfeydd.

Cludiant a theithio
Marchnad gludiant y DU

- Mae cludiant yn wasanaeth. Mae'n cynnwys rheilffyrdd, ffyrdd, dyrffyrdd a phiblinellau. Mae'n cynnwys symud pobl (cludiant teithwyr) a nwyddau (cludiant llwythi). Gall cynnyrch gael ei fesur yn nhermau y pellter a deithiwyd, e.e. milltiroedd teithwyr neu faint sydd wedi cael ei gludo, e.e. tunelli metrig.
- Fel arfer ystyrir cludiant yn alw *deilliedig* – byddwch fel arfer yn teithio i fynd rywle neu i ddosbarthu cynhyrchion yn hytrach nag am y profiad o deithio ynddo'i hun (nid yw hynny'n wir bob amser, e.e. gallech ddewis gwyliau mordeithio am eich bod yn mwynhau'r profiad).

Caiff adnoddau yn y farchnad gludiant eu dyrannu gan gyfuniad o Lywodraeth a mecanwaith y farchnad

Er enghraifft, y Llywodraeth sy'n penderfynu:

- pa ffyrdd i'w hadeiladu
- pa ffyrdd sydd i gael eu cynnal a'u gwella
- Yn y DU mae'r rhan fwyaf o'r ffyrdd yn cael eu darparu am ddim yn y man defnyddio gyda'r Llywodraeth yn cyllido hyn (mewn gwledydd eraill yn aml gweithredir traffyrdd gan gwmnïau preifat sy'n codi toll ar ddefnyddwyr)

Fodd bynnag, mae mecanwaith y farchnad yn gweithio hefyd:

- mae cwmnïau bysiau dan berchenogaeth breifat yn codi tâl am eu gwasanaethau, felly hefyd cwmnïau tacsis
- mae cwmnïau cludo llwythi yn codi tâl ar gwsmeriaid
- rhaid i unigolion dalu am eu ceir

Penderfynu sut i deithio

Gall hyn ddibynnu ar y canlynol:

- Argaeledd dewis penodol. Yn 2000 fe wnaeth problemau gyda rhwydwaith y rheilffyrdd arwain at gynyddu defnyddio'r ffyrdd a mwy o bobl yn defnyddio teithio mewn awyren o fewn y DU. Os byddwch chi eisiau mynd o dŷ i dŷ, yr unig ddewis bron yw'r ffyrdd.
- Costau. Yn y tymor byr bydd teithwyr yn cymharu cost ffiniol taith, e.e. cost tocyn trên o'i chymharu â chost y petrol a ddefnyddir mewn taith gar. Yn y tymor hir dylai teithwyr ystyried y costau i gyd, e.e. a yw'n werth amnewid y car ai peidio.
- Cyflymder. Faint o frys sydd i'r daith? Mae'r amser a gymerir ar daith yn golygu cost ymwad – yr amser a gellid ei ddefnyddio yn gwneud pethau eraill. Dylai teithwyr ystyried cost pob munud a dreulir yn teithio.
- Dibynadwyedd. Gall y penderfyniad ynghylch pa ddull cludo i'w ddewis ddibynnu ar ddibynadwyedd dewis penodol, e.e. os ydy tywydd gwael yn achosi lefelau uchel o ganslo neu oedi trenau gallech ddewis fynd mewn car.
- Diogelwch. Bydd teithwyr yn ystyried tebygolrwydd damwain cyn teithio, e.e. ar ôl trychineb awyren gall nifer y bobl sy'n teithio mewn awyren ostwng.

SECTOR CYHOEDDUS ➡ SECTOR PREIFAT

preifateiddio

Mae llawer o ddarparwyr cludiant wedi cael eu preifateiddio yn y DU, e.e. yn y sectorau bysiau, bysiau moethus, rheilffyrdd ac awyr. Fodd bynnag, trwy gyrff fel Swyddfa Rheolydd y Rheilffyrdd (*ORR*), mae'r Llywodraeth yn rheoleiddio i fonitro gweithredwyr cludiant y sector preifat fel Cwmnïau Gweithredu Trenau fel *Virgin Rail*.

Amcanion polisi cludiant y Llywodraeth

Mae amcanion yn debygol o gynnwys neu ystyried y canlynol:

- Effeithlonrwydd. Os gall y Llywodraeth wneud y system gludiant yn fwy effeithlon, e.e. lleihau tagfeydd, gall hynny leihau'r costau dosbarthu i gwmnïau a'u gwneud nhw'n fwy effeithlon. Mae ffyrdd gwael neu system reilffyrdd wael yn gwneud dosbarthu'n arafach ac yn ddrud. Mae hyn yn achosi gwasanaeth gwael a chostau uwch sy'n debygol o arwain at brisiau uwch i ddefnyddwyr.
- Materion amgylcheddol. Mae cludiant yn creu allanolderau negatif. Nid yw unigolion sy'n defnyddio'r ffyrdd, er enghraifft, yn ystyried costau cymdeithasol eu gweithredoedd. Mae cludiant yn achosi llygredd sŵn ac aer. Mae adeiladu ffyrdd, meysydd awyr ayb hefyd yn gallu cael effaith ar fywyd gwyllt a'r amgylchedd. Mae cludiant hefyd yn creu damweiniau; dydy gyrwyr ceir ddim yn ystyried costau damweiniau o'r fath pan fyddan nhw'n penderfynu defnyddio'r car.

- Hygyrchedd. Gellir dadlau y dylai pawb fod â'r gallu i deithio o gwmpas eu gwlad. Ar sail hynny dylai'r system gludiant fod yn addas i alluogi pobl i fynd o A i B. Mae hyn yn hanfodol ar gyfer amrywiaeth o weithgareddau fel gweld ffrindiau a siopa. Dylai pobl mewn ardal wledig allu mynd o gwmpas gymaint â phobl mewn dinas.
- Cyllid cyhoeddus. Yn amlwg, mae'r swm mae Llywodraeth yn ei wario ar gludiant yn cael effaith ar faint o dreth mae angen ei chodi neu ar wariant ar feysydd eraill. Felly rhaid i wariant ar gludiant gael ei roi yng nghyd-destun materion a gofynion eraill y Llywodraeth.
- Polisi cludiant integredig. Mae hyn yn golygu bod polisïau mewn rhannau gwahanol o'r system gludiant yn cael eu hintegreiddio i ffurfio cyfanwaith cydlynol, e.e. gwneir penderfyniadau ynghylch system y rheilffyrdd yng nghyd-destun yr hyn sy'n digwydd gyda rhwydwaith y ffyrdd. Ofer fyddai adeiladu gorsaf drenau newydd, er enghraifft, oni fydd cymudwyr yn gallu ei chyrraedd ar hyd ffyrdd.

Ffeithiau cludiant y DU

- Modd i ddefnyddio car. Cynyddodd y ganran o gartrefi ym Mhrydain â modd i ddefnyddio dau gar â 6% yn 1971 i 26% yn 2006. Arhosodd y ganran o gartrefi â modd i ddefnyddio un car yn gyson ar oddeutu 45%.
- Yn 2006, mewn car y cyflawnwyd 80% o'r pellter a deithiwyd yn y DU. Mae'r ganran hon wedi aros yn weddol sefydlog ers 1995-97. Mae'r amser cyfartalog a dreuliwyd yn teithio gan drigolion Prydain wedi cynyddu 4% o 1995-97 i 383 o oriau y person y flwyddyn, neu ychydig dros awr y dydd. O hyn, treuliwyd tua 38 munud yn teithio mewn car.
- Cafodd mwy na 4.7 biliwn o deithiau eu gwneud mewn bysiau lleol ym Mhrydain yn 2005-06, mwy na dwbl nifer y teithiau a wnaed mewn trenau (2.2 biliwn).

O ran teithiau teithwyr, gostyngodd defnyddio'r bws a'r trên yn ystod yr 1970au. Mae defnyddio'r trên wedi bod yn cynyddu, yn gyffredinol, ers rhan gyntaf yr 1980au, ond fe wnaeth nifer y teithiau ar fysiau lleol barhau i ostwng tan 1998-99 cyn cynyddu ychydig. Mae teithio yn Llundain yn cyfrif am fwy na thraean o holl deithiau teithwyr Prydain ar fysiau lleol.

Rhagfynegi lefelau cludiant

I wneud hyn gellid:

- defnyddio allosod (*extrapolation*): seilio lefelau'r dyfodol ar dueddiadau'r gorffennol
- ystyried rhagfynegiadau, e.e. ar gyfer poblogaeth ac incwm, ac amcangyfrif effaith bosibl y rhain ar wahanol fathau o gludiant
- defnyddio barn arbenigwyr
- ystyried materion cyflenwad, e.e. projectau adeiladu ffyrdd, gan y bydd y rhain yn effeithio ar ddefnyddio.

Mae rhagfynegiadau'n bwysig i gwmnïau sy'n ymwneud â'r diwydiant hwn. Beth yw'r galw tebygol am geir newydd neu longau? Fydd buddsoddi mewn gwasanaethau/llwybrau penodol yn broffidiol? Faint o werth sydd i gynnig am lwybrau penodol? Bydd gan y Llywodraeth ddiddordeb hefyd. Beth fydd yr effaith amgylcheddol debygol? Beth fydd yr effaith debygol ar dderbyniadau trethi?

Marchnadoedd: cludiant (parhad)

Y graddau o gystadleuaeth yn y diwydiant cludiant

- Mae rhywfaint o gystadleuaeth *rhwng* mathau gwahanol o gludiant, e.e. gallwch yrru i unrhyw le, mynd ar drên neu fynd ar gwch. Ond mae'n dibynnu ar ble rydych chi'n mynd, pryd rydych chi eisiau mynd a phryd rydych chi eisiau cyrraedd. O fewn pob sector cludiant mae gwahanol raddau o gystadleuaeth. Mae maint y gystadleuaeth yn dibynnu yn rhannol ar sut y diffinnir y farchnad. Er enghraifft, mae gan y diwydiant bysiau ychydig o gwmnïau yn cystadlu dros y wlad ac felly gellir ystyried hyn yn oligopoli. Ond, o fewn un ardal efallai mai dim ond un cwmni sy'n darparu llwybr penodol ac felly mae gan y darparwr fonopoli lleol.
- Mae'r diwydiant hedfan yn gymharol gystadleuol o fewn gwlad a rhwng gwledydd. Fodd bynnag, mae cwmnïau'n ceisio brandio'u cynhyrchion er mwyn gwahaniaethu'r hyn maen nhw'n ei gynnig. Hefyd maen nhw'n gweithredu llwybrau penodol – efallai na fydd llawer o gystadleuaeth ar lwybr penodol ar ddiwrnod penodol. Gall mynd i mewn i'r farchnad hedfan fod yn broblem gan y gall fod yn anodd cael slotiau glanio yn y prif feysydd awyr. Hefyd gall fod yn anodd cael caniatâd i hedfan i wledydd penodol sy'n rheoli nifer y cwmnïau hedfan o wledydd tramor sy'n dod i mewn i'w gwlad nhw. Mae polisi 'awyr agored' o fewn yr UE, h.y. gall unrhyw gwmni hedfan o un o aelod-wledydd yr UE hedfan i unrhyw le o fewn yr UE, ond nid yw hynny'n wir yn gyffredinol mewn mannau eraill.
- Llongau. Yn achos llwythi mae'n farchnad gymharol gystadleuol gyda llawer o ddarparwyr yn cynnig gwasanaethau tebyg. Yn achos teithwyr yn aml dim ond un neu ddau ddarparwr sydd ar lwybr penodol.

Mae posibilrwydd camddefnyddio grym monopoli yn y sector cludiant yn dibynnu ar y graddau o reoleiddio, e.e. mae'r cwmnïau trenau sydd â thrwydded ar gyfer llwybr penodol yn cael eu rheoleiddio gan y Llywodraeth.

Ffyrdd

Costau allanol cludiant ffyrdd
Mae trafnidiaeth ffyrdd yn achosi costau allanol:
- llygredd sŵn
- tagfeydd: yn cynyddu amser teithiau
- llygredd aer
- effaith ar adeiladau a achosir gan ddirgryniad
- effaith ar amgylchedd lleol, e.e. damweiniau gyda bywyd gwyllt
- difetha, h.y. gall ffyrdd ddifetha golygfeydd
- straen, h.y. gall achosi rhwystredigaeth os caiff person ei ddal mewn tagfeydd (cythraul gyrru – *road rage*)
Mae'r dargyfeiriad rhwng costau cymdeithasol a chostau preifat moduro yn gallu arwain at gamddyrannu adnoddau.

	Mantais	Anfantais
Ffyrdd	Cyfleus a hyblyg; gallu mynd o ddrws i ddrws, gallu teithio pryd y dymunwch; cysurus, gallwch gael sedd	Yn uchel o ran llygredd; yn rhoi straen ar yrwyr; gall fod yn ddrud ac yn araf, e.e. os oes tagfeydd; taliadau ffyrdd posibl
Rheil-ffyrdd	Cyflym dros deithiau hir; diogel; yn gymharol gyfeillgar i'r amgylchedd o gymharu â cheir; gallwch weithio wrth deithio	Llwybrau cyfyngedig; diffyg hyblygrwydd, e.e. amserlenni; gall fod yn brysur ar rai llwybrau
Awyr	Cyflym dros bellterau hir	Drud; llwybrau ac amserlenni cyfyngedig; trethi maes awyr; llygru
Môr	Rhad ar gyfer cludo meintiau mawr	Araf; nifer cyfyngedig o borthladdoedd; trethi porthladd; angen cludiant i ac o borthladdoedd
Bws	Yn well i'r amgylchedd na char, er enghraifft; gall fod yn gymharol rad	Efallai na fydd yn mynd pryd rydych chi eisiau teithio neu i'r union le; gall fod yn llawn ac yn anghysurus

Rheilffyrdd
Erbyn hyn mae'r diwydiant rheilffyrdd yn cynnwys:
- *Railtrack* – perchennog yr isadeiledd rheilffyrdd presennol. Mae'n gyfrifol am ddiweddaru a chynnal a chadw holl elfennau'r system fel trac a phontydd
- *Cwmnïau gweithredu trenau* – Y rhain sy'n darparu'r gwasanaeth ei hun, e.e. *Virgin*. Mae gan y cwmnïau hyn drwydded i weithredu gwasanaeth am sawl blwyddyn.
- *Cwmnïau prydlesu* – o'r rhain mae'r trenau'n cael eu rhentu.
- *Cwmnïau cludo llwythi* – cludir nwyddau gan y rhain.

Systemau cludiant
- Yn galluogi gwerthu nwyddau mewn marchnadoedd newydd.
- Yn galluogi cwsmeriaid a gweithwyr i deithio i fwy o leoedd gan greu cyfleoedd newydd o ran pryniant a swyddi
- Yn galluogi busnesau i ddewis o amrywiaeth ehangach o gyflenwyr

Amnewidion cludiant
Gall y mathau gwahanol o gludiant sydd ar gael fod yn amnewidion am ei gilydd (ond gellir cael achosion lle nad yw pob math o gludiant ar gael mewn gwirionedd).

Ffactorau sy'n effeithio ar y dewis o gludiant llwythi
- cyflymder
- cyfleustra
- cwmpas (*coverage*) y rhwydwaith
- cost
- effaith amgylcheddol

Galw am gludiant
Galw cyfansawdd: mae'r galw am ffyrdd yn alw cyfansawdd gan fod galw amdanyn nhw gan ddefnyddwyr preifat a masnachol; pan fydd y galw gan y gwahanol grwpiau hyn yn uchel mae'n gallu achosi tagfeydd.
Galw brig: mae adegau o'r dydd, wythnos, mis a blwyddyn pan fydd y galw am systemau cludiant yn arbennig o uchel – cyfnodau brig yw'r rhain (e.e. ar drenau cymudwyr cyn 9 a.m.) Mae hyn yn aml yn achosi tagfeydd gan na all y cyflenwad ymdopi â chymaint â hyn o draffig.

Dylanwadau llywodraeth ar gludiant
- Trethi, e.e. ar deithio mewn awyren a thanwydd, a chymorthdaliadau, e.e. cludiant cyhoeddus
- Rheoleiddio a dadreoleiddio
- Darpariaeth uniongyrchol

Gwerthuso polisïau llywodraeth i leihau tagfeydd
Ystyriwch y canlynol:
- Pwy fydd yn talu – a yw'n deg?
- Costau gweinyddol
- Costau monitro a phlismona
- Effaith wleidyddol, e.e. effaith debygol ar bleidleisiau
- Goblygiadau cyllido (e.e. os yn cymorthdalu cludiant cyhoeddus)
- Cywirdeb amcangyfrifon o gostau allanol

A ddylai'r llywodraeth gymorthdalu cludiant cyhoeddus?
- Mae'n gwneud cludiant cyhoeddus yn rhatach, a ddylai hybu pobl i newid i hyn o gludiant preifat; mae hyn yn well i'r amgylchedd.
- Gall helpu grwpiau incwm isel ac felly bod yn gymdeithasol ddymunol. *Ond*
- Gall gymorthdalu aneffeithlonrwydd; gall waredu cymhelliant i gadw costau i lawr.
- Sut y defnyddir cymorthdaliadau? A yw'n well gwella ansawdd a chysur y gwasanaeth neu ostwng y pris (pa mor sensitif i bris yw'r galw)?
- Cost ymwad cyllido gan y llywodraeth – fydd hyn yn creu ystumiadau drwy dreth rywle arall? Allai'r arian gael ei ddefnyddio'n well rywle arall?

Hyrwyddo cludiant cynaliadwy
Mae cludiant cynaliadwy yn ceisio sicrhau bod adnoddau ar gael a gyfer y genhedlaeth nesaf. Yn achos cludiant mae angen i ni ystyried materion fel pa mor bell mae bwyd wedi teithio i gyrraedd y defnyddiwr – beth fu'r effaith ar yr amgylchedd?

Gwerthuso rheoleiddio fel modd i leihau defnyddio'r ffyrdd
Ystyriwch y canlynol:
- Cost gorfodi a monitro'r rheoleiddio; gall hyn olygu bod y costau'n fwy na'r buddion posibl.
- Gall fod yn anodd pennu pa lefel o reoleiddio sydd ei hangen yn y lle cyntaf i gyflawni'r lefel gymdeithasol optimaidd o gynhyrchu/dreuliant.
- Bydd effeithiolrwydd rheoleiddio yn dibynnu ar sut y caiff ei fonitro a'i blismona, e.e. faint yw'r ddirwy a beth yw tebygolrwydd cael eich dal?
- Gall gymryd amser i'w gyflwyno oherwydd oediad amser cyflwyno'r ddeddfwriaeth.

Marchnadoedd: cludiant (parhad)

Enghreifftiau o nodau cludiant llywodraeth y DU
- Gwasanaethau bysiau gwell
- Cymhellion i yrwyr adael eu ceir gartref
- Gwasanaethau trenau gwell
- Meddwl cysylltiedig ynghylch cludiant
- Mesurau atal tagfeydd
- Systemau rheilffyrdd ysgafn
- Prisio ffyrdd

Y galw am gludiant
Mae'r galw am gludiant teithwyr yn dibynnu ar y canlynol:
- Prisiau. Mae pris cyfartalog cludiant yn y DU wedi codi yn unol â chwyddiant. Ond cynyddodd pris cludiant rheilffyrdd, bysiau a bysiau moethus yn gyflymach o lawer na chwyddiant yn yr 1980au a'r 1990au; yn bennaf oherwydd cymorthdaliadau is a mwy o weithredwyr preifat yn ceisio cynyddu elw. Mae newidiadau yn y pris yn arwain at symudiad ar hyd cromlin y galw.
- Incwm real. Gyda mwy o incwm bydd y galw am deithio yn cynyddu.
- Tueddiadau poblogaeth. Mae cynnydd yn y boblogaeth yn debygol o gynyddu'r galw am deithio.
- Tueddiadau cymdeithasol. Os ydy teuluoedd yn fwy rhanedig yn ddaearyddol ac os ydy mwy o bobl yn cymudo i'r gwaith, bydd y galw am deithio'n cynyddu.
- Polisïau'r Llywodraeth, e.e. cymorthdaliadau, cynllunio tref, gwariant ar yr isadeiledd.

Mae maint cludiant teithwyr wedi pedryblu bron dros y 50 mlynedd diwethaf, yn bennaf oherwydd teithio mewn car. Mae mwy na 90% o gilometrau teithwyr a mwy na 60% o gilometrau tunelli metrig o nwyddau yn y DU yn digwydd ar y ffyrdd.

Y galw am deithio ar y ffyrdd
Mae'r galw am le ar y ffyrdd:
- yn dibynnu ar benderfyniadau unigol i deithio;
- yn ddeilliedig – dydy pobl ddim eisiau'r daith ynddi ei hun ond fel modd i fynd rywle. Po fwyaf o fudd sydd i gyrraedd rywle, mwyaf i gyd fydd y galw am le ar y ffyrdd.

Mae'r galw'n dibynnu ar y canlynol:
- Costau ffiniol (ychwanegol) taith, e.e. petrol, cynnal a chadw a dibrisiant. Mae elastigedd pris y galw am deithio ar y ffyrdd yn isel ac felly nid yw ymdrechion i ostwng y galw drwy brisiau uwch yn debygol o gael effaith fawr ar faint y galw.
- Incwm. Wrth i incwm godi, bydd perchenogaeth ceir a defnyddio ceir yn cynyddu'n sylweddol gan fod y galw'n incwm elastig. Felly bydd twf economaidd parhaol yn cynyddu perchenogaeth ceir a defnyddio ceir.
- Pris amnewidion. Os ydy prisiau dewisiadau eraill fel bysiau a threnau yn gostwng, efallai y bydd pobl yn newid i'r rhain. Fodd bynnag, mae croeselastigedd pris galw yn gymharol isel, gan fod pobl yn tueddu i ystyried y rhain yn amnewidion gwael am deithio mewn car. Bydd cyflymder a chysur cymharol y teithiau yn ffactorau y penderfyniad i newid.
- Pris cyfategolion. Bydd y galw am le ar y ffyrdd yn dibynnu ar bris cerbydau a phris parcio.

Rhesymau posibl dros y galw am geir yn codi
- Pris amnewidyn yn codi, e.e. prisiau tocynnau bws, bws moethus a thrên.
- Gostyngiad yn ei bris ei hun: cost moduro yn gostwng.

Cyflenwad lle ar y ffyrdd
- Yn y tymor byr, mae'r cyflenwad yn sefydlog (anelastig); ni ellir adeiladu ffyrdd yn gyflym. Bydd y galw'n amrywio yn ôl yr adeg o'r dydd ac yn ystod cyfnodau brig gall fod tagfeydd gan fod y galw'n uchel o'i gymharu â'r cyflenwad. Ar adegau eraill o'r dydd efallai y bydd y galw lawer yn is na'r cyflenwad.
- Yn y tymor hir, mae'r cyflenwad yn dibynnu ar y rhaglen adeiladu ffyrdd gan yr awdurdodau. Bydd hynny'n dibynnu ar asesiad o gostau a buddion pob cynnig. Gwrthwynebir llawer o brojectau adeiladu ffyrdd gan garfanau pwyso oherwydd y niwed i'r amgylchedd neu'r gymuned.

Costau tagfeydd traffig
- Costau rhedeg y cerbyd
- Costau os oes damwain
- Amser teithio arafach
- Allanolderau negatif, fel llygredd sŵn ac aer, yn cynyddu

Lefel optimaidd defnyddio'r ffyrdd
Mae lefel gymdeithasol effeithlon o ddefnyddio'r ffyrdd i'w chael pan fydd budd cymdeithasol ffiniol taith yn hafal i'r gost gymdeithasol ffiniol.
Y budd cymdeithasol ffiniol yn bennaf yw'r budd i'r gyrrwr car unigol ynghyd ag unrhyw fuddion i eraill sy'n teithio gyda'r gyrrwr.
Mae'r gost gymdeithasol ffiniol yn cynnwys costau preifat (fel dibrisiant a phetrol) ynghyd â chostau allanol fel costau llygredd a thagfeydd o ran, er enghraifft, amser pobl eraill a'r amgylchedd.

A ddylai'r llywodraeth gynyddu pris moduro?
Mae'r cynnydd yn y galw am gludiant yn bennaf yn ganlyniad i foduro, felly gallai cynyddu'r pris ostwng maint y teithio mewn car (e.e. drwy gynyddu'r dreth ar berchenogi ceir neu ar betrol). Fodd bynnag, mae'r galw am deithio mewn car yn bris anelastig ac felly bydd y gostyngiad ym maint y galw yn gyfrannol lai na'r cynnydd yn y pris (yn achos llawer o deithiau does fawr ddim neu ddim dewis arall ar wahân i deithio mewn car).

Sut y gall y llywodraeth wella dyraniad adnoddau ar gyfer cludiant ffyrdd?
Darpariaeth uniongyrchol
Adeiladu mwy o ffyrdd. Fodd bynnag, mae gan hyn effeithiau tegwch, e.e. yr effaith ar bobl sy'n byw ger y traffyrdd, effaith mwy o gludiant preifat o ran gostwng darpariaeth cludiant cyhoeddus (e.e. beth am bobl dlotach sydd eisiau cludiant cyhoeddus). Hefyd, efallai y bydd mwy o ffyrdd yn cynhyrchu mwy o drafnidiaeth (e.e. mwy o deithiau'n cael eu gwneud neu lai o gludiant cyhoeddus yn cael ei ddefnyddio). Hefyd mae mwy o ffyrdd yn cael effaith negyddol ar yr amgylchedd. Darparu mwy o gludiant cyhoeddus i annog pobl i newid o ddefnyddio ceir. Byddai angen gwasanaethau mynych, rhad a chysurus.

Newid arwyddion marchnad i gael y lefel gymdeithasol effeithlon o gludiant ac atal gormod o niwed i'r amgylchedd
Mae hyn yn golygu defnyddio'r mecanwaith prisiau i effeithio ar alw:
- Mwy o drethi, e.e. treth ar danwydd, trethi ar geir newydd a thrwyddedau ceir. Mae'r ddwy olaf yn cynyddu costau sefydlog cael car newydd ond nid y gost ffiniol, felly dydyn nhw ddim yn cael pobl i wneud llai o deithiau ychwanegol pan fydd car ganddynt. Mae trethi ar danwydd yn cynyddu'r gost ffiniol; ond, oherwydd anelastigedd pris y galw byddai angen cynnydd mawr yn y dreth ar danwydd i berswadio pobl i beidio â theithio. Byddai hyn yn effeithio ar yr holl yrwyr, nid yn unig y rhai sy'n defnyddio'r ffyrdd ar adegau brig mewn ardaloedd lle mae tagfeydd, felly gellir ei ystyried yn annheg. Hefyd mae treth uwch ar geir yn wleidyddol amhoblogaidd felly mae llywodraethau'n amharod i'w cynyddu.
- Prisio ffyrdd: gellid gosod trethi ar adegau penodol mewn lleoliadau penodol a gallai'r pris newid yn ôl lefel y tagfeydd. Byddai hyn yn targedu defnyddwyr penodol, yn wahanol i dreth ar danwydd. Mae dulliau'n cynnwys:
  - tollau newidiol ar ffyrdd
  - taliadau i fynd i mewn i ardaloedd penodol ar adegau penodol
  - systemau electronig o brisio ffyrdd: po fwyaf yw'r tagfeydd, uchaf i gyd fydd y pris a delir gan fodurwyr sy'n defnyddio'r ffyrdd hynny. Mae systemau'n cynnwys synwyryddion darllen wedi'u gosod mewn ceir neu sganio platiau rhif. Mae materion o ran cynnwys cost y gosod, pa mor wleidyddol amhoblogaidd y bydd, y taliadau optimaidd a sut i hysbysu modurwyr ymlaen llaw fel y gallan nhw ddewis pryd i deithio.
- Cymorthdalu dulliau eraill o gludiant: mae'n debyg y bydd angen nid yn unig prisiau rhatach ond hefyd buddsoddi yn y cyfleusterau a'r systemau i wella ansawdd y gwasanaeth.
- Rheoleiddio a deddfwriaeth:
  - Gallai'r llywodraeth ganolog neu leol ymyrryd yn y farchnad i geisio lleihau teithio ar y ffyrdd, e.e. drwy gyfyngu ar fynediad ceir (e.e. cael lonau bysiau, atal mynediad ceir i ganol dinasoedd). Y peryglon yw na fydd hyn ond yn symud tagfeydd o un ardal i ardal arall.
  - Cyfyngiadau ar barcio, e.e. atal parcio mewn strydoedd prysur i helpu llif traffig. Gall hyn achosi problemau fel pobl yn gyrru o gwmpas yn chwilio am leoedd gwag, gan ychwanegu at y tagfeydd, a pharcio anghyfreithlon yn achosi peryglon diogelwch.

Gwerthuso defnyddio cymorthdaliadau llywodraeth i hybu cludiant cyhoeddus
Ystyriwch y canlynol:
- Y gost ariannol i'r llywodraeth
- Cost ymwad
- Bydd llwyddiant y cymhorthdal yn dibynnu ar y lefel y caiff ei osod arni (a gaiff ei osod yn hafal i fuddion allanol cludiant cyhoeddus?)
- Bydd effeithiolrwydd yn dibynnu ar elastigedd pris y galw; bydd cymhorthdal penodol yn cael llai o effaith os ydy'r galw'n bris anelastig
- Gall hybu aneffeithlonrwydd os daw cwmnïau i ddibynnu ar y cymorthdaliadau
- Mae'n dibynnu ar yr hyn y defnyddir y cymhorthdal ar ei gyfer, e.e. ydy e'n gwella ansawdd a chyfleustra cludiant cyhoeddus?

Teithio mewn awyren
Mae'r galw am gludiant awyr yn y DU ac Ewrop yn tyfu'n gyflymach. Mae hyn yn achosi pryderon difrifol am y difrod amgylcheddol a achosir gan gludiant awyr. Prif nodweddion teithio mewn awyr yn y DU yn y blynyddoedd diwethaf yw:
- twf cwmnïau hedfan cost-isel fel *EasyJet* a *Ryanair*
- mwy o le ym meysydd awyr y DU, e.e. Terfynfa 5 yn Heathrow
- defnyddio teithio mewn awyren fel dewis arall i deithiau ar y ffyrdd neu mewn trên, e.e. teithiau i Sbaen neu Ffrainc.

Teithio ar drên
Datblygiad mawr fu adeiladu Cyswllt Rheilffordd Twnnel y Sianel. Roedd hwn yn Bartneriaeth Gyhoeddus Breifat a chostiodd fwy na £5bn.

Marchnadoedd: iechyd

Problemau'r farchnad am ofal iechyd
- Nid oes gan ddefnyddwyr wybodaeth berffaith. Dydyn nhw ddim o reidrwydd yn gwybod beth sy'n dda iddyn nhw ac felly allan nhw ddim gweithredu'n rhesymegol.
- Mae yna *wybodaeth anghymesur*. Mae'r meddyg neu'r meddyg ymgynghorol yn gwybod mwy na'r claf. Mae'r meddygon yn gwneud penderfyniadau sy'n effeithio ar y cyflenwad a'r galw; maen nhw'n pennu'r hyn sydd ei angen arnoch ac a wnewch chi ei gael. O bosibl gallai hyn achosi problemau, e.e. gallen nhw benderfynu bod angen mwy o ofal iechyd neu driniaethau deintyddol arnoch nag sydd ei angen mewn gwirionedd pe bai hynny o fudd iddyn nhw'n ariannol.

Pam nad ydy system y farchnad yn darparu'r maint effeithlon o ofal iechyd?
- Oherwydd y dosraniad incwm ni all rhai pobl fforddio gofal iechyd; o ran tegwch gellir dadlau y dylai gofal meddygol fod ar gael ar sail angen.
- Anhawster o ran amcangyfrif eich anghenion gofal iechyd tebygol yn y dyfodol a chynllunio yn unol â hynny; oherwydd ansicrwydd efallai na fydd unigolion yn cyllidebu digon ar gyfer eu hanghenion gofal iechyd.
- Mae gofal iechyd yn cynhyrchu buddion allanol cadarnhaol (e.e. mae gweithlu iach yn cynhyrchu mwy ac yn ennill mwy i'r economi; hefyd dydy person iach ddim yn lledu clefyd); yn y farchnad rydd ni fydd unigolion yn ystyried hyn ac felly byddan nhw'n treulio rhy ychydig.

Goralw am iechyd
Mae cyflenwad gwasanaethau am y Gwasanaeth Iechyd yn sefydlog ar unrhyw adeg benodol. A derbyn lefel benodol o alw, dylid gofyn y pris P_1. Ond gan fod y gwasanaeth am ddim, mae goralw (m_1m_0). Mae hyn yn arwain at restri aros fel modd i ddogni galw.

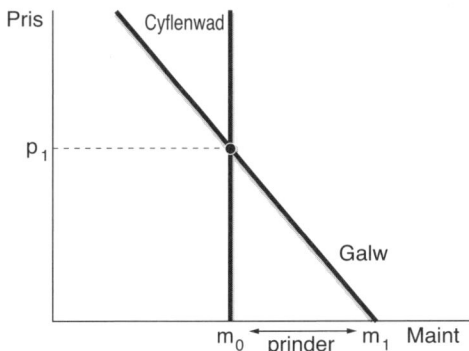

Pam mae prinder i'w gael yn y Gwasanaeth Iechyd Gwladol?
a Cyflenwad cyfyngedig: dim ond swm penodol o gyllid y gall y Llywodraeth ei ddarparu ar gyfer gwasanaethau iechyd, gan fod ganddi gyllideb gyfyngedig a chyfrifoldebau eraill.

b Pris sero, felly ni all y mecanwaith prisio weithredu fel dyfais ddogni na dyfais rhoi arwyddion.

c Lefelau cynyddol o alw: gyda datblygiadau mewn technoleg a safonau uwch o fyw, mae ein barn am yr hyn y dylid neu y gellir ei drin yn cynyddu bob amser. Hefyd mae oed cyfartalog y boblogaeth yn cynyddu sy'n arwain at fwy o alw.

Yswiriant gofal iechyd
Mewn gwledydd eraill mae cynlluniau yswiriant gofal iechyd preifat neu gyhoeddus yn gyffredin. Yn y DU mae cynlluniau yswiriant gofal iechyd yn cynyddu ond dydyn nhw dim yn gyffredin iawn.

Yn y math hwn o gynllun mae unigolion yn talu premiwm yswiriant i'w diogelu eu hunain rhag ofn y bydd angen gofal iechyd arnyn nhw.

Mae problemau gweithredu cynlluniau o'r fath yn cynnwys:
- Gwybodaeth anghymesur, h.y. rydych chi'n gwybod mwy am eich iechyd na'ch cwmni yswiriant. Efallai na fyddwch yn dweud wrthyn nhw y cyfan mae angen iddyn nhw ei wybod.
- Dewis anffafriol, h.y. efallai y byddwch yn gallu cuddio o'ch cwmni yswiriant eich bod chi â risg uchel
- Perygl moesol, h.y. mae er lles i chi i ddweud delwydd am eich iechyd os yw'n wael
- Os oes gennych yswiriant mae llai o gymhelliad i osgoi damweiniau neu fod yn sâl gan mai rhywun arall fydd yn talu am eich triniaeth. Gall hyn olygu y byddwch yn defnyddio'r meddygon am gyngor/driniaeth 'ddiangen'. Hefyd mae'r meddygon yn gwybod nad ydych yn talu'n uniongyrchol, felly efallai y gwnân nhw argymell triniaeth yn fwy hael/yn haws na pe byddech chi neu nhw yn talu'n uniongyrchol, e.e. gadael i chi aros yn yr ysbyty yn hirach ar ôl llawdriniaeth yn hytrach na'ch cael chi allan yn gyflym.

Iechyd 'da' yn allanolder positif
Caiff gofal iechyd ei dreulio rhy ychydig yn y farchnad rydd gan nad ydy unigolion yn sylweddoli pa mor fuddiol yw gofal iechyd – dydyn nhw ddim yn ystyried y buddion cymdeithasol llawn.

Dydy unigolion ddim yn deall yn llawn buddion gofal iechyd, e.e. os ydych chi'n iach:
a mae hyn yn eich helpu chi i fod yn fwy cynhyrchiol i'ch cwmni a'r economi
b rydych chi'n llai tebygol o wneud pobl eraill yn sâl.

O ganlyniad mae budd cymdeithasol ffiniol gofal iechyd yn fwy na'r budd preifat ffiniol. Felly mae gofal iechyd yn cael ei dreulio rhy ychydig gan unigolion. Bydd treuliant yn m_0. Mewn marchnad effeithlon lle mae unigolion yn deall buddion cymdeithasol llawn gofal iechyd byddai treuliant yn m_1.

Ar yr unedau m_0m_1 mae'r budd cymdeithasol ychwanegol yn fwy na'r gost gymdeithasol ychwanegol, felly mae budd i'r gymdeithas os cân nhw eu cynhyrchu. Os na chân nhw eu cynhyrchu, mae aneffeithlonrwydd dyrannol a cholled lles i'r gymdeithas.

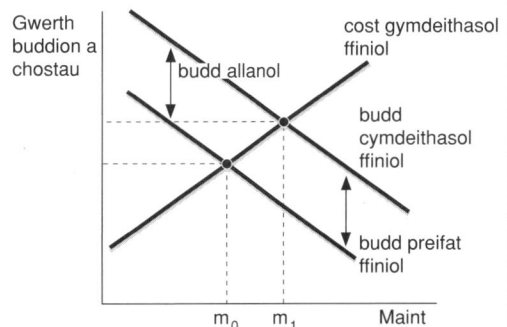

Rheoli'r Gwasanaeth Iechyd Gwladol
Mae **marchnadoedd mewnol** yn gallu digwydd gyda systemau gofal iechyd. Mae hyn yn golygu y gall darparwyr triniaeth gofal iechyd gystadlu am gleifion tra'n dal i gael cyllid gan y Llywodraeth yn hytrach na chodi tâl yn uniongyrchol ar gleifion amdano. Gallai ysbytai, er enghraifft, gystadlu i sicrhau bod cleifion yn cael eu cyfeirio atyn nhw gan Feddygon Teulu a chael mwy gan y Llywodraeth o ganlyniad. Gellid dirprwyo eu cyllidebau eu hunain i Feddygon Teulu ar sail nifer y cleifion, eu hoedran a'u proffiliau iechyd. Yna gallai Meddygon Teulu brynu meddyginiaethau yn uniongyrchol gan gyflenwyr a phenderfynu i ba ysbyty i anfon eu cleifion (a byddai tâl yn cael ei godi arnyn nhw am hynny o'u cyllidebau). Mae rhai'n credu bod y dull hwn yn arwain at fwy o effeithlonrwydd gan fod Meddygon Teulu yn chwilio am y bargeinion gorau ac mae ysbytai'n ceisio darparu gwasanaeth gwell. Mae eraill yn teimlo ei fod yn arwain at fwy o fiwrocratiaeth a gweinyddu.

Mae **meddygaeth ataliol** (*preventative*) yn ceisio cadw afiechydon rhag digwydd yn hytrach na'u trin nhw pan fyddan nhw'n digwydd. Mae dull ataliol yn codi cwestiynau fel:
- I ba raddau y dylai'r Llywodraeth ddefnyddio trethi i berswadio pobl i beidio ag ysmygu ac yfed alcohol?
- A ddylai'r Llywodraeth ddeddfu fwy i sicrhau bod cwsmeriaid yn cael gwybodaeth lawn am y materion gofal iechyd sy'n ymwneud ag unrhyw fwyd?
- A ddylai'r Llywdoraeth weithredu i gynyddu ffitrwydd personol?

Marchnadoedd: tai

Mae'r farchnad dai yn bwysig gan fod marchnad dai ffyniannus yn rhoi hyder i bobl ac yn hybu gwariant. Os ydy perchenogion tai yn gweld gwerth eu tai yn cynyddu maen nhw'n fwy tebygol o wario. Hefyd os ydy pobl yn symud neu'n prynu tai, yn aml bydd angen nwyddau traul sy'n para arnyn nhw (e.e. peiriannau golchi, carpedi, wardrobau).

Nid un farchnad yn unig sydd ar gyfer tai; mae'n dibynnu ar y rhanbarth rydych yn ei ystyried gan y gall amodau'r farchnad amrywio'n sylweddol. Mae'n dibynnu hefyd ar ba sector sy'n cael ei ystyried, e.e. tai preifat neu dai cyngor. Mae'r farchnad am lety teulu yn Ne Ddwyrain Lloegr yn wahanol iawn i'r farchnad am fflatiau yng Ngogledd Lloegr, er enghraifft.

Mathau o ddaliadaeth
- *Perchenogaeth breswyl.* Mae unigolion yn berchen ar eu tai eu hun; mae hyn yn cyfrif am tua 70% o'r stoc tai yn y DU oddi ar 1980 pan ddaeth hi'n bosibl i bobl brynu eu tai cyngor.
- *Preifat ar rent.* Mae unigolion yn rhentu o unigolion eraill.
- *Cymdeithasol (neu gyhoeddus) ar rent.* Mae unigolion yn rhentu o'r wladwriaeth neu'r cyngor lleol; mae pwysigrwydd y sector hwn wedi lleihau yn y DU ers yr 1980au.
- *Cymdeithasau tai.* Mae hwn yn sector cymharol newydd. Mewn gwirionedd mae cymdeithasau tai yn gymysgedd rhwng y sector preifat a'r sector cyhoeddus. Mae cyfuniad o gyllid sector preifat ac arian y Llywodraeth yn sicrhau darparu llety wedi'i gymorthdalu ar gyfer tenantiaid sy'n talu rhent. Mae deddfwriaeth ddiweddar wedi hybu sefydlu cymdeithasau o'r fath.

Prisiau tai
Yn y farchnad rydd caiff prisiau tai eu pennu gan gyflenwad a galw. Gyda chynnydd yn y galw bydd prisiau'n codi. Gyda gostyngiad yn y galw bydd prisiau'n gostwng.

Gall amodau galw a chyflenwad fod yn wahanol iawn rhwng rhanbarthau, gan achosi gwahaniaethau mawr ym mhrisiau tai. Hefyd dros amser gall amodau newid (e.e. yn ystod ffyniant mae'r galw'n debygol o godi) ac mae hyn yn arwain at amrywiadau. Gan mai tai yw'r brif eitem o wariant i'r rhan fwyaf o bobl yn eu bywydau a'u prif asedau, mae newidiadau o'r fath yn bwysig iawn o ran eu heffaith ar eu hincwm a'u cyfoeth.

Ar ôl sawl blwyddyn o dwf, gostyngodd prisiau tai yn y DU yn 2008. Fe wnaeth pryderon am yr economi, twf economaidd arafach a thelerau benthyca llymach ostwng y galw, gan dynnu prisiau i lawr.

Ffactorau sy'n dylanwadu ar y galw am dai perchennog preswyl
- Incwm. Mae'r galw am dai yn debygol o fod yn incwm elastig. Gyda mwy o incwm mae pobl yn cyfnewid am dai gwell.
- Tueddiadau poblogaeth. Bydd cynnydd yn y boblogaeth yn cynyddu'r galw; fodd bynnag nid yn unig y nifer absoliwt o bobl sydd o bwys, mae'n dibynnu hefyd ar dueddiadau cymdeithasol. Er enghraifft, yn y DU mae mwy o gartrefi wedi cael eu creu wrth i bobl ddewis byw ar eu pen eu hun, wrth i fwy o ysgariadau ddigwydd, am fod pobl yn byw yn hirach ac am fod pobl yn gadael cartref yn fwy ifanc.
- Pris ac argaeledd amnewidion. Bydd y galw am dai yn cynyddu os bydd pris llety ar rent yn codi neu os yw'n fwy anodd ei gael.
- Morgeisiau. Bydd gallu pobl i brynu tŷ yn dibynnu ar ba mor hawdd a drud yw cael morgais. Mae morgais yn fath o fenthyca lle defnyddir yr eiddo fel gwarant. Po hawsaf yw cael morgais a po isaf yw cost cael benthyg, uchaf i gyd fydd y galw am dai.
- Agweddau cymdeithasol. Mae tai perchennog preswyl yn llawer mwy poblogaidd yn y DU nag mewn gwledydd Ewropeaidd eraill fel yr Almaen.
- Hapfasnachu. Gall fod galw am dai am fod pobl yn credu y bydd ffyniant eiddo ac y bydd prisiau'n codi fwy yn y dyfodol.
- Polisi'r Llywodraeth. Gall y Llywodraeth hybu perchenogi tai drwy roi gostyngiad yn y dreth ar gyfer y llog sy'n cael ei dalu ar forgeisiau. Mae hyn yn gwneud ad-dalu'n rhatach. Hefyd mae'r ffordd y rheoleiddir sefydliadau ariannol yn gallu effeithio ar eu gallu i roi benthyg ar gyfer tai. Yn yr 1980au fe wnaeth Llywodraeth y DU ddadreoleiddio'r sefydliadau ariannol yn sylweddol, gan ei gwneud yn haws cael benthyg arian a thrwy hynny gynyddu'r galw am dai perchennog preswyl. Hefyd fe wnaeth Deddf Tai 1980 annog pobl mewn tai cyngor i brynu eu tai eu hun.

Ffactorau sy'n dylanwadu ar gyflenwad tai perchennog preswyl
- Pris. Os ydy'r pris yn codi, bydd hyn yn annog unigolion i werthu eu tŷ a hybir mwy o adeiladu. Hefyd gallai perchenogion llety ar rent gael eu temtio i werthu eu tai. O ganlyniad bydd cyflenwad tai perchennog preswyl yn cynyddu.
- Prisiau'r ffactorau cynhyrchu. Gall cynnydd mewn cyflogau neu ym mhris tir ei gwneud hi'n llai dichonadwy adeiladu mwy o dai a gwerthu am elw.
- Polisi'r Llywodraeth. Byddai cymorthdaliadau i gwmnïau adeiladu yn cynyddu cyflenwad tai. Hefyd, bydd y gallu i adeiladu tai yn dibynnu ar ba mor hawdd yw cael caniatâd i adeiladu mewn ardal benodol.
- Technoleg. Bydd hyn yn effeithio ar gyflymder adeiladu tai a chost adeiladu, e.e. mae rhai cwmnïau nawr yn cynhyrchu rhannau tai mewn ffatri ac yna yn eu cydosod ar y safle.

Ecwiti negatif
Mae hyn i'w gael pan fydd prisiau tai yn gostwng a bydd unigolion yn gweld bod eu tŷ nawr yn werth llai na'r benthyciad gawson nhw yn wreiddiol i'w brynu. Digwyddodd hyn yn rhan gyntaf yr 1990au a 2008 yn y DU pan ddaeth yr enciliad â phrisiau tai i lawr. Gwelodd pobl a fenthycodd yn ystod y ffyniant i brynu eu tai (oedd â'u pris fel arfer yn cynyddu bryd hynny) fod ganddyn nhw ecwiti negatif nawr. Os na all pobl ad-dalu eu morgais gall eu heiddo gael ei ailfeddiannu gan y banc. Mae gostyngiadau ym mhrisiau tai ac ecwiti negatif yn gostwng hyder defnyddwyr ac maen nhw'n debygol o ostwng y galw ledled yr economi.

Marchnadoedd: tai (parhad)

Rheoli rhent

Gall y Llywodraeth geisio cyfyngu ar renti drwy osod uchafbris. Y nod fyddai gwneud tai yn fwy fforddiadwy. Gall canlyniadau rheoli rhent gael eu dangos isod:

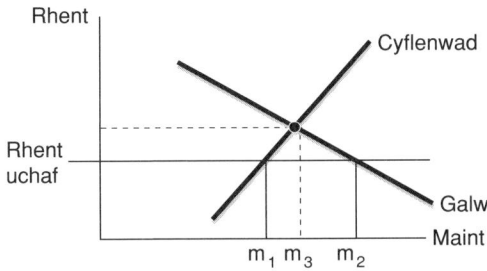

Gyda'r rhent uchaf, bydd maint y cyflenwad yn gostwng o'i gymharu â chydbwysedd (m_3 i m_1) tra bydd maint y galw yn cynyddu (m_3 i m_2). Y canlyniad yw *goralw*. Bydd y bobl sydd mewn llety ar rent (m_1) yn cael budd o renti is ond sylwch gymaint yn llai o bobl sydd mewn llety o'r fath o gymharu hyn â'r farchnad rydd (m_1 o'i gymharu â m_3).

Bydd maint y goralw yn dibynnu ar y canlynol:

(a) faint yn is na'r cydbwysedd yw'r rhent uchaf
(b) elastigedd pris y galw a'r cyflenwad.

Llety cyhoeddus ar rent

Mae cyflenwad y math hwn o lety yn dibynnu ar barodrwydd y Llywodraeth i fuddsoddi mewn tai cyngor a'u cynnal a'u cadw. Mae pwysigrwydd y math hwn o dai wedi bod yn gostwng yn y blynyddoedd diwethaf. Erbyn hyn mae'n llai nag un rhan o bump o'r stoc tai.

Mae awdurdodau lleol yn ôl y gyfraith yn gorfod darparu tai ar gyfer pobl sy'n eu datgan eu hunain yn ddigartref. Hefyd gall fod angen i bobl sy'n bodloni gwahanol feini prawf (e.e. merched beichiog, pobl sydd â phlant, hen bobl) gael llety gan yr awdurdod lleol os nad oes dim math arall o dai ar gael. Mae'r galw gan y grwpiau hyn yn fwy na'r cyflenwad ac felly rhaid dogni'r galw drwy ddefnyddio rhestr aros.

Mae cynnydd yn y galw yn cynyddu prisiau

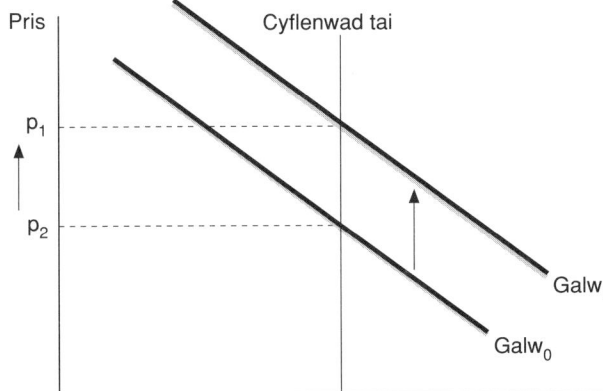

Ar unrhyw adeg benodol mae cyflenwad tai yn sefydlog mewn gwirionedd. Wrth i'r galw am dai gynyddu, bydd prisiau tai yn codi. Mae'r effaith ar bris yn hytrach na maint. Yn yr un modd, bydd gostyngiad yn y galw yn cael effaith sylweddol ar bris yn hytrach na maint yn y tymor byr.

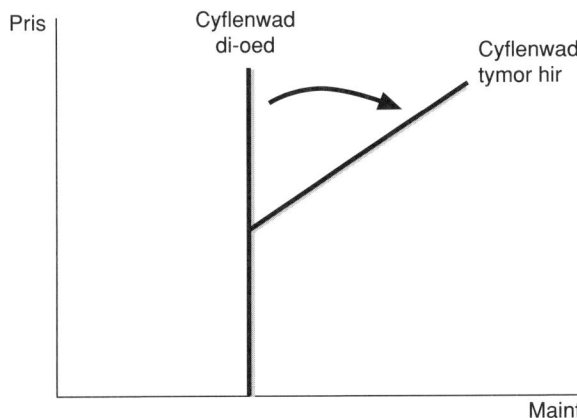

Dros amser gall tai newydd gael eu hadeiladu a gall perchenogion tai ar rent werthu eu tai yn hytrach na'u gosod nhw ar rent. Felly mae'r cyflenwad yn fwy pris elastig yn y tymor hir nag yn y tymor byr.

Marchnadoedd: chwaraeon a hamdden

Mae chwaraeon a hamdden yn sectorau sy'n tyfu'n gyflym yn y DU. Mae'r ddau yn incwm elastig, felly wrth i economïau dyfu, bydd y galw am y gwasanaethau hyn yn tyfu'n fwy nag yn gyfrannol.

Mae'r amser a dreulir ar weithgareddau chwaraeon a hamdden yn dibynnu ar y canlynol:
* faint o oriau mae pobl yn gweithio
* faint o oriau a dreulir ar 'gynnal a chadw', e.e. ymolchi, coginio a bwyta; gyda mwy o offer i helpu a phethau fel prydau parod ar gael yn haws, mae pobl yn y blynyddoedd diwethaf wedi treulio llai o amser ar gynnal a chadw, sy'n gadael mwy o amser ar gyfer chwaraeon a hamdden.

Dewis rhwng gwaith a hamdden
Bydd y dewis rhwng gwaith a hamdden yn dibynnu ar gost ymwad aros gartref. Bydd hyn yn dibynnu ar y canlynol:
* budd-daliadau sydd ar gael i'r di-waith
* enillion pan yn gweithio
* cyfradd y dreth pan yn gweithio
* y trothwy lle dechreuir talu treth.

Po fwyaf yw'r enillion pan yn gweithio, mwyaf i gyd yw cost ymwad hamdden. Fodd bynnag, os bydd enillion yn parhau i gynyddu, gall gweithwyr weithio llai o oriau a dal i ennill digon o arian.

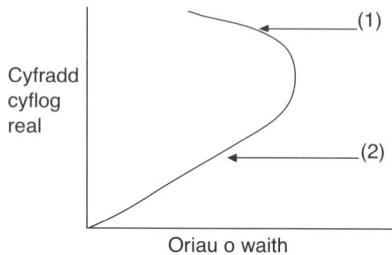

1 Ar gyfraddau cyflog uchel efallai y bydd pobl yn gweithio llai oherwydd y gallan nhw ddal i gyrraedd lefel darged o incwm.
2 Wrth i gyfraddau cyflog ddechrau cynyddu, bydd pobl yn gweithio mwy o oriau

Y defnydd a wneir o amser hamdden
Y gweithgaredd mwyaf poblogaidd yn y cartref yn y DU yw gwylio'r teledu! Mae gweithgareddau poblogaidd eraill yn cynnwys:
* ymweld/croesawu
* gwrando ar y radio
* gwrando ar gryno ddisgiau
* darllen llyfrau
* crefftau'r cartref (DIY)
* garddio

Y gweithgaredd hamdden mwyaf poblogaidd y tu allan i'r cartref yw mynd i'r dafarn! Mae rhai gweithgareddau hamdden yn fwy poblogaidd gyda rhai grwpiau cymdeithasol na'i gilydd, e.e. mae ymweld â'r llyfrgell yn fwy poblogaidd gyda grwpiau economaidd gymdeithasol uwch.

Gwrando ar/gwylio chwaraeon
Mae nifer yr oedolion sy'n gwylio chwaraeon yn uwch o lawer na'r nifer sy'n cymryd rhan. Gallan nhw eu gwylio'n fyw neu ar y teledu neu gallan nhw wrando ar y radio.

Mae cyflenwad seddau a thocynnau ar gyfer digwyddiadau ym myd chwaraeon yn sefydlog ar unrhyw adeg benodol, e.e. nifer y tocynnau i faes pêl-droed. Felly bydd prinder os bydd y galw'n rhy uchel. Gall hynny arwain at farchnad ddu yn datblygu, lle bydd towtiaid tocynnau yn gwerthu tocynnau am fwy na'r wynebwerth. Yn amlwg mae'r un fath yn wir am lawer o ddigwyddiadau hamdden fel cyngherddau pop.

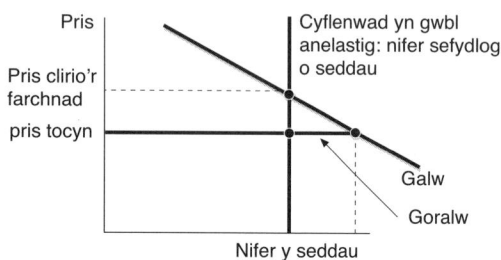

Mae'r prisio mewn digwyddiadau ym myd chwaraeon yn debygol o amrywio yn ôl lle bydd pobl yn eistedd a'r cyfleusterau y gallan nhw eu defnyddio neu hyd yn oed pa gêm sy'n cael ei chwarae. Dylai'r pris ddibynnu ar lefel ddisgwyliedig y galw ac elastigedd pris y galw. Dylai prisiau fod yn uwch os oes lefelau uwch o alw a/neu os ydy'r galw'n bris anelastig.

Cynhyrchir derbyniadau i ddarparwyr ym myd chwaraeon nid yn unig o docynnau ond hefyd o nwyddau, e.e. mae clybiau pêl-droed yn gwerthu citiau replica a DVDs o gemau.

Sut y treulir amser hamdden yn y DU?
* Mae dynion yn y DU yn fwy tebygol na merched o wylio'r teledu neu wrando ar y radio a chymryd rhan mewn gweithgareddau 'hamdden eraill' gan gynnwys chwaraeon, adloniant, hobïau a defnyddio'r cyfrifiadur (224 o funudau y dydd o'u cymharu â 180 o funudau y dydd i ferched yn 2005). Mae merched yn fwy tebygol na dynion o dreulio amser yn darllen neu'n cymdeithasu â phobl eraill (113 o funudau y dydd o'u cymharu â 100 o funudau y dydd). Mae cyfrifiaduron yn cael eu defnyddio fwyfwy yn y cartref ar gyfer amrywiaeth o weithgareddau, fel cysylltu â ffrindiau, helpu'r plant gyda'u gwaith cartref a gwrando ar gerddoriaeth. Ar gyfartaledd mae dynion yn treulio 28 munud y dydd yn defnyddio cyfrifiadur a merched 13 munud.
* Mae merched yn treulio mwy o amser na dynion yn coginio a golchi llestri, glanhau a thacluso, golchi dillad a siopa (159 o funudau y dydd o'u cymharu â 71 munud y dydd i ddynion). Mae dynion yn treulio mwy o amser yn gwneud atgyweiriadau crefftu'r cartref a garddio (23 munud y dydd o'u cymharu ag 11 munud y dydd i ferched). (Swyddfa Ystadegau Gwladol)

Croesawu digwyddiadau ym myd chwaraeon neu ddigwyddiadau hamdden, e.e. cyngerdd
* Mae'n dod â derbyniadau i'r ardal; gall helpu i adfywio ardal.
* Mae'n creu swyddi sy'n uniongyrchol gysylltiedig â chynnal y digwyddiad a swyddi mewn diwydiannau eilaidd, e.e. cyflenwi'r bwyd, diogelwch.
* Gall gynyddu statws/ymwybyddiaeth o ardal, gan ddod â thwristiaid/ymwelwyr i mewn.
Ond
* Gall gael effaith amgylcheddol, e.e. sŵn a sbwriel mewn cyngerdd.
* Efallai na fydd yn gwneud elw, e.e. cafodd y Millennium Dome anawsterau oherwydd na ddenodd gymaint o bobl ag a ddisgwyliwyd.

Campau i wylwyr
Y brif gamp i wylwyr yn y DU yw pêl-droed. Mae rhai poblogaidd eraill yn cynnwys rygbi a chriced. Yn ddiddorol, dydy'r cynnyrch ddim yn homogenaidd, h.y. mae un gêm rygbi yn wahanol i gêm rygbi arall. Bydd amodau galw yn amrywio ar gyfer pob gêm.

Mae rhwystrau i fynediad i'r farchnad wylwyr yn cynnwys:
* Mae teyrngarwch brand i glybiau penodol a all ei gwneud hi'n anodd i glybiau newydd gychwyn.
* Hefyd mae cost gweithredu clybiau yn ei gwneud hi'n anodd i newydd-ddyfodiaid gychwyn.
* Lleoliad, gan fod pobl mewn ardal benodol yn tueddu i gefnogi eu clwb lleol (ond nid hwnnw yn unig!); mae hyn eto yn ei gwneud hi'n anodd i gwmnïau newydd gychwyn.
Mae gan glybiau mawr rywfaint o rym monopoli a gallan nhw fanteisio ar hyn drwy godi prisiau uwch am docynnau, e.e. mae'r galw ar gyfer gemau'r Uwch-Gynghrair yn bris anelastig, felly gellir cynyddu'r derbyniadau drwy godi'r pris. Hefyd mae clybiau'n **priswahaniaethu**, h.y. yn codi prisiau gwahanol ar gyfer gemau gwahanol, mathau gwahanol o gwsmeriaid (e.e. cwsmeriaid corfforaethol).

Marchnadoedd: chwaraeon a hamdden (parhad)

Cyfranogiad mewn chwaraeon, gemau a gweithgareddau corfforol

- Mae tua 60% o oedolion yn cymryd rhan mewn chwaraeon yn rheolaidd (h.y. yn cymryd rhan mewn o leiaf un gweithgaredd y mis). Y gweithgaredd mwyaf poblogaidd yw nofio, gyda chadw ffit yn ail.
- Mae mwy o ddynion yn cymryd rhan na merched, ac mae pobl iau yn cymryd rhan yn fwy na phobl hŷn. Mae grwpiau economaidd gymdeithasol hefyd yn chwarae rhan bwysig – mae bron tri chwarter o bobl AB yn cymryd rhan yn rheolaidd, ond traean yn unig o bobl E.
- Mae bron hanner o'r rhai sy'n cymryd rhan mewn chwaraeon ac ymarfer yn gwneud hynny mewn canolfan chwaraeon awdurdod lleol, a tua thraean mewn campfa breifat.
- Y prif reswm dros gymryd rhan mewn chwaraeon yw cadw'n ffit, dilynir hynny gan ymlacio a'r agweddau cymdeithasol ar chwaraeon.
- Mae dynion yn tueddu i gymryd rhan mewn campau tîm a champau cystadleuol yn fwy na merched.

Ffactorau sy'n effeithio ar gyfranogiad mewn chwaraeon

- Lefelau incwm: yn aml mae cymryd rhan mewn chwaraeon yn golygu prynu dillad a chyfarpar sy'n gallu bod yn gymharol ddrud. Hefyd mae prisiau defnyddio canolfannau awdurdodau lleol yn cynyddu.
- Mwy o ddiddordeb mewn iechyd: mae yna ymwybyddiaeth gynyddol o faterion iechyd a ffitrwydd a gwerth chwaraeon; hefyd gall cyfranogwyr fod yn ceisio colli pwysau.
- Y boblogaeth: mae strwythur oedran poblogaeth yn dylanwadu ar gyfranogiad, gyda phobl iau yn cymryd rhan yn fwy na phobl hŷn.
- Y llywodraeth: e.e. darparu cyfleusterau chwaraeon yn y gymuned, codi statws chwaraeon drwy groesawu digwyddiadau mawr (e.e. Gemau Olympaidd 2012).

Mae cymryd rhan mewn chwaraeon yn dda i iechyd pobl ac felly mae'n effeithio ar lefel afiechyd, diwrnodau gwaith a gollir ac absenoliaeth.

Twristiaeth

- Mae twristiaeth yn incwm elastig; mae'r galw am dwristiaeth yn gyffredinol yn tyfu'n gyflymach yn ganrannol nag incwm. (Fodd bynnag, mae'r elastigedd incwm yn amrywio o un math o wyliau i fath arall.)
- Mae twristiaeth yn sector twf yn y DU.
- Yn aml mae twristiaeth yn rhyngwladol, felly er enghraifft dydy'r galw am wyliau yn y DU ddim yn dibynnu ar incwm a galw'r DU yn unig; mae'n dibynnu hefyd ar incwm a galw gwledydd eraill.
- Mae symudiadau cyfraddau cyfnewid yn effeithio ar dwristiaeth ryngwladol; os ydy'r bunt yn gryf (h.y. mae wedi arbrisio) mae hyn yn rhoi mwy o allu prynu iddi dramor a gall hynny hybu mwy o ymweliadau â gwledydd tramor.
- Mae twristiaeth yn debygol o fod yn sensitif i gyfraddau llog; prynir llawer o wyliau ar gredyd (e.e. â cherdyn credyd); mae cyfraddau llog uwch yn gostwng incwm gwario cartrefi (e.e. oherwydd ad-daliadau morgais uwch) ac yn cynyddu cost cael benthyg, a gallai hynny leihau gwyliau.

Mae'n bwysig deall bod llawer o farchnadoedd o fewn y farchnad 'dwristiaeth' gyfan: e.e. galw am wyliau o fewn gwlad yn ogystal â mynd dramor; galw am wyliau byr; galw am atyniadau i dwristiaid fel parciau thema. Gall y farchnad ar gyfer pob un o'r segmentau hyn a'r penderfynyddion fod yn wahanol, e.e. gall y gyfradd gyfnewid gael dylanwad cymharol fawr ar wyliau tramor o'r DU ond cael llai o effaith ar wyliau byr o fewn y wlad.

Mae gan wyliau pecyn niferoedd mawr a maint yr elw sy'n isel; mae angen i gwmnïau werthu niferoedd mawr o wyliau i gynhyrchu adenillion digonol. O gymharu â hyn mae gan wyliau mordaith niferoedd is ond maint yr elw sy'n uwch o lawer.

Buddion a chostau twristiaeth i ardal

Gall twristiaeth ddod ag incwm a swyddi i ardal. Gall hyn gael effaith luosydd bositif. Fodd bynnag, gall hefyd ddod â llygredd, e.e. trafnidiaeth a sŵn. Gall hyn greu allanolder negatif.

Hefyd mae angen ystyried faint o'r incwm sy'n aros yn y wlad. Ydy'r gwyliau'n cael eu darparu gan gwmnïau lleol neu gwmnïau tramor? Ydy'r cwmnïau gwyliau yn cyflogi staff lleol? Ydy'r elw'n cael ei fuddsoddi yn yr ardal?

Mae canolbwyntio nawr ar dwristiaeth foesegol a chynaliadwy, h.y. ceisio sicrhau na chaiff diwylliant, traddodiadau ac amgylchedd yr ardal eu dinistrio gan y diwydiant twristiaeth.

Diwydiant gwyliau'r DU

Dominyddir hwn gan ychydig o gwmnïau mawr.
Yn 1998 ymchwiliodd y Comisiwn Cystadleuaeth i'r diwydiant gwyliau pecyn; roedd y Comisiwn yn pryderu am ddiffyg grym defnyddwyr o'u cymharu â'r darparwyr. Weithiau gall fod argraff bod yna ddewis, e.e. rydych chi'n credu bod llawer o gwmnïau gwahanol ond mewn gwirionedd mae'r rhain dan berchenogaeth y prif gwmnïau.

Mae'r galw am wyliau yn dibynnu ar y canlynol:

- incwm real (yn gyffredinol mae'r galw am wyliau yn debygol o fod yn incwm elastig)
- y gyfradd gyfnewid (yn effeithio ar allu prynu'r bunt)
- hyder defnyddwyr, e.e. disgwyliadau ynghylch cyflogaeth yn y dyfodol.

Cyflenwad: mae'n tueddu i fod yn sefydlog yn y tymor byr ac felly yn bris anelastig. Dros amser bydd cwmnïau'n dod o hyd i fwy o westai neu'n adeiladu mwy o westai, yn trefnu mwy o deithiau hedfan ayb, h.y. bydd cyflenwad yn fwy pris elastig.

Ffeithiau a ffigurau am dwristiaeth

- Nifer yr ymweliadau â'r DU gan drigolion gwledydd eraill yn y flwyddyn yn diweddu Mehefin 2008 oedd 32.5 miliwn. Nifer yr ymweliadau gan drigolion Ewropeaidd oedd 23.6 miliwn. Gostyngodd ymweliadau o Ogledd America (4.3 miliwn) a chyfanswm yr ymweliadau o rannau eraill o'r byd oedd 4.6 miliwn. Nifer yr ymweliadau dramor gan drigolion y DU oedd 70.6 miliwn. Cynyddodd nifer yr ymweliadau ag Ewrop i 55.7 miliwn. Nifer yr ymweliadau â Gogledd America oedd 4.7 miliwn, nifer yr ymweliadau â rhannau eraill o'r byd oedd 10.2 miliwn.
- Mae Llundain yn parhau i fod yn un o'r dinasoedd mwyaf poblogaidd i dwristiaid tramor, gyda mwy na 11 miliwn o ymwelwyr. Yr atyniadau mwyaf poblogaidd yn Llundain yw'r Oriel Genedlaethol, yr Amgueddfa Brydeinig, y *London Eye* a'r *Tate Modern*.

Mecanwaith y farchnad: methiannau ac amherffeithrwydd

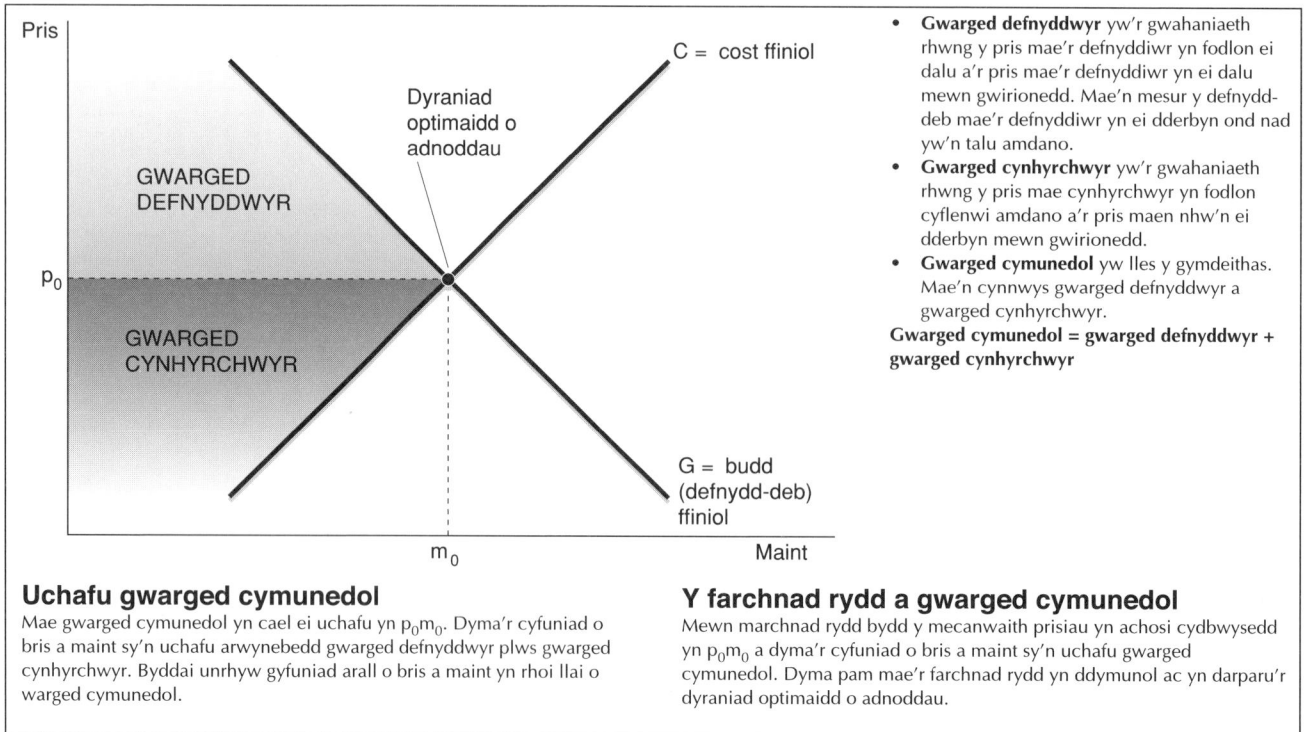

Pris

GWARGED DEFNYDDWYR

p_0

GWARGED CYNHYRCHWYR

Dyraniad optimaidd o adnoddau

C = cost ffiniol

G = budd (defnydd-deb) ffiniol

m_0

Maint

- **Gwarged defnyddwyr** yw'r gwahaniaeth rhwng y pris mae'r defnyddiwr yn fodlon ei dalu a'r pris mae'r defnyddiwr yn ei dalu mewn gwirionedd. Mae'n mesur y defnydd-deb mae'r defnyddiwr yn ei dderbyn ond nad yw'n talu amdano.
- **Gwarged cynhyrchwyr** yw'r gwahaniaeth rhwng y pris mae cynhyrchwyr yn fodlon cyflenwi amdano a'r pris maen nhw'n ei dderbyn mewn gwirionedd.
- **Gwarged cymunedol** yw lles y gymdeithas. Mae'n cynnwys gwarged defnyddwyr a gwarged cynhyrchwyr.

Gwarged cymunedol = gwarged defnyddwyr + gwarged cynhyrchwyr

Uchafu gwarged cymunedol

Mae gwarged cymunedol yn cael ei uchafu yn $p_0 m_0$. Dyma'r cyfuniad o bris a maint sy'n uchafu arwynebedd gwarged defnyddwyr plws gwarged cynhyrchwyr. Byddai unrhyw gyfuniad arall o bris a maint yn rhoi llai o warged cymunedol.

Y farchnad rydd a gwarged cymunedol

Mewn marchnad rydd bydd y mecanwaith prisiau yn achosi cydbwysedd yn $p_0 m_0$ a dyma'r cyfuniad o bris a maint sy'n uchafu gwarged cymunedol. Dyma pam mae'r farchnad rydd yn ddymunol ac yn darparu'r dyraniad optimaidd o adnoddau.

Methiannau ac amherffeithrwydd y farchnad

Nodweddion o'r farchnad rydd yw'r rhain sy'n atal y farchnad rhag creu dyraniad optimaidd o adnoddau. Mae **methiant y farchnad** yn digwydd lle nad yw'r farchnad rydd yn arwain at effeithlonrwydd dyrannol (neu gynhyrchiol). Mae **methiant llwyr y farchnad** yn arwain at farchnad goll. Mae **methiant rhannol y farchnad** yn digwydd pan fydd marchnad i'w chael ond mae'n cyfrannu at gamddyrannu adnoddau. Archwilir yma wyth methiant ac amherffeithrwydd gwahanol (gweler tud. 26-28).

1 Grym y farchnad

Mewn marchnad rydd gall cwmnïau ddominyddu a chael grym monopoli. Gall hyn arwain at brisiau uwch a lefelau is o gynnyrch ac achosi colled lles.

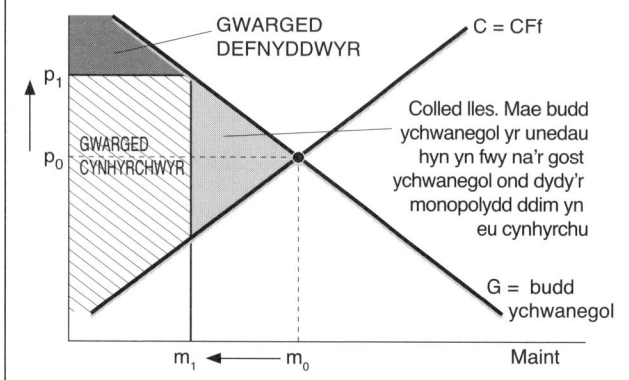

GWARGED DEFNYDDWYR

C = CFf

p_1

p_0

GWARGED CYNHYRCHWYR

Colled lles. Mae budd ychwanegol yr unedau hyn yn fwy na'r gost ychwanegol ond dydy'r monopolydd ddim yn eu cynhyrchu

G = budd ychwanegol

$m_1 \leftarrow m_0$

Maint

Mae monopolydd yn cynyddu pris ac yn gostwng cynnyrch o'i gymharu â diwydiant perffaith gystadleuol fyddai'n cynhyrchu yn $p_0 m_0$. Mae gwarged defnyddwyr yn lleihau; mae gwarged cynhyrchwyr yn cynyddu; mae gwarged cymunedol yn lleihau (colled lles).

2 Ansymudedd ffactorau

Mewn marchnad berffaith mae ffactorau cynhyrchu yn gallu symud yn rhwydd rhwng marchnadoedd. Bydd cynnydd yn y galw am un cynnyrch yn arwain at brisiau uwch fydd yn denu adnoddau allan o ddiwydiant arall. Mewn gwirionedd, yn aml mae yna ansymudedd ffactorau. Ni all adnoddau symud rhwng diwydiannau bob amser. Er enghraifft, os ydy un diwydiant yn lleihau a diwydiant arall yn ffynnu, ni all unigolion adael un a gweithio yn y llall yn hawdd oherwydd efallai nad oes ganddyn nhw'r sgiliau angenrheidiol; efallai na fyddan nhw'n gwybod bod y swydd i'w chael (gweler ansymudedd galwedigaethol a daearyddol).

3 Anghydraddoldeb

Gall y farchnad rydd arwain at wahaniaethau sylweddol yn incwm a chyfoeth grwpiau gwahanol. Gall y gymdeithas deimlo bod hyn yn annheg a dymuno ailddosrannu incwm i'w wneud yn fwy cyfartal. Er mwyn cyflawni hyn gall y Llywodraeth drethu grwpiau incwm uwch ar gyfradd uwch a thalu cymorthdaliadau i grwpiau incwm isel, e.e. ar ffurf budd-daliadau.

4 Nwyddau rhinwedd (merit)

Nwyddau sy'n gymdeithasol ddymunol yw'r rhain, e.e. amgueddfeydd, llyfrgelloedd, addysg. (Noder: mae hyn yn golygu y gall ein barn newid dros amser am yr hyn sydd yn nwydd rhinwedd a'r hyn nad yw'n nwydd rhinwedd.) Gallan nhw gael eu darparu gan fecanwaith y farchnad ond i'w rhoi nhw yn fwy ar gael mae'r Llywodraeth yn eu darparu, yn eu cymorthdalu neu'n deddfu i wneud treuliant yn orfodol. Mae mecanwaith y farchnad yn darparu rhy ychydig o **nwyddau rhinwedd** (h.y. cynnyrch y dylid darparu mwy ohono ym marn y gymdeithas). Gall darparu rhy ychydig fod yn ganlyniad i ddiffyg gwybodaeth (e.e. dydy unigolion ddim yn sylweddoli'r buddion) a/neu allanolderau positif. Nwyddau mae'r gymdeithas yn teimlo eu bod yn annymunol yw **nwyddau dirinwedd**, e.e. rhai cyffuriau. Mae mecanwaith y farchnad yn eu gorddarparu, e.e. oherwydd diffyg gwybodaeth neu allanolderau negatif. Mae'r Llywodraeth yn deddfu rhag nwyddau dirinwedd.

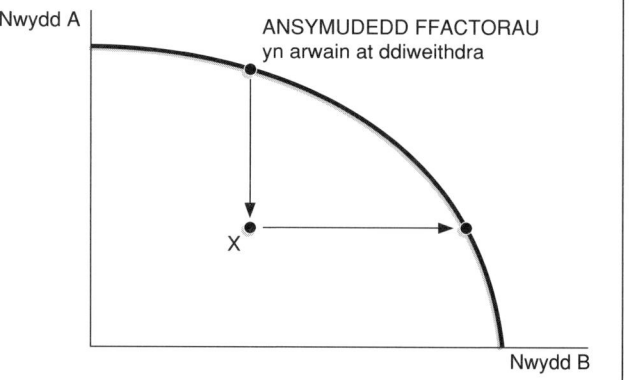

Nwydd A

ANSYMUDEDD FFACTORAU yn arwain at ddiweithdra

X

Nwydd B

Dychmygwch gynnydd yn y galw am B a gostyngiad yn y galw am A. Daw unigolion allan o ddiwydiant A ond does ganddyn nhw ddim sgiliau i dderbyn swydd yn niwydiant B neu dydyn nhw ddim yn gwybod y swydd i'w chael. Mae diweithdra'n digwydd yn y pwynt X. Mae hyn yn achosi aneffeithlonrwydd.

Mecanwaith y farchnad: methiannau ac amherffeithrwydd (parhad)

5 Allanolderau

Mae allanolder yn digwydd pan fydd gwahaniaeth rhwng costau a buddion cymdeithasol a phreifat. Yn achos allanolder **negatif**, fel llygredd, mae'r gost gymdeithasol yn fwy na'r gost breifat.

Cost gymdeithasol = cost breifat + cost allanol

- **Costau preifat** yw costau a wynebir gan y penderfynwyr eu hunain/rywun sy'n ymwneud yn uniongyrchol â'r penderfyniad cludo/cynhyrchu/treulio. Mae'r costau hyn yn fewnol i'r farchnad.
- **Costau allanol** yw costau a osodir ar y gymdeithas (effeithiau ymled – *spillover effects*) o ganlyniad i weithgareddau cwmni ond nad ydy'r cwmni'n talu amdanynt yn uniongyrchol.

Yn achos allanolder **positif**, mae'r budd cymdeithasol yn fwy na'r budd preifat.

Budd cymdeithasol = budd preifat + budd allanol

- Mae **allanolderau treuliant** yn digwydd pan fydd costau neu fuddion cymdeithasol treuliant yn wahanol i gostau neu fuddion preifat treuliant.
- Mae **allanolderau cynhyrchu** yn digwydd pan fydd costau neu fuddion cymdeithasol cynhyrchu yn wahanol i gostau neu fuddion preifat cynhyrchu.

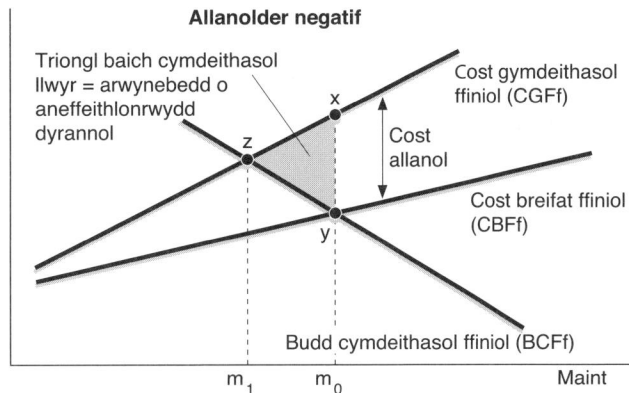

Dyraniad y farchnad rydd (ystyried costau preifat yn unig) yw m_0. Y dyraniad optimaidd yw m_1. Mae'r farchnad rydd yn gorgynhyrchu. Ar unedau $m_1 m_0$ mae'r gost gymdeithasol ffiniol yn fwy na'r budd cymdeithasol ffiniol, h.y. mae aneffeithlonrwydd dyrannol.

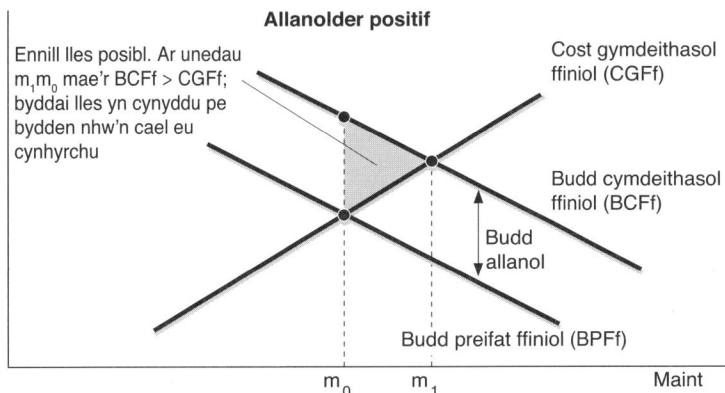

Yn y farchnad rydd mae cydbwysedd yn m_0 oherwydd dim ond buddion preifat a ystyrir. Mae'r dyraniad optimaidd yn m_1 lle mae cost gymdeithasol ffiniol = budd cymdeithasol ffiniol. Mae'r farchnad rydd yn cynhyrchu rhy ychydig drwy beidio ag ystyried y buddion allanol.

Mewn marchnad rydd bydd cwmnïau'n seilio'u penderfyniadau ar gostau a buddion preifat. Fyddan nhw ddim yn ystyried costau a buddion cymdeithasol. Yn achos allanolderau cynhyrchu negyddol byddan nhw'n gorgynhyrchu; oherwydd nad ydy cwmnïau'n ystyried effaith allanol negyddol eu gweithredoedd, maen nhw'n cynhyrchu gormod o gymharu â'r lefel gymdeithasol optimaidd.

Yn achos allanolderau cynhyrchu positif dydy'r cwmni ddim yn ystyried effaith allanol gadarnhaol ei weithredoedd ac felly mae'n tanbrisio'r cynnyrch ac yn cynhyrchu rhy ychydig o gymharu â'r lefel gymdeithasol optimaidd.

Hawliau eiddo cyffredin

Mae problem allanolderau yn bodoli oherwydd diffyg hawliau eiddo clir. Yn achos aer, er enghraifft, nid oes gennych hawliau eiddo preifat – nid yw'n eiddo i chi. Yn hytrach mae hawliau eiddo cyffredin – mae aer yn eiddo i bawb. Gan nad yw neb yn benodol yn berchen arno, dydy pobl ddim yn poeni gymaint am yr hyn sy'n digwydd iddo ac felly mae llygredd sŵn ac aer yn digwydd.

Cytundebau gwirfoddol

Un ffordd o oresgyn allanolderau yw bod pawb sy'n ymwneud â'r peth yn cytuno ar fathau penodol o ymddygiad, e.e. rydych chi'n cytuno gyda'ch cymdogion na fyddwch yn gwneud gormod o sŵn; neu maen nhw'n cytuno i beidio â phlannu coed yn eu gardd sy'n cuddio'ch golau haul! Mewn rhai achosion gall y cytundebau hyn gynnwys tâl: rydych chi eisiau gwneud sŵn, dydyn nhw ddim eisiau i chi wneud sŵn, felly maen nhw'n eich talu chi i ostwng eich sŵn!

Er mwyn i gytundebau o'r fath ddigwydd rhaid bod yna gostau trafod isel (h.y. rhaid iddyn nhw fod yn rhad ac yn hawdd eu trefnu o'u cymharu â'r enillion posibl). Hefyd rhaid gallu dwyn ynghyd pawb sy'n ymwneud â'r peth: mae cael cymdogion at ei gilydd i ddatrys eu hanghytuno yn ddichonadwy, ond dydy cael pawb yn y wlad at ei gilydd i gytuno ar lygredd ddim yn realistig.

Theorem Coase

Os ydy creawdwyr allanolderau yn dod i delerau â dioddefwyr allanolderau (h.y. drwy eu llwgrwobrwyo i dderbyn yr allanolder neu drwy adael iddyn nhw godi tâl amdano) caiff yr allanolder ei fewnoli a gellir cael y lefel ddyrannol effeithlon o gynhyrchu.

Trwyddedau y gellir eu masnachu

Mewn system o drwyddedau, mae llygrwyr yn cael caniatâd i greu maint penodol o lygredd. Gall llygrwyr werthu trwyddedau i'w gilydd neu brynu trwyddedau gan ei gilydd yn dibynnu ar faint o lygredd maen nhw eisiau ei greu. Y nod yw gosod cyfanswm y llygredd – o fewn hynny gall cwmnïau fargeinio ymhlith ei gilydd i brynu'r trwyddedau mae eu hangen arnynt. Bydd cwmnïau sydd wir eisiau mwy o drwyddedau yn cynnig prisiau uwch ac yn eu prynu nhw gan gyfundrefnau nad oes arnyn nhw eu hangen gymaint.

Mecanwaith y farchnad: methiannau ac amherffeithrwydd
(parhad)

Ymyriad Llywodraeth i wella'r amgylchedd

Mae'r Llywodraeth yn gallu:

- darparu gwybodaeth fel bod cynhyrchwyr a defnyddwyr yn gwybod effaith eu gweithredoedd, e.e. ymwybyddiaeth o effaith allanol eu gweithgareddau
- defnyddio trethi a chymorthdaliadau, e.e. gosod trethi ar gynhyrchwyr i wneud iddyn nhw ystyried y costau allanol, cymorthdalu gweithgareddau a chynhyrchion sy'n gyfeillgar i'r amgylchedd
- sefydlu hawliau eiddo, e.e. sefydlu hawliau unigolion i ddŵr glân fel y bydd unrhyw lygrwr yn gorfod talu'r rhai yr effeithir arnynt. Gall hyn fod yn anodd ei orfodi a'i drefnu.
- deddfu, e.e. atal rhai cynhyrchion a dulliau cynhyrchu
- cyflwyno trwyddedau y gellir eu masnachu.

Mathau o allanolder: allanolderau cynhyrchu a threuliant

- Costau allanol cynhyrchu:
  Mae cwmni'n dympio gwastraff i mewn i afon neu'n llygru'r atmosffer.
- Buddion allanol cynhyrchu:
  Mae cwmni'n hyfforddi ei weithwyr; mae'r rhain yn gadael ac yn mynd i weithio i rywun arall ac, am eu bod wedi'u hyfforddi eisoes, mae hynny'n lleihau costau'r ail gwmni.
- Costau allanol treuliant:
  Trwy yrru car mae defnyddwyr yn cynyddu maint llygredd.
- Buddion allanol treuliant:
  Trwy wrando ar gerddoriaeth, rydych nid yn unig yn rhoi pleser i chi eich hun, ond gallwch hefyd roi mwynhad i bobl eraill.

6 Ansefydlogrwydd

Mae'r farchnad rydd yn arwain at ansefydlogrwydd mewn llawer o farchnadoedd. Mewn amaethyddiaeth, er enghraifft, gall symudiadau yn y cyflenwad o ganlyniad i ddigwyddiadau naturiol fel y tywydd arwain at symudiadau mawr yn y pris.
I osgoi hyn gallai'r Llywodraeth ymyrryd gan ddefnyddio system stoc clustogi (gweler tud. 17).
Ar lefel facro-economaidd, mae'r economi yn aml yn mynd trwy gylchredau o ffyniant, enciliad, dirwasgiad ac adferiad. I osgoi'r ansetydlogrwydd hwn efallai y bydd y Llywodraeth yn ymyrryd gyda pholisi cyllidol neu bolisi ariannol (gweler tud. 74 a 78).

Ymyriad Llywodraeth i ddatrys allanolderau

- Allanolderau negatif: gall y Llywodraeth ddeddfu i leihau cynhyrchu, e.e. i ostwng lefelau sŵn, i gyfyngu ar lygredd; gall y Llywodraeth drethu cwmnïau i wneud eu costau preifat yn hafal i'r costau cymdeithasol (e.e. trwy drethu petrol plwm yn fwy na phetrol di-blwm) – y term am hyn yw 'mewnoli allanolderau'.
- Allanolderau positif: gall y Llywodraeth ddeddfu, e.e. rhaid i bob plentyn fynd i'r ysgol tan 16 oed; neu gall roi cymorthdaliadau i ostwng y costau a hybu mwy o gynhyrchu.

8 Nwyddau cyhoeddus

Nwyddau yw'r rhain sy'n anallgaeadwy (non-excludable) ac yn anlleihadwy (non-diminishable). Ni ellir atal defnyddwyr rhag eu treulio ar ôl iddyn nhw gael eu darparu ac ni fydd defnyddwyr ychwanegol yn lleihau'r maint sydd ar gael i bobl eraill, e.e. amddiffyn y wlad. Os caiff gwlad ei hamddiffyn mae ei holl drigolion yn cael budd yn awtomatig. Yn ddamcaniaethol, gallai llawer o nwyddau cyhoeddus fel goleudai gael eu darparu gan fecanwaith y farchnad ond dydyn nhw ddim; gelwir y rhain yn 'nwyddau lled-gyhoeddus' (quasi public goods), yn hytrach na 'nwyddau pur gyhoeddus'. Mae nwyddau cyhoeddus yn dioddef o broblem y defnyddiwr di-dâl (free rider). Os gofynnir a fydden nhw'n talu amdanyn nhw, byddai cartrefi'n dweud celwydd ac yn dweud na oherwydd, pe bydden nhw'n cael eu darparu, gallen nhw gael budd ohonyn nhw am ddim beth bynnag. Gan nad oes neb yn fodlon talu am y nwyddau hyn (am eu bod yn gobeithio y bydd rhywun arall yn talu) chân nhw ddim eu darparu mewn marchnad rydd. Felly rhaid i'r Llywodraeth eu darparu. (Noder: yn achos 'nwydd preifat' os caiff un uned ei threulio gan un person ni ellir ei threulio gan berson arall. Nid yw hynny'n wir am nwyddau cyhoeddus.) Mae nwyddau cyhoeddus yn anwrthodadwy (non-rejectable) hefyd. Os cân nhw eu darparu, bydd pobl yn eu cael nhw p'un ai eu bod nhw eu heisiau nhw ai peidio.

7 Problemau gwybodaeth

Nid oes gan ddefnyddwyr a chynhyrchwyr wybodaeth berffaith bob amser. Er enghraifft, dydy perchenogion tai bwyta a sinemâu ddim yn gwybod ymlaen llaw beth fydd y galw ar noson benodol ac felly dydyn nhw ddim yn gallu newid y pris yn unol â hynny. Dyma pam y gall fod seddau gwag rai nosweithiau a chiwiau nosweithiau eraill. Yn y sefyllfa hon rhaid i gynhyrchwyr amcangyfrif y galw dros gyfnod a gosod pris cyfartalog; ar rai adegau bydd hwn yn uwch na'r pris cytbwys; ar adegau eraill bydd yn rhy isel.

- **Methiant gwybodaeth**
  Mae hyn i'w gael pan na fydd defnyddwyr unigol yn ystyried costau a/neu fuddion llawn wrth wneud penderfyniad, e.e. dydy defnyddwyr ddim yn gweld pa mor dda/wael ydy cynnyrch iddyn nhw am nad oes ganddyn nhw'r wybodaeth berthnasol (neu am fod ganddyn nhw'r wybodaeth anghywir) ac felly maen nhw'n treulio gormod neu rhy ychydig. Mae gwybodaeth amherffaith yn arwain at aneffeithlonrwydd dyrannol.

- **Gwybodaeth anghymesur**
  Mewn marchnad effeithlon, mae gan brynwyr a gwerthwyr wybodaeth ragorol am y cynnyrch ac amodau'r farchnad. Fodd bynnag, ar adegau efallai na fydd gwybodaeth yn berffaith, e.e. efallai na fydd y defnyddiwr yn gwybod y dewisiadau i gyd wrth chwilio am gar newydd.

  Amlygodd George Akerlof, enillydd Gwobr Nobel, y ffaith nad ydy prynwyr ceir ail-law fyth yn siŵr a fyddan nhw'n prynu lemwn (yr enw a roddodd ar gar ail-law o ansawdd gwael) ac felly eu bod nhw'n fodlon cynnig prisiau cyfartalog yn unig am geir ail-law sydd efallai yn well na'r cyfartaledd. Mae hyn yn golygu bod pobl sydd â cheir ail-law sy'n well na'r cyfartaledd yn penderfynu peidio â'u gwerthu nhw; felly mae'r pris cyfartalog yn rhy uchel am yr hyn sydd ar y farchnad ac mae'r pris yn gostwng. Gallai hyn o bosibl arwain at gwymp y farchnad yn gyfan gwbl.

  Mae gwybodaeth anghymesur yn digwydd mewn llawer o farchnadoedd, e.e. gall modurdy argymell bod rhai darnau'n cael eu newid heb i'r cwsmer wybod a oes eu hangen mewn gwirionedd. Ym marchnad gofal iechyd preifat mae doctoriaid yn gwybod mwy na chleifion am ofal iechyd, felly gallen nhw gael eu temtio i argymell triniaethau nad oes eu hangen.

- **Dewis anffafriol**: yma y bobl sy'n codi yswiriant yw'r rhai sydd â'r risg mwyaf. Dychmygwch fod cwmni yswiriant yn cynnig sicrwydd (cover) meddygol. Mae'n cyfrifo y bydd angen £500 o driniaeth y flwyddyn ar y person cyfartalog, felly mae'n codi premiwm o £600 i wneud elw. Fodd bynnag, y rhai sydd fwyaf tebygol o godi yswiriant yw'r rhai sydd fwyaf tebygol o fynd yn sâl. I adnabod y rhain, rhaid i'r cwmni yswiriant ddewis yn ofalus o'r rhai sy'n gwneud cais am yswiriant.

- **Perygl moesol**: gall cael polisi yswiriant eich gwneud chi'n fwy esgeulus – byddwch chi'n llai tebygol o ofalu am eich eiddo am fod gennych sicrwydd yswiriant. I leihau esgulustod, yn aml mae gan gwmnïau yswiriant bolisi cyfraniad (excess), felly hyd yn oed os gwnewch chi hawlio byddwch chi eich hun yn talu rhywfaint tuag at yr hawliad.

Mecanwaith y farchnad: methiannau ac amherffeithrwydd (parhad)

Math o fethiant/amherffeithrwydd	Canlyniadau methiant/amherffeithrwydd yn y farchnad rydd	Enghreifftiau o ymyriad
grym y farchnad (1)	prisiau uchel, cynnyrch isel	deddfwriaeth, e.e.polisi cystadleuaeth
ansymudedd ffactorau (2)	dyraniad aneffeithlon o adnoddau	hyfforddiant, gwella llifoedd gwybodaeth
anghydraddoldeb (3)	dosraniad incwm anghyfartal, credir ei fod yn annheg	ailddosrannu, e.e. trethi a chymorthdaliadau
nwyddau rhinwedd (4a)	darparu rhy ychydig	y Llywodraeth yn cymorthdalu neu'n deddfu, e.e.addysg
nwyddau dirinwedd (4b)	gorddarparu	y Llywodraeth yn trethu neu'n deddfu, e.e. alcohol
allanolderau negatif (5a)	gorgynhyrchu	trethi, deddfwriaeth
allanolderau positif (5b)	cynhyrchu rhy ychydig	cymorthdaliadau, deddfwriaeth
ansefydlogrwydd (6)	amrywiadau pris	stociau clustogi
problemau gwybodaeth (7)	prisio amhriodol	ymdrechion i wella llif gwybodaeth
nwyddau cyhoeddus (8)	chân nhw ddim eu darparu	y Llywodraeth yn darparu, e.e. amddiffyn

Ymyriad Llywodraeth yn y farchnad rydd

Mae'r Llywodraeth yn gallu:
- darparu nwyddau a gwasanaethau yn uniongyrchol, e.e. gyda nwyddau cyhoeddus
- deddfu, e.e. gyda nwyddau rhinwedd fel addysg neu nwyddau dirinwedd fel rhai cyffuriau
- darparu cymhellion neu anghymelliadau trwy drethi a chymorthdaliadau, e.e. trwy drethu gweithgareddau sydd ag allanolderau negatif a chymorthdalu darparu nwyddau rhinwedd.

Mae enghreifftiau o ymyrryd yn cynnwys rheoli prisiau, stociau clustogi, trwyddedau llygredd a darpariaethau'r wladwriaeth.

Mae **partneriaethau cyhoeddus preifat (PPPs)** yn drefniadau sydd yn nodweddiadol yn cynnwys cydweithredu a gweithio ar y cyd rhwng y sector cyhoeddus a'r sector preifat. Mae PPPs yn gallu cynnwys pob math o gydweithredu rhwng y sectorau cyhoeddus a phreifat i ddarparu polisïau, gwasanaethau ac isadeiledd. Lle mae darparu gwasanaethau cyhoeddus yn cynnwys buddsoddi gan y sector preifat mewn isadeiledd, y math mwyaf cyffredin o PPP yw'r Cynllun Cyllid Preifat (*Private Finance Initiative – PFI*). Mae PFI i'w gael pan gaiff cwmni preifat ei gontractio gan y Llywodraeth i gyllido ac adeiladu project newydd fel pont neu ffordd newydd. Mae'r Llywodraeth yn talu'r cwmni i gynnal a / neu weithredu hyn ac yna mae'n rhentu'r asedau o'r busnes preifat. Felly mae'r Llywodraeth yn prynu'r gwasanaethau hyn yn hytrach na'u darparu nhw'n uniongyrchol.

Methiant y Llywodraeth

Mae hyn yn digwydd pan fydd y Llywodraeth yn ymyrryd ond mae'r ymyriad hwn yn gostwng lles economaidd yn hytrach na'i gynyddu (h.y. mae ymyrryd yn gwneud pethau'n waeth yn hytrach nag yn well).
Mae rhesymau dros hyn yn cynnwys:
- Gwybodaeth annigonol, e.e. am gyflwr yr economi, effaith deddfwriaeth a buddion neu gostau cymdeithasol gweithred.
- Amcanion sy'n gwrthdaro, e.e. efallai y bydd y Llywodraeth yn cymryd camau sy'n wleidyddol boblogaidd hyd yn oed os ydy hynny'n economaidd aneffeithlon. Efallai y bydd buddsoddi arian mewn busnes aneffeithlon yn arbed swyddi ac yn ennill pleidleisiau ond nid hwn o reidrwydd yw'r penderfyniad economaidd cywir (un rheswm pwysig yw bod yn rhaid codi'r arian o rywle a rhaid ystyried canlyniadau hynny, e.e. gallai trethi uwch ostwng y cymhelliad i rai cwmnïau fuddsoddi).
- Costau gweinyddol. Mae llunio polisi a'i weithredu yn costio arian; rhaid codi'r arian hyn o rywle a gallai'r arian gael ei ddefnyddio rywle arall. Rhaid ystyried y gost ymwad.
- Ystumio'r farchnad. Gall ymyrryd greu ystumiadau, e.e. gallai fod angen trethi uwch i godi arian i gymorthdalu nwyddau rhinwedd ond gallai hynny gael effaith anghymell mewn marchnadoedd eraill.

Damcaniaeth dewis cyhoeddus: mae hon yn dadansoddi sut a pham y gwneir penderfyniadau ynghylch gwariant y llywodraeth a threthi. Elfen allweddol yn hyn, wrth gwrs, yw'r pleidleiswyr. Yn nodweddiadol mae pleidleiswyr eisiau meintiau mawr o nwyddau a gwasanaethau heb lawer o dreth. Byddai hynny'n uchafu eu lles. Mae gwleidyddwyr eisiau uchafu pleidleisiau (ac os bosibl amcanion eraill fel eu henillion). I gael pleidleisiau byddan nhw'n apelio at y rhan fwyaf o bleidleiswyr (y tir canol) ac yn gwneud penderfyniadau nad ydynt o reidrwydd y gorau yn economaidd er mwyn cadw pleidleisiau, e.e. cadw swyddi mewn ardaloedd pleidleisio allweddol (hyd yn oed os ydy hynny'n golygu cymorthdalu cwmnïau aneffeithlon), ffafrio unigolion neu arweinwyr busnes allweddol sy'n gallu argyhoeddi pobl eraill i bleidleisio dros blaid wleidyddol, neu ganolbwyntio ar benderfyniadau sy'n dod â chanlyniadau cyflym (mae buddsoddiadau tymor hir yn beryglus oherwydd efallai na fyddwch mewn grym pan ddaw eu heffaith).

Defnyddio trethi i gywiro methiant y farchnad
- Mae trethi anuniongyrchol yn eu hanfod yn chwyddiannol
- Gall trethi gynyddu costau ac fellu niweidio gallu'r DU i gystadlu'n rhyngwladol
- Problemau yn penderfynu ar lefel y trethi, e.e. asesu gwerth ariannol costau allanol
- Costau gorfodi'r trethi
- Effaith ar ddosraniad incwm, e.e. mae TAW yn ddisgynradd (*regressive*)

Problemau rheoleiddio i gywiro methiant y farchnad
- Beth yw'r lefel iawn o reoleiddio?
- Beth yw costau cyflwyno a rheoleiddio?
- Costau ymwad
- A oes perygl o osgoi talu trethi?
- Yn achos rhai materion, fel ymdrin â llygredd, byddai angen i'r rheoleiddio fod yn fyd-eang, nid dim ond yn y DU, i gael effaith go iawn
- A fydd yn gyrru cynhyrchu dramor?

Gwybodaeth: diffyg gwybodaeth, e.e. am effaith y broblem. Mae'n cymryd amser i gasglu data a gall rhai data fod yn anodd eu casglu, e.e. defnyddio cyffuriau.

Camamseru: Erbyn i'r Llywodraeth ymyrryd yn y farchnad a gweithredu, efallai na fydd y broblem yr un fath.

Costau gweinyddu, e.e. gweithredu cynlluniau stociau clustogi.

Problemau ymyriad Llywodraeth mewn marchnadoedd

Anhawster yn meintioli problemau, e.e. pennu gwerth y graddau o ddifrod a achosir gan lygredd.

Pwysau gwleidyddol, e.e. i sicrhau mwy o gydraddoldeb nag y gallai mecanwaith y farchnad ei achosi.

Materion amgylcheddol

Problemau marchnadoedd a'r amgylchedd

Weithiau mae marchnadoedd yn methu am nad ydy defnyddwyr a chynhyrchwyr yn ystyried costau allanol negatif eu gweithredoedd. Gall yr allanolderau negatif hyn gynnwys niwed i'r amgylchedd, e.e. llygredd tir, aer a sŵn. Mae hyn yn golygu bod gorgynhyrchu a gordreulio cynhyrchion o'r fath. Hefyd gall camddyrannu adnoddau ddigwydd oherwydd:

- anwybodaeth: dydy llawer o unigolion ddim yn sylweddoli'r niwed amgylcheddol mae eu gweithredoedd yn ei wneud;
- problemau rhyng-genedlaethol: bydd llawer o weithredoedd yn niweidiol dros amser; yn aml mae defnyddwyr yn canolbwyntio ar y tymor byr a dydyn nhw ddim yn ystyried effeithiau tymor hir eu gweithredoedd.

Sut y gall y Llywodraeth ymyrryd i achosi i'r farchnad ystyried materion amgylcheddol?

- Diffinio hawliau eiddo. Hawliau eiddo yw grym rheolaeth, gan gynnwys yr hawl i gael iawndal am allanolderau. Os ydy pobl neu gwmnïau yn cael yr hawl i fod heb lygredd gallan nhw godi tâl ar y sawl sydd eisiau llygru; mae hyn yn creu marchnad am lygredd ac mae'n arwain at lefel gymdeithasol effeithlon o gynhyrchu. Dyma Theorem Coase. Byddai llygrwyr yn ystyried y budd ychwanegol iddyn nhw o gynhyrchu mwy a faint maen nhw'n fodlon ei dalu am yr hawl hwn; byddai eraill yn ystyried y tâl a gynigir o'i gymharu â chostau ychwanegol y llygru. Dylai'r farchnad addasu nes y cynigir pris lle mae'r budd ychwanegol = cost ychwanegol.
- Codi tâl am ddefnyddio'r amgylchedd, e.e. taliadau allyriadau yn achos cwmnïau sy'n cynhyrchu gwastraff neu daliadau defnyddio yn achos defnyddwyr (e.e. am gasgliadau sbwriel). Trwy gynyddu taliadau a godir ar gwmnïau ac unigolion mae'n eu gwneud nhw'n ymwybodol o gostau cymdeithasol llawn eu gweithredoedd.
- Trwyddedau. Gellir defnyddio'r rhain i gyfyngu ar gynhyrchu, e.e. gellid dyroddi trwyddedau i ganiatáu i gwmnïau lygru. Bydd cyfanswm y trwyddedau a ddyroddir yn pennu'r cynnyrch llygru cyfan. Gall dyraniad y trwyddedau gael ei seilio ar lefelau blaenorol o lygru neu gael ei gysylltu â meini prawf eraill. Gall trwyddedau gael eu masnachu rhwng cwmnïau, gan alluogi rhoi pris ar lygredd neu allyriadau. Yn achos rheoleiddio syml does dim cymhelliad i gwmnïau ostwng eu llygredd os nad oes angen iddyn nhw wneud hynny; yn achos system drwyddedau gall fod o werth iddyn nhw wneud hynny gan y gallan nhw werthu'r hawliau i'r 'llygredd sydd heb ei ddefnyddio' i fusnes arall. Efallai y gall Cwmni A achosi gostyngiad o 100 tunnell fetrig yn ei allyriadau am £10 miliwn a gwerthu hyn i Gwmni B; gallai fod wedi costio £15 miliwn i Gwmni B gyflawni'r un gostyngiad, ac felly mae'r gymdeithas yn arbed £5 miliwn i gael llygredd i lawr.

Deddfwriaeth i ddogelu'r amgylchedd

Llygredd aer

Dan Ddeddf Aer Glân 1956, mae Llywodraeth y DU wedi creu rhanbarthau aer glân lle mae rhai llygryddion yn anghyfreithlon. Hefyd mae'r Llywodraeth wedi lleihau maint y plwm a ganiateir mewn petrol.

Llygredd dŵr

Oddi ar 1951 mae Llywodraeth y DU wedi gosod rheolaethau ar allwysiadau i mewn i ddyfroedd mewndirol.

Treth dirlenwi y DU

Cyflwynwyd hon yn 1996. Bwriadwyd iddi ymdrin â methiant y farchnad – roedd cartrefi a chwmnïau yn gwaredu gwastraff mewn safleoedd tirlenwi heb ystyried costau cymdeithasol llawn eu sbwriel (e.e. gollyngiadau o safleoedd tirlenwi, sŵn ac effaith ar y gymdogaeth, lluchio defnyddiau ailgylchadwy). Bwriedir i'r dreth dirlenwi ar gyfer gwaredu rhai cynhyrchion mewn safleoedd tirlenwi gynyddu'r costau i gartrefi a chwmnïau ac felly mewnoli'r allanolder.

Llygredd fel allanolder negatif

Mae'r gost ffiniol gymdeithasol yn fwy na'r gost ffiniol breifat oherwydd llygredd. Mewn marchnad rydd byddai gorgynhyrchu, felly efallai y bydd y llywodraeth yn ymyrryd i ostwng cynhyrchu, e.e. trwy drethi neu ddeddfwriaeth. (Gweler y graff allanolder negatif ar dud. 27.)

Protocol Kyoto 1997

Cytunodd Llywodraeth y DU i ostwng allyriadau nwyon tŷ gwydr i 12.5% yn llai na lefelau 1990 erbyn 2010. Yn 2004 cytunodd i ostwng allyriadau i 20% o'u lefelau 1990 erbyn 2010.

Roedd problemau cyflawni hyn yn cynnwys:
- Diwedd oes ddefnyddiol atomfeydd oedd yno eisoes: gellid cael rhai eraill yn eu lle (gan eu bod yn well o ran lefelau allyriadau) ond yn wleidyddol mae egni niwclear yn amhoblogaidd.
- Er y gall egni adnewyddadwy fod yn ddewis, cafwyd gwrthwynebiad sylweddol i'r dulliau sydd ar gael, e.e. tyrbinau gwynt yn difetha cefn gwlad.
- Cynnydd mewn teithio ar y ffyrdd yn achosi llygredd.
- Cynnydd mewn teithio mewn awyren yn achosi llygredd.

Mae masnachu allyriadau, fel a nodir yn Erthgyl 17 Protocol Kyoto, yn caniatáu i wledydd sydd ag unedau allyrru sbâr – allyriadau a ganiatawyd iddyn nhw ond sydd heb eu 'defnyddio' – werthu'r gallu dros ben i wledydd sydd dros eu targedau.

Felly, cafodd cynwydd newydd ei greu ar ffurf gostyngiadau neu warediadau o allyriadau. Gan mai carbon deuocsid yw'r prif nwy tŷ gwydr, mae pobl yn sôn am fasnachu mewn carbon. Erbyn hyn mae carbon yn cael ei dracio a'i fasnachu fel unrhyw gynwydd arall. Gelwir hyn yn 'farchnad garbon'.

Cynaliadwyedd

Mae economegwyr yn fwyfwy ymwybodol o bwysigrwydd cynaliadwyedd, h.y. yr angen i ystyried cenedlaethau'r dyfodol wrth wneud penderfyniadau ynghylch sut i ddefnyddio adnoddau. Mae ymwybyddiaeth wedi cael ei chodi drwy astudiaethau fel Adroddiad Brundtland 1997.

Ffiniol, cyfartalog a chyfanswm

Ffiniol

Ystyr ffiniol yw ychwanegol, e.e. y gost ffiniol yw cost ychwanegol cynhyrchu uned arall; y derbyniadau ffiniol yw'r derbyniadau ychwanegol a ddaw o werthu uned arall.

Nifer yr unedau	Cyfanswm y gost (£)	Cost ffiniol (£)
0	10 (costau sefydlog)	0
1	14	4
2	20	6
3	30	10
4	50	20
5	75	25
6	105	30
7	145	40

Ffiniol a chyfanswm

Mae'r ffiniol yn dangos beth sydd wedi digwydd i'r cyfanswm, e.e. os £4 yw cost ffiniol gwneud uned arall, bydd cyfanswm y gost yn cynyddu £4.

Os ydy'r ffiniol yn bositif bydd y cyfanswm yn cynyddu. Os ydy'r ffiniol yn negatif bydd y cyfanswm yn gostwng.

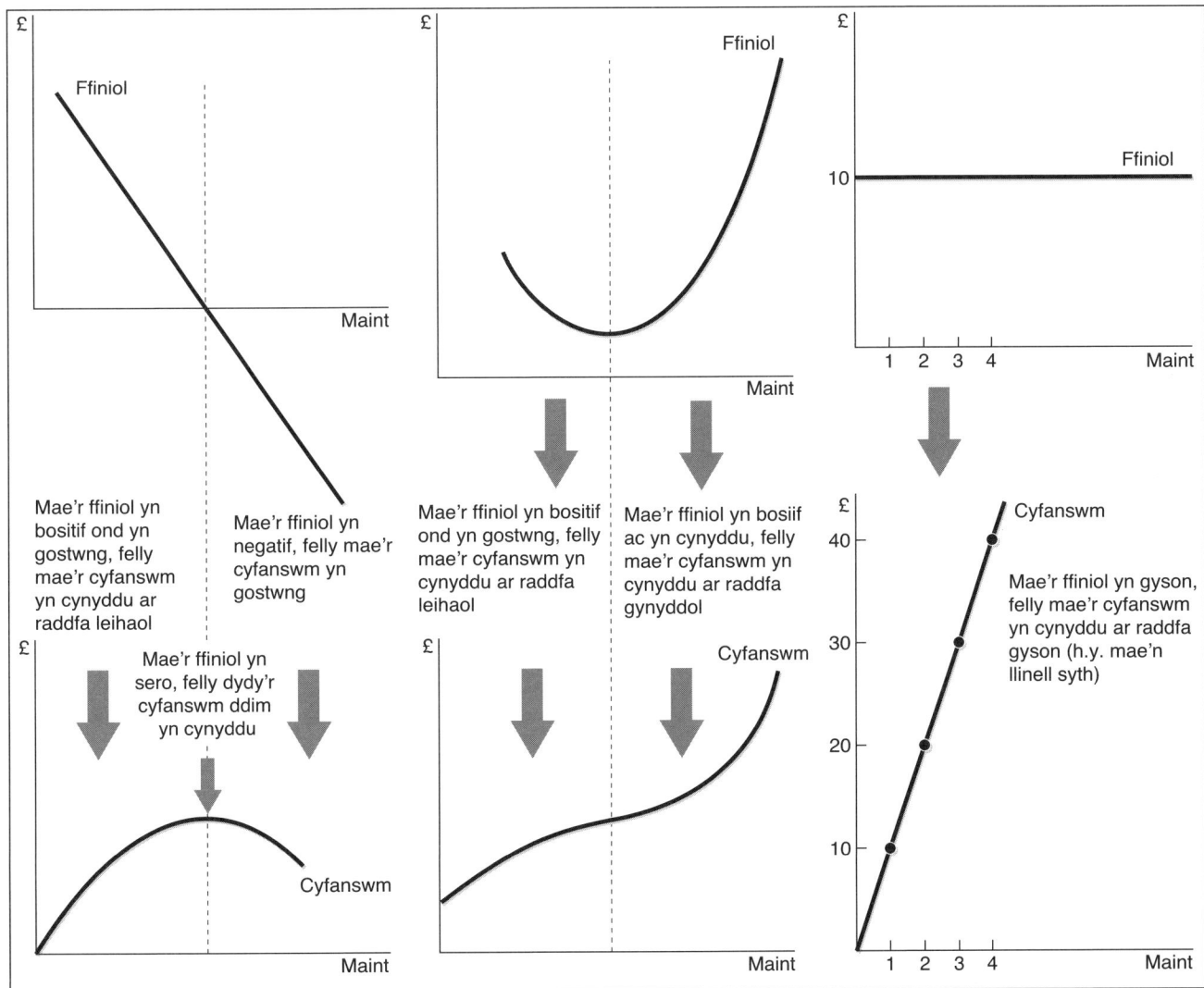

Mae'r ffiniol yn bositif ond yn gostwng, felly mae'r cyfanswm yn cynyddu ar raddfa leihaol

Mae'r ffiniol yn negatif, felly mae'r cyfanswm yn gostwng

Mae'r ffiniol yn sero, felly dydy'r cyfanswm ddim yn cynyddu

Mae'r ffiniol yn bositif ond yn gostwng, felly mae'r cyfanswm yn cynyddu ar raddfa leihaol

Mae'r ffiniol yn bosiif ac yn cynyddu, felly mae'r cyfanswm yn cynyddu ar raddfa gynyddol

Mae'r ffiniol yn gyson, felly mae'r cyfanswm yn cynyddu ar raddfa gyson (h.y. mae'n llinell syth)

Cyfartalog a chyfanswm

I gyfrifo'r cyfartalog, rhannwch y cyfanswm â nifer yr unedau, e.e. y gost gyfartalog yw cyfanswm y gost wedi'i rannu â nifer yr unedau. Os £9 yw cyfanswm cost gwneud 3 uned, yna ar gyfartaledd maen nhw'n costio £3 yr un. Os £20 yw cyfanswm y derbyniadau o werthu 4 uned, yna ar gyfartaledd £5 yw'r derbyniadau o werthu pob un.

Cyfartalog a ffiniol

Os ydy'r ffiniol yn uwch na'r cyfartalog, bydd y cyfartalog yn cynyddu. Dychmygwch fod tîm wedi sgorio 3 gôl y gêm ar gyfartaledd a'i fod yn sgorio 10 yn y gêm nesaf. Bydd hyn yn tynnu ei gyfartaledd i fyny. Os ydy ffiniol > cyfartalog, bydd y cyfartalog yn cynyddu.

Os ydy'r ffiniol yn llai na'r cyfartalog, bydd y cyfartalog yn gostwng. Os ydy tîm wedi gorio 3 gôl y gêm ar gyfartaledd ac yn sgorio 1 yn y gêm nesaf, bydd hyn yn tynnu'r cyfartaledd i lawr. Os ydy ffiniol < cyfartalog, bydd y cyfartalog yn gostwng.

Ffiniol, cyfartalog a chyfanswm (parhad)

Cynnyrch a chostau

Y tymor byr yw'r cyfnod pan fydd o leiaf un ffactor cynhyrchu yn sefydlog.
Y tymor hir yw'r cyfnod pan fydd pob ffactor yn newidiol.

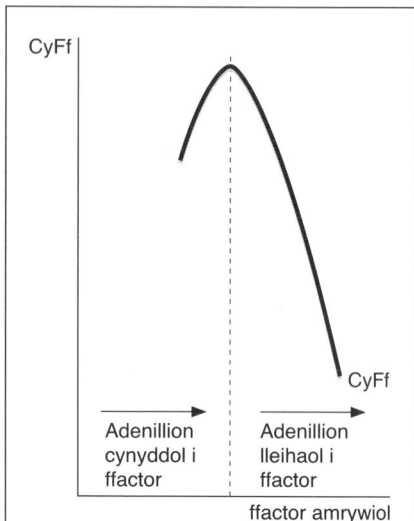

CyFf

CyFf

Adenillion cynyddol i ffactor | Adenillion lleihau i ffactor

ffactor amrywiol

Y cynnyrch cyfartalog a'r cynnyrch ffiniol

Y cynnyrch ffiniol (CyFf) yw'r cynnyrch ychwanegol a ddaw o gyflogi uned ychwanegol o'r ffactor newidiol. Y cynnyrch cyfartalog (CyC) yw'r cynnyrch cyfartalog am bob uned o'r ffactor newidiol (a elwir hefyd yn gynhyrchedd y ffactor).
Dychmygwch mai llafur yw'r ffactor newidiol. Os bydd y gweithiwr ychwanegol yn gwneud mwy o unedau nag roedd y gweithwyr yn eu gwneud ar gyfartaledd cyn iddo/iddi ymuno, bydd y cynnyrch cyfartalog y gweithiwr yn codi, e.e. os ydy tri gweithiwr yn gwneud cyfanswm o 9 uned a bod y pedwerydd gweithiwr yn ychwanegu 11 uned arall, bydd y cyfartaledd yn codi o 3 uned yr un i 5 uned yr un. Os bydd y gweithiwr ychwanegol yn gwneud llai o unedau ychwanegol, bydd y cyfartaledd yn gostwng, e.e.mae tri gweithiwr yn gwneud cyfanswm o 9 uned (3 uned yr un ar gyfartaledd); os bydd y pedwerydd yn ychwanegu 1 uned yn unig, y cyfartaledd fydd 10 wedi'i rannu â 4, h.y. 2.5 uned yr un.

Os ydy CyFf > CyC, mae'r cynnyrch cyfartalog yn cynyddu.
Os ydy CyFf < CyC, mae'r cynnyrch cyfartalog yn gostwng.

Felly mae'r cynnyrch ffiniol yn croesi'r cynnyrch cyfartalog ym mhwynt uchaf y cynnyrch cyfartalog.

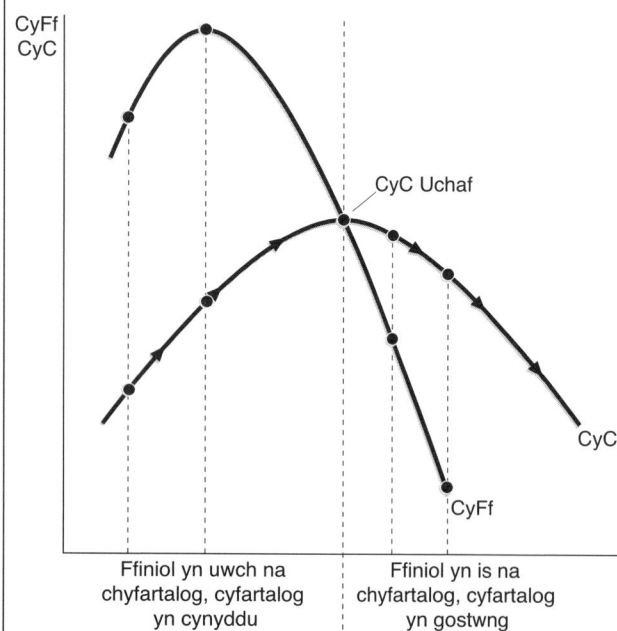

CyFf
CyC

CyC Uchaf

CyC

CyFf

Ffiniol yn uwch na chyfartalog, cyfartalog yn cynyddu | Ffiniol yn is na chyfartalog, cyfartalog yn gostwng

Deddf adenillion lleihaol (neu ddeddf cyfrannau newidiol)

Wrth i unedau ychwanegol o ffactor newidiol (fel llafur) gael eu hychwanegu at ffactor sefydlog (fel cyfalaf), bydd cynnyrch ychwanegol (neu gynnyrch ffiniol) y ffactor newidiol yn lleihau *yn y pen draw*. (Noder: bydd cyfanswm y cynnyrch yn dal i gynyddu, ond ar raddfa leihaol.)

Tybiaethau deddf adenillion lleihaol

- mae o leiaf un ffactor yn sefydlog
- mae pob uned o'r ffactor newidiol yr un fath (e.e. mae pob gweithiwr wedi'i hyfforddi i'r un graddau)
- mae lefel technoleg yn gyson

Nifer y gweithwyr	Cyfanswm y cynnyrch	Cynnyrch ffiniol (CyFf)	Cynnyrch cyfartalog (CyC)
0	0	-	-
1	10	10	10
2	26	16	13
3	39	13	13
4	48	9	12
5	55	7	11
6	60	5	10

Yn y tabl uchod rydym wedi tybio mai llafur yw'r ffactor newidiol. I ddechrau mae adenillion cynyddol i lafur, ond gyda'r trydydd gweithiwr mae cynnyrch ffiniol yn gostwng ac mae adenillion lleihaol i ffactor yn cychwyn.

Cynnyrch

Term	Esboniad
Cyfanswm y cynnyrch (CCy)	cyfanswm y cynnyrch a gynhyrchwyd gan y ffactorau cynhyrchu
Cynnyrch cyfartalog (CyC)	y cynnyrch am bob uned o'r ffactor newidiol, e.e. y cynnyrch y gweithiwr; fe'i gelwir hefyd yn gynhyrchedd llafur
Cynnyrch ffiniol (CyFf)	y cynnyrch ychwanegol o gyflogi uned arall o ffactor newidiol, e.e. y cynnyrch ychwanegol o gyflogi gweithiwr ychwanegol

Cynhyrchedd = y cynnyrch y ffactor, e.e. y cynnyrch y gweithiwr. Gall cynhyrchedd gweithwyr gynyddu gyda mwy o hyfforddiant, mwy o gyfarpar cyfalaf, rheolaeth well, technoleg well.

Costau

Costau

- Costau yw treuliau'r busnes. Maen nhw'n cynrychioli gwerth y mewngyrch a ddefnyddir. Maen nhw'n cynnwys defnyddiau, llafur, dibrisiant cyfarpar, cost cyfalaf a chost ymwad cyfalaf.
- **Costau sefydlog (CS)** yw costau nad ydynt yn newid gyda'r cynnyrch, e.e. dydy rhent adeilad ddim yn gysylltiedig â'r cynnyrch.
- **Costau newidiol (CN)** yw costau sy'n amrywio gyda'r cynnyrch, e.e. bydd costau defnyddiau yn cynyddu os cynhyrchir mwy o unedau.
- **Cyfanswm y costau (CC)** = costau sefydlog + costau newidiol
  CC = CS + CN

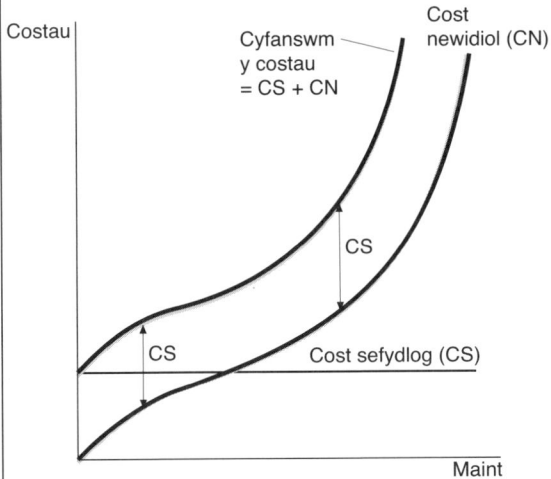

- **Cost ffiniol (CFf)** yw cost ychwanegol cynhyrchu uned arall.
  Mae cromlin y gost ffiniol yn y tymor byr mewn perthynas wrthdro â'r cynnyrch ffiniol – pan fydd y cynnyrch ffiniol yn cynyddu, bydd y gost ffiniol yn gostwng ac i'r gwrthwyneb. Dychmygwch mai llafur yw'r ffactor newidiol. Pan fydd pob gweithiwr ychwanegol yn fwy cynhyrchiol, bydd angen llai o'u hamser i wneud uned ychwanegol. A thybio bod cyflogau'n gyson, mae hyn yn golygu y bydd cost ychwanegol uned yn gostwng. Pan fydd pob gweithiwr ychwanegol yn llai cynhyrchiol, bydd angen mwy o'u hamser i wneud uned ychwanegol ac felly bydd cost ffiniol yr uned yn codi.

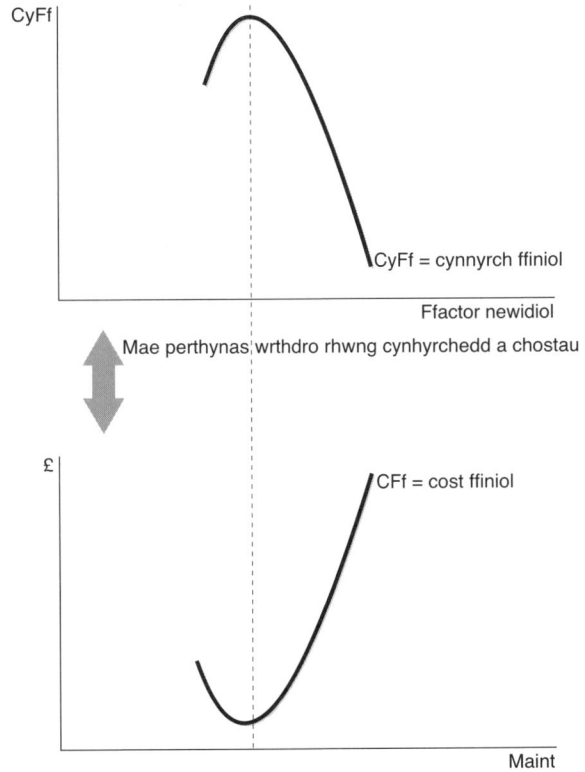

Costau

Cyfanswm y costau:	costau sefydlog + costau newidiol	CS + CN
Cost gyfartalog:	$\dfrac{\text{cyfanswm y costau}}{\text{cynnyrch}}$	$\dfrac{CC}{M}$
Cost newidiol gyfartalog:	$\dfrac{\text{cost newidiol}}{\text{cynnyrch}}$	$\dfrac{CN}{M}$
Cost sefydlog gyfartalog:	$\dfrac{\text{cost sefydlog}}{\text{cynnyrch}}$	$\dfrac{CS}{M}$
Cost ffiniol:	$\dfrac{\text{newid yng nghyfanswm y costau}}{\text{newid yn y cynnyrch}}$	$\dfrac{\Delta CC}{\Delta M}$

Mae perthynas wrthdro rhwng cynhyrchedd a chost uned

Cynnyrch (unedau)	Nifer y gweithwyr	Cynnyrch y gweithiwr (cynhyrchedd llafur); unedau	Costau cyflogau (os caiff gweithwyr eu talu £100 yr wythnos yr un) £	Costau cyflogau yr uned £
100	1	100	100	100/100 = 1
300	2	150	200	200/300 = 0.66
600	3	200	300	300/600 = 0.5
1000	4	250	400	400/1000 = 0.4
1300	5	260	500	500/1300 = 0.38
1440	6	240	600	600/1440 = 0.42
1400	7	200	700	700/1400 = 0.5

Costau (parhad)

Costau cyfartalog

- Mae **cost sefydlog gyfartalog (CSG)** yn gostwng wrth i fwy o unedau gael eu gwneud; mae'r costau sefydlog yn cael eu lledu dros fwy a mwy o unedau.

- **Cost gyfartalog** = y gost yr uned = $\frac{\text{cyfanswm y gost}}{\text{cynnyrch}}$ = CG (a elwir hefyd yn gyfangost gyfartalog)

- **Cost gyfartalog** (neu gyfangost gyfartalog) = cost sefydlog gyfartalog + cost newidiol gyfartalog

  CG = CSG + CNG

Cynnyrch	Costau sefydlog	Costau sefydlog cyfartalog
0	£20,000	anfeidraidd
100	£20,000	£200
200	£20,000	£100
300	£20,000	£66.66
400	£20,000	£50

Cost newidiol gyfartalog (CNG)

Yn gyffredinol â siâp 'U'. Ar gyfartaledd mae'r ffactor newidiol yn dod yn fwy cynhyrchiol ar y cychwyn ac yna'n dod yn llai cynhyrchiol (gweler cromlin y cynnyrch cyfartalog). Bydd cost gyfartalog y ffactor newidiol am bob uned o gynnyrch yn gostwng pan fydd y ffactor yn fwy cynhyrchiol ac yn codi pan fydd y ffactor yn llai cynhyrchiol.

Cost gyfartalog (CG) (a elwir hefyd yn gyfangost gyfartalog)

Symiant y gost sefydlog gyfartalog a'r gost newidiol gyfartalog. Wrth i fwy o unedau gael eu cynhyrchu, bydd y gost sefydlog gyfartalog yn gostwng ac felly bydd y gyfangost gyfartalog yn fwyfwy yn cynnwys y gost newidiol gyfartalog (h.y. mae'r CG a'r CNG yn cydgyfeirio).

Costau cyfartalog, costau newidiol cyfartalog a chostau sefydlog cyfartalog

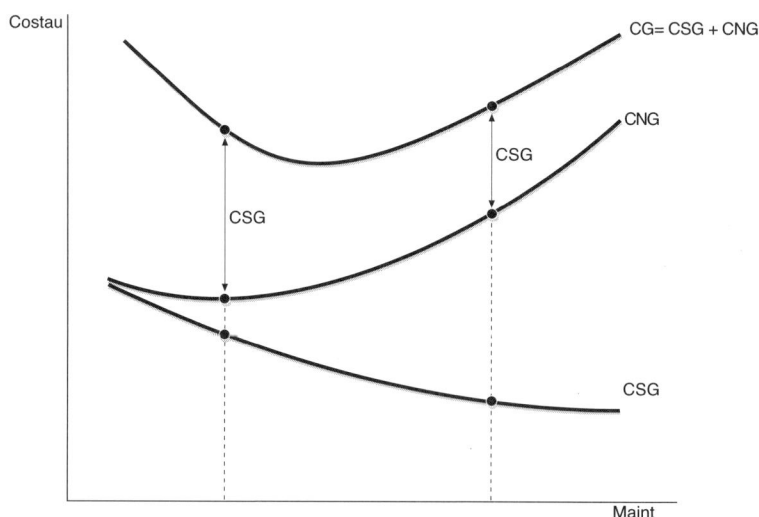

Costau ffiniol a chostau cyfartalog

Os ydy cost ychwanegol gwneud uned (y gost ffiniol) yn fwy na chost uned ar gyfartaledd, bydd hyn yn cynyddu'r gost gyfartalog, e.e. os ydy pob uned yn costio £5 i'w gwneud ac mae'r uned nesaf yn costio £20, bydd y gost gyfartalog yn codi.

Os ydy cost ychwanegol gwneud uned (CFf) yn llai na'r gost yr uned, bydd y gost gyfartalog yn gostwng, e.e. os £5 yw cost gyfartalog uned ac mae'r cwmni'n cynhyrchu uned ychwanegol am £1, bydd hyn yn gostwng y gost gyfartalog.

Felly os ydy **CFf > CG, yna bydd CG yn codi**

Os ydy **CFf < CG, yna bydd CG yn gostwng**

Mae hyn yn golygu bod y gost ffiniol yn croesi'r gost gyfartalog ar ei phwynt isaf.

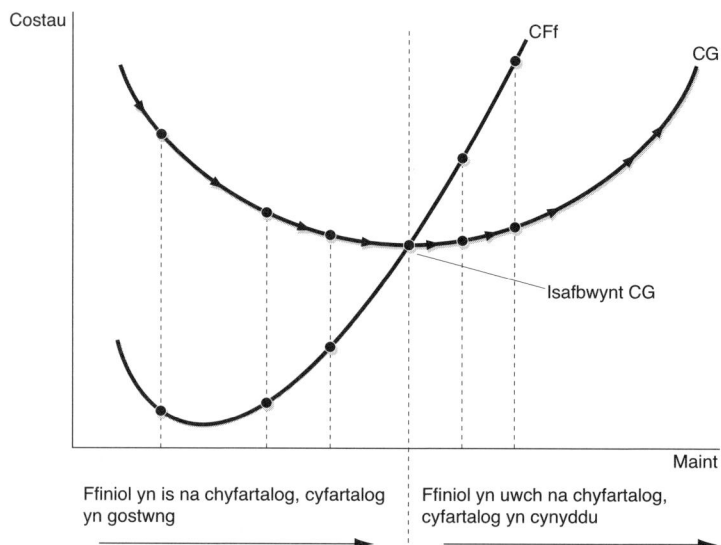

Cromliniau cost y tymor hir

Cromliniau cost y tymor hir

Yn y tymor hir mae pob ffactor cynhyrchu yn newidiol.

O gromliniau cost y tymor byr i gromliniau cost y tymor hir

Mae cost gyfartalog y tymor byr (CGTB) yn dangos y gost isaf yr uned ar gyfer lefelau gwahanol o gynnyrch os oes ffactor sefydlog, e.e. os oes 10 peiriant. Bydd nifer anfeidraidd o gromliniau cost y tymor byr gan ddibynnu ar y cyfyngiad, e.e. un CGTB ar gyfer 11 peiriant, un ar gyfer 12 peiriant, un ar gyfer 13 peiriant ac yn y blaen. Wrth i'r cwmni newid ei ffactor sefydlog dros amser, e.e. prynu peiriant arall, dangosir hyn gan gromlin newydd cost gyfartalog y tymor byr.

- Os ydy cwmni, wrth ehangu, yn symud i gromlin newydd is ar gyfer cost gyfartalog y tymor byr, mae'n cael darbodion maint mewnol.
- Os ydy cwmni, wrth ehangu, yn symud i gromlin cost gyfartalog y tymor byr ar yr un lefel, mae'n cael adenillion maint digyfnewid.
- Os ydy cwmni, wrth ehangu, yn symud i gromlin uwch ar gyfer cost gyfartalog y tymor byr, mae'n cael annarbodion maint mewnol.

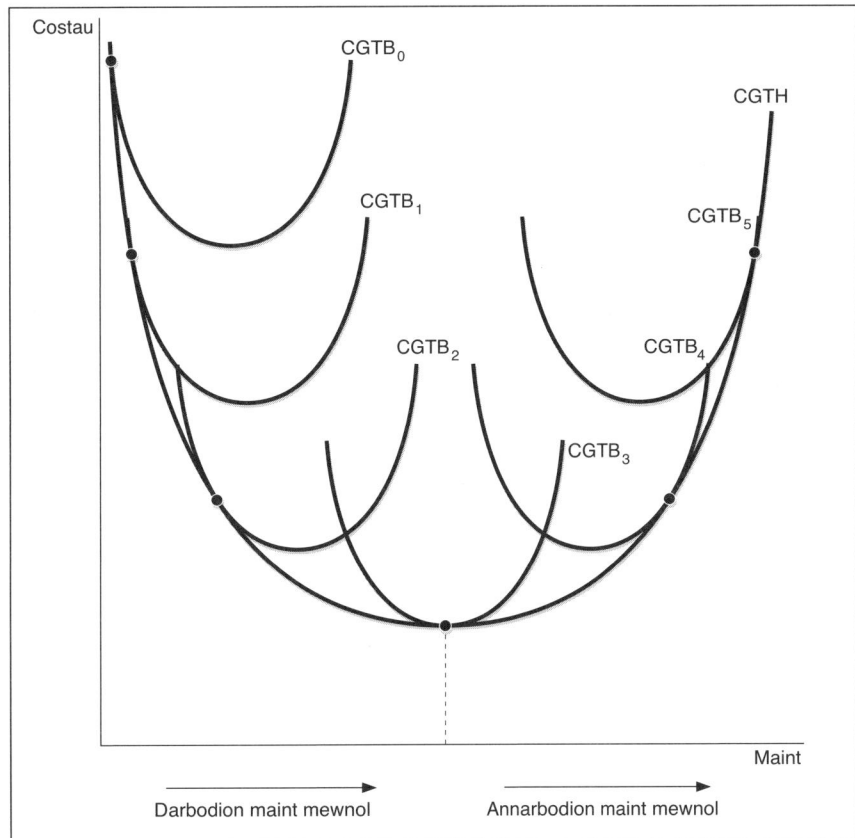

Darbodion maint mewnol

Prynu (neu swmp brynu). Mae cwmnïau mawr yn tueddu i brynu meintiau mwy o fewngyrch ac felly maen nhw mewn sefyllfa gryfach i drafod disgowntiau.

Rheolaethol. Fel arfer dydy nifer y rheolwyr sydd eu hangen ar gwmni ddim yn cynyddu ar yr un raddfa â chynnyrch, e.e. os bydd cynnyrch cwmni yn dyblu, nid yw'n golygu bod angen dwywaith gymaint o reolwyr. Mae hyn yn gostwng cost rheolaeth am bob uned. Hefyd, wrth i gwmni dyfu, bydd fel arfer yn datblygu swyddi rheolaeth arbenigol, h.y. bydd rheolwyr yn dechrau arbenigo mewn meysydd gwahanol. Gall hyn arwain at benderfynu gwell a mwy o effeithlonrwydd.

Technegol. Mae rhai prosesau cynhyrchu yn ddrud iawn i'w gweithredu ar raddfa fach. Dychmygwch linell gynhyrchu ceir yn cynhyrchu dau gar yn unig yr wythnos. Trwy ddefnyddio'r llinell i'w gallu cynhyrchu llawn a gwneud llawer mwy o geir, gall cost y cyfarpar gael ei lledu dros fwy o unedau, gan ostwng y gost yr uned. Mae darbodion technegol yn cynnwys:

a arbenigaeth – gall gweithwyr gael tasgau arbenigol i'w gwneud; dylai hyn arwain at gynhyrchedd uwch drwy wneud yr un gwaith dro ar ôl tro

b anwahanadrwydd – mae yna enghreifftiau o gyfarpar na ellir ei rannu'n hawdd; mae'n anwahanadwy, e.e. llinell gynhyrchu. Os defnyddir y llinell i gynhyrchu ychydig yn unig o unedau, bydd y gost yr uned yn uchel; os caiff ei defnyddio ar raddfa fawr i'w gallu cynhyrchu llawn bydd y gost yr uned yn gostwng.

c dimensiynau mwy – os caiff maint cynhwysydd ei ddyblu, bydd y cyfaint yn fwy na dyblu, gan wneud y costau storio yn rhatach am bob uned.

ch cysylltu prosesau – mae'r rhan fwyaf o gynhyrchu yn cynnwys camau cydgysylltiol; mae gallu cynhyrchu'r peiriannau ym mhob cam yn gallu amrywio, e.e. efallai bod peiriant A yn gallu gwneud 40 uned y dydd; efallai bod peiriant B yn gallu gwneud 10 yn unig. Os prynir un peiriant A ac un peiriant B, bydd A yn cael ei danddefnyddio. Os prynir 4 peiriant B gall y cwmni gynhyrchu 40 uned heb gael dim gallu cynhyrchu dros ben.

Darbodion ariannol. Yn aml mae cwmnïau mawr yn gallu cael benthyg arian ar gyfradd ratach; y rheswm yw bod ganddyn nhw fwy o asedau ac felly mae rhoi benthyg iddyn nhw yn llai o risg.

Darbodion mentro. Trwy amrywiaethu i sawl rhanbarth neu wlad, mae'r cwmni'n debygol o gael patrymau galw mwy sefydlog. Mae gostyngiadau sydyn yn y galw am y cynnyrch mewn un ardal yn debygol o gael eu gwrthbwyso gan gynnydd yn y galw mewn ardaloedd eraill. O ganlyniad, mae'r galw yn fwy rhagfynegadwy ac nid oes raid i'r cwmni ddal cymaint o stoc rhag ofn. Mae hyn yn gostwng costau dal stoc.

Darbodion marchnata. Gall costau hysbysebu a hyrwyddo gael eu lledu dros fwy o unedau wrth i fusnes dyfu, felly bydd y gost yr uned yn gostwng.

Annarbodion maint mewnol

Mae'r rhain i'w cael pan fydd y gost gyfartalog yr uned yn cynyddu wrth i gynnyrch gynyddu.

Gall hyn fod oherwydd:
- cyfathrebu gwael
- morâl isel; gall gweithwyr deimlo eu bod yn cael eu dieithrio wrth i'r cwmni dyfu a'r bwlch rhwng y 'top' a'r 'gwaelod' gynyddu
- diffyg rheolaeth

Problemau rheoli yw'r rhain yn y bôn. Gellir eu goresgyn drwy ddatganoli fel y bydd pobl sy'n yn is yn y gyfundrefn yn cael rhan mewn penderfyniadau a thrwy sicrhau bod cyfathrebu'n dda.

Cromliniau cost y tymor hir (parhad)

Graddfa effeithlon leiaf (GEL) Dyma'r lefel cynhyrchu gyntaf lle mae'r gost yr uned ar ei hisaf.

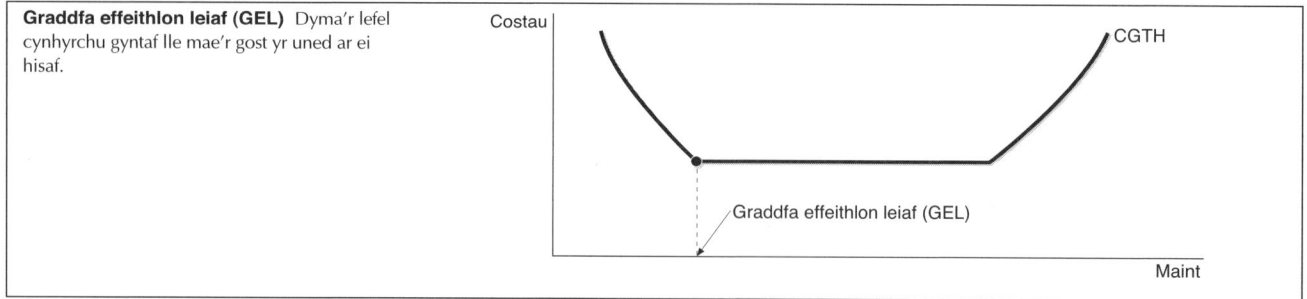

Graddfa effeithlon leiaf (GEL)

Costau / Maint / CGTH

Adenillion maint

Mae'r rhain i'w cael yn y tymor hir pan fydd pob ffactor cynhyrchu yn newidiol.

- Mae adenillion maint cynyddol yn golygu bod cynnydd cyfrannol yn y ffactorau cynhyrchu i gyd yn arwain at newid mwy na chyfrannol mewn cynnyrch. Er enghraifft, os dyblir maint y tir, llafur a chyfalaf a ddefnyddir gan y cwmni, bydd hyn yn arwain at gynnydd mewn cynnyrch sy'n fwy na dwbl. O ganlyniad, bydd cost yr uned yn gostwng.
- Mae adenillion maint gostyngol i'w cael pan fydd cynnydd cyfrannol yn y ffactorau cynhyrchu i gyd yn arwain at gynnydd llai na chyfrannol mewn cynnyrch. Bydd hyn yn arwain at gynnydd yn y gost gyfartalog.
- Mae adenillion maint digyfnewid i'w cael pan fydd cynnydd cyfrannol yn y ffactorau cynhyrchu i gyd yn arwain at gynnydd cyfrannol mewn cynnyrch, e.e. os dyblir y ffactorau cynhyrchu i gyd, bydd cynnyrch yn dyblu. Bydd y gost yr uned yn ddigyfnewid.

Adenillion maint cynyddol yn erbyn darbodion maint

Mae darbodion maint yn cyfeirio at ostyngiad yn y <u>gost</u> yr uned. Mae adenillion maint cynyddol yn cyfeirio at newidiadau mewn <u>cynnyrch</u>. Mae adenillion maint cynyddol yn cyfrannu at ddarbodion maint ond mae'r naill yn mesur costau tra bo'r llall yn mesur cynnyrch.

Isafu costau: y cyfuniad cost-isaf o ffactorau

I isafu costau, bydd cwmnïau'n cyflogi adnoddau lle mae

$$\frac{\text{CyFf llafur}}{\text{pris llafur}} = \frac{\text{CyFf cyfalaf}}{\text{pris cyfalaf}} = \frac{\text{CyFf tir}}{\text{pris tir}}$$

h.y. bydd y cynnyrch ychwanegol y bunt ar gyfer pob ffactor cynhyrchu yn hafal. Pe bai'r uned olaf o lafur yn fwy cynhyrchiol y bunt na chyfalaf, dyweder, byddai'r cwmni'n cyflogi mwy o lafur a llai o gyfalaf.

Darbodion maint allanol

Mae'r rhain i'w cael pan fydd y gost yr uned ar bob lefel cynnyrch yn gostwng oherwydd ffactorau o fewn y diwydiant ond y tu allan i'r cwmni, fel

- darbodion cydgrynhoi, e.e. os ydy cwmni wedi'i leoli mewn ardal benodol gyda chwmnïau eraill yn yr un diwydiant, gallan nhw rannu adnoddau (e.e. ymchwil a datblygu) a gall cwmnïau cyflenwi arbenigol gychwyn, yn cyflenwi nwyddau'n rhatach.
- os bydd y cyflenwyr yn mynd yn fwy eu maint, efallai y cân nhw fudd o ddarbodion maint mewnol. Bydd hyn yn arwain at fewngyrch rhatach i gwmni ac yn gostwng costau. Gall hyn gael ei achosi gan dwf yn y diwydiant cyfan, sy'n arwain at fwy o archebion i gyflenwyr fel y gallan nhw ehangu.

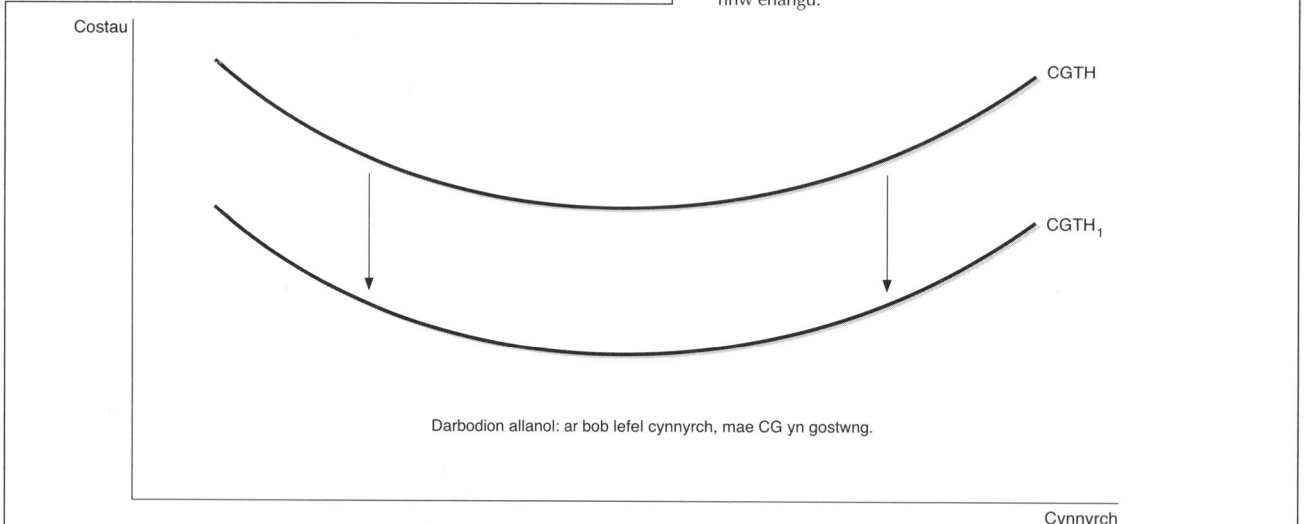

Darbodion allanol: ar bob lefel cynnyrch, mae CG yn gostwng.

Costau / Cynnyrch / CGTH / CGTH$_1$

Annarbodion maint allanol

Mae'r rhain i'w cael pan fydd y gost yr uned yn cynyddu ar bob lefel cynnyrch oherwydd ffactorau y tu allan i'r cwmni, e.e. mae twf y diwydiant yn gwthio prisiau mewngyrch i fyny, sy'n ei gwneud hi'n ddrutach i bob cwmni.

Technoleg

Mae technoleg yn golygu defnyddio gwyddoniaeth a pheirianneg i arloesi a datblygu offer, cyfarpar a phrosesau i wneud gwaith yn fwy effeithiol neu'n fwy effeithlon. Gall datblygiadau technolegol ychwanegu gwerth at gynhyrchion gan effeithio ar y galw a/neu ostwng costau (e.e. gostwng cost gyfartalog cynhyrchu) gan effeithio ar y cyflenwad.

Mae technoleg yn gallu arwain at ddatblygu cynhyrchion a phrosesau newydd a gwell. Gall hyn arwain at gynhyrchion arloesol a rhoi mwy o ddewis i gwsmeriaid. Gall arloesi helpu cwmnïau i ennill rheolaeth ar farchnad. Gellir diogelu dyfeisiau newydd yn gyfreithiol drwy **batentau**. Os bydd busnes yn cofrestru patent, ni all cystadleuwyr ddefnyddio'r syniad hwn oni châiff ei drwyddedu iddyn nhw am ffi, sy'n rhoi grym monopoli i'r darparwyr am gyfnod. Gall hyn hybu cwmnïau eraill i arloesi er mwyn iddyn nhw ennill eu rheolaeth eu hunain ar farchnad.

Gall technoleg ei gwneud hi'n haws mynd i mewn i farchnadoedd, e.e. gall cwmni sefydlu gwefan a masnachu'n fyd-eang yn weddol rad. Os ydy cwmnïau'n gallu gostwng costau efallai y byddan nhw hefyd yn gallu gostwng eu prisiau. Gall technoleg greu marchnadoedd, e.e. gemau cyfrifiadurol; gall hefyd fygwth diwydiannau, e.e. gyda mwy o bobl yn archebu eu gwyliau'n uniongyrchol, mae asiantaethau teithio yn llai proffidiol. Gall hefyd ddarfu ar farchnadoedd, e.e. mae'r farchnad am gryno-ddisgiau wedi newid yn sgil twf chwaraewyr MP3 a llwytho i lawr.

Penderfyniadau pris a chynnyrch

Amod y ffiniol

Mae hwn yn dangos i gwmnïau ble i gynhyrchu, h.y. pa lefel o gynnyrch i'w chynhyrchu.

- Os ydy'r derbyniadau ychwanegol o werthu uned (derbyniadau ffiniol) yn fwy na'r gost ychwanegol (cost ffiniol), bydd y cwmni'n gwneud elw ychwanegol drwy werthu'r uned. Dylai bob amser wneud unedau lle gellir gwneud elw ychwanegol (a thybio ei fod yn ceisio uchafu elw).
- Pan fydd y derbyniadau ychwanegol o werthu uned yn hafal i gost ychwanegol cynhyrchu'r uned (h.y. DFf = CFf), rhaid bod y cwmni'n gwneud yr elw mwyaf posibl gan na ellir gwneud elw ychwanegol.
- Os ydy'r derbyniadau ychwanegol yn llai na'r gost ychwanegol, dylai'r cwmni dorri'n ôl oherwydd bod colled yn cael ei gwneud ar yr uned ychwanegol hon.

I uchafu eu helw, dylai cwmnïau gynhyrchu lle mae derbyniadau ffiniol = cost ffiniol.

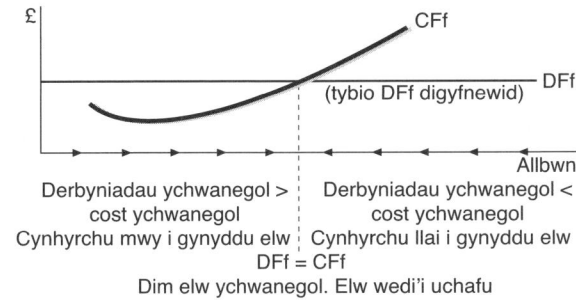

Derbyniadau ychwanegol > cost ychwanegol
Cynhyrchu mwy i gynyddu elw

Derbyniadau ychwanegol < cost ychwanegol
Cynhyrchu llai i gynyddu elw

DFf = CFf
Dim elw ychwanegol. Elw wedi'i uchafu

Amod y cyfartalog

Mae hwn yn dangos i'r cwmni faint o elw (neu golled) a wneir ganddo ar lefel benodol o gynnyrch.

I gyfrifo elw cwmni edrychwch ar y derbyniadau cyfartalog am bob uned (neu'r pris) a'r gost gyfartalog. Y gwahaniaeth rhyngddynt yw'r elw yr uned. Os lluoswn hyn â nifer yr unedau cawn gyfanswm yr elw (neu'r golled).

- Os ydy'r derbyniadau cyfartalog yn fwy na'r gost gyfartalog, mae'r cwmni'n gwneud elw annormal ar bob uned.
- Os ydy'r derbyniadau cyfartalog yn llai na'r gost gyfartalog, mae'r cwmni'n gwneud colled ar bob uned.
- Os ydy'r derbyniadau cyfartalog yn hafal i'r gost gyfartalog, mae'r cwmni'n adennill costau ar bob uned ac yn gwneud elw normal yn union.

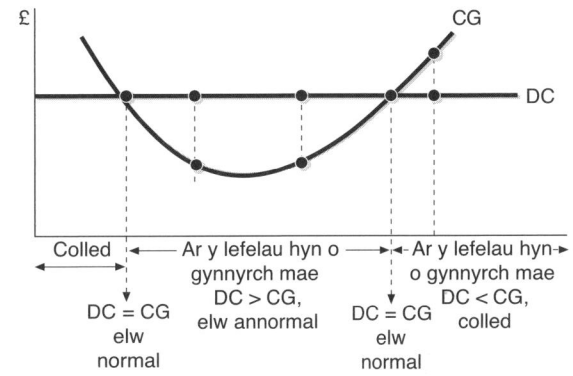

Colled

Ar y lefelau hyn o gynnyrch mae DC > CG, elw annormal

Ar y lefelau hyn o gynnyrch mae DC < CG, colled

DC = CG elw normal

DC = CG elw normal

Elw

Elw normal

Dyma'r elw sydd ei angen i gadw adnoddau yn eu defnydd presennol yn y tymor hir. Os ydy'r cwmnïau mewn diwydiant yn gwneud elw normal, does dim cymhelliad iddyn nhw adael nac i gwmnïau eraill ymuno. Mae elw normal i'w gael pan fydd y derbyniadau'n hafal i'r gost. Y rheswm yw bod y costau mewn economeg yn cynnwys gwobr i'r mentrwyr am fod yn y diwydiant hwnnw i dalu am y risg o fod yno.

Elw economaidd ac elw cyfrifydda

Mae gwahaniaeth rhwng diffiniad cyfrifydd o elw a diffiniad economegydd o elw. Mae'r economegydd yn cynnwys ffigur yn y costau i dalu am y risg i'r cwmni o fod yn y diwydiant hwnnw a rhoi gwobr i'r mentrwr. Pe na bai'r cwmni'n gwneud y swm hwnnw, byddai'n gadael ac yn ymuno â diwydiant arall. Ar bapur, er enghraifft, efallai bod cwmni'n gwneud £200,000 o elw cyfrifydda. Ond gall economegydd ystyried adnoddau'r cwmni a natur y diwydiant a honni bod yn rhaid i'r swm hwn gael ei wneud i aros yn y diwydiant. Yn yr achos hwn mae'r £200,000 yn elw normal – mae'r cwmni talu ei gostau yn union (gan gynnwys cost ymwad).

Elw annormal (neu elw uwchnormal)

Elw yw hwn sy'n fwy nag elw normal. Os ydy'r cwmnïau mewn diwydiant yn gwneud elw annormal, mae cymhelliad i gwmnïau eraill ymuno â'r diwydiant os gallan nhw. Mae elw annormal i'w gael pan fydd y derbyniadau'n fwy na'r costau.

Mae **colledion** i'w cael pan fydd y derbyniadau'n llai na'r costau.

Cynhyrchu yn y tymor byr a'r tymor hir

Yn y tymor byr efallai y bydd cwmnïau'n aros yn y diwydiant hyd yn oed os ydyn nhw'n gwneud colled.

Y rheswm yw costau sefydlog. Yn y tymor byr, rhaid talu costau sefydlog, hyd yn oed os ydy'r cwmni'n cau, e.e. hyd yn oed os ydy'r cynnyrch yn sero, efallai bod y cwmni'n rhwymedig i dalu rhent. Felly, os bydd y cwmni'n peidio â chynhyrchu, bydd yn gwneud colled yn hafal i'w gostau sefydlog. Os bydd yn cynhyrchu, bydd yn dechrau cael costau newidiol. Os gall y derbyniadau dalu am y costau newidiol hyn, mae'n werth cynhyrchu. Os ydy'r derbyniadau'n fwy na thalu am y costau newidiol, mae'r cwmni'n ennill cyfraniad tuag at y costau sefydlog, h.y. byddai'r golled drwy gynhyrchu yn llai na'r golled drwy gau.

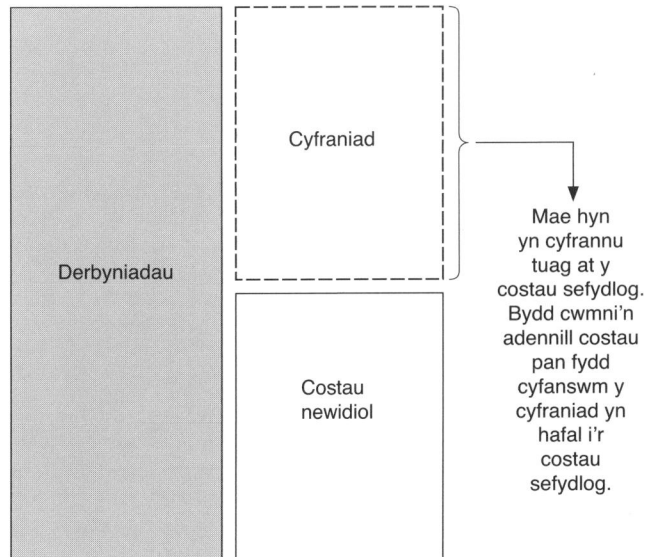

Derbyniadau

Cyfraniad

Costau newidiol

Mae hyn yn cyfrannu tuag at y costau sefydlog. Bydd cwmni'n adennill costau pan fydd cyfanswm y cyfraniad yn hafal i'r costau sefydlog.

Penderfyniadau pris a chynnyrch (parhad)

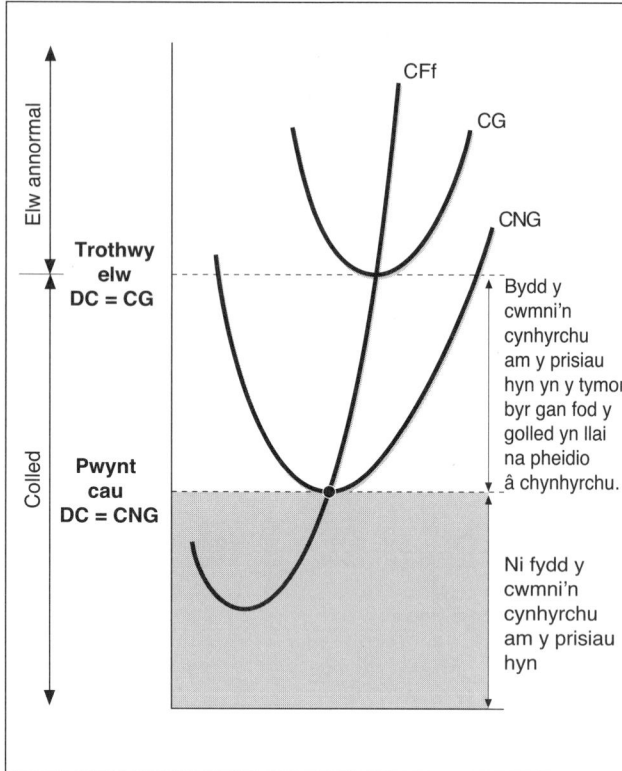

Penderfyniad cynhyrchu y tymor byr

Yn y tymor byr bydd cwmni'n cynhyrchu os bydd y derbyniadau'n fwy na'i gostau newidiol neu'n hafal iddyn nhw. O ran pob uned, mae hyn yn golygu y bydd yn cynhyrchu os ydy'r **derbyniadau cyfartalog (sef y pris) yn fwy na'r gost newidiol gyfartalog neu'n hafal iddi**

Penderfyniad cynhyrchu y tymor hir

Yn y tymor hir dim ond os bydd y derbyniadau'n fwy na'r gost neu'n hafal iddi (h.y. o leiaf elw normal) y bydd y cwmni'n cynhyrchu. Am bob uned mae hyn yn golygu: **rhaid i'r derbyniadau cyfartalog fod yn fwy na'r gost gyfartalog neu'n hafal iddi**

Effeithlonrwydd

Mae optimwm Pareto yn cynnwys:

- **Effeithlonrwydd cynhyrchiol** – pan nad yw'n bosibl gwneud mwy o un nwydd heb wneud llai o nwydd arall, h.y. mae'r economi'n gweithredu ar ei ffin posibilrwydd cynhyrchu.
- **Effeithlonrwydd dyrannol** – ni ellir gwneud neb yn well ei fyd heb wneud rhywun arall yn waeth ei fyd.
  Pe bai pob marchnad yn berffaith gystadleuol heb ddim methiannau nac amherffeithrwydd, byddai'r farchnad rydd yn arwain at ddyraniad adnoddau sy'n optimwm Pareto, h.y. byddai'r farchnad rydd yn cyflawni effeithlonrwydd cynhyrchiol a dyrannol.
- **Effeithlonrwydd statig** – mae hwn i'w gael ar adeg benodol.
- **Effeithlonrwydd dynamig** – mae hwn yn ganlyniad i welliannau mewn effeithlonrwydd technegol neu gynhyrchiol sy'n digwydd dros amser, e.e. cynhyrchion newydd, dulliau newydd o gynhyrchu, dulliau newydd o reoli. Gall effeithlonrwydd dynamig gynyddu gydag arloesi, dyfeisio ac ymchwil a datblygu, buddsoddi mewn cyfalaf dynol.

Effeithlonrwydd ar lefel cwmni

- **Effeithlonrwydd dyrannol**

Mae hwn i'w gael ar lefel y cynnyrch lle mae'r budd cymdeithasol ffiniol yn hafal i'r gost gymdeithasol ffiniol (BCFf = CGFf).

Os ydy'r budd cymdeithasol ffiniol yn fwy na'r gost gymdeithasol ffiniol, byddai'r gymdeithas yn ennill drwy gynhyrchu uned ychwanegol. Dylai'r cwmni barhau i gynhyrchu nes y bydd y ddau'n hafal, h.y. mae'r budd ychwanegol yn hafal yn union i'r gost ychwanegol.

Os ydy'r gost gymdeithasol ffiniol yn fwy na'r budd cymdeithasol ffiniol, byddai'r gymdeithas yn ennill drwy gynhyrchu llai o'r nwydd hwn.

Os ydy'r pris yn adlewyrchu budd cymdeithasol ffiniol uned, mae effeithlonrwydd dyrannol i'w gael pan fydd y cwmni'n cynhyrchu lle mae **Pris = cost gymdeithasol ffiniol**

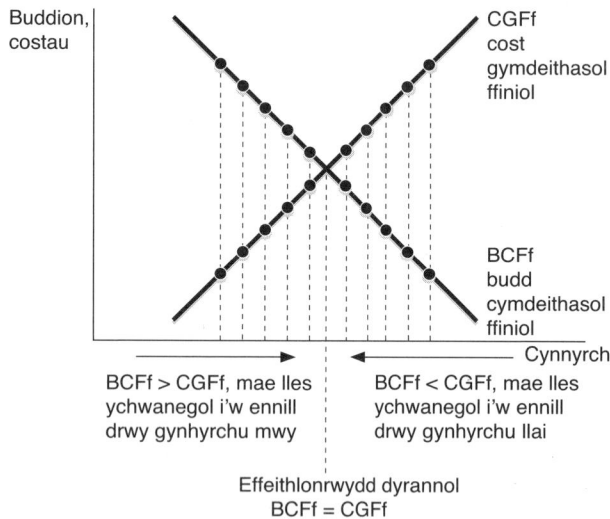

Os ydy P > CFf mae'r budd o uned ychwanegol yn fwy na'r gost ychwanegol
Os ydy P < CFf mae'r budd ychwanegol yn llai na'r gost ychwanegol

- **Effeithlonrwydd cynhyrchiol (effeithlonrwydd technegol)**
  Mae cwmnïau'n gynhyrchiol effeithlon pan fyddan nhw'n cynhyrchu am y gost isaf yr uned, h.y. ar bwynt isaf cromlin y gost gyfartalog.

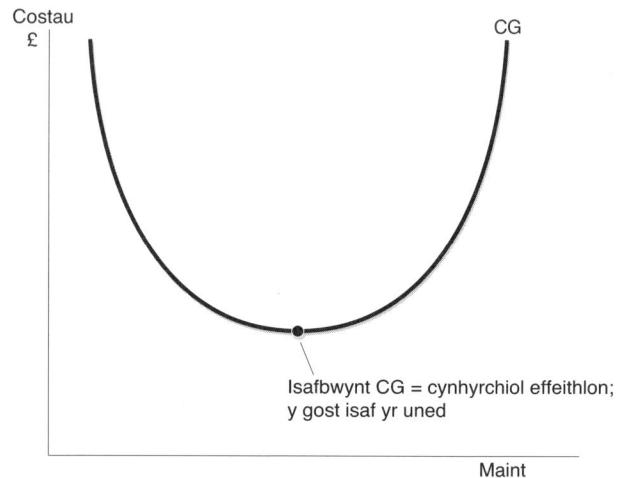

Damcaniaeth yr ail orau

Os oes ystumiad neu aneffeithlonrwydd mewn un farchnad mae'n aneffeithlon trin marchnadoedd eraill fel pe na bai'r ystumiad hwnnw'n bodoli, e.e. os oes ystumiadau, efallai y bydd y Llywodraeth yn gwella lles cyfan y gymdeithas drwy gyflwyno ystumiadau mewn marchnadoedd eraill.

Cystadleuaeth berffaith

<table>
<tr>
<td>

Tybiaethau marchnad berffaith gystadleuol yw'r canlynol:
- llawer o brynwyr a gwerthwyr
- gwybodaeth berffaith, felly mae prynwyr yn gwybod pa gynhyrchion sydd ar gael ac am ba bris

</td>
<td>

- mae'r cynnyrch yn debyg (homogenaidd), felly ni all cwmnïau wahaniaethu eu cynnyrch
- does dim rhwystrau i fynediad, felly gall cwmnïau ddod i mewn a gadael y diwydiant yn y tymor hir

</td>
<td>

- mae gan gynhyrchwyr dechnoleg debyg ac mae adnoddau'n berffaith symudol (felly ni all un cwmni gynnal mantais ar gwmni arall)

</td>
</tr>
</table>

Y cwmni fel derbynnydd pris

Mewn cystadleuaeth berffaith mae pob cwmni yn dderbynnydd pris. Mae hyn yn golygu na fydd newidiadau mewn cynnyrch gan un cwmni yn symud cromlin gyflenwad y diwydiant ddigon i newid y pris. Os bydd y diwydiant cyfan yn gwneud mwy o gynnyrch neu lai bydd y cyflenwad yn symud a bydd y pris yn newid, ond nid os bydd un cwmni'n cynyddu neu'n gostwng cynnyrch. Mae hyn yn golygu y gall pob cwmni werthu'r cyfan mae'n dymuno ei werthu am bris y farchnad. Mae hefyd yn golygu bod derbyniadau ffiniol yn hafal i'r pris.

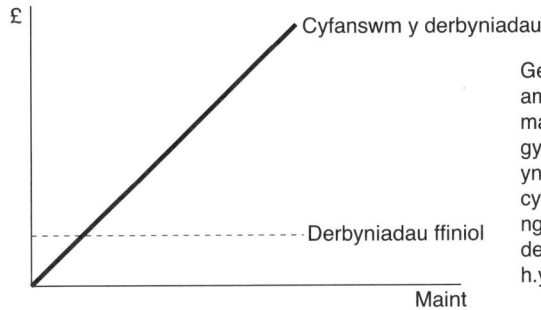

Gellir gwerthu pob uned am yr un pris mewn marchnad berffaith gystadleuol; mae DFf yn gyson, felly mae cynnydd cyson yng nghyfanswm y derbyniadau, h.y. mae'n llinell syth

Y tymor byr a'r tymor hir mewn cystadleuaeth berffaith

Yn y tymor byr, mae cwmnïau mewn marchnadoedd perffaith gystadleuol yn gallu gwneud elw annormal neu golledion. Yn y tymor hir maen nhw'n gallu gwneud elw normal yn unig.

- Os ydy cwmnïau'n gwneud elw annormal, daw cwmnïau eraill i mewn i'r farchnad yn y tymor hir. Bydd hyn yn symud y cyflenwad i'r dde ac yn arwain at ostyngiad yn y pris. Bydd hyn yn parhau nes yr enillir elw annormal yn unig, e.e. mae'r pris yn gostwng o p_0 i p_1.

- Os ydy cwmnïau'n gwneud colledion, byddan nhw'n gadael y diwydiant, gan symud cyflenwad y diwydiant i'r chwith. Bydd hyn yn achosi i'r pris godi. Bydd hyn yn parhau nes y bydd y cwmnïau sy'n weddill yn y diwydiant yn gwneud elw normal, e.e. mae'r pris yn codi o p_2 i p_1.

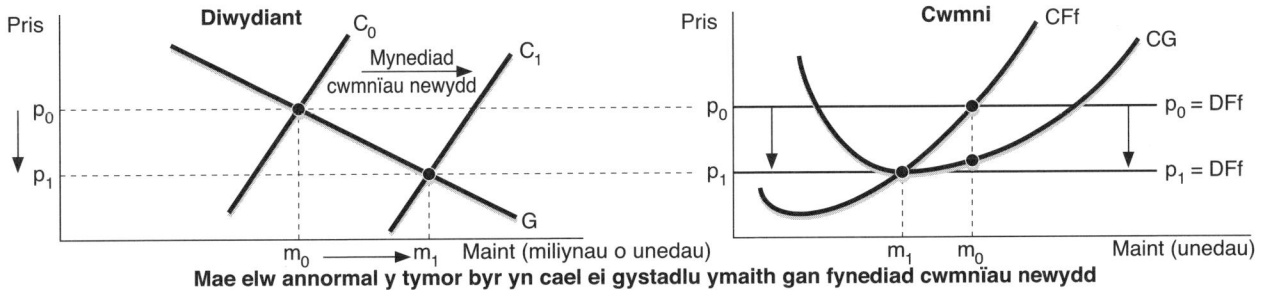

Mae elw annormal y tymor byr yn cael ei gystadlu ymaith gan fynediad cwmnïau newydd

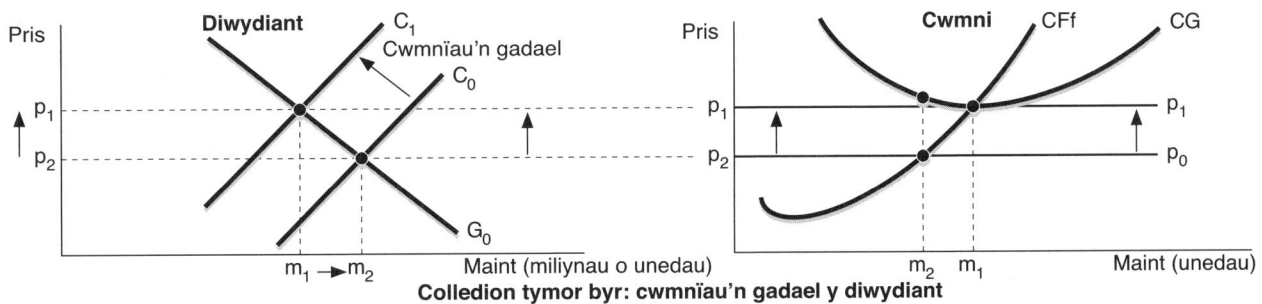

Colledion tymor byr: cwmnïau'n gadael y diwydiant

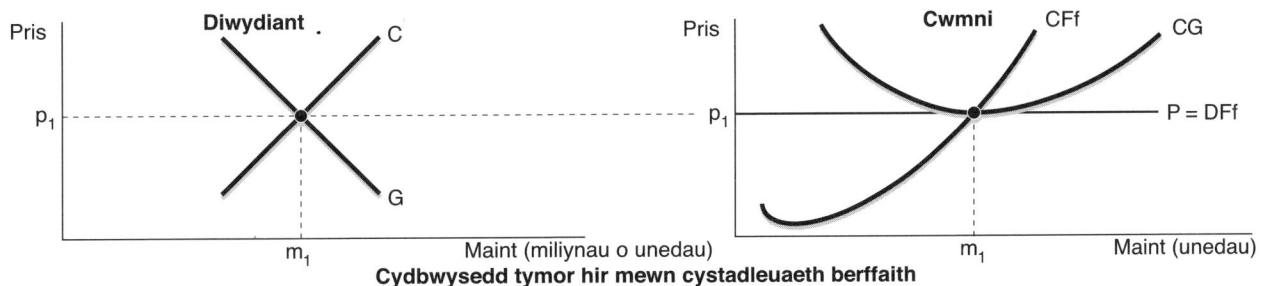

Cydbwysedd tymor hir mewn cystadleuaeth berffaith

Cystadleuaeth berffaith (parhad)

Cromlin y cyflenwad

Bydd cwmni sy'n uchafu elw yn cynhyrchu lle mae derbyniadau ffiniol = cost ffiniol. Ar y lefel hon o gynnyrch does dim elw ychwanegol i gael ei ennill felly mae'r cwmni'n uchafu elw.

Mewn cystadleuaeth berffaith mae'r pris yn hafal i'r derbyniadau ffiniol gan fod pob uned yn cael ei gwerthu am yr un pris.

Felly, **P = DFf**
ac i uchafu elw, **DFf = CFf**
Felly: **P = CFf**

h.y. bydd y cwmni'n cynhyrchu lle mae'r pris yn hafal i'r gost ffiniol. Felly gyda phris penodol, mae'r gromlin CFf yn dangos faint sydd i gael ei gynhyrchu: hon yw cromlin y cyflenwad.

Cromliniau cyflenwad tymor hir y diwydiant

- **Diwydiannau costau digyfnewid**
  Mae cromlin y cyflenwad tymor hir yn llorweddol. Mae'r galw'n cynyddu, mae'r pris yn codi ac mae cwmnïau sydd yno eisoes yn gwneud elw annormal; mae hyn yn gymhelliad i gwmnïau eraill ddod i mewn, gan symud y cyflenwad i'r dde nes y bydd y pris yn dychwelyd i'w hen lefel.

- **Diwydiannau costau gostyngol**
  Pan ddaw cwmnïau i mewn maen nhw'n dod â thechnoleg newydd gyda nhw; neu mae'r cynnydd ym maint y diwydiant yn galluogi cyflenwyr i ennill darbodion maint, gan ostwng costau. Bydd y pris cytbwys newydd yn is na'r hen lefel. Mae cromlin y cyflenwad tymor hir yn goleddu i lawr.

- **Diwydiannau costau cynyddol**
  Pan ddaw cwmnïau i mewn mae prisiau mewngyrch yn cael eu gwthio i fyny; bydd y pris cytbwys newydd yn uwch na'r hen bris cytbwys; mae cromlin y cyflenwad tymor hir yn goleddu i fyny.

Noder: does dim cromlin gyflenwad mewn monopoli; does dim cyfuniadau unigryw o bris a chynnyrch; gall cwmnïau gynhyrchu meintiau gwahanol am yr un pris neu'r un maint am brisiau gwahanol, yn dibynnu ar amodau cost a galw.

Cyflenwad y tymor byr

Yn y tymor byr rhaid i'r pris fod yn ddigon i dalu'r gost newidiol gyfartalog i gynhyrchu (fel arall byddai ei golled yn fwy nag a fyddai pe bai'n cai), felly cromlin y cyflenwad yw cromlin y gost ffiniol uwchlaw'r gost newidiol gyfartalog.

Cyflenwad y tymor hir

Yn y tymor hir rhaid i'r cwmni dalu'r gost gyfartalog i gynhyrchu (fel arall ni fydd yn adennill costau), felly cromlin y cyflenwad yw cromlin y gost ffiniol uwchlaw'r gost gyfartalog.

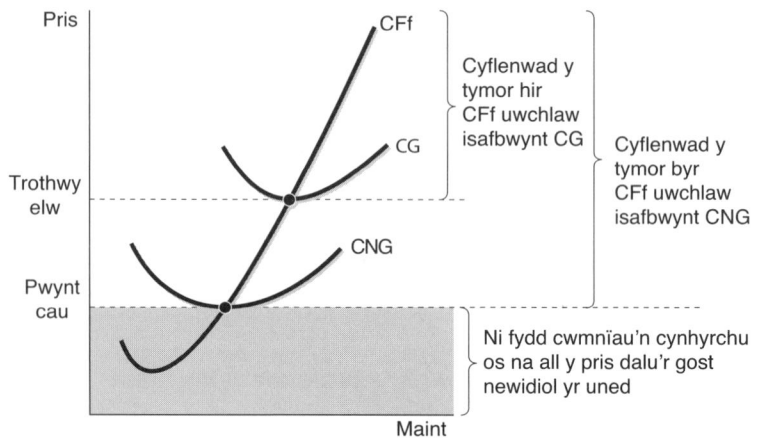

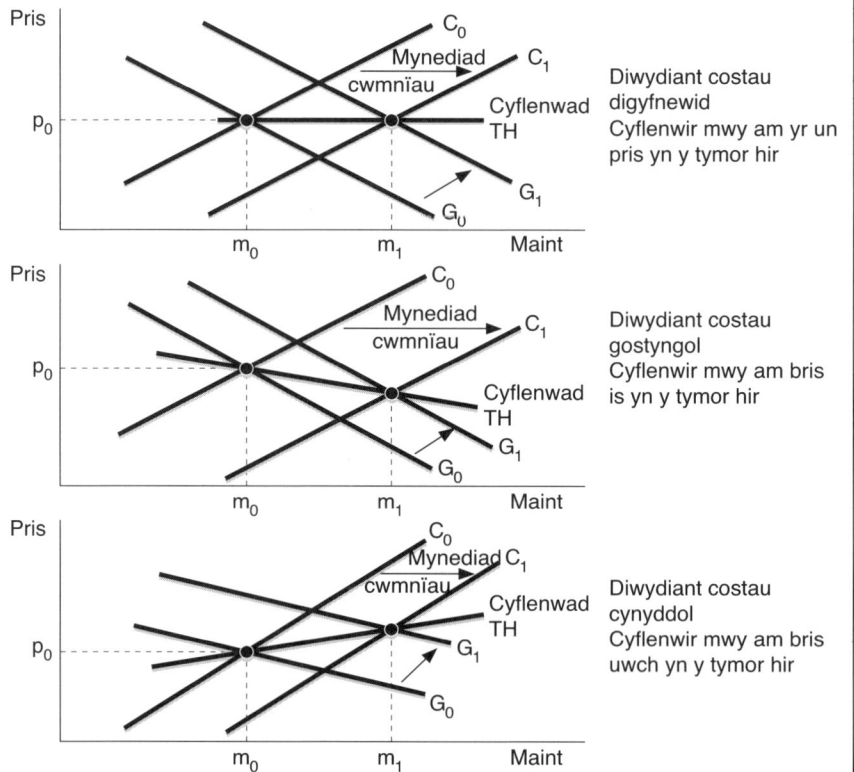

Diwydiant costau digyfnewid
Cyflenwir mwy am yr un pris yn y tymor hir

Diwydiant costau gostyngol
Cyflenwir mwy am bris is yn y tymor hir

Diwydiant costau cynyddol
Cyflenwir mwy am bris uwch yn y tymor hir

Pam mae marchnadaoedd perffaith gystadleuol yn ddymunol?

- yn y tymor hir gwneud elw normal yn unig
- mae cwmnïau'n ddyrannol effeithlon gan eu bod yn cynhyrchu lle mae budd ychwanegol uned (a gynrychiolir gan y pris mae defnyddwyr yn fodlon ei dalu amdani) yn hafal i'r gost ychwanegol, h.y. P = CFf
- cynhyrchiol effeithlon, h.y. mae cwmnïau'n cynhyrchu ar isafbwynt cromlin y gost gyfartalog; dyma'r gost isaf bosibl yr uned
- os daw cwmni'n fwy effeithlon na'r lleill, gall ennill elw annormal yn y tymor byr; mae cymhelliad i gwmnïau arloesi a dod yn fwy effeithlon

Ond
- efallai na fydd cwmnïau'n gallu fforddio ymchwil a datblygu gan na fyddan nhw'n ennill elw annormal yn y tymor hir
- mae diffyg amrywiaeth i ddefnyddwyr gan nad ydy'r cynhyrchion wedi'u gwahaniaethu

Monopoli

Monopoli

Mae monopoli i'w gael lle mae un gwerthwr mewn marchnad.

Mae monopolydd yn wneuthurwr pris. Mae'r monopolydd yn wynebu cromlin alw sy'n goleddu i lawr ac mae'n gallu gosod y pris neu'r maint ond nid y ddau. Os bydd y monopolydd yn gosod y pris rhaid iddo dderbyn maint y galw am y pris hwn; os bydd yn gosod y maint rhaid iddo dderbyn y pris y gall ei gael am y maint hwn.

Mewn sefyllfa fonopoli tybiwn fod y cwmni'n wynebu cromlin alw sy'n goleddu i lawr a rhaid iddo ostwng y pris i werthu uned ychwanegol. Yn sefyllfa monopolydd un pris, dim ond un pris y gellir ei godi am y nwyddau i gyd, felly os gostyngir y pris ar yr uned olaf rhaid iddo gael ei ostwng ar yr unedau eraill.

Dychmygwch fod y cwmni'n gwerthu un uned am £10. I werthu uned arall rhaid gostwng y pris i £9, er enghraifft. Derbyniadau'r cwmni am y ddwy uned yw £18 (9 × 2) o gymharu â £10 am un. Ei dderbyniadau ffiniol, felly, yw £8 (£18 – £10). Enillodd y cwmni £9 ar yr ail uned na chafodd ei gwerthu o'r blaen ond collodd £1 ar yr uned gyntaf a gafodd ei gwerthu o'r blaen am £10.

Yn yr un modd, os £9 yr un yw pris dwy uned, efallai y bydd yn rhaid i'r cwmni ostwng y pris i £8 i werthu tair uned. Y derbyniadau nawr yw 3 × £8 = £24 o gymharu â 2 × £9 = £18, h.y. y derbyniadau ffiniol yw £6. Mae'r cwmni wedi ennill £8 ar y drydedd uned ond mae wedi gostwng pris y ddwy uned arall £1 yr un, sy'n golygu ei fod yn colli £2.

Ym mhob achos mae'r cwmni'n ennill derbyniadau o werthu'r uned ychwanegol ond yn colli derbyniadau ar y rhai o'r blaen, lle mae'r pris wedi cael ei ostwng.

Maint y galw	Pris (£)	Cyfanswm y derbyniadau = pris × maint (£)	Derbyniadau ffiniol (£)
1	10	10	–
2	9	18	8
3	8	24	6
4	7	28	4
5	6	30	2
6	5	30	0
7	4	28	–2
8	3	24	–4

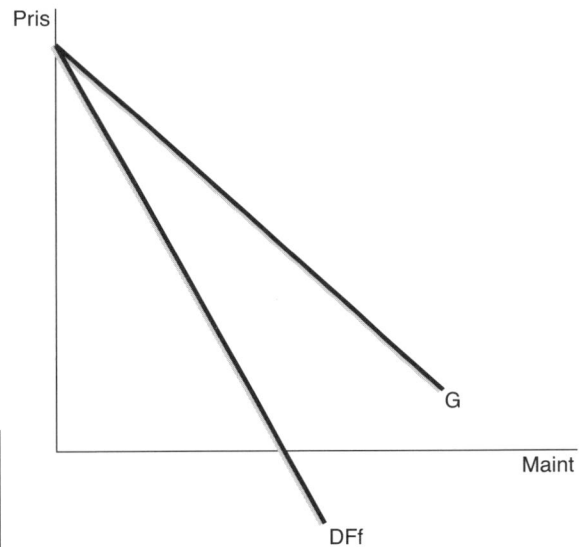

Mae'r derbyniadau ffiniol yn is na llinell y derbyniadau cyfartalog (neu'r pris) ac mae'n mynd ymhellach i ffwrdd ohoni wrth i fwy o unedau gael eu gwerthu. Y rheswm yw bod y pris yn cael ei ostwng yn barhaol ar yr holl unedau o'r blaen.

Derbyniadau ffiniol a chyfanswm y derbyniadau

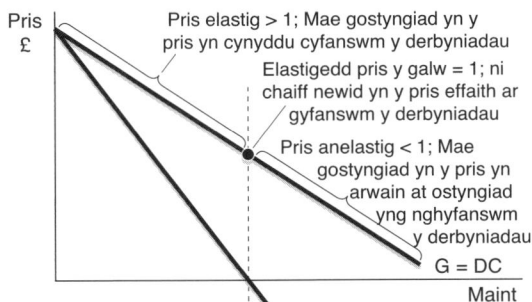

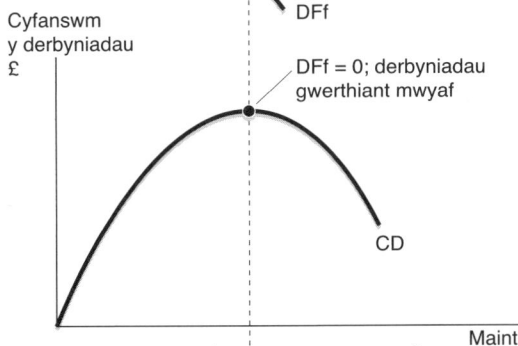

Pris elastig > 1; Mae gostyngiad yn y pris yn cynyddu cyfanswm y derbyniadau

Elastigedd pris y galw = 1; ni chaiff newid yn y pris effaith ar gyfanswm y derbyniadau

Pris anelastig < 1; Mae gostyngiad yn y pris yn arwain at ostyngiad yng nghyfanswm y derbyniadau

DFf = 0; derbyniadau gwerthiant mwyaf

I gynyddu gwerthiant rhaid i'r cwmni ostwng y pris. Mae DFf yn bositif ond yn gostwng, felly mae cyfanswm y derbyniadau yn cynyddu ar raddfa leihaol

I werthu mwy mae'r cwmni'n gostwng y pris; mae DFf yn negatif, felly mae cyfanswm y derbyniadau yn gostwng

Elw annormal tymor byr

Gall monopolïau ennill elw annormal yn y tymor byr ac yn y tymor hir. Y rheswm yw rhwystrau i fynediad sy'n atal elw annormal rhag cael ei gystadlu i ffwrdd.

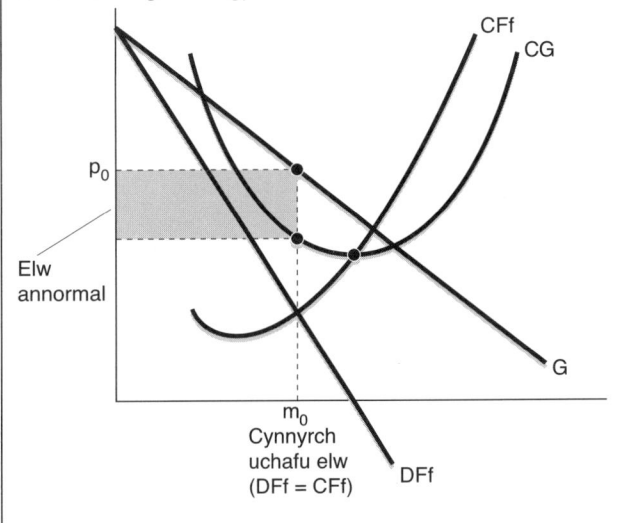

Monopoli (parhad)

Gall monopoli ennill elw annormal yn y tymor hir, oherwydd rhwystrau i fynediad.

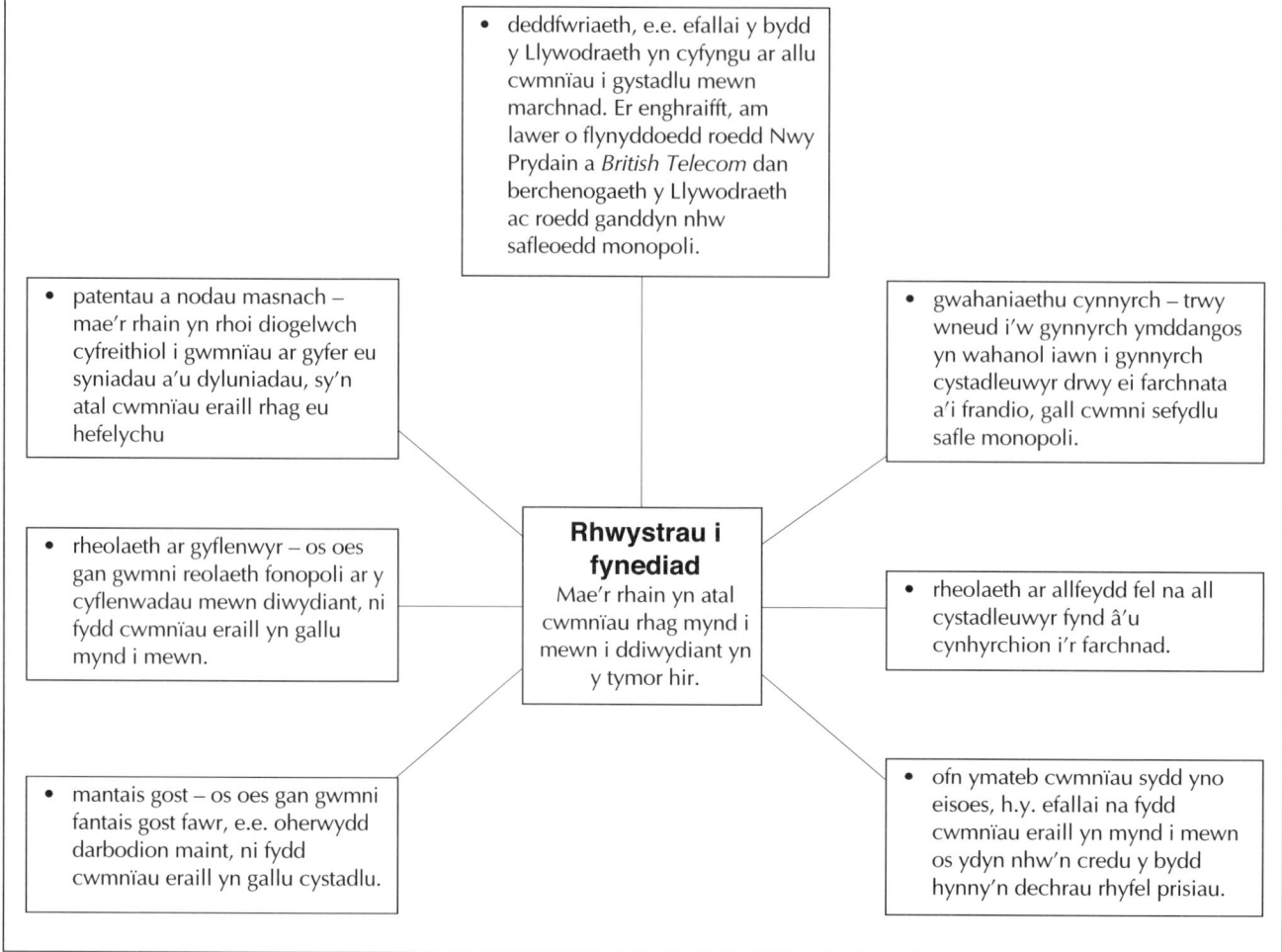

- deddfwriaeth, e.e. efallai y bydd y Llywodraeth yn cyfyngu ar allu cwmnïau i gystadlu mewn marchnad. Er enghraifft, am lawer o flynyddoedd roedd Nwy Prydain a *British Telecom* dan berchenogaeth y Llywodraeth ac roedd ganddyn nhw safleoedd monopoli.

- patentau a nodau masnach – mae'r rhain yn rhoi diogelwch cyfreithiol i gwmnïau ar gyfer eu syniadau a'u dyluniadau, sy'n atal cwmnïau eraill rhag eu hefelychu

- gwahaniaethu cynnyrch – trwy wneud i'w gynnyrch ymddangos yn wahanol iawn i gynnyrch cystadleuwyr drwy ei farchnata a'i frandio, gall cwmni sefydlu safle monopoli.

- rheolaeth ar gyflenwyr – os oes gan gwmni reolaeth fonopoli ar y cyflenwadau mewn diwydiant, ni fydd cwmnïau eraill yn gallu mynd i mewn.

Rhwystrau i fynediad
Mae'r rhain yn atal cwmnïau rhag mynd i mewn i ddiwydiant yn y tymor hir.

- rheolaeth ar allfeydd fel na all cystadleuwyr fynd â'u cynhyrchion i'r farchnad.

- mantais gost – os oes gan gwmni fantais gost fawr, e.e. oherwydd darbodion maint, ni fydd cwmnïau eraill yn gallu cystadlu.

- ofn ymateb cwmnïau sydd yno eisoes, h.y. efallai na fydd cwmnïau eraill yn mynd i mewn os ydyn nhw'n credu y bydd hynny'n dechrau rhyfel prisiau.

Monopoli ac effeithlonrwydd

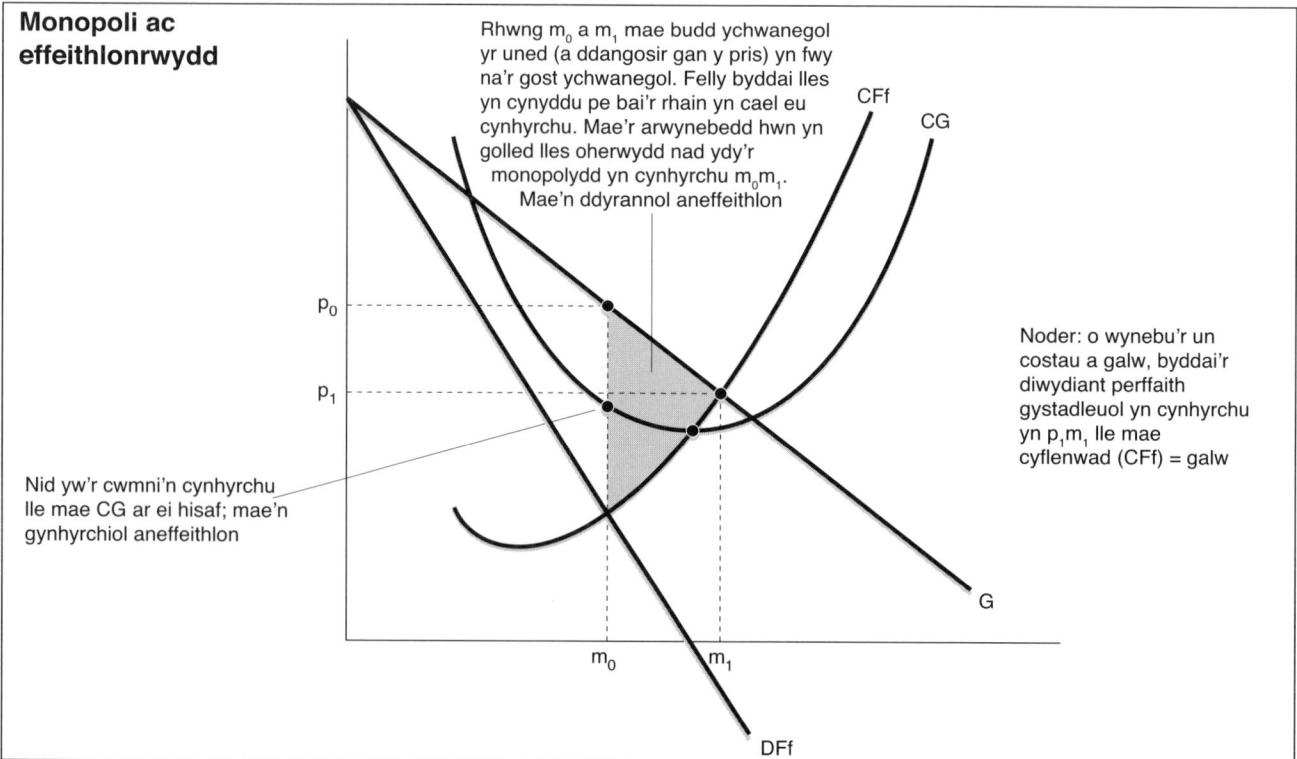

Rhwng m_0 a m_1 mae budd ychwanegol yr uned (a ddangosir gan y pris) yn fwy na'r gost ychwanegol. Felly byddai lles yn cynyddu pe bai'r rhain yn cael eu cynhyrchu. Mae'r arwynebedd hwn yn golled lles oherwydd nad ydy'r monopolydd yn cynhyrchu m_0m_1. Mae'n ddyrannol aneffeithlon

Noder: o wynebu'r un costau a galw, byddai'r diwydiant perffaith gystadleuol yn cynhyrchu yn p_1m_1 lle mae cyflenwad (CFf) = galw

Nid yw'r cwmni'n cynhyrchu lle mae CG ar ei hisaf; mae'n gynhyrchiol aneffeithlon

Monopoli (parhad)

Monopoli naturiol

Mae monopoli naturiol i'w gael pan fydd darbodion maint yn fawr; mae'r raddfa effeithlon leiaf yn gynnyrch sy'n uwch na chyfanswm y galw yn y diwydiant.

Bydd un cwmni'n parhau i ehangu i ennill darbodion maint; ni all cwmnïau eraill gystadlu oherwydd anfanteision cost gweithredu ar raddfa lai. Pe bai'r ddau'n ehangu, byddai'r cynnydd mewn cynnyrch yn arwain at ostyngiad sylweddol yn y pris. Dim ond un fyddai'n goroesi yn y tymor hir.

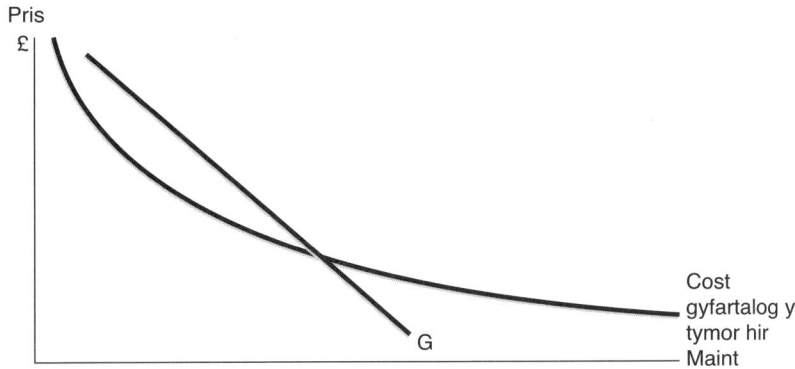

Rheoli monopolïau naturiol

Efallai y bydd y Llywodraeth yn trosfeddiannu monopolïau naturiol er mwyn eu rheoli. Gall gyflwyno prisio cost ffiniol i gyflawni effeithlonrwydd dyrannol. Os ydy CFf yn is na CG, mae'r cwmni'n gwneud colled (yn hafal i'r arwynebedd sydd wedi'i dywyllu) ac mae angen ei gymorthdalu.

Dewis arall yw bod cwmni'n gosod prisiau lle mae pris = cost gyfartalog, felly nid yw'n gwneud colled.
Dewis arall yw cael ffi sefydlog, e.e. rhent misol i dalu'r golled, a gosod y pris yn hafal i gost ffiniol ar gyfer effeithlonrwydd dyrannol. Y term am hyn yw 'tariff dwyran'.

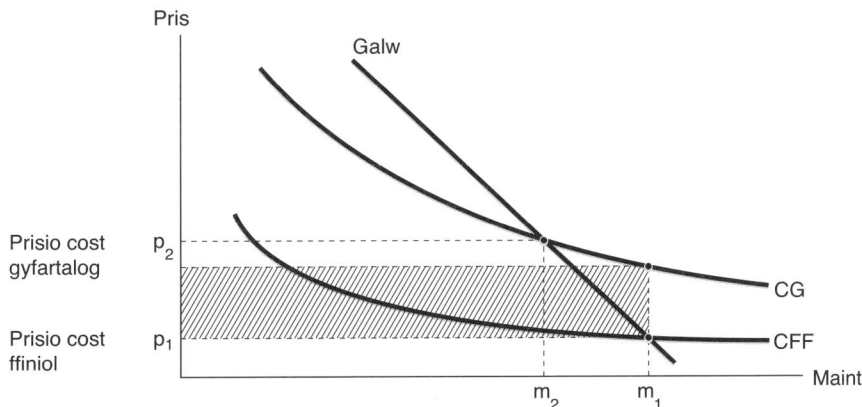

Dadleuon o blaid monopolïau

- Mae'r monopolydd yn cynhyrchu mwy nag a fyddai unrhyw gwmni unigol mewn marchnad berffaith gystadleuol. Gall hyn arwain at ddarbodion maint ac felly costau is nag mewn marchnad berffaith gystadleuol. Gallai hyn yn ei dro arwain at brisiau is a chynnyrch uwch na chystadleuaeth berffaith.

- Gall yr elw annormal gael ei ddefnyddio i fuddsoddi mewn ymchwil a datblygu, a all arwain at ddyfeisiadau sy'n arbed costau. Dadleuodd Joseph Schumpeter fod monopolïau'n rym cadarnhaol yn yr economi – yn aml, i ennill safle monopoli rhaid i gwmni arloesi; yna mae'n ennill elw annormal sy'n hybu cwmnïau eraill i arloesi mewn meysydd eraill i gael enillion tebyg a mynd â marchnad y cwmni cyntaf. Gall hyn fod yn wir mewn rhai marchnadoedd ond yn sicr nid yw'n wir am bob sefyllfa fonopoli.

- Efallai y bydd marchnadoedd cystadleuol yn gorgynhyrchu, e.e. yn achos allanolder negatif – trwy gyfyngu ar gynnyrch gall y monopolydd wella dyraniad adnoddau.

Dadleuon yn erbyn monopolïau

- Gall y monopolydd ennill elw annormal hyd yn oed yn y tymor hir oherwydd rhwystrau i fynediad.

- Mae'r monopolydd yn ddyrannol aneffeithlon, h.y. mae'r pris a godir yn fwy na'r gost ffiniol. Mae hyn yn achosi colled lles.

- Gall y monopolydd fod yn gynhyrchiol aneffeithlon, h.y. efallai na fydd yn cynhyrchu ar isafbwynt cromlin y gost gyfartalog.

- O'i gymharu â diwydiant perffaith gystadleuol sydd â'r un amodau cost a galw, bydd y monopolydd yn codi pris uwch am lai o gynnyrch.

- Aneffeithlonrwydd X – oherwydd bod monopolydd yn dominyddu marchnad, gall fod â llai o gymhelliad i fod yn effeithlon a chadw costau i lawr. Dros amser gall costau godi oherwydd aneffeithlonrwydd a hunanfodlonrwydd. Awgrymwyd y syniad hwn gan Liebenstein.

Cystadleuaeth fonopolaidd a marchnadoedd cystadladwy

Mae **cystadleuaeth fonopolaidd** yn cynnwys llawer o werthwyr sydd â chynhyrchion gwahaniaethol (*differentiated*), e.e. cynhyrchwyr esgidiau neu dai bwyta.

Yn y tymor byr gall cwmnïau wneud elw annormal am fod ganddyn nhw rywfaint o reolaeth ar y farchnad gan fod eu cynhyrchion yn wahanol mewn rhyw fodd, e.e. lleoliad gwell, dyluniad gwell neu dechnoleg newydd. Yn y tymor hir caiff cwmnïau eraill eu denu gan yr elw annormal; bydd y galw am unrhyw un cwmni yn gostwng nes y gwneir elw normal yn unig. Yn y tymor hir mae'r cwmni:

- yn ddyrannol aneffeithlon gan fod y pris mae'r defnyddiwr yn fodlon ei dalu yn fwy na chost ychwanegol cynhyrchu (P > CFf).
- yn gynhyrchiol aneffeithlon gan nad ydy'r cwmni'n cynhyrchu am y gost isaf yr uned, h.y. nid yw ar isafbwynt cost gyfartalog.

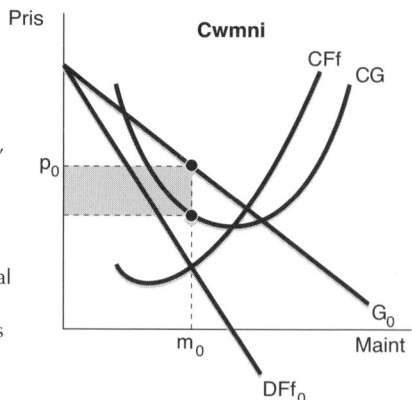

Cystadleuaeth fonopolaidd y tymor byr
Elw annormal (arwynebedd wedi'i dywyllu)

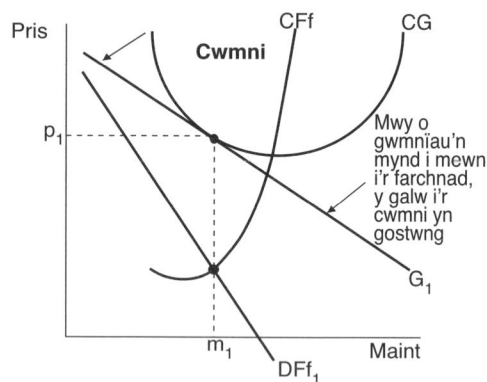

Cystadleuaeth fonopolaidd y tymor hir
Elw normal

Marchnadoedd cystadladwy (contestable)

Mae'r rhan fwyaf o farchnadoedd yn y DU yn cael eu dominyddu gan ychydig gwmnïau. Y term am hyn yw oligarchiaeth. Yn y model traddodiadol o oligopoli tybir bod yna rwystrau i fynediad; mewn gwirionedd, mae'n debygol bod cwmnïau eraill yn gallu mynd i mewn i'r farchnad. Mae'r rhain yn farchnadoedd cystadladwy, h.y. mae'n bosibl i gystadleuaeth gynyddu ynddyn nhw ac mae hynny'n rhoi pwysau ar gwmnïau sydd yno eisoes i ymddwyn yn effeithlon.

Yn ôl damcaniaeth marchnadoedd cystadladwy: os ydy mynediad i farchnad yn hawdd yna er y gall fod ychydig yn unig o gynhyrchwyr, efallai y byddan nhw'n ymddwyn mewn modd cystadleuol. Byddai bodolaeth elw uchel yn arwydd i eraill ddod i mewn a bydd hynny felly yn gorfodi cwmnïau sydd yno eisoes i fod yn gystadleuol.

Mae tybiaethau damcaniaeth marchnadoedd cystadladwy yn cynnwys:

- mae rhyddid i fynd i mewn ac allan
- bydd nifer y cwmnïau sy'n cystadlu yn amrywio, e.e. efallai y bydd yn fonopolydd ar un adeg ac yna efallai y bydd llawer o gwmnïau'n cystadlu ar adegau eraill
- mae cwmnïau'n cystadlu (yn hytrach nag yn cydgynllwynio)

Yn ôl damcaniaeth marchnadoedd cystadladwy, enillir elw annormal yn y tymor byr; mae hyn yn denu cwmnïau eraill i mewn i'r farchnad ac yn y tymor hir enillir elw normal yn unig.

Bydd marchnad yn fwy cystadladwy os ydy:

- elw'n uchel – felly mae cymhelliad i fynd i mewn
- rhwystrau i fynediad a gadael yn isel fel ei bod hi'n gymharol hawdd ymuno â marchnad a gadael os oes angen. Gyda rhwystrau isel i fynediad a gadael, gall y diwydiant ddioddef o gystadleuaeth daro a ffoi (*hit and run*) lle bydd cwmnïau'n dod i mewn pan fydd elw'n uchel ac yna'n gadael pan fydd elw'n gostwng.

Mae marchnad berffaith gystadladwy yn farchnad lle mae costau mynd i mewn a gadael yn sero. Yn y sefyllfa hon mae graddau uchel o bwysau ar gwmnïau i ymddwyn yn gystadleuol; bydd elw annormal yn gymhelliad i ddod â mwy o gwmnïau i mewn. Mae mynediad yn debygol o arwain at brisiau is, gwasanaeth o ansawdd gwell, mwy o ddewis a chynnyrch uwch.

Mae marchnadoedd fel bancio wedi dod yn fwy cystadladwy wrth iddi ddod yn haws mynd i mewn iddyn nhw o ganlyniad i newidiadau mewn technoleg, e.e. bancio ar y rhyngrwyd.

Costau a fuddsoddwyd eisoes mewn diwydiant ac na ellir eu hadfer yw **suddgostau** (*sunk costs*); wrth ystyried a ddylai barhau mewn diwydiant, dylai cwmni anwybyddu suddgostau. Os ydy'r suddgostau mewn diwydiant yn uchel, e.e. mae gwariant cychwynnol uchel ar gyfarpar arbenigol yn ofynnol, bydd hynny'n rhwystro mynediad i'r farchnad ac yn ei gwneud hi'n llai cystadladwy. Os ydy'r suddgostau'n isel, e.e. os gall unrhyw fuddsoddi cychwynnol gael ei adfer yn hawdd, mae'r farchnad yn debygol o fod yn gystadladwy iawn.

Mae rhwystrau i fynediad yn cynnwys:

- suddgostau: mae'r rhain yn isel os yw'n hawdd cychwyn (e.e. does dim angen cyfarpar arbenigol, does dim angen buddsoddiad mawr mewn tir neu TG)
- costau marchnata: pa mor ddrud y bydd hi i hyrwyddo'r cynnyrch a sicrhau dosbarthu? Oes gan gynhyrchion sefydledig deyrngarwch cryf i frand?
- bygythiadau a gweithredoedd blaenorol: os ydy busnes wedi gostwng prisiau yn y gorffennol mewn ymateb i newydd-ddyfodiaid, mae hynny'n rhoi arwydd ei fod yn barod i frwydro am ei gyfran o'r farchnad. Gall hynny ddychryn cwmnïau sy'n ystyried dod i mewn a'u cadw nhw draw. Yn yr un modd, os oes gan gwmnïau sefydledig allu cynhyrchu dros ben, mae hynny'n arwydd eu bod nhw'n gallu cynyddu cynnyrch yn gyflym a gyrru'r pris i lawr.

Priswahaniaethu

Mae **priswahaniaethu** yn golygu codi prisiau gwahanol am yr un nwydd neu wasanaeth sydd â'r un costau cynhyrchu, e.e. codi prisiau gwahanol ar bensiynwyr a myfyrwyr i ddefnyddio'r un trên. I briswahaniaethu mae'n rhaid:

- bod cwmni'n gallu cadw'r marchnadoedd ar wahân, h.y. atal unigolion mewn un farchnad rhag prynu am y pris is yn y farchnad arall; hefyd rhaid iddo allu atal y bobl sy'n prynu am y pris is rhag adwerthu am y pris uwch

- bod gan gwmni rywfaint o reolaeth ar y pris, h.y. rhaid iddo fod yn wneuthurwr pris
- bod elastigedd pris y galw yn wahanol yn y marchnadoedd gwahanol

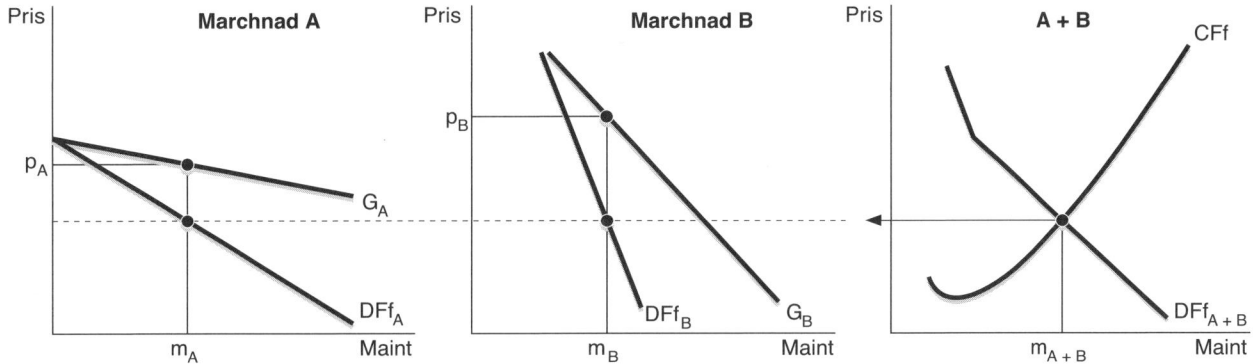

Mae'r derbyniadau ffiniol yn cael eu cyfansymio'n llorweddol (h.y. yn cael eu hadio ar draws). Darganfyddir y cynnyrch uchafu elw lle mae CFf yn hafal i'r derbyniadau ffiniol cyfunol (h.y. $m_A + m_B$). Rhaid i'r derbyniadau ffiniol fod yn hafal yn y marchnadoedd i gyd ac o hynny gellir darganfod y pris a'r maint ym mhob marchnad. Codir y pris uwch yn y farchnad sy'n bris anelastig.

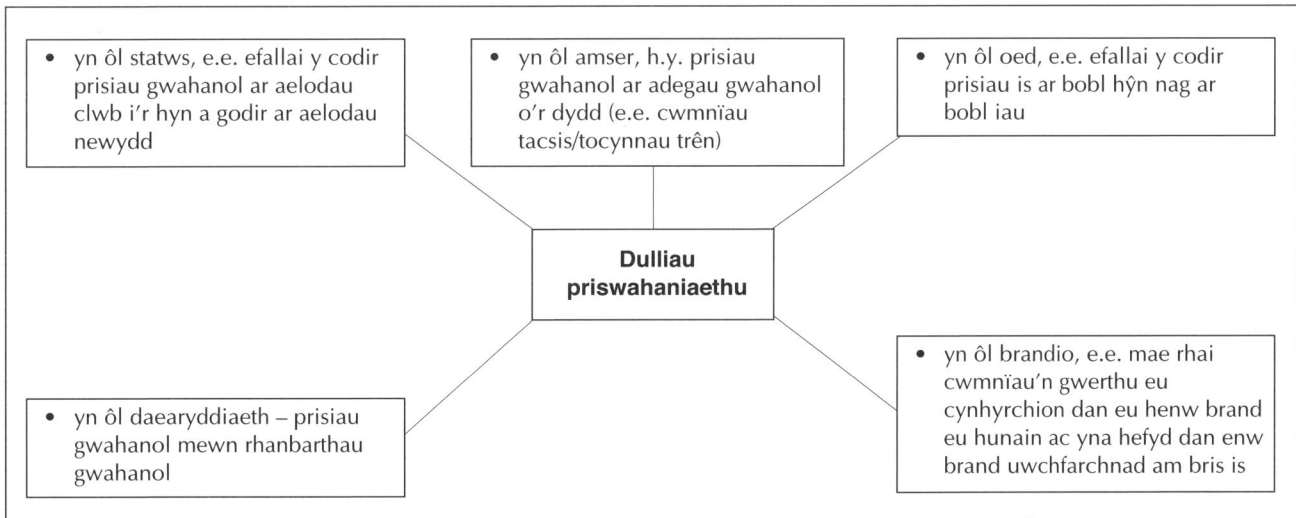

- yn ôl statws, e.e. efallai y codir prisiau gwahanol ar aelodau clwb i'r hyn a godir ar aelodau newydd

- yn ôl amser, h.y. prisiau gwahanol ar adegau gwahanol o'r dydd (e.e. cwmnïau tacsis/tocynnau trên)

- yn ôl oed, e.e. efallai y codir prisiau is ar bobl hŷn nag ar bobl iau

Dulliau priswahaniaethu

- yn ôl daearyddiaeth – prisiau gwahanol mewn rhanbarthau gwahanol

- yn ôl brandio, e.e. mae rhai cwmnïau'n gwerthu eu cynhyrchion dan eu henw brand eu hunain ac yna hefyd dan enw brand uwchfarchnad am bris is

---

Priswahaniaethu perffaith

Codir ar y defnyddiwr y pris uchaf mae ef/hi yn fodlon ei dalu am yr uned. Mae'r pris yn wahanol am bob uned. Mae hyn yn dileu'r gwarged defnyddwyr i gyd.

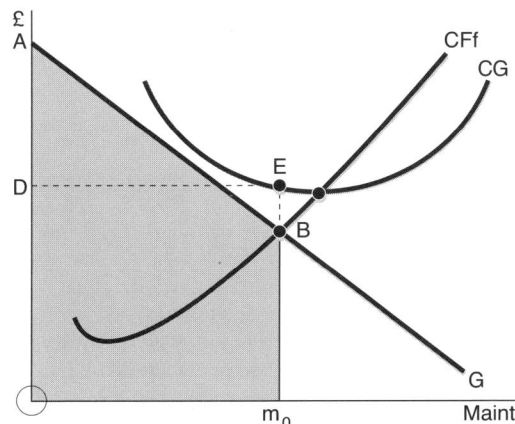

Codir pris gwahanol am bob uned. Y derbyniadau yw ABm_0O. Y costau yw DEm_0O. Gall y cwmni gynhyrchu a gwneud elw, ond pe bai'n codi un pris yn unig ar y cwsmeriaid i gyd ni allai wneud elw, h.y. ni allai ddarparu'r nwydd neu'r gwasanaeth.

Oligopoli

Mae **oligopoli** i'w gael pan fydd ychydig o gwmnïau yn dominyddu marchnad, e.e. diwydiant y papurau newydd, uwchfarchnadoedd, cwmnïau hedfan. (Mae deuopoli i'w gael pan fydd dau gwmni'n dominyddu.) Oherwydd bod ychydig yn unig o gwmnïau, gall gweithredoedd un ohonyn nhw gael effaith sylweddol ar ymddygiad y lleill. Does dim un canlyniad yn unig o ran pris a chynnyrch mewn oligopoli. Mae cwmnïau'n gyd-ddibynnol a bydd ymddygiad un cwmni yn dibynnu ar yr hyn mae'r lleill yn mynd i'w wneud yn ei farn ef. Mae economegwyr yn llunio modelau gwahanol gyda thybiaethau gwahanol, a bydd gan bob un o'r rhain ei ddatrysiad pris a chynnyrch ei hun.

Cystadleuaeth a chydgynllwynio
Mae gan gwmnïau oligopoli ddau nod sy'n gwrthdaro:
- cydgynllwynio â chwmnïau eraill i uchafu eu helw cyfunol
- cystadlu â chwmnïau eraill i fynd â busnes i ffwrdd oddi wrthyn nhw a gwneud mwy o elw'n annibynnol

Mae **cydgynllwynio cudd** (*tacit collusion*) i'w gael pan fydd dau gwmni'n cydgynllwynio heb gytundeb ffurfiol neu hyd yn oed heb gyfathrebu rhyngddyn nhw.

Cromlin alw ginciedig: model anghydweithredol o oligopoli
Tybiwn y canlynol:
- os ydy'r cwmni'n codi ei bris ni fydd cwmnïau eraill yn dilyn, felly mae'r galw'n bris elastig
- os ydy'r cwmni'n gostwng ei bris bydd y cwmnïau eraill yn dilyn, felly mae'r galw'n bris anelastig

Mae'r model hwn yn egluro anhyblygedd pris mewn oligopoli, h.y. pam nad ydy prisiau'n newid lawer ac mae cwmnïau'n tueddu i gystadlu drwy gystadleuaeth nad yw ar sail pris, e.e. hysbysebu, hyrwyddiadau gwerthiant. Gellir egluro hyn mewn dwy ffordd:
- os codir y pris, mae'r galw'n elastig a bydd y derbyniadau'n gostwng; os gostyngir y pris, mae'r galw'n anelastig a bydd y derbyniadau'n gostwng, h.y. bydd unrhyw newid yn y pris yn arwain at ostyngiad yn y derbyniadau, ac felly bydd y cwmni'n gadael y pris yn ddigyfnewid.
- mae'r galw cinciedig yn achosi diffyg parhad yng nghromlin y derbyniadau ffiniol; ni fydd newidiadau yn y gost ffiniol rhwng CFf_1 a CFf_3 yn newid pris a chynnyrch uchafu elw, h.y. mae prisiau'n debygol o fod yn gymharol sefydlog er gwaethaf newidiadau costau.

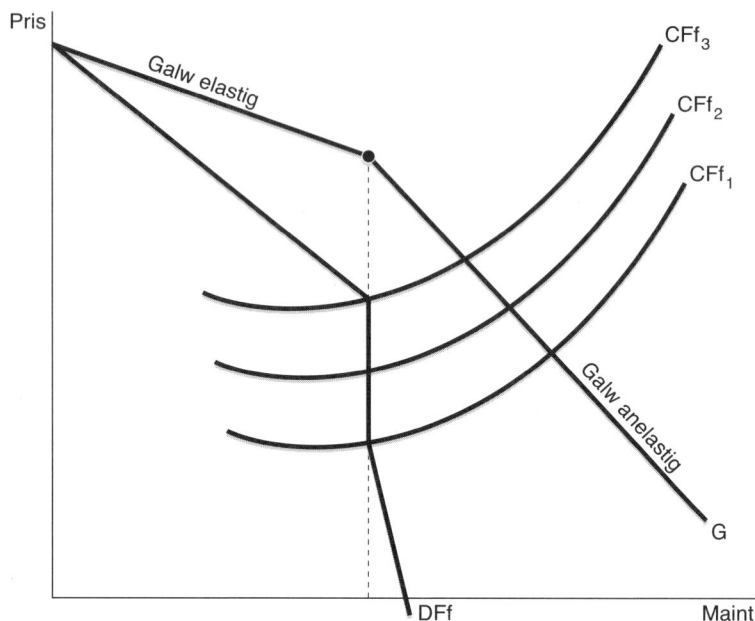

Model cydgynllwynol o oligopoli (cartel)
Mae cwmnïau'n cydgynllwynio, h.y. yn gweithio gyda'i gilydd ac yn gweithredu fel monopolydd sy'n uchafu elw. Maen nhw'n pennu pris a chynnyrch uchafu elw ar gyfer y diwydiant, e.e. $p_0 m_0$ ac yn rhoi cwotâu i'w gilydd. Mae hyn yn uchafu elw'r diwydiant, ond mae cymhelliad i gynhyrchwyr unigol ostwng eu pris a mynd y tu hwnt i'w cwotâu i gynyddu eu helw nhw eu hunain ar draul y diwydiant, h.y. mae cartelau'n dueddol o chwalu gan fod cymhelliad i dwyllo oni fydd yna fecanwaith plismona effeithiol (ffordd effeithiol o sicrhau na fydd cwmnïau'n cynhyrchu gormod neu'n codi pris sy'n is na'r pris a gytunwyd).

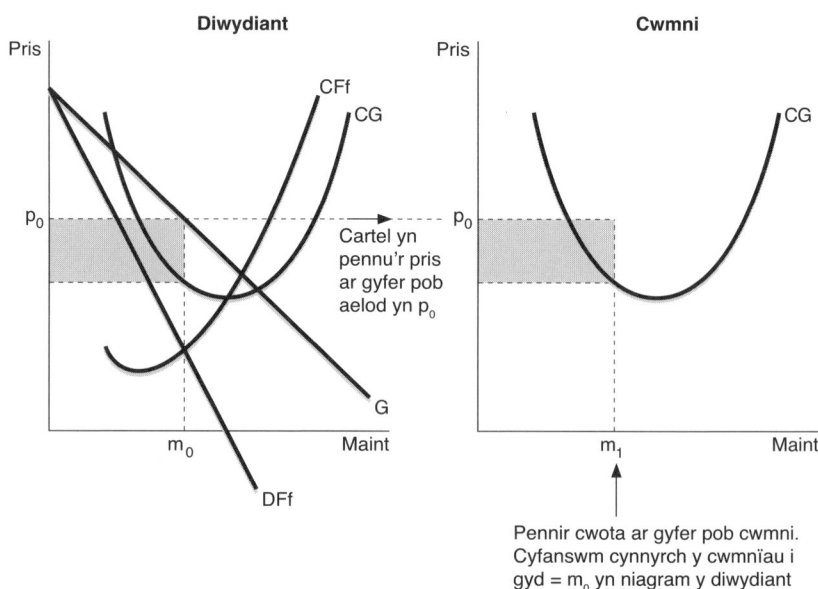

Cartel yn pennu'r pris ar gyfer pob aelod yn p_0

Pennir cwota ar gyfer pob cwmni. Cyfanswm cynnyrch y cwmnïau i gyd = m_0 yn niagram y diwydiant

Beth sy'n gwneud cydgynllwynio'n fwy tebygol?
- os oes ychydig yn unig o gwmnïau, mae'n haws cadw golwg ar ei gilydd a rhannu gwybodaeth
- mae systemau cyfathrebu a monitro effeithiol yn golygu y gellir nodi unrhyw dwyllo yn gynnar
- mae amodau sefydlog o ran cost a galw yn golygu bod cwotâu'n hawdd eu dyrannu a'u mesur a bod y polisi'n hawdd ei weinyddu
- costau cynhyrchu tebyg felly maen nhw'n gwneud elw tebyg

Oligopoli (parhad)

Damcaniaeth gemau

Mae'r penderfyniad mae cwmni'n ei wneud mewn oligopoli yn dibynnu ar ei dybiaethau ynghylch cwmnïau eraill. Felly bydd cwmnïau'n ceisio gweithio allan y cam gweithredu gorau yn dibynnu ar sut mae eraill yn ymddwyn. Mae economegwyr yn ceisio llunio modelau o'r ymddygiad hwn; y term am hyn yw 'damcaniaeth gemau', e.e. penbleth y carcharor.

Enghraifft o ddamcaniaeth gemau
Matrics canlyniadau strategaethau prisio cwmni A a chwmni B

		CWMNI B	
		Pris uchel	Pris isel
CWMNI A	Pris uchel	£100 £100	−£50 £150
	Pris isel	£150 −£50	£0 £0

Ym mhob blwch, y rhan uchaf ar y chwith yw'r canlyniad ar gyfer cwmni A, y rhan isaf ar y dde yw'r canlyniad ar gyfer cwmni B. Os bydd y ddau gwmni'n cydweithredu ac yn codi'r pris gallan nhw ill dau ennill £100 yn ychwanegol; dyma'r canlyniad mwyaf proffidiol i'r ddau gwmni gyda'i gilydd. Fodd bynnag, os bydd un cwmni'n cytuno i godi'r pris mae er lles i'r cwmni arall ostwng y pris. Os oes gan gwmni A bris isel ac mae gan gwmni B bris uchel, er enghraifft, mae A yn ennill £150 ac mae B yn colli £50. Mae A yn ennill cwsmeriaid oddi wrth B. Os na all y ddau gwmni ymddiried yn ei gilydd byddan nhw'n gostwng y pris am eu bod nhw eisiau ennill ar draul y llall a byddan nhw'n ofni y gallai'r llall ostwng pris hefyd. Y canlyniad yw y byddan nhw ill dau yn ennill £0 am eu bod nhw ill dau wedi gostwng y pris. Bydd y canlyniad go iawn yn dibynnu ar p'un ai y gallan nhw ymddiried yn ei gilydd ai peidio.

Mae **cydbwysedd Nash** i'w gael mewn damcaniaeth gemau pan na fydd unrhyw gwmni'n gallu gwella ei sefyllfa ag ystyried strategaeth y cwmnïau eraill; mae'n gydbwysedd oherwydd nad oes gan unrhyw gwmni gymhelliad i newid.

Strategaethau prisio

- Prisio cost-plws. Mae cwmnïau'n ychwanegu elw canrannol at eu costau. Mae hon yn strategaeth syml i'w gweithredu (e.e. ychwanegu 10% at y costau) ac fe'i defnyddir yn aml gan adwerthwyr. Fodd bynnag, mae'n anwybyddu amodau galw.
- Prisio rheibus *(predatory)*. Yma mae cwmnïau'n fwriadol yn codi prisiau is na'u cystadleuwyr er mwyn eu gorfodi nhw allan o'r farchnad; mae'n wrthgystadleuol.
- Prisio terfyn. Dewis y pris uchaf posibl heb hybu mynediad. Pe bai cystadleuwyr yn dod i mewn byddai'r cyflenwad ychwanegol yn gostwng y pris i lefel lle na allen nhw oroesi, felly wnân nhw ddim dod i mewn.
- Rhyfeloedd prisiau. Mae'r rhain i'w cael pan fydd cwmnïau mewn oligopoli yn ceisio bod â phris is na'i gilydd. Y nod yw ennill gwerthiant oddi wrth y cystadleuwyr. Yn aml mae'n digwydd pan fydd gallu cynhyrchu dros ben mewn diwydiant, e.e. ceir a chyfrifiaduron personol.
- Arwain-brisio. Weithiau mewn oligopoli mae arweinydd prisiau amlwg, h.y. bydd pob cwmni'n dilyn penderfyniadau prisio un o'r cwmnïau eraill. Rheswm posibl dros hyn yw mai'r arweinydd prisiau yw'r cwmni dominyddol yn y diwydiant, ac felly dydy'r cwmnïau eraill ddim eisiau ei herio drwy wneud penderfyniadau gwahanol. Efallai y caiff y penderfyniad i ddilyn gael ei gytuno'n glir rhwng y cwmnïau neu gall ddigwydd heb gytundeb ffurfiol (y term am hyn yw 'cydgynllwyno cudd').

Cystadleuaeth nad yw ar sail pris

Mae hyn yn eithaf cyffredin mewn oligopoli. Yn hytrach na defnyddio newidiadau pris y gellir eu dilyn yn hawdd, mae cwmnïau'n chwilio am ffyrdd eraill o gystadlu, er enghraifft:
- hysbysebu
- brandio, h.y. datblygu enw brand adnabyddus a theyrngarwch i frand
- hyrwyddiadau gwerthiant, h.y. cynigion (fel prynu un, cael un am ddim) a chystadlaethau
- dosbarthu, h.y. rheoli dosbarthu i allfeydd adwerthu

Mewn diwydiannau fel melysion, sigaréts, cynhyrchion glanhau a jîns, mae gwariant ar ymgyrchoedd hyrwyddo yn uchel iawn.

Gall cwmnïau geisio datblygu Gosodiad Gwerthu Unigryw *(Unique Selling Proposition – USP)* i wahaniaethu eu cynhyrchion, e.e. wedi'u gwneud yn lleol, cynhwysion naturiol neu wasanaeth 24 awr.

Swyddogaeth hysbysebu

Mae hysbysebu yn fath o gyfathrebu y telir amdano. Mae'n rhan o'r cymysgedd hyrwyddo, sydd hefyd yn cynnwys hyrwyddiadau gwerthiant, nawdd, cynigion arbennig a'r llu gwerthu. Bwriad hysbysebu yw creu Ymwybyddiaeth *(Awareness)*, creu Diddordeb *(Interest)*, creu Awydd *(Desire)* a chreu Gweithredu *(Action)*. Dyma'r model *AIDA*.

Mae hysbysebu'n gallu:
- perswadio
- rhoi gwybodaeth
- cynyddu galw

Ond mae'n gallu
- camarwain
- creu rhwystrau i fynediad drwy wneud galw'n fwy anelastig, drwy symud y galw am gynhyrchion cwmnïau eraill i mewn a thrwy wneud costau mynediad yn uwch

Polisi cystadleuaeth

Polisi cystadleuaeth

Gall polisi cystadleuaeth gan y llywodraeth geisio
- hybu cychwyniadau busnes
- hybu mynediad i farchnadoedd drwy ddileu rhwystrau i fynediad
- gweithredu yn erbyn arferion gwrthgystadleuol
- atal cwmnïau rhag camddefnyddio grym monopoli

Mae polisi cystadleuaeth yn gallu
- dirwyo cwmnïau
- gorfodi cwmnïau i ddileu rhwystrau i fynediad
- gorfodi cwmnïau i werthu eu hasedau / hollti cwmnïau dominyddol
- cyflwyno rheoli prisiau
- atal cydgynllwynio
- atal cydsoddiadau/trosfeddiannau

Mae'r **Swyddfa Masnachu Teg** (*OFT*), a arweinir gan Gyfarwyddwr Cyffredinol Masnachu Teg (*DGFT*), yn gorff annibynnol a gyllidir gan y Llywodraeth i wneud yn siŵr bod marchnadoedd yn gweithio er lles cwsmeriaid, e.e. rhwystro ac atal cwmnïau rhag camddefnyddio'u safleoedd yn y farchnad. Mae'n gallu gosod sancsiynau neu gyfeirio at y Comisiwn Cystadleuaeth am ymchwiliad. Gall y Swyddfa Masnachu Teg ddirwyo cwmnïau i fyny at 10% o'u trosiant os cân nhw eu dyfarnu'n euog.

Mae'r Comisiwn Cystadleuaeth yn ymchwilio i sefyllfaoedd monopoli posibl. Yn ôl y diffiniad, mae gan gwmni neu grŵp o gwmnïau safle dominyddol os yw ei gyfran o'r farchnad yn 40%; mae ganddo fonopoli os yw ei gyfran o'r farchnad yn 25%. Mae'r diffiniadau hyn yn cyfeirio at farchnadoedd lleol yn ogystal â marchnadoedd cenedlaethol. Caiff monopolïau preifateiddiedig fel *British Telecom* eu rheoleiddio gan gyrff rheoleiddio fel *OFCOM*.

Mae'r **Comisiwn Ewropeaidd** yn ymchwilio ac yn cosbi cwmnïau sy'n euog o dorri cyfraith cystadleuaeth yr UE. Gall cwmnïau apelio at y Llys Barn Ewropeaidd.

Polisi arferion cyfyngol yr UE
Mae Erthygl 81 yn cwmpasu cytundebau rhwng cwmnïau ac arferion sy'n atal cystadleuaeth, yn cyfyngu arni neu'n ei hystumio. Mae'n bwriadu cyfyngu ar ymddygiad cydgynllwynol. Mae arferion sy'n cael eu hystyried yn wrthgystadleuol yn cynnws cydgynllwynio i wneud y canlynol:
- gosod y pris
- cyfyngu ar gynhyrchu, marchnadoedd neu fuddsoddi
- rhannu'r farchnad

Grym monopoli Ewropeaidd: mae Erthygl 82 yn ymwneud â chamddefnyddio grym yn y farchnad ac mae wedi cael ei hehangu i gwmpasu cydsoddiadau.

Cydsoddiadau'r UE: mae deddfwriaeth 1990 yn cwmpasu cydsoddiadau lle mae'r gwerthiant byd-eang blynyddol cyfunol yn fwy na €5 biliwn; lle mae gwerthiant UE o leiaf dau o'r cwmnïau yn fwy na €250 miliwn; a lle mae o leiaf un o'r cwmnïau yn ymdrin â dim mwy na dwy ran o dair o'i fusnes ledled yr UE mewn un aelod-wlad.

Deddfau cystadleuaeth y DU
Deddf Monopolïau ac Arferion Cyfyngol 1948
Mae ymchwilio i fonopolïau i fod ar sail unigol. Ni thybir eu bod bob amser yn gweithredu o blaid lles y cyhoedd nac yn groes iddo.

Deddf Arferion Masnach Cyfyngol 1956
Mae gofyn i gwmnïau gofrestru unrhyw gytundebau arferion cyfyngol; tybir bod y rhain yn groes i les y cyhoedd oni fydd y rhai sy'n ymwneud â nhw yn gallu eu cyfiawnhau nhw i'r Llys Arferion Cyfyngol.

Deddf Prisiau Adwerthu 1964
Gwaherddir isafbrisiau adwerthu.

Deddf Monopolïau a Chydsoddiadau 1965
Nawr gellir ymchwilio i gydsoddiadau.

Deddf Masnachu Teg 1973
Crewyd Swyddfa Cyfarwyddwr Cyffredinol Masnachu Teg, sy'n cynghori'r Ysgrifennydd Gwladol. Nawr gellir cyfeirio monopolïau os oes ganddyn nhw 25% o'r farchnad (bu'n 33% cyn hyn). Gellir ymchwilio i ddiwydiannau gwladoledig. Gellir ymchwilio i fonopolïau lleol ac nid monopolïau cenedlaethol yn unig.

Deddf Cystadleuaeth 1980
Bwriadwyd iddi ddelio ag arferion gwrthgystadleuol gan gwmnïau, er enghraifft:
- prisio rheibus – sy'n golygu gwerthu cynhyrchion am golled er mwyn gyrru cystadleuydd allan
- gorfodi amrywiaeth lawn (*full line forcing*) – sy'n golygu gorfodi adwerthwyr i brynu'r amrywiaeth lawn o gynhyrchion hyd yn oed os ydyn nhw eisiau un yn unig
- cyflenwad dethol, h.y. gwerthu i un allfa yn unig mewn ardal

Deddf Cystadleuaeth 1998
Mae'r Ddeddf hon yn:
- gwahardd cytundebau gwrthgystadleuol, cartelau neu arferion ar y cyd yn seiliedig ar Erthygl 85 o gytundeb yr UE
- gwahardd camddefnyddio safle dominyddol yn y farchnad yn seiliedig ar Erthygl 80 o gytundeb yr UE
- sefydlu y byddai Cyfarwyddwr Cyffredinol Masnachu Teg (*DGFT*) yn cael ei benodi gan y Llywodraeth., Mae Cyfarwyddwr Cyffredinol Masnachu Teg yn gyfrifol am oruchwylio polisi cystadleuaeth a gwarchod defnyddwyr. Mae ganddo/ganddi yr hawl, ynghyd â'r Ysgrifennydd Gwladol, i gyfeirio monopoli at y Comisiwn Cystadleuaeth ar gyfer ymchwiliad
- sefydlu'r Comisiwn Cystadleuaeth (gynt y Comisiwn Monopolïau a Chydsoddiadau). Mae'r Comisiwn Cystadleuaeth yn ymchwilio i sefyllfaoedd monopoli posibl. Mae gan gwmni neu grŵp o gwmnïau sydd â mwy na 40% o'r farchnad 'safle dominyddol'. Mae cwmni sydd â mwy na 25% o'r farchnad yn 'fonopoli'. (Gall y cyfrannau hyn o'r farchnad ymwneud â marchnadoedd cenedlaethol a lleol.) Ar ôl ymchwiliad mae'r Comisiwn yn llunio adroddiad, rhoddir hwn i'r Ysgrifennydd Gwladol a all dderbyn ei ganlyniadau neu beidio. Os ceir cwmni'n euog gall gael ei ddirwyo i fyny at 10% o'i drosiant.

Deddf Menter 2002
Rhaid i'r Comisiwn Cystadleuaeth bennu a fydd y cydsoddiad yn effeithio'n anffafriol ar gystadleuaeth, hynny yw a fydd 'yn atal cystadleuaeth, yn cyfyngu arni neu'n ei hystumio'; os felly, mae'n debygol yu caiff y cydsoddiad ei rwystro.

Yn gyffredinol mae polisi cystadleuaeth y DU yn bragmatig, e.e. mae'n sylweddoli enillion posibl grym monopoli yn ogystal â'i gostau, ac mae'n ymchwilio i bob achos ar sail ei deilyngdod ei hun.

Cartelau
Mae'r Ddeddf Menter yn nodi rhai sefyllfaoedd a fyddai'n arwain at erlyniadau am ymddygiad anghyfreithlon os bydd gweithredoedd o leiaf dau gwmni yn:
- uniongyrchol neu'n anuniongyrchol yn gosod pris am gyflenwi cynnyrch neu wasanaeth yn y DU gan y cwmnïau hynny
- atal neu'n cyfyngu ar gyflenwi cynnyrch neu wasanaeth yn y DU gan y cwmnïau hynny
- atal neu'n cyfyngu ar gynhyrchu cynnyrch neu wasanaeth yn y DU gan y cwmnïau hynny
- rhannu rhwng y cwmnïau y cyflenwi yn y DU o gynnyrch neu wasanaeth i gwsmer neu gwsmeriaid
- gosod telerau cynnig (*bid*) yn y fath fodd fel ei fod yn atal gweithrediad arferol y broses gynnig

Gall y gosb gynnwys carchar am hyd at uchafswm o bum mlynedd a/neu ddirwy.

Mae arferion gwrthgystadleuol eraill yn cynnwys:
- cynnal pris adwerthu: bydd cwmnïau'n gosod y pris (neu'r isafbrisiau) mae siopau'n gwerthu eu nwyddau amdanynt
- gwrthod cyflenwi: efallai y bydd cwmni'n gwrthod gwerthu i rai cwmnïau, e.e. os na fydd y busnes yn gwerthu am y pris mae'r cwmni ei eisiau neu os na fydd yn tynnu nwyddau cystadleuwyr oddi ar ei silffoedd
- prisio rheibus: bydd cwmni'n gwerthu am golled er mwyn gyrru cystadleuwyr allan; ar ôl iddyn nhw fynd bydd prisiau'n codi eto
- cysylltiadau (*tie-ins*): efallai na fydd busnes yn cytuno i werthu un o'i gynhyrchion oni fydd cynhyrchion eraill yn cael eu prynu ar yr un pryd

Mathau o fusnes

- Unig fasnachwr – unigolyn yn gweithredu ei fusnes/busnes ei hun; mae'r perchennog yn atebol yn bersonol am unrhyw ddyledion ac mae ag atebolrwydd anghyfyngedig
- Partneriaethau – unigolion yn gweithio gyda'i gilydd ac yn rhannu cydgyfrifoldeb am unrhyw benderfyniadau; atebolrwydd anghyfyngedig
- Cwmnïau – mae gan gwmni fodolaeth gyfreithiol ar wahân i'w berchenogion; mae gan y perchenogion atebolrwydd cyfyngedig; cyfranddalwyr sy'n berchen ar gwmnïau
- a cwmnïau preifat: 'cyf' ar ôl eu henw; ni ellir hysbysebu cyfranddaliadau
- b cwmnïau cyfyngedig cyhoeddus: 'ccc' ar ôl eu henw; gall cyfranddaliadau gael eu hysbysebu a'u masnachu ar y Gyfnewidfa Stoc

- Corfforaethau cyhoeddus neu ddiwydiannau gwladoledig: maen nhw yn y sector cyhoeddus

Cyfranddaliadau
Mae cyfranddalwyr yn berchenogion rhannol o gwmni. Fel arfer mae ganddyn nhw un bleidlais am bob cyfranddaliad. Felly, mwy o gyfranddaliadau = mwy o bleidleisiau. Mae cyfranddalwyr yn pleidleisio ar faint y buddrannau (gwobrwyon) sydd i gael eu talu a faint dylai gael ei gadw yn y busnes. Hefyd gall cyfranddalwyr ennill drwy werthu eu cyfranddaliadau am bris uwch na'r pris y gwnaethon nhw ei dalu amdanyn nhw yn wreiddiol (ond gall y pris ostwng hefyd).

Cwmnïau amlwladol (neu gwmnïau trawslwadol)
Cwmnïau sydd â chyfleusterau cynhyrchu mewn mwy nag un wlad, e.e. *Shell, BP.*

Pam dod yn gwmni amlwladol?
- Manteisio ar adnoddau mewn gwledydd gwahanol, e.e. llafur rhad
- Lleihau'r risg o ataliadau a lleihau grym undebau, e.e. os bydd streic mewn un wlad gall y cwmni barhau i gynhyrchu rywle arall
- Mynd i mewn i farchnadoedd; mae rhai llywodraethau (e.e. China) yn amharod i adael cwmnïau tramor i mewn oni fyddan nhw wedi'u lleoli yn y wlad
- Bod yn agos at y farchnad; lleihau costau dosbarthu
- Cael budd o lai o reoliadau, e.e. ynghylch iechyd a diogelwch

Buddion i wlad o gael cwmnïau amlwladol yn lleoli yno
Efallai y bydd buddsoddi tramor uniongyrchol gan gwmnïau amlwladol yn:

- Dod â swyddi; bydd hyn yn creu mwy o incwm ac yn cynhyrchu derbyniadau trethi i'r Llywodraeth trwy effeithiau lluosydd
- Dod â gwybodaeth
- Dod â dulliau sy'n arwain at gynyddu cynhyrchedd a gostwng costau uned
- Buddsoddi cyfalaf, gan gynyddu'r galw
- Talu treth gorfforaeth
- Rhoi mwy o ddewis i gwsmeriaid
- Ysgogi twf economaidd
- Gwella cyfrif cyfredol y fantol daliadau drwy gynyddu allforion

Pam y gallai llywodraethau fod yn amheus o gwmnïau amlwladol?
- Efallai na fyddan nhw'n defnyddio gweithwyr lleol neu fe'u defnyddir ar gyfer sgiliau di-grefft yn unig
- Efallai na fyddan nhw'n ailfuddsoddi elw
- Efallai y byddan nhw'n niweidio'r amgylchedd
- Efallai y byddan nhw'n gweithredu grym ar y llywodraeth

Twf cwmnïau
Twf mewnol (organig) ac allanol
- Mae **twf mewnol (neu organig)** yn digwydd pan fydd cwmnïau'n gwerthu mwy o'u cynhyrchion. Mae twf allanol yn digwydd pan fydd cwmni'n uno â busnes arall. Gall hyn fod trwy drosfeddiant (un busnes yn cymryd rheolaeth ar fusnes arall; term arall am hyn yw caffaeliad) neu drwy gydsoddiad (un cwmni'n uno â chwmni arall i ffurfio busnes newydd).
- Mae **twf allanol** yn dueddol o fod yn gyflymach. Gall arwain at newidiadau cyflym ym maint busnes. Gall hyn fod yn dda o ran, er enghraifft, rhannu adnoddau, grym yn y farchnad, gallu prynu a'r gallu i gynhyrchu ar raddfa fawr (h.y. darbodion maint mewnol). Fodd bynnag, mae'n gallu creu problemau gyda rheoli busnes llawer mwy ei faint (e.e. problemau cyd-drefnu, cyfathrebu, cymhelliant a rheolaeth yn arwain at gostau uwch yr uned, h.y. annarbodion maint).

Pam trosfeddiannu neu gydsoddi â busnes arall?
- Mynediad i farchnadoedd newydd: gall fod yn ffordd o oresgyn mesurau diffynnaeth
- Twf cyflym
- Rhannu adnoddau ac arbenigedd; gall hyn greu synergedd (2 + 2 = 5)
- Rhannu cryfderau mewn meysydd gwahanol, e.e. rhannau gwahanol o'r byd
- Gostwng costau, e.e. ni fydd o reidrwydd angen dau dîm ymchwil a datblygu neu ddau gyfarwyddwr marchnata, felly gellir diswyddo rhai

Rhesymau dros dwf
- Yn fwy diogel rhag trosfeddiannu
- Darbodion maint
- Mwy o rym yn y farchnad
- Statws
- Cymhellion personol, e.e. awydd rheolwyr am fwy o reolaeth

Mathau o dwf
- Llorweddol: un cwmni yn uno â chwmni arall yn yr un cam o'r un broses gynhyrchu, e.e. dau wneuthurwr ceir. Gall arwain at ddarbodion maint mewnol.

- Fertigol: un cwmni yn uno â chwmni arall mewn cam gwahanol o'r un broses gynhyrchu. Fertigol ymlaen: cwmni'n prynu cwmni arall sy'n agosach at y cwsmer, e.e. dosbarthwr. Fertigol yn ôl: cwmni'n prynu cyflenwr. Gall warantu cyflenwadau neu fodd i gael at y farchnad.
- Cyd-dyriad: cwmni'n prynu cwmni arall mewn diwydiant gwahanol, e.e. cwmni sigaréts yn prynu cwmni siocled. Gall ledu risgiau.

Pennir prisiau cyfranddaliadau gan gyflenwad a galw. Dylai cynnydd yn y galw am gyfranddaliadau arwain at brisiau uwch: gall fod oherwydd bod buddsoddwyr yn disgwyl i'r cwmni berfformio'n dda yn y dyfodol, gan gynyddu pris y cyfranddaliadau a/neu y buddrannau a delir. Felly mae hyder ym mherfformiad y busnes yn y dyfodol yn benderfynydd pwysig o'r galw. Efallai hefyd y bydd prynwyr yn hapfasnachu ynghylch y pris yn codi yn y dyfodol.

Trwyddedu/Masnachfraint (*franchising*): bydd unigolyn neu gwmni yn prynu'r hawl i ddefnyddio enw cwmni arall, gwerthu ei gynnyrch a defnyddio ei systemau. Mae'r trwyddedwr (*franchisor*) yn gwerthu'r hawliau hyn i'r trwyddedai (*franchisee*), e.e. mae *McDonald's* yn trwyddedu rhai o'i allfeydd.

Buddion trwyddedu i'r trwyddedwr:
- Gallu tyfu'n gyflym oherwydd bod y trwyddedai'n darparu'r buddsoddiad
- Dylai'r trwyddedai fod â chymhelliant gan y bydd yn rhannu yn yr enillion
- Gallu rhannu gorbenion (*overheads*) fel marchnata rhwng y trwyddedeion

Buddion prynu trwydded
- Gallu prynu busnes sefydledig sydd â hanes da
- Cael modd i ddefnyddio profiad a systemau'r trwyddedwr; gallu dysgu o drwyddedeion eraill
- Gallu rhannu costau fel marchnata rhwng y trwyddedeion i gyd
- Rhan o gyfundrefn fwy, e.e. cael budd o gyfundrefn genedlaethol neu ryngwladol

Amcanion cwmnïau

Uchafu elw

Mae model clasurol economeg yn tybio bod cwmnïau'n dymuno uchafu elw, h.y. cynhyrchu lle mae DFf = CFF (derbyniadau ffiniol = cost ffiniol). Fodd bynnag, mae modelau eraill yn awgrymu y gall fod gan gwmnïau amcanion gwahanol.

Modelau rheolaethol
Uchafu defnydd-deb rheolaethol (Williamson)

Mae perchenogion cwmnï yn gyfranddalwyr. Mae'r bobl sy'n rheoli'r cwmni o ddydd i ddydd yn rheolwyr. Mewn cwmnïau mawr yn arbennig mae gwahanu rhwng perchenogaeth a rheolaeth, h.y. nid y perchenogion yw'r bobl sy'n gweithredu'r busnes. Gall hyn arwain at amcanion sy'n gwrthdaro. Ni fydd yr hyn mae'r rheolwyr eisiau ei wneud o reidrwydd yr hyn mae'r perchenogion eisiau iddyn nhw ei wneud. Gan nad ydy cyfranddalwyr fel arfer yn sicrhau bod ganddyn nhw wybodaeth dda (neu na roddir gwybodaeth dda iddyn nhw), yn aml mae cryn dipyn o ryddid gan reolwyr o ran gwneud penderfyniadau. Efallai felly y gwnân nhw ddilyn eu hamcanion eu hunain a cheisio uchafu eu defnydd-deb nhw yn hytrach nag elw. Gall amcanion rheolaethol gynnwys:

- cynyddu eu cyflog – efallai y bydd hyn yn gysylltiedig ag elw neu efallai na fydd (yn aml mae'n gysylltiedig â gwerthiant yn hytrach nag elw)
- cynyddu nifer y gweithwyr – mae hyn yn gwneud i reolwyr deimlo'n fwy grymus a phwysig
- buddsoddi – mae hyn eto yn gwneud i reolwyr deimlo'n fwy grymus
- cael buddion ychwanegol, e.e. swyddfa fawr, teithio dosbarth cyntaf, car mwy

Uchafu derbyniadau gwerthiant (Baumol), (cynhyrchu lle mae DFf = 0)

Mae'n tybio bod rheolwyr yn dymuno uchafu derbyniadau yn hytrach nag elw. *Pam?*

- mae defnyddwyr â meddwl mawr o gwmnïau sydd â gwerthiant cynyddol ac maen nhw'n fwy tebygol o brynu ganddyn nhw; go brin y bydd defnyddwyr yn gwybod am elw cwmnïau
- efallai y bydd sefydliadau ariannol yn fwy parod i fenthyca i gwmni sydd â gwerthiant cynyddol
- gall cyflogau fod yn gysylltiedig â gwerthiant

Uchafu twf (Marris), h.y. cynhyrchu'r cynnyrch mwyaf lle mae DC = CG)

Efallai y bydd rheolwyr yn ceisio cynyddu maint eu cwmni. *Pam?*

- mae cwmnïau mawr yn llai agored i gael eu trosfeddiannu
- gall cyflogau fod yn gysylltiedig â maint y cwmni
- mae cwmnïau mawr yn cael eu hystyried yn fwy llwyddiannus na chwmnïau llai

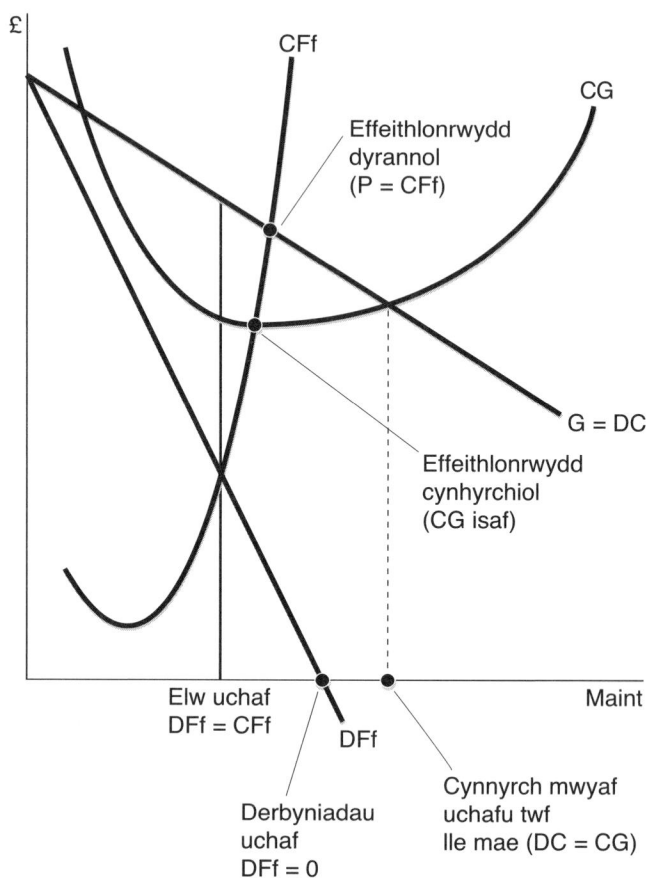

Boddhau (*Satisficing*) (Simon)

Mae cwmni'n ymwneud/delio â llawer o grwpiau buddiannau ac mae gan y rhain i gyd eu hamcanion eu hunain, e.e. adrannau gwahanol (e.e. marchnata, cynhyrchu a chyllid), yr undebau, cyflenwyr, defnyddwyr, y gymuned leol.

Bydd amcanion cyffredinol cyfundrefn yn ganlyniad i drafod a bargeinio gyda'r grwpiau hyn i gyd. Mae'r canlyniad terfynol yn debygol o fod yn gyfaddawd sy'n ganlyniad boddhaol ond nad yw'n uchafu dim. Amcan y cwmni yw BODDHAU y grwpiau gwahanol hyn a dal i weithredu.

Llafur

Y galw am lafur

Mae'r galw am lafur yn deillio o dderbyniadau cynnyrch ffiniol llafur. Caiff pobl eu cyflogi oherwydd gwerth eu cynnyrch. Mae hyn yn dibynnu ar y cynnyrch ychwanegol a gynhyrchant (eu cynnyrch ffiniol) a'r derbyniadau ychwanegol mae hyn yn eu creu pan gaiff ei werthu (y derbyniadau ffiniol). Y term am werth y cynnyrch a gynhyrchir gan weithiwr ychwanegol yw derbyniadau'r cynnyrch ffiniol (*marginal revenue product*) (DCFf).

DCFf = Cynnyrch Ffiniol × Derbyniadau Ffiniol

Mae'r DCFf yn goleddu i lawr; mae cynnyrch ffiniol yn goleddu i lawr oherwydd deddf adenillion lleihaol; mae derbyniadau ffiniol yn goleddu i lawr hefyd mewn marchnad nwyddau amherffaith neu mae'n gyson mewn marchnad nwyddau berffaith gystadleuol.

- **Galw deilliedig**: mae'r galw am lafur yn alw deilliedig. Dim ond oherwydd y galw am y nwyddau a'r gwasanaethau mae yna alw am weithwyr gan gwmnïau.
- **Cynnyrch ffiniol llafur**: y cynnyrch ychwanegol a gynhyrchir gan weithiwr ychwanegol. Wrth i unedau ychwanegol o lafur gael eu hychwanegu bydd y cynnyrch ffiniol yn gostwng yn y pen draw oherwydd deddf adenillion lleihaol.
- **Cost ffiniol llafur**: cost ychwanegol cyflogi gweithiwr arall.

Bydd y galw am lafur yn symud allan:

- gyda mwy o hyfforddiant, cyfalaf neu reolaeth well, gall llafur fod yn fwy cynhyrchiol
- os bydd y galw am y cynnyrch terfynol yn cynyddu (h.y. DFf yn cynyddu)
- os bydd pris ffactor cynhyrchu sy'n amnewidyn yn cynyddu

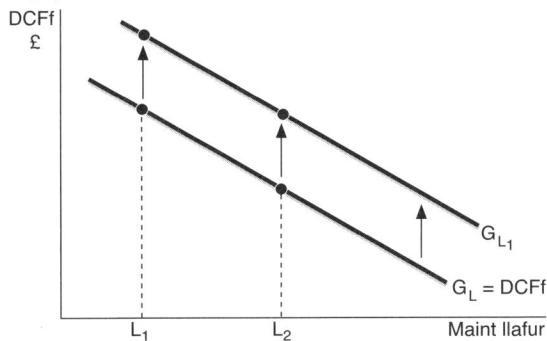

Elastigedd y galw am lafur Mae'n dibynnu ar y canlynol:

- costau llafur fel canran o gyfanswm y gost – po uchaf yw'r ganran, mwyaf i gyd fydd effaith unrhyw godiad cyflog a mwyaf tebygol yw hi y bydd maint y galw am lafur yn gostwng, h.y. mwyaf elastig y bydd y galw am lafur.
- y cyfnod amser – yn y tymor byr efallai y bydd y cwmni'n ei chael hi'n anodd rhoi ffactorau eraill, e.e. cyfarpar cyfalaf, yn lle llafur; dros amser gall fod yn haws ac felly bydd y galw'n fwy pris elastig.
- elastigedd pris y galw am y nwydd neu'r gwasanaeth terfynol – bydd codiad cyflog yn cynyddu costau ac efallai yn codi'r pris. Os bydd effaith codiad pris y nwydd yn gymharol fach, bydd yr effaith ar faint y galw am lafur yn debygol o fod yn gymharol fach hefyd, h.y. mae galw pris-anelastig am y cynnyrch yn debygol o arwain at alw cyflog-anelastig am y llafur.

Cyflenwad llafur unigolyn

Gall unigolyn ddewis rhwng hamdden a gwaith. Os bydd yn penderfynu gweithio mwy, bydd amser hamdden yn gostwng ac i'r gwrthwyneb. Mae'r penderfyniad p'un ai i weithio ai peidio yn dibynnu ar effaith incwm ac effaith amnewid. Er enghraifft, os ydy'r cyflog yn cynyddu

- mae'n ddrutach cael amser hamdden (oherwydd bob awr na fyddwch chi'n gweithio byddwch chi'n colli mwy o arian). Felly bydd y gweithiwr yn amnewid tuag at waith ac i ffwrdd o hamdden.
- ar yr un pryd bydd mwy o arian yn cael ei ennill am bob awr sy'n cael ei gweithio, ac felly gallai gweithiwr deimlo y gall weithio llai o oriau a dal i fod â digon o incwm (yr effaith incwm).

Fel arfer mae'r effaith amnewid yn fwy na'r effaith incwm a bydd pobl eisiau gweithio mwy o oriau pan fydd y cyflog yn codi. Fodd bynnag, ar ryw gyflog bydd yr effaith incwm yn gorbwyso'r effaith amnewid a bydd pobl yn penderfynu gweithio llai pan fydd y cyflog yn codi. Mae hyn yn achosi cromlin gyflenwad llafur sy'n goleddu yn ôl.

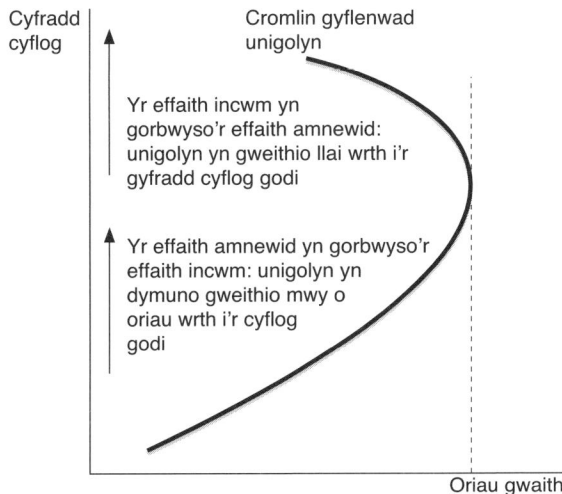

Mae cyflenwad llafur i ddiwydiant yn dibynnu ar

- y boblogaeth weithio, e.e. maint y boblogaeth, oed gweithio ac oed ymddeol
- yr agweddau ar y swydd nad ydynt yn ariannol, e.e. sicrwydd swydd, gwell amodau gwaith
- nifer y bobl sy'n gwybod am y swydd
- y cyflogau mewn diwydiannau eraill
- agweddau tuag at waith, e.e. agweddau tuag at ferched yn gweithio mewn rhai swyddi

Cyflogi gweithwyr

Caiff gweithwyr eu cyflogi hyd at y pwynt lle bydd cost ychwanegol cyflogi gweithiwr yn hafal i'r ychwanegiad at y derbyniadau gwerthiant a ddaw o gyflogi'r gweithiwr (ei DCFf).

h.y. caiff gweithwyr eu cyflogi hyd at y pwynt lle mae DCFf = CFf llafur

Llafur (parhad)

Marchnad lafur berffaith gystadleuol

Mae llawer o gwmnïau a llawer o weithwyr; mae pob cwmni'n dderbynnydd cyflog, h.y. gall gyflogi cymaint o weithwyr ag mae eu heisiau am y gyfradd cyflog benodol; ni fydd penderfyniad gan un cwmni i gyflogi mwy o bobl yn symud galw'r diwydiant ddigon i godi'r gyfradd cyflog; ond pe bai pob cwmni'n penderfynu cyflogi mwy o bobl, byddai cyflogau'n codi. Mewn marchnad lafur berffaith gystadleuol, pennir cyflogau gan rymoedd y farchnad sef galw a chyflenwad.

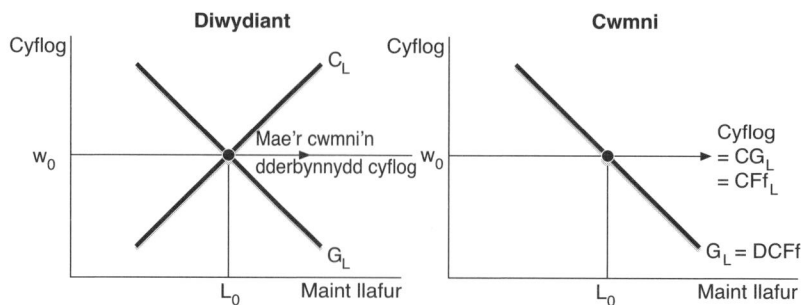

Gall y cwmni gael cymaint o weithwyr ag mae eu heisiau am w_0

Cost ychwanegol gweithiwr = w_0

felly cyflog = cost gyfartalog llafur = cost ffiniol llafur = w_0

Gwahaniaethau cyflog

Yn ddamcaniaethol bydd y cyflogau i gyd yn gyfartal oherwydd bydd cyfraddau cyflog uchel mewn un diwydiant yn denu gweithwyr o ddiwydiant arall; bydd hyn yn cynyddu'r cyflenwad nes bydd y cyfraddau cyflog yn gyfartal.

Fodd bynnag, byddai gwahaniaethau cyflog yn dal i fodoli oherwydd:

- buddion lled-ariannol (fel hawliau pensiwn a gofal iechyd wedi'i gymorthdalu); buddion nad ydynt yn ariannol (e.e. gwyliau hir); anfanteision nad ydynt yn ariannol (e.e. risg diflasu)
- ansymudedd llafur, e.e. daearyddol neu alwedigaethol; mae'r ansymudedd hwn yn atal llafur rhag symud o un diwydiant i ddiwydiant arall
- diffyg gwybodaeth berffaith, felly dydy gweithwyr ddim yn gwybod bod y swyddi ar gael neu beth yw'r gyfradd cyflog

Amherffeithrwydd yn y farchnad lafur

- gwybodaeth amherffaith – dydy gweithwyr ddim yn gwybod pa swyddi sydd ar gael
- ansymudedd – ni all gweithwyr fynd o un swydd i swydd arall oherwydd ansymudedd daearyddol neu alwedigaethol
- efallai na fydd cyflogwyr yn uchafwyr elw – efallai y byddan nhw'n talu mwy nag sydd ei angen; efallai na fydd gweithwyr yn uchafwyr economaidd rhesymegol, h.y. efallai y gwnân nhw aros gyda chwmni oherwydd teyrngarwch er bod eu cyflog yn 'isel'
- efallai y bydd prynwyr sy'n fonopoli (monopsoni) neu werthwyr sy'n fonopoli (undebau)
- ecsbloetio – mae hyn i'w gael pan fydd gweithwyr yn cael eu talu llai na'u gwerth. Mae hyn yn digwydd pan fydd y cyflogwr mewn safle bargeinio cryf, e.e. os ydy'r cyflogwr yn fonopsonydd (h.y. y prif gyflogwr yn yr ardal)

Ceir **ansymudedd daearyddol** am fod pobl yn ei chael hi'n anodd symud o un swydd i swydd arall mewn rhan wahanol o'r wlad, e.e. oherwydd bod

- eu plant mewn addysg a dydyn nhw ddim eisiau eu symud
- teulu a ffrindiau yn yr ardal
- symud yn rhy ddrud (e.e. costau symud a phrisiau tai)

Ceir **ansymudedd galwedigaethol** pan na all pobl symud o un math o swydd i fath arall. Gall hyn fod oherwydd:

- nad oes ganddyn nhw'r sgiliau iawn
- nad ydyn nhw'n gwybod bod y swydd ar gael

Problemau gyda damcaniaeth cyflogau cynhyrchedd ffiniol

- Mae'n anodd ei chymhwyso mewn rhai marchnadoedd llafur – sut y gellir mesur cynhyrchedd croesawydd?
- Mewn rhai marchnadoedd, e.e. yn y sector cyhoeddus, gosodir cyflogau gan y Llywodraeth yn hytrach na grymoedd y farchnad
- Mae'r ddamcaniaeth yn gylchol – mae cyflogau'n dibynnu ar y galw am lafur, sy'n dibynnu ar y galw am y nwydd, sy'n dibynnu ar gyflogau!

Pennu cyflogau mewn marchnadoedd amherffaith
Monopsoni

Mae hyn yn sefyllfa lle mae'r cwmni:

- yn brynwr mawr o lafur ac mae ganddo rym ar y farchnad
- yn wneuthurwr cyflog nid yn dderbynnydd cyflog
- yn wynebu cromliniau cyflenwad sy'n goleddu i fyny – mae angen iddyn nhw gynyddu cyflogau i ddenu mwy o weithwyr. Rhaid iddyn nhw gynyddu'r cyflog ar gyfer y gweithiwr olaf a'r holl rai o'r blaen; mae hyn yn golygu bod cost ffiniol llafur yn uwch na'r gyfradd cyflog gyfartalog (y gost gyfartalog)

Er enghraifft

Mae 3 gweithiwr yn cael eu talu £200 yr wythnos yr un. Cost gyfartalog llafur yw £200.

I ddenu pedwerydd gweithiwr rhaid codi'r gyfradd cyflog i £300. Y gost gyfartalog nawr yw £300. Ond y gost ffiniol yw £600 – mae'r gweithiwr newydd yn cael £300 ac mae'r tri arall yn cael eu talu £100 yn ychwanegol yr un. O edrych ar hyn mewn ffordd arall: roedd cyfanswm y gost yn 3 × £200 = £600. Nawr mae'n 4 × £300 = £1200, felly cost ffiniol llafur yw £600.

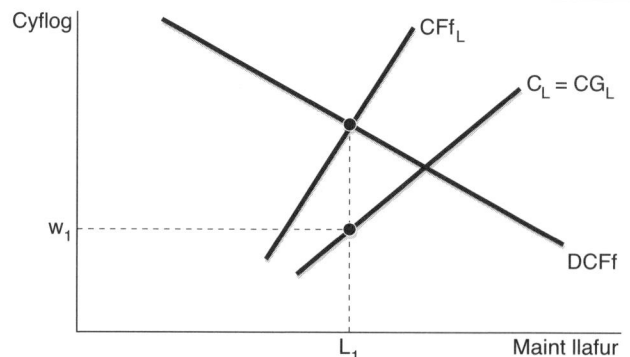

Mae'r cwmni'n cyflogi lle mae DCFf = CFf_L

Y cyflog yw w_1; y nifer a gyflogir = L_1

*Mae cost ffiniol llafur yn uwch na chost gyfartalog llafur ac yn dargyfeirio oddi wrthi; i gyflogi mwy rhaid i'r cwmni gynyddu'r cyflog ar gyfer y gweithiwr olaf **a'r** holl weithwyr o'r blaen.*

Llafur (parhad)

Undebau llafur

Cyrff sy'n cynrychioli gweithwyr yw undebau llafur. Sefydlir undebau i warchod buddiannau gweithwyr ac i fargeinio ar eu rhan nhw. Trwy ymaelodi ag undeb, mae gweithwyr yn ennill mwy o rym yn eu bargeinio.

Yn nodweddiadol bydd undebau'n bargeinio ynghylch materion fel cyflog, amodau gwaith a hyfforddiant.

Mae **cydfargeinio** yn digwydd pan fydd undebau'n cynrychioli grŵp o weithwyr. Mae hyn yn rhoi mwy o gryfder bargeinio i'r gweithwyr gyda'r rheolwyr.

Gall **undebau llafur** effeithio ar y gyfradd cyflog trwy wneud y canlynol:
- gwella cynhyrchedd – trwy drafod ar gyfer amodau gwell a diogelu'r gweithlu, gall yr undebau wella cynnyrch y gweithwyr
- defnyddio grym diwydiannol (e.e. bygythiad streiciau) i orfodi cyflogwyr i dalu mwy
- cyfyngu ar gyflenwad – yn y gorffennol cafwyd siopau caeedig mewn gwahanol ddiwydiannau a chwmnïau; mae hyn yn golygu mai dim ond aelodau undeb sy'n gallu gweithio yno, sy'n lleihau'r cyflenwad posibl o lafur ac yn cynyddu'r gyfradd cyflog.

Mae **grym undebau llafur** yn dibynnu ar
- nifer yr aelodau
- yr amgylchedd cyfreithiol – yn yr 1980au fe wnaeth y Llywodraeth Geidwadol ostwng pwerau undebau llafur yn sylweddol; gwnaed nhw'n fwy atebol am ganlyniadau eu gweithredoedd ac ataliwyd gweithredu diwydiannol heb bleidlais gudd
- y galw am y cynnyrch; e.e. os ydy'r galw'n anelastig bydd y cwmni'n fwy tebygol o dalu cyflogau uwch gan y bydd yn haws trosglwyddo'r costau uwch i'r defnyddiwr ar ffurf prisiau uwch
- ydy costau llafur yn ganran fach o gyfanswm y costau – bydd effaith codiad cyflog yn llai os ydy llafur yn ganran gymharol fach o gyfanswm y costau
- ydy'r cwmni'n broffidiol – mae hyn yn golygu y bydd yn fwy tebygol o dalu mwy i weithwyr o gymharu â sefyllfa lle mae'n gwneud colled

Monopoli dwyffordd

Mae hyn i'w gael pan fydd prynwr llafur sy'n fonopoli yn wynebu gwerthwr sy'n fonopoli, e.e. monopsonydd yn erbyn undeb. Yma bydd y canlyniad yn dibynnu ar rym bargeinio'r naill ochr a'r llall.

Grym ar gyflenwad llafur

Gall undebau ddefnyddio'u grym i wthio pris llafur i fyny. Mae hyn yn achosi gwarged ac yn gostwng y nifer a gyflogir. Rhaid i undebau benderfynu p'un ai i uchafu cyfanswm y bil cyflogau, uchafu cyflogau'r rhai a gyflogir neu uchafu'r nifer a gyflogir.

I geisio cynyddu cyflog a chyflogaeth, rhaid i undebau amcanu at gynyddu cynhyrchedd fel y bydd y galw am lafur yn symud allan. Gallai hyn gael ei gyflawni drwy well arferion gwaith.

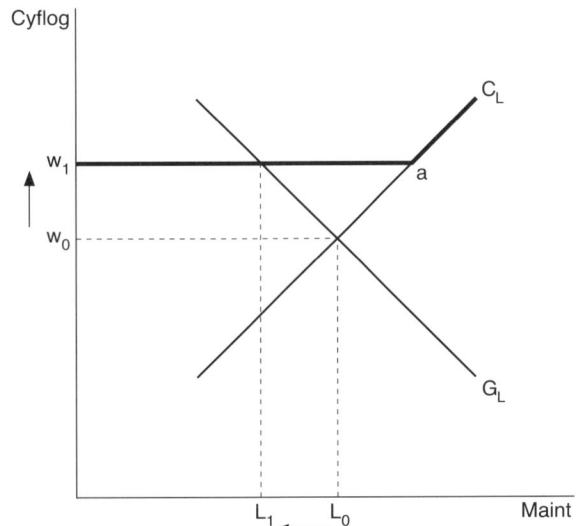

Efallai y bydd undebau'n gwthio'r cyflog i fyny i w_1, h.y. ni chyflenwir llafur islaw w_1. Cyflenwad llafur fydd w_1aC_L.
Bydd cyflogaeth yn gostwng i L_1.
Bydd y rhai sydd mewn cyflogaeth yn ennill mwy ond cyflogir llai.

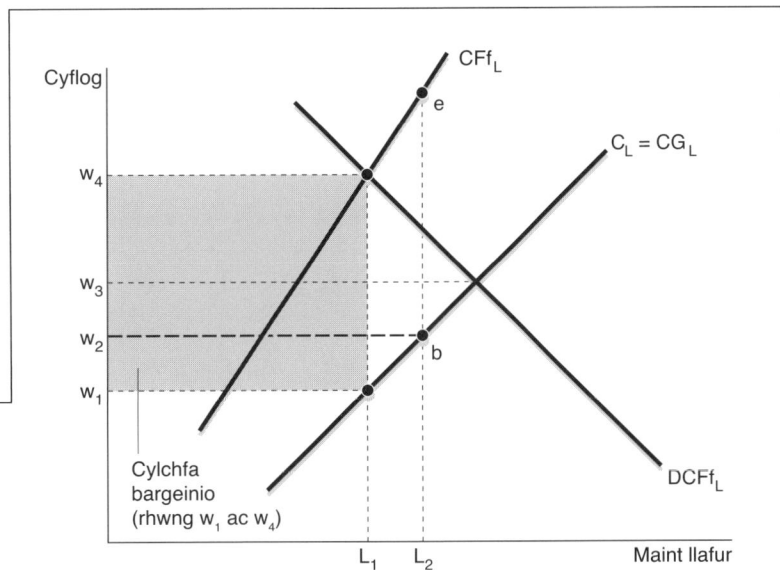

Byddai monopsonydd yn cyflogi L_1 o weithwyr am w_1. Os bydd undebau'n gosod lleiafswm cyflog o, er enghraifft, w_2, y cyflenwad fydd w_2bC_L.
Gall cwmni gyflogi cymaint o weithwyr ag mae eu heisiau i fyny at L_2 am y cyflog w_2; ar ôl y pwynt hwnnw byddai'n rhaid iddo gynyddu cyflogau ar gyfer gweithwyr ychwanegol a'r holl rai o'r blaen. Y gromlin CFf yw w_2beCFf_L.
Bydd y cwmni'n cyflogi hyd at y pwynt lle mae $DCFf = CFf_L$, h.y. L_2 o weithwyr am w_2, h.y. mae'r undeb wedi cynyddu cyflogau a chyflogaeth. Gall yr undeb barhau i wneud hyn i fyny at w_3. Ar ôl w_3 (i fyny at w_4) mae'n gallu cynyddu cyflogau ond bydd cyflogaeth yn dechrau gostwng yn ôl tuag at L_1.

Llafur (parhad)

Gwahaniaethau rhwng enillion unigolion

Mae'n dibynnu ar y canlynol:

- gallu a sgiliau – po fwyaf yw sgìl unigolyn, mwyaf i gyd mae ef neu hi yn debygol o'i ennill, e.e. os yw wedi cael mwy o hyfforddiant neu wedi ennill cymwysterau uwch
- nodweddion swydd nad ydynt yn ariannol, e.e. gellir gorfod talu mwy i bobl am waith peryglus

- oed – mae enillion yn tueddu i gynyddu gydag oed hyd at ryw bwynt ac yna gostwng
- rhywedd a hil: mae merched a phobl nad ydynt yn wyn yn dueddol o ennill llai; gallai hyn fod oherwydd gwahaniaethu
- lleoliad: mae cyflogau'n amrywio ar draws y wlad a rhwng gwledydd
- galw am yr unigolyn, e.e. gallai person enwog ennill mwy

Lleiafswm cyflog
Mae lleiafswm cyflog sy'n uwch na'r cydbwysedd yn creu gorgyflenwad.

Bydd effaith lleiafswm cyflog yn fwy pan fydd y galw am lafur a chyflenwad llafur yn elastig.

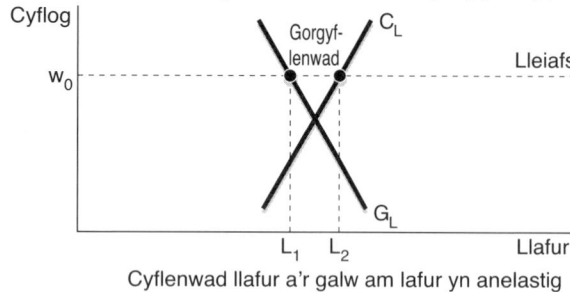

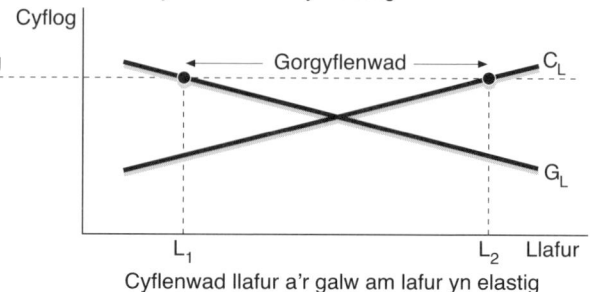

Cyflenwad llafur a'r galw am lafur yn anelastig

Cyflenwad llafur a'r galw am lafur yn elastig

Mae'r lleiafswm cyflog
- yn ceisio helpu pobl sydd â chyflog isel
- yn gallu rhoi mwy o gymhelliant i weithio
- yn gallu cynyddu diweithdra
- yn gallu rhwystro buddsoddi o wledydd tramor
- yn gallu cynyddu hawliadau cyflog gan weithwyr eraill sydd eisiau cadw'r gwahaniaeth rhyngddyn nhw a'r bobl sydd â'r tâl isaf

Bydd effaith lleiafswm cyflog yn dibynnu ar y canlynol
- pa mor bell uwchlaw'r cydbwysedd y gosodir y lleiafswm cyflog (os o gwbl)
- elastigedd cyflenwad llafur ac elastigedd y galw am lafur

Gallai'r cynnydd mewn cyflogau wneud y canlynol
- cynyddu'r galw am nwyddau a gwasanaethau ac am lafur, gan gynyddu cyflogaeth
- cynyddu morâl a chynhyrchedd llafur

Ymyriad y Llywodraeth ym marchnadoedd llafur
Mae yna ddeddfwriaeth i ddiogelu gweithwyr, e.e. mae ganddyn nhw'r hawl i rybudd a thâl colli gwaith os ydyn nhw wedi bod gyda'r cwmni am fwy na blwyddyn, hawl i ymaelodi ag undeb llafur, hawl i beidio â chael eu diswyddo'n 'annheg', hawl i beidio â chael gwahaniaethu yn eu herbyn (e.e. oherwydd rhywedd neu darddiad ethnig).

Hefyd mae'r Ddeddf Iechyd a Diogelwch yn y Gwaith yn rhoi'r cyflogwr dan orfodaeth i ddiogelu staff.

Mae rheoliadau eraill yn cynnwys terfyn **Lleiafswm Cyflog Cenedlaethol** na all cyflogau fynd yn is nag ef. Fe'i cyflwynwyd yn y DU yn 1999.

Enillion trosglwydd
Dyma'r swm mae'n rhaid i ffactor cynhyrchu ei ennill i'w gadw yn ei ddefnydd presennol yn y tymor hir.

Rhent economaidd yw tâl ar ben enillion trosglwydd.

Cwasi-rent
Dychmygwch fod peiriant sydd ag un defnydd yn unig yn cael ei brynu. Ar ôl cael ei brynu, mae ei enillion i gyd yn rhent economaidd, a thybio nad oes ganddo ddefnydd arall. Dros amser bydd yn dibrisio ac ni roddir un arall yn ei le oni fydd yn ennill adenillion boddhaol; nawr mae rhywfaint o'i enillion yn enillion trosglwydd – os na fydd yn gwneud digon, ni chaiff peiriant newydd ei brynu.

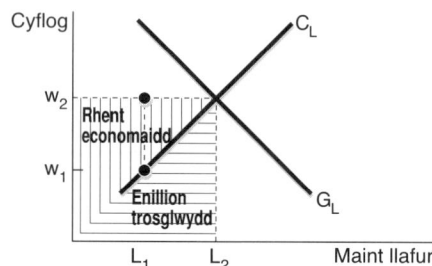

Byddai'r gweithiwr L_1 yn gweithio am w_1 ond mae'n derbyn w_2. Mae $w_1 w_2$ yn 'rhent economaidd'

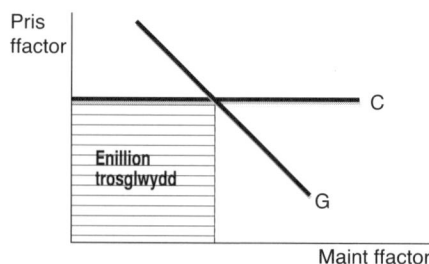

Mae cyflenwad y ffactor yn gwbl anelastig; does ganddo ddim defnydd arall; mae ei enillion i gyd yn 'rhent economaidd'.

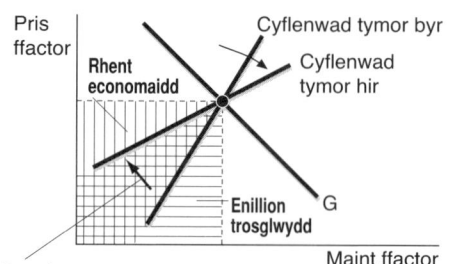

Gyda chyflenwad perffaith elastig mae'r enillion i gyd yn enillion trosglwydd. Does dim rhent economaidd.

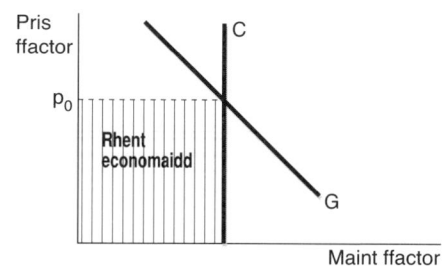

Cwasi-rent = rhent economaidd yn y tymor byr; enillion trosglwydd yn y tymor hir

Incwm a chyfoeth

Incwm yn erbyn cyfoeth

Mae incwm yn llif, e.e. yr arian mae unigolyn yn ei ennill mewn blwyddyn. Mae cyfoeth yn stoc, h.y. cyfanswm gwerth asedau unigolyn ar adeg benodol. Gall y ddau fod yn gysylltiedig: gyda mwy o incwm gellir caffael mwy o gyfoeth sydd wedyn yn gallu cynhyrchu mwy o incwm.

Llif y flwyddyn

Incwm

Stoc ar adeg benodol

Cyfoeth

Ffynonellau incwm

Gall unigolion ennill incwm o wahanol ffynonellau, gan gynnwys:

- incwm gwaith, h.y. o gyflogaeth
- incwm heb ei ennill (h.y. incwm a ddaw o gyfoeth, e.e. buddrannau o gyfranddaliadau, llog o gynilion)
- taliadau trosglwydd, e.e. pensiynau oddi wrth y Llywodraeth

Pam mae incwm pobl wahanol yn wahanol?

Mae incwm yn dibynnu ar y canlynol:

- galw – bydd hyn yn dibynnu ar dderbyniadau cynnyrch ffiniol unigolyn. Bydd hynny yn ei dro yn dibynnu ar sgiliau'r unigolyn, ei hyfforddiant, lefel technoleg, maint y cyfalaf a phrofiad yr unigolyn
- amodau cyflenwad yn y farchnad lafur
- grym bargeinio (e.e. undebau llafur)
- polisi'r llywodraeth (e.e. cyflogau yn y sector cyhoeddus; deddfwriaeth lleiafswm cyflog)
- trethi uniongyrchol a pholisi budd-daliadau
- cyfoeth, e.e. os ydy unigolyn yn berchen ar wahanol dai bydd y rhain yn cynhyrchu incwm drwy rent
- gwahaniaethu, e.e. ar sail rhyw neu darddiad ethnig neu oed.

Mae **Arolwg Blynyddol o Oriau ac Enillion (ASHE) 2007** yn dangos mai £498 yr wythnos oedd enillion canolrifol gweithwyr gwryw amser-llawn yn Ebrill 2007; yn achos merched £394 oedd y canolrif. Roedd y 10% uchaf o'r dosraniad enillion yn ennill mwy na £906 yr wythnos, ond roedd y 10% isaf yn ennill llai na £252.

Y galwedigaethau â'r enillion uchaf yn 2007 oedd 'Pobl broffesiynol ym myd iechyd' ac yna 'Rheolwyr corfforaethol' a 'Phobl broffesiynol ym myd gwyddoniaeth a thechnoleg'. Yr isaf eu tâl o'r holl weithwyr amser-llawn oedd 'Galwedigaethau gwerthu'.

Cyfoeth

- gellir ei etifeddu
- gellir ei gaffael gydag enillion

Mae cyfoeth yn y DU wedi'i ddosrannu'n anghydradd.

Gall **cyfoeth personol** gael ei ddal ar ffurf sawl math o asedau, e.e. ceir, cynilion, eitemau tŷ. Y math mwyaf sylweddol o gyfoeth personol yw perchenogaeth tai.

Cyfoeth gwerthadwy (*marketable*): asedau y gellir eu prynu a'u gwerthu, e.e. tai.

Cyfoeth nad yw'n werthadwy: ni ellir ei drosglwyddo, e.e. hawliau pensiwn – mae'r rhain yn perthyn i unigolyn ac ni ellir eu gwerthu.

Mae trethi i leihau anghydraddoldeb cyfoeth yn cynnwys:

- treth etifeddiaeth
- treth trosglwyddo cyfalaf
- treth ar gyfoeth

Cydraddoldeb a thegwch

Mewn economi marchnad mae unigolion yn derbyn incwm gwahanol: gydag amodau gwahanol o ran cyflenwad a galw, bydd enillion yn amrywio. Os oes gan weithwyr sgiliau prin sy'n gyfyngedig eu cyflenwad ac â galw mawr amdanynt, bydd eu henillion yn uwch nag enillion rhywun sy'n dilyn gyrfa lle mae cyflenwad uchel a galw isel. Yn yr un modd mae unigolion yn berchen ar asedau: ceir, tai, tir ac yn y blaen. Bydd gwerth y rhain yn dibynnu ar gyflenwad a galw hefyd.

O ganlyniad i gyflenwad a galw bydd yr economi'n cynnwys pobl gyfoethog a phobl dlawd, h.y. bydd anghydraddoldeb.

Gellir mesur y graddau o anghydraddoldeb incwm gan y gromlin Lorenz a'r cyfernod Gini (gweler tud. 57).

Efallai y bydd pobl yn ystyried bod yr anghydraddoldeb hwn yn annheg (h.y. mae diffyg tegwch); dydy hyn ddim yn golygu ei fod o reidrwydd yn aneffeithlon. Gall dosraniad 'teg' (sy'n golygu penderfyniad normadol ynghylch beth sy'n deg) arwain at aneffeithlonrwydd, e.e. gall trethu enillwyr incwm uchel i wneud incwm yn fwy cydradd ddileu'r cymhelliad i gystadlu neu lwyddo.

- **Tegwch llorweddol:** mae hyn i'w gael pan fydd triniaeth unfath o bobl sydd yn yr un sefyllfa, e.e. dim gwahaniaethu yn erbyn pobl ar sail rhyw neu hil. Gellir mesur tegwch llorweddol drwy ystyried, er enghraifft, enillion merched o'u cymharu ag enillion dynion, neu enillion mewn un rhanbarth o'u cymharu ag enillion mewn rhanbarth arall.
- **Tegwch fertigol:** triniaeth wahanol o bobl sydd â nodweddion gwahanol er mwyn hybu mwy o degwch, e.e. ailddosrannu o'r cyfoethog i'r tlawd. Yn achos trethiant mae hyn yn golygu trethu'r cyfoethog fwy yn unol â'u henillion.

Tegwch yn erbyn effeithlonrwydd

Mae'r farchnad rydd yn arwain at ddosraniad anghydradd o incwm. Mae llywodraethau'n ymyrryd am fod y gymdeithas yn ystyried y dosraniad hwn yn annerbyniol. Fodd bynnag, er y gall cymorthdaliadau i'r tlawd a threthi uwch ar y cyfoethog gael eu hystyried yn gymdeithasol ddymunol, maen nhw'n ymyrryd â mecanwaith y farchnad ac felly yn creu aneffeithlonrwydd.

Ar y llaw arall, a derbyn bod aneffeithlonrwydd i'w gael eisoes yn y farchnad (e.e. monopolïau neu allanolderau), efallai y bydd ymyriad yn gwella effeithlonrwydd yn gyffredinol (un aneffeithlonrwydd yn gwrthio aneffeithlonrwydd arall – dyma Ddamcaniaeth yr Ail Orau).

Tlodi

- Tlodi absoliwt: mae i'w gael pan na all pobl dreulio digon o angenrheidiau i gynnal bywyd: e.e. mae pobl â diffyg maeth ac yn ddigartref. Mae tlodi absoliwt yn brin yn y DU.
- Tlodi cymharol: mae hyn yn golygu bod rhai pobl yn dlawd o'u cymharu ag eraill. Dydy hyn ddim o reidrwydd yn golygu eu bod yn dlawd yn nhermau absoliwt.

Dymunoldeb dosraniad incwm yn y DU

Gellir ystyried y dosraniad presennol o incwm yn annymunol oherwydd bod:

- tlodi absoliwt i'w gael; mae rhai pobl yn cysgu ar y strydoedd
- mae tlodi cymharol i'w gael; e.e. gellir ystyried bod y bwlch rhwng y cyfoethog a'r tlawd yn rhy fawr
- mae anghydraddoldeb llorweddol i'w gael; e.e. gwahaniaethau rhwng enillion dynion a merched

Y Llywodraeth ac ailddosrannu incwm

Mae'r Llywodraeth yn ailddosrannu incwm drwy'r canlynol:

- gwariant, e.e. ar fudd-daliadau nawdd cymdeithasol a phensiynau; ar ddarparu nwyddau a gwasanaethau, e.e. addysg, iechyd a thai
- trethiant, e.e. trethi incwm esgynradd
- deddfwriaeth, e.e. deddfwriaeth lleiafswm cyflog a deddfwriaeth cyflogau cyfartal
- hyfforddiant; gall hyn wella cyflogau yn y tymor hir.

Cyfrifydda incwm gwladol

Cyfrifo incwm gwladol

Tri dull o gyfrifo incwm gwladol:
- dull gwariant
- dull incwm
- dull cynnyrch

  Os cynhyrchwyd gwerth £100 o nwyddau (cynnyrch) mae hynny wedi creu £100 o incwm i'r gwahanol ffactorau cynhyrchu (incwm) a bydd yn arwain at £100 o wario (gwariant).

  Noder: os na fydd neb arall yn prynu'r nwyddau, bydd gan y cwmni stociau, ac rydym yn cyfrif y rhain fel petai'r cwmni ei hun wedi eu prynu. Felly

  CYNNYRCH = INCWM = GWARIANT

Mae'r **dull gwariant** yn adio gwariant yn yr economi.

	C	gwariant defnyddwyr
+	I	gwariant buddsoddiant gan gwmnïau; mae hyn yn cynnwys buddsoddiant bwriedig mewn cyfalaf a chynnydd anfwriedig mewn stoc (a restrir fel ffurfiant cyfalaf sefydlog crynswth a gwerth cynnydd ffisegol mewn stoc)
+	G	gwariant y Llywodraeth (sydd fel arfer yn cael ei restru fel treuliant cyffredinol y Llywodraeth)
+	X	gwariant ar allforion
–	M	gwariant ar fewnforion

Rhaid didynnu gwariant ar fewnforion gan ei fod yn wariant ar nwyddau a gwasanaethau o'r tu allan i'r DU, h.y. mae'r gwariant hwn yn gadael yr economi.

Mae adio C + I + G + X – M yn rhoi'r Cynnyrch Mewnol Crynswth (CMC) yn ôl prisiau'r farchnad.

Mae'r dull incwm yn golygu adio:

cyflogau
- \+ incwm o hunangyflogaeth
- \+ elw masnachu
- \+ rhent (sy'n cynnwys 'rhent priodoledig' (*imputed*), e.e. caiff gwerth rhent tai perchenogion preswyl ei amcangyfrif a'i gynnwys)
- \+ llog
- = cyfanswm incwm mewnol – arbrisiant stoc (os bydd gwerth stociau yn cynyddu dros y flwyddyn bydd hynny'n gor-ddweud eu gwerth)
- = CMC

Noder: ni ddylid cynnwys taliadau trosglwyddo; taliadau yw'r rhain lle na chynhyrchir nwydd neu wasanaeth yn cyfateb iddyn nhw, e.e. taliadau nawdd cymdeithasol.

Y dull gwariant: prisiau'r farchnad i gost ffactor

Os caiff gwariant grwpiau gwahanol yn yr economi ei adio, bydd hyn yn dangos y gwariant yn ôl prisiau cyfredol neu brisiau'r farchnad. Dydy hyn ddim yn adlewyrchu'r incwm a enillir gan y ffactorau cynhyrchu oherwydd bod:
- pris y farchnad yn rhy uchel oherwydd trethi anuniongyrchol
- pris y farchnad yn rhy isel oherwydd cymorthdaliadau

Pris y farchnad – trethi anuniongyrchol + cymorthdaliadau = cost ffactor

Y dull cynnyrch

i) Mae'n adio gwerth ychwanegol cynnyrch pob cwmni (h.y. gwerth y cynnyrch minws gwerth y mewngyrch); mae hyn yn osgoi amlgyfrif (*double-counting*), e.e cyfrif gwerth y dur a gwerth y car sydd hefyd yn cynnwys gwerth y dur.

<u>Neu</u>

ii) Mae'n adio cynnyrch y nwyddau a'r gwasanaethau <u>terfynol</u>.

Mesurau o incwm gwirioneddol

Cynnyrch Mewnol Crynswth (CMC) – yn dangos gwerth y nwyddau a'r gwasanaethau terfynol a gynhyrchwyd gan ffactorau cynhyrchu mewn gwlad.

Cynnyrch Gwladol Crynswth (CGC) – yn dangos gwerth y nwyddau a'r gwasanaethau terfynol a gynhyrchwyd gan ffactorau cynhyrchu sydd dan berchenogaeth dinasyddion gwlad, ble bynnag yn y byd y cafodd ei ennill.
CGC = CMC plws incwm eiddo net o dramor

Cynnyrch Gwladol Crynswth i Gynnyrch Gwladol Net (CGN)
O'r incwm a enillir yn yr economi caiff rhywfaint ei wario ar amnewid cyfarpar sydd wedi dibrisio. I fesur yr incwm ychwanegol (neu newydd neu net) a enillwyd, rydym yn didynnu'r swm a wariwyd ar amnewid eitemau.
Cynnyrch Gwladol Crynswth – Dibrisiant (*a elwir hefyd yn 'dreuliant cyfalaf'*) = Cynnyrch Gwladol Net (CGN) (*a elwir hefyd yn 'incwm net'*)

Dadchwyddydd CMC

Cyfrifir incwm gwladol real drwy gymhwyso ffigurau incwm gwladol ar gyfer chwyddiant. Ni ddefnyddir yr Indecs Prisiau Adwerthu gan ei fod yn ystyried prisiau defnyddwyr yn unig; defnyddir mesur mwy cymhleth o chwyddiant, a elwir yn ddadchwyddydd CGC.

Crynodeb

CMC yn ôl prisiau'r farchnad + incwm eiddo net o dramor	=	CGC yn ôl prisiau'r farchnad
CGC yn ôl prisiau'r farchnad – trethi anuniongyrchol + cymorthdaliadau	=	CGC yn ôl cost ffactor
CGC yn ôl cost ffactor – dibrisiant	=	CGN

Cyfrifydda incwm gwladol (parhad)

Problemau yn cymharu ffigurau incwm gwladol, rhwng gwledydd

- rhaid trawsnewid ffigurau incwm pob gwlad i fod mewn arian cyfred cyffredin. Gall fod yn anodd penderfynu pa werth i'w ddefnyddio, gan fod gwerth y gyfradd gyfnewid yn newid yn aml
- mae technegau cyfrifydda yn amrywio rhwng gwledydd, sy'n gallu newid y ffyrdd y cyfrifir incwm
- mae'n bwysig ystyried lefel prisiau yn ogystal â ffigur incwm enwol – gall gwlad fod ag incwm cyfartalog llai ond hefyd prisiau is
- dylech ystyried ffactorau fel hinsawdd – efallai bod un wlad yn gorfod cynhyrchu gwres, efallai bod un arall yn ei gael am ddim
- gall cyfansoddiad cynnyrch amrywio gryn dipyn – gall un wlad fod yn gwario ar amddiffyn, gall gwlad arall fod yn cynhyrchu nwyddau traul
- mae dosraniad incwm yn debygol o amrywio
- mae rhai econoïau â llawer mwy o ffeirio (*barter*) a mwy o economi du (anghyfreithlon) na'i gilydd

Safon byw

Yn aml defnyddir CMC real y pen i'w fesur.

$$\text{CMC real y pen} = \frac{\text{CMC real (sef CMC wedi'i gymhwyso ar gyfer chwyddiant)}}{\text{poblogaeth}}$$

Ond

- mae hyn yn anwybyddu gwerth nwyddau a gwasanaethau na chânt eu masnachu, e.e. nwyddau a gyfnewidir mewn economi ffeirio; gwaith tŷ; yr economi du (gwaith na chaiff ei ddatgelu i'r Llywodraeth); eich gwaith eich hun (*DIY*).
- mae'n anwybyddu dosraniad incwm – er y gallai CMC real cyfartalog y pen fod yn eithaf uchel, gallai fod ychydig o bobl cyfoethog iawn a llawer o bobl tlawd
- nid yw'r ystyried yr hyn a gynhyrchir – gallai un economi fod yn cynhyrchu nwyddau cyfalaf, sy'n golygu llai o dreuliant nawr ond a ddylai arwain at fwy o dwf yn y dyfodol; gallai economi arall fod yn cynhyrchu nwyddau traul sy'n golygu lefelau uchel o dreuliant heddiw ond llai yn y dyfodol.
- mae yna broblemau yn cymharu dros amser, e.e. mae pris DVDau a chyfrifiaduron personol wedi bod yn gostwng dros y blynyddoedd. Gallai hyn ostwng gwerth incwm gwladol, er bod ansawdd y nwyddau a nifer y nodweddion wedi gwella.
- mae 'drygnwyddau' (*bads*) economaidd yn gallu cynyddu'r ffigurau er bod 'ansawdd bywyd' wedi gostwng, e.e. mae tagfeydd trafnidiaeth yn achosi mwy o dreulio petrol ac yn cynyddu cynnyrch ac incwm y wlad ond maen nhw'n gwneud pobl yn waeth eu byd.
- problemau prisio, e.e. nid oes pris y farchnad gan gynnyrch fel amddiffyn neu'r gwasanaeth iechyd; tybir mai gwerth y gwasanaethau hyn yw cost eu darparu, ond gallai hynny eu gorbrisio neu eu tanbrisio.
- ansawdd bywyd – os gwnawn ni gael gwyliau hirach neu weithio llai o oriau, efallai y bydd cynnyrch ac incwm yn gostwng ond rydyn ni'n mwynhau bywyd yn fwy; yn yr un modd, gallai cyfyngiadau llymach ar lygredd ostwng cynnyrch ond cynyddu ansawdd ein bywydau.

Mae **paradocs Easterlin** yn awgrymu nad ydy cynnydd mewn CMC yn cynyddu hapusrwydd. Mae'n ymddangos nad ydy cael mwy o incwm i brynu mwy o gynhyrchion yn 'prynu' hapusrwydd. Mae'n ymddangos bod hapusrwydd yn dibynnu ar lawer o ffactorau gwahanol fel ansawdd ein perthnasoedd, ein profiad o waith, ymddiriedaeth yn y Llywodraeth ac incwm cymharol (e.e. incwm o'i gymharu â gwledydd eraill yn hytrach nag incwm absoliwt).

Dangosyddion eraill o safon byw

Ag ystyried problemau defnyddio ffigurau incwm gwladol i gymharu safonau byw rhwng gwledydd neu dros amser, mae rhai sylwebwyr yn defnyddio dangosyddion eraill fel:

- nifer y meddygon am bob 1000 o'r boblogaeth
- llythrennedd oedolion
- disgwyliad oes.

Lles Economaidd Net (Tobin a Nordhaus)

Mae hwn yn fesur o les economaidd; mae'n cymhwyso CGC drwy ddidynnu 'drygnwyddau' economaidd (e.e. llygredd) ac adio gwerth gweithgareddau na chânt eu marchnata (fel ffeirio) a gwerth hamdden.

Yn yr un modd mae **Indecs Lles Economaidd Cynaliadwy** *(Index of Sustainable Economic Welfare)* yn ystyried nid yn unig lefelau incwm ond hefyd ffactorau fel dosraniad incwm a chost sy'n gysylltiedig â llygredd a chostau eraill sy'n economaidd anghynaliadwy. Mae'n defnyddio'r fformiwla hon:

Indecs Lles Economaidd Cynaliadwy (*ISEW*) = treuliant personol
+ gwariant cyhoeddus nad yw'n amddiffynnol
− gwariant preifat amddiffynnol
+ ffurfiant cyfalaf
+ gwasanaethau o lafur domestig
− costau diraddiad amgylcheddol
− dibrisiant cyfalaf naturiol

Cromlin Lorenz

Mae hon yn darlunio'r dosraniad incwm mewn economi, e.e. yn y diagram mae gan 30% o'r cartrefi yn yr economi 15% yn unig o'r incwm.

Mae'r **cyfernod Gini** yn mesur cydraddoldeb incwm drwy fesur y rhanbarth rhwng llinell cydraddoldeb absoliwt a llinell dosraniad gwrioneddol incwm (gweler y rhanbarth sydd wedi'i dywyllu). Po fwyaf yw'r rhanbarth hwn, mwyaf anghydradd yw'r dosraniad.

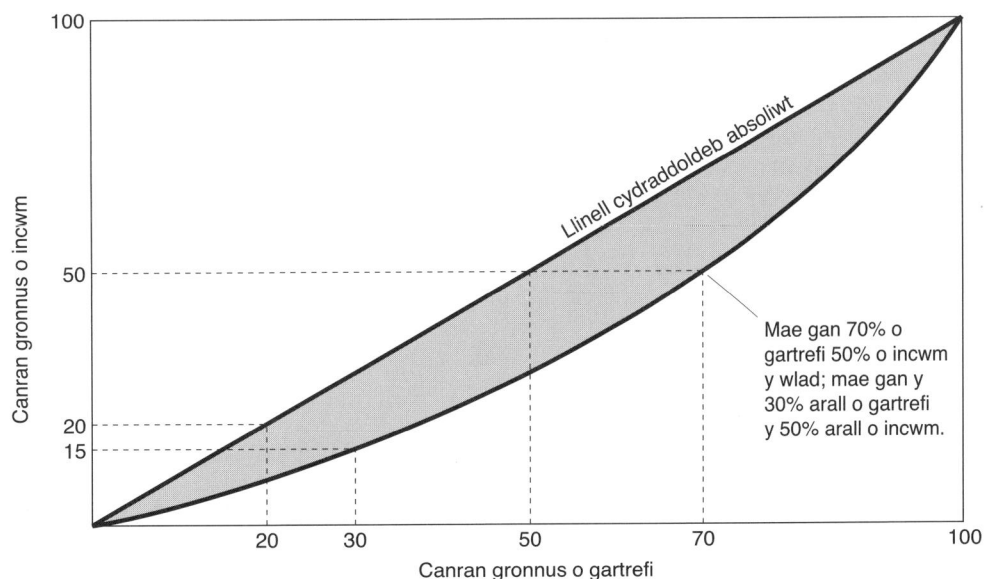

Llinell cydraddoldeb absoliwt

Mae gan 70% o gartrefi 50% o incwm y wlad; mae gan y 30% arall o gartrefi y 50% arall o incwm.

Canran gronnus o incwm

Canran gronnus o gartrefi

Galw cyfanredol, chwistrelliadau a gollyngiadau

Galw cyfanredol yw cyfanswm y gwariant bwriedig ar nwyddau a gwasanaethau terfynol mewn economi.

Mae'n cynnwys:

 C gwariant traul gan gartrefi
 + I gwariant buddsoddiant gan gwmnïau
 + G gwariant gan y Llywodraeth
 + X gwariant ar allforion gan wledydd tramor
 − M gwariant ar fewnforion o nwyddau a gwasanaethau o wledydd erail

Noder: rhaid didynnu gwariant ar fewnforion gan fod peth o'r gwariant yn C + I + G ar nwyddau a gwasanaethau o wledydd tramor ac felly nid yw'n aros yn yr economi.

Bydd galw cyfanredol yn cynyddu os bydd:

- cynnydd mewn treuliant (e.e. oherwydd treth incwm is)
- cynnydd mewn buddsoddiant (e.e. oherwydd cyfraddau llog is)
- cynnydd yng ngwariant y Llywodraeth (e.e. oherwydd diffyg cyllidol)
- cynnydd mewn allforion (e.e. oherwydd cyfradd gyfnewid is)
- gostyngiad mewn mewnforion (e.e. oherwydd cwotâu)

Mae **chwistrelliadau (J)** yn cynrychioli gwariant ar nwyddau a gwasanaethau terfynol yn ychwanegol at wariant traul. Mae chwistrelliadau'n cynyddu'r galw cyfanredol.
Mae chwistrelliadau bwriedig yn cynrychioli gwariant yn ychwanegol at wariant y cartrefi yn yr economi, e.e.gwariant gan grwpiau eraill fel y Llywodraeth, cwmnïau a phrynwyr tramor, h.y. chwistrelliadau = buddsoddiant + gwariant y Llywodraeth + allforion

$$J = I + G + X$$

Mae **gollyngiadau (W)** yn cynrychioli gollyngiad o'r economi. Maen nhw'n cynrychioli incwm sy'n cael ei ennill gan gartrefi ond nad yw'n cael ei wario ar nwyddau a gwasanaethau terfynol. Mae gollyngiadau'n gostwng y galw cyfanredol.
Mae gollyngiadau bwriedig yn cynrychioli incwm mae'r cartrefi wedi ei ennill nad ydynt eisiau ei wario yn yr economi. Gallai hyn fod oherwydd eu bod nhw eisiau ei gynilo (S), oherwydd eu bod yn gorfod ei dalu mewn treth (T) neu oherwydd eu bod nhw eisiau ei wario dramor (ar fewnforion, M),
h.y. $$W = S + T + M$$

Llif cylchol syml

Dychmygwch mai £100 yw'r incwm yn yr economi. Mae hyn yn golygu bod £100 o gynnyrch yn cael ei gynhyrchu ac mewn model cylchol syml prynir hyn i gyd gan gartrefi sy'n ennill £100 ac yn gwario £100.

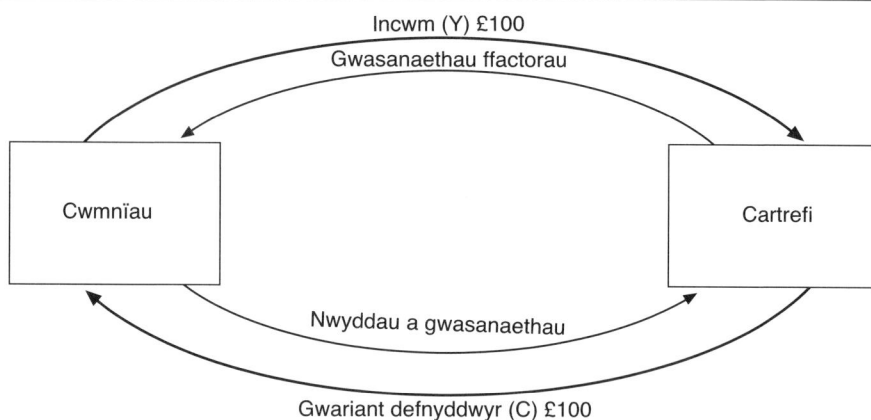

Ychwanegu chwistrelliadau a gollyngiadau at y llif cylchol

Mewn gwirionedd, efallai na fydd cartrefi eisiau gwario'r £100 i gyd yn yr economi; efallai eu bod nhw eisiau tynnu £40 allan a gwario £60 yn unig. Yn yr achos hwn mae lefel y galw yn yr economi yn rhy isel; cynhyrchir £100 ond mae galw am £60 yn unig. Bydd cydbwysedd yn dychwelyd os bydd y grwpiau eraill (cwmnïau, Llywodraeth a phrynwyr tramor) eisiau prynu'r £40 o gynnyrch nad yw'r cartrefi ei eisiau, h.y. os bydd y chwistrelliadau bwriedig = gollyngiadau bwriedig, bydd cydbwysedd.

Os bydd y grwpiau eraill eisiau prynu £30 yn unig o nwyddau, bydd £10 yn weddill. Mae'r galw cyfanredol yn rhy isel. Oherwydd nad ydy'r chwistrelliadau bwriedig yn gwneud iawn am y gollyngiadau bwriedig, mae'r galw'n rhy isel, h.y. **os ydy'r chwistrelliadau bwriedig yn llai na'r gollyngiadau bwriedig, mae'r galw cyfanredol yn rhy isel**. Pe bai'r grwpiau eraill wedi dymuno prynu £50, byddai'r galw wedi bod yn rhy uchel oherwydd dim ond £40 o nwyddau oedd yn weddill, h.y. **os ydy'r chwistrelliadau bwriedig yn fwy na'r gollyngiadau bwriedig, mae'r galw cyfanredol yn rhy uchel**.

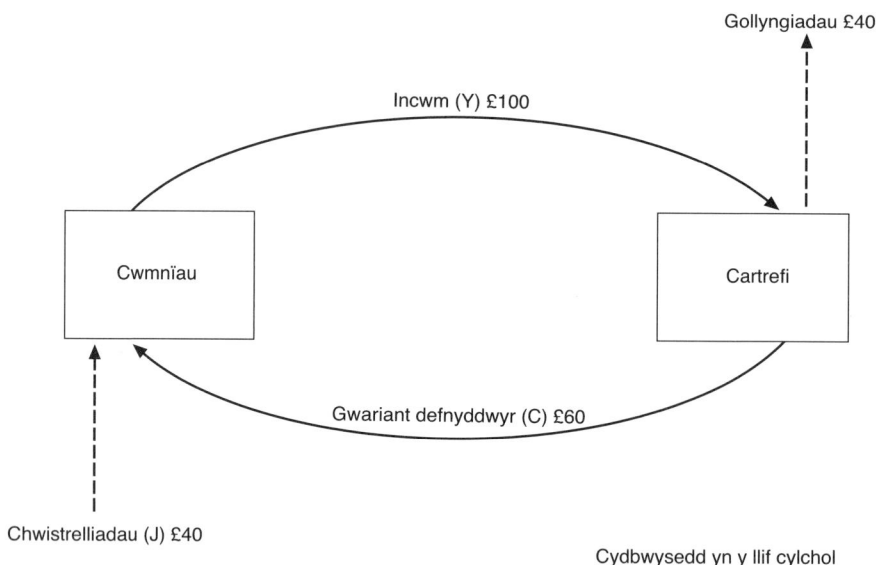

Galw cyfanredol, chwistrelliadau a gollyngiadau (parhad)

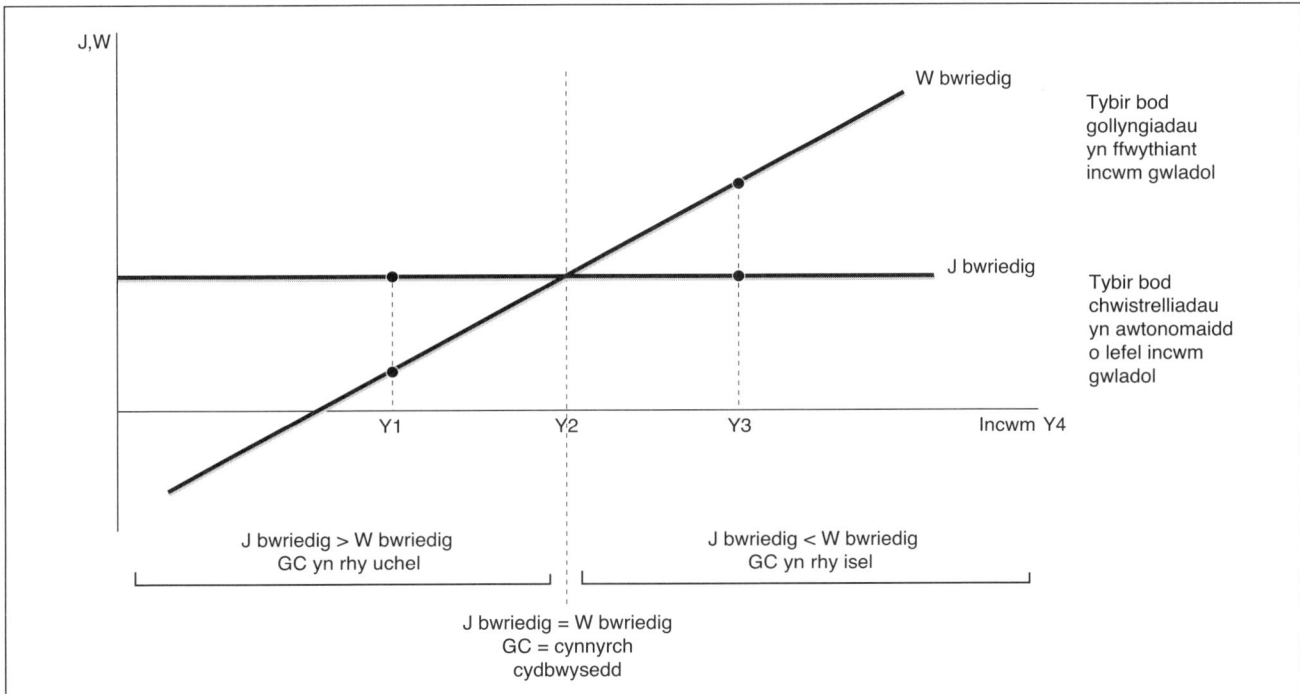

W bwriedig

Tybir bod gollyngiadau yn ffwythiant incwm gwladol

J bwriedig

Tybir bod chwistrelliadau yn awtonomaidd o lefel incwm gwladol

Incwm Y4

Y1 Y2 Y3

J bwriedig > W bwriedig
GC yn rhy uchel

J bwriedig < W bwriedig
GC yn rhy isel

J bwriedig = W bwriedig
GC = cynnyrch
cydbwysedd

Mathau o economi

- Dau sector: cartrefi a chwmnïau
- Tri sector: cartrefi, cwmnïau a Llywodraeth
- Pedwar sector: cartrefi, cwmnïau, Llywodraeth a masnach
- Economi agored: â masnach
- Economi caeedig: dim masnach

Paradocs darbodaeth *(thrift)*

Os bydd cartrefi'n ceisio cynilo mwy o'u hincwm, efallai y byddan nhw yn y diwedd yn cynilo'r union un swm o arian ag o'r blaen! Dyma'r rheswm: os byddan nhw'n cynilo mwy o'u harian, bydd hynny'n gostwng lefel y galw yn yr economi, fydd yn arwain at luosydd tuag i lawr a gostyngiad yn lefel incwm. Efallai y byddan nhw'n cynilo *cyfran* uwch o'u hincwm, ond gan fod incwm wedi gostwng bydd cyfanswm cynilion mewn economi dau sector yr un cyfanswm ag o'r blaen (oherwydd ar gyfer cydbwysedd, rhaid i gynilion bwriedig fod yn hafal i fuddsoddiant bwriedig, sydd heb newid).

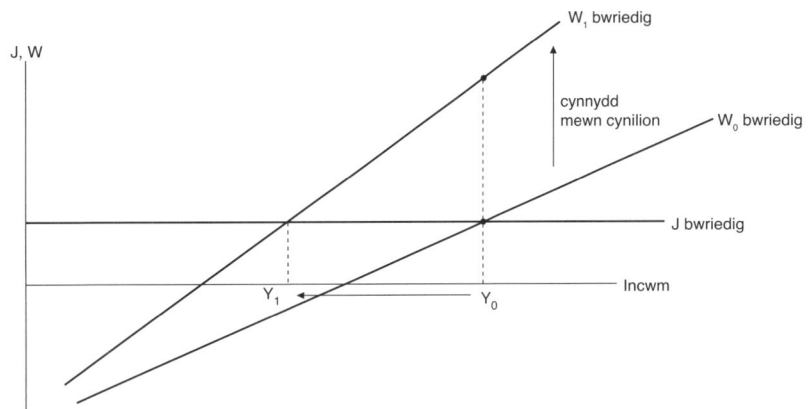

W₁ bwriedig — W_1 bwriedig

cynnydd mewn cynilion

W₀ bwriedig — W_0 bwriedig

J bwriedig

Incwm

Y_1 Y_0

Mae'r economi mewn cydbwysedd yn Y_0. Mae cartrefi'n cynilo mwy, gan gynyddu gollyngiadau bwriedig. Mae'r galw cyfanredol yn gostwng ac mae cynnyrch ac incwm yr economi yn gostwng i gydbwysedd newydd yn Y_1. Mae W bwriedig yn hafal i J bwriedig; mae cartrefi'n cynilo mwy o incwm is.

Bydd cynnydd mewn

CHWISTRELLIADAU

e.e. mwy o allforion
mwy o wariant llywodraeth
mwy o fuddsoddiant

YN CYNYDDU

Galw Cyfanredol

Bydd cynnydd mewn

GOLLYNGIADAU

e.e. mwy o gynilion
mwy o wariant ar fewnforion
trethi uwch

YN GOSTWNG

Galw Cyfanredol

Treuliant

Treuliant
Lefel treuliant yn yr economi yw lefel fwriedig y gwariant ar nwyddau a gwasanaethau terfynol gan gartrefi. Mae'n un o brif elfennau galw cyfanredol.

Ffwythiant treuliant Keynes
Yn ôl Keynes, mae lefel incwm gwladol yn benderfynydd pwysig o wariant defnyddwyr.

$C = a + bY$

lle mae C = lefel treuliant

> *a = gwariant awtonomaidd. Mae hyn yn cynrychioli gwariant y byddai'r cartref yn ei wneud hyd yn oed pe bai incwm yn sero.*
> *b = y tueddfryd ffiniol i dreulio. Dyma'r gwariant ychwanegol allan o bob punt ychwanegol ac fe'i rhoddir gan y fformiwla:* $\dfrac{\text{newid mewn treuliant}}{\text{newid mewn incwm}} = \dfrac{\Delta C}{\Delta Y}$
>
> *Y = incwm cyfredol*

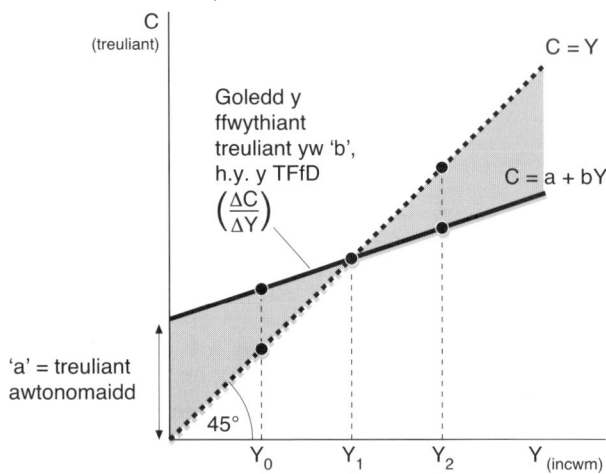

Goledd y ffwythiant treuliant yw 'b', h.y. y TFfD $\left(\dfrac{\Delta C}{\Delta Y}\right)$

$C = Y$

$C = a + bY$

'a' = treuliant awtonomaidd

$45°$

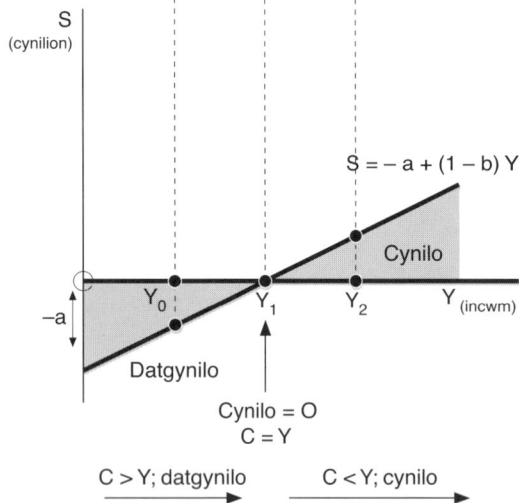

$S = -a + (1 - b)Y$

Cynilo

Datgynilo

Cynilo = O
C = Y

C > Y; datgynilo   C < Y; cynilo

Ar lefel incwm Y_0, mae lefel treuliant yn fwy na lefel incwm; mae defnyddwyr yn gwario mwy nag a enillir ganddyn nhw; mae hyn yn golygu eu bod yn datgynilo.

Ar lefel incwm Y_1, mae lefel treuliant = lefel incwm; mae defnyddwyr yn gwario'r cyfan o'r hyn maen nhw'n ei ennill; does dim cynilion.

Ar lefel incwm Y_2, mae lefel treuliant yn llai na lefel incwm; mae defnyddwyr yn cynilo.

Mae maint y tueddfryd ffiniol i dreulio yn dibynnu ar y canlynol:
- lefel incwm defnyddiwr – fel arfer tybiwn fod y TFfD yn gyson, h.y. mae'r defnyddiwr yn treulio'r un swm allan o bob punt; felly mae'r ffwythiant treuliant yn llinell syth. Mewn gwirionedd, wrth i ddefnyddwyr ennill mwy maen nhw'n debygol o gynilo mwy allan o bob punt ychwanegol a gwario llai.

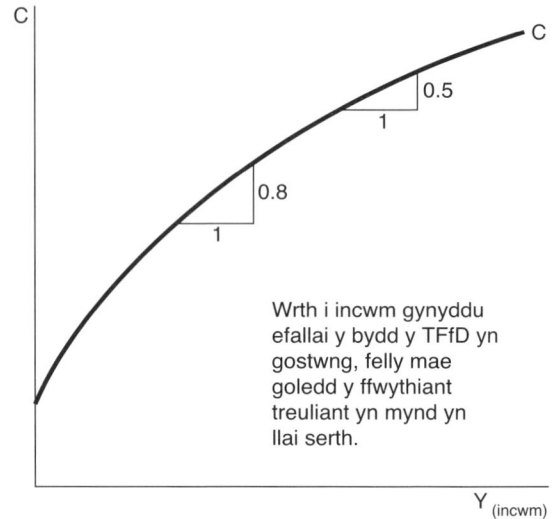

Wrth i incwm gynyddu efallai y bydd y TFfD yn gostwng, felly mae goledd y ffwythiant treuliant yn mynd yn llai serth.

- cyfraddau llog – gall cyfraddau llog uwch gynyddu'r swm a gynilir allan o bob punt ychwanegol a gostwng y TFfD.
- gallai disgwyliadau o brisiau uwch yn y dyfodol gynyddu'r TFfD *nawr*.
- trethi – gyda chyfraddau uwch o drethi, bydd llai yn cael ei wario allan o bob punt.

Cynilion
Mae cynilion yn gysylltiedig â threuliant. Os byddwn ni'n gwario mwy o'n hincwm, byddwn ni'n cynilo llai. Bydd lefelau cynilo yn dibynnu ar y canlynol:
- cyfraddau llog – os ydy cyfraddau llog yn cynyddu, mae mwy o gymhelliad i gynilo.
- lefelau incwm – mae grwpiau incwm uwch yn fwy tebygol o gynilo allan o bob punt ychwanegol (mae eu tueddfryd ffiniol i gynilo yn uwch).
- chwyddiant – gyda chwyddiant, efallai y bydd gallu prynu cynilion pobl yn gostwng. I gynnal yr un lefel real o gynilion efallai y bydd yn rhaid iddyn nhw gynilo mwy.
- disgwyliadau – os ydy pobl yn pryderu ynghylch cyflwr yr economi yn y dyfodol ac ynghylch a fydd ganddyn nhw swydd, efallai y gwnân nhw gynilo mwy.

Cynilion dewisol a chontractiol
- Yn achos cynilion contractiol, mae unigolyn yn cytuno i gynilo swm penodol bob mis, e.e. fel rhan o gynllun pensiwn.
- Yn achos cynilo dewisol efallai y bydd unigolyn yn cynilo neu efallai na fydd; nid yw dan orfodaeth gontractiol i gynilo – ond efallai y bydd yn penderfynu o'i wirfodd i gynilo arian.

Treuliant (parhad)

Y tueddfryd cyfartalog i dreulio

Mae'r tueddfryd cyfartalog i dreulio yn dangos y swm a dreulir ar gyfartaledd allan o bob punt a enillir.

$$TCD = \frac{C}{Y}$$

Mewn diagram dangosir y TCD gan raddiant pelydrau o'r tarddiad i bob pwynt ar y ffwythiant treuliant. Mae'r TCD yn gostwng gyda lefelau uwch o incwm. Dyma'r rheswm: pan fydd incwm yn isel bydd lefel treuliant yn gymharol uchel oherwydd yr elfen awtonomaidd o dreuliant, ond wrth i lefelau incwm gynyddu, daw'r lefel awtonomaidd o dreuliant yn llai pwysig.

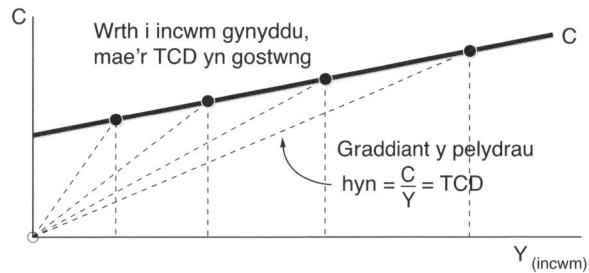

Wrth i incwm gynyddu, mae'r TCD yn gostwng

Graddiant y pelydrau

$$hyn = \frac{C}{Y} = TCD$$

Incwm (Y) (£)	Treuliant (C), tybio bod C = 10 + 0.8Y (£)	Tueddfryd cyfartalog i dreulio (TCD)
0	10	anfeidraidd
10	18	1.8
20	26	1.3
30	34	1.13
50	50	1
100	90	0.9
500	410	0.82
1000	810	0.81

Os nad oes elfen awtonomaidd o dreuliant, mae'r TCD = TFfD.

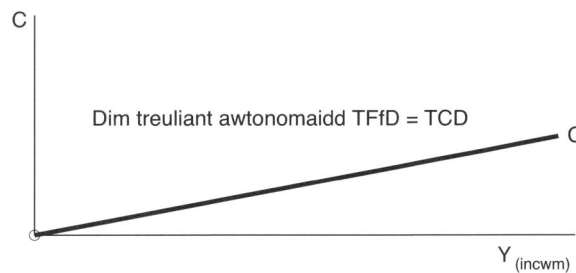

Dim treuliant awtonomaidd TFfD = TCD

- Incwm cymharol. Effeithir ar wariant defnyddiwr gan yr hyn mae pobl eraill yn ei ennill ac yn ei wario, a'r hyn mae'r defnyddiwr ei hun wedi bod yn ei wario yn y gorffennol. Dychmygwch fod cartref yn ennill £20,000 ac yn gwario £18,000 y flwyddyn. Yna mae'r cartref yn cael codiad cyflog ac yn ennill £30,000 ac yn gwario £25,000. Os, ar ôl sawl mis, bydd incwm y cartref hwnnw yn gostwng yn ôl i £20,000, NI fydd ei dreuliant yn gostwng yn ôl i £18,000 yn y tymor byr. Y rheswm yw bod y cartref wedi dod yn gyfarwydd â'r lefelau uwch o wario ac mae'n debyg y bydd llawer o'u ffrindiau yn dal i wario ar y lefel honno.

- Disgwyliadau. Mae gwariant defnyddwyr yn dibynnu ar yr hyn maen nhw'n ei gredu y byddan nhw'n ei ennill yn y dyfodol. Os ydyn nhw'n credu bod eu hincwm yn debygol o godi, maen nhw'n debygol o gynyddu eu treuliant nawr, hyd yn oed os nad ydy eu hincwm wedi codi eto. Os ydy defnyddwyr yn disgwyl i brisiau godi byddan nhw'n prynu nwyddau nawr yn hytrach nag aros.

- Cyfraddau llog a chredyd. Os ydy cyfraddau llog yn isel, mae llai o gymhelliad i gynilo ac felly mae defnyddwyr yn fwy tebygol o wario. Os ydy credyd ar gael yn hawdd, efallai y bydd benthyca a gwario yn cynyddu.

Ffactorau eraill sy'n dylanwadu ar dreuliant ar wahân i incwm

- Cyfoeth. Os bydd cyfoeth defnyddwyr yn cynyddu, efallai y bydd gwariant yn uchel hyd yn oed os ydy incwm yn isel. Yn yr 1980au, er enghraifft, roedd y cynnydd ym mhrisiau tai wedi gwneud llawer o gartrefi'n fwy cyfoethog ac yn fwy hyderus ynghylch gwario.

- Dosraniad incwm. Os caiff incwm ei ailddosrannu a'i gymryd o grwpiau incwm uchel a'i roi i grwpiau incwm isel, mae treuliant yn debygol o gynyddu. Y rheswm yw bod grwpiau incwm isel yn tueddu i wario mwy allan o bob punt.

Treuliant (parhad)

Damcaniaethau eraill o dreuliant

Rhagdybiaeth incwm parhaol (Friedman) Mae cartrefi'n amcangyfrif eu henillion disgwyliedig yn y dyfodol ac yn rhannu'r rhain dros y cyfnodau amser sy'n weddill i gyfrifo eu hincwm parhaol. Yna bydd defnyddwyr yn treulio cyfran o'u hincwm parhaol yn hytrach na'u hincwm cyfredol. Ar unrhyw adeg gall defnyddiwr fod yn ennill mwy neu lai na'i incwm parhaol oherwydd enillion neu golledion annisgwyl (a elwir yn incwm dros dro (*transitory*) positif neu negatif). Dychmygwch eich bod yn cael bonws unigryw o £1000 – mae hyn yn incwm dros dro. Oherwydd eich bod yn gwybod ei fod yn unigryw, ni fydd yn cael fawr ddim effaith ar eich enillion cyffredinol drwy gydol eich oes ac felly eich incwm parhaol, ac felly mae treuliant yn annhebygol o newid lawer. Fodd bynnag, pe byddech chi'n gwybod eich bod chi'n mynd i etifeddu swm sylweddol o arian yn y dyfodol, gallech chi gymryd hyn i ystyriaeth a chynyddu eich amcangyfrif o'ch incwm parhaol. Byddai hyn yn cynyddu treuliant nawr, er nad ydy incwm cyfredol wedi cynyddu.

Rhagdybiaeth cylchred oes (Modigliani)

Mae cartrefi'n cynllunio eu gwariant dros eu rhychwant oes ac yn amcanu at gael treuliant gweddol gyson. Yn eich blynyddoedd cynnar, er enghraifft, byddwch yn datgynilo oherwydd bod gennych incwm cyfredol isel, yn ystod canol eich oes byddwch chi'n cynilo, ac yn ystod cyfnod eich ymddeoliad byddwch chi'n datgynilo. Mae treuliant yn gysylltiedig â'ch cyfnod yn y gylchred oes, nid yn unig ar incwm cyfredol.

Mae incwm gwario gwirioneddol yn codi dros oes unigolyn hyd at ymddeoliad, yna mae'n gostwng i lefel pensiwn. Mae treuliant yn cael ei ledu'n gyfartal dros oes unigolyn.

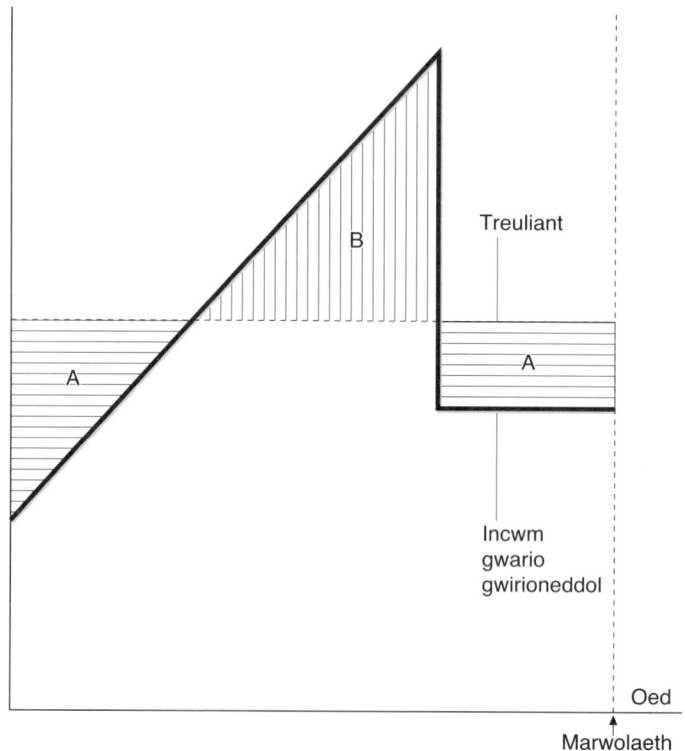

Rhanbarth B yw'r swm mae'n rhaid i'r unigolyn ei gynilo i ad-dalu (gyda llog) y benthyca yn y blynyddoedd cynnar a'r blynyddoedd diweddar (y ddau ranbarth A)

Crynodeb o ffactorau sy'n dylanwadu ar dreuliant

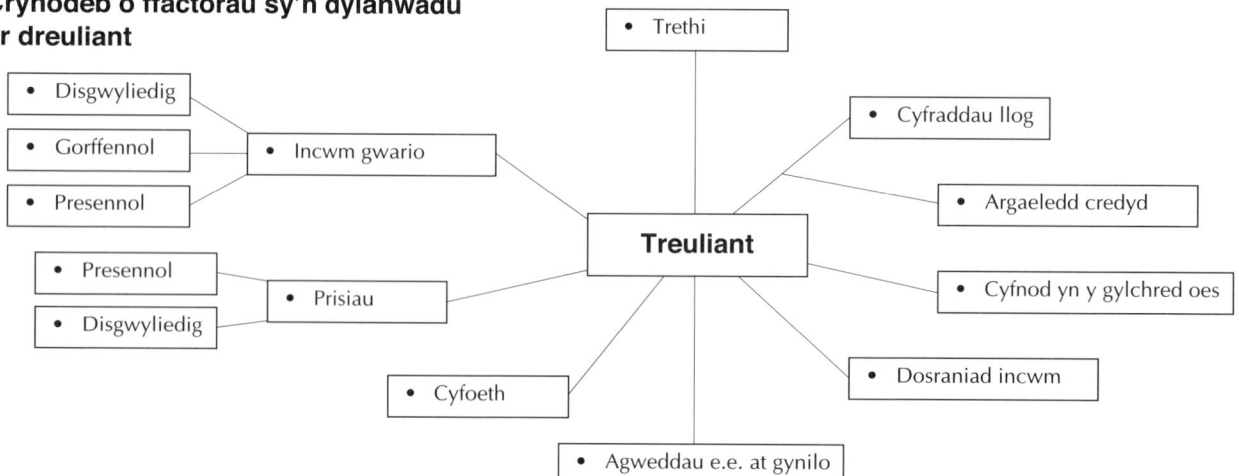

Buddsoddiant

Mae **buddsoddiant** yn cyfeirio at wariant gan gwmnïau. Mae dwy elfen iddo:
- prynu cyfalaf newydd, fel cyfarpar a ffatrïoedd
- cynnydd yn lefelau stoc

Buddsoddiant crynswth a net

Buddsoddiant crynswth yw'r lefel gyfan o fuddsoddiant
Buddsoddiant net yw'r cynnydd yn y stoc cyfalaf – mae rhywfaint o fuddsoddiant yn cymryd lle cyfalaf sydd wedi treulio (h.y. dibrisiant)
Buddsoddiant net = Buddsoddiant crynswth – dibrisiant

Bwriedig yn erbyn gwirioneddol

Buddsoddiant bwriedig yw lefel y buddsoddiant mae cwmnïau'n bwriadu ei wneud ar ddechrau'r cyfnod. Buddsoddiant gwirioneddol yw'r lefel sydd wedi digwydd ar ddiwedd y cyfnod. Os na fydd cwmnïau'n gwerthu cymaint ag maen nhw eisiau ei werthu, bydd ganddyn nhw stociau nad oedden nhw wedi bwriadu eu cael, h.y. bydd buddsoddiant gwirioneddol yn fwy na buddsoddiant bwriedig.

Buddsoddiant awtonomaidd a dibynnol
- Mae buddsoddiant awtonomaidd heb gysylltiad â lefel incwm gwladol
- Buddsoddiant dibynnol (*induced*) yw buddsoddiant sy'n gysylltiedig â newidiadau yn lefel incwm gwladol (gweler y cyflymydd)

Buddsoddiant real yn erbyn buddsoddiant arian
- Buddsoddiant 'real' yw buddsoddiant mewn nwyddau cyfalaf, e.e. ffatrïoedd, cyfarpar, peiriannau
- Buddsoddiant arian yw buddsoddiant (cynilion) mewn 'papur', e.e. cyfranddaliadau, bondiau

Mae **lefel buddsoddiant** yn dibynnu ar y canlynol:
a) argaeledd cyllid
b) cyfraddau llog
c) y cyfraddau adennill a ddisgwylir o'r buddsoddiant

Mae'r adenillion disgwyliedig o fuddsoddiant yn dibynnu ar y canlynol, er enghraifft:
- cost gychwynnol nwyddau cyfalaf
- costau disgwyliedig
- derbyniadau disgwyliedig
- cynhyrchedd disgwyliedig

Os ydy'r gyfradd adennill ddisgwyliedig yn fwy na chost benthyca (h.y. cyfraddau llog), bydd y cwmni'n buddsoddi. Os ydy'r gyfradd adennill ddisgwyliedig yn llai na chost benthyca, ni fydd y cwmni'n buddsoddi.

Mae **effeithlonrwydd ffiniol cyfalaf (EFfC)** yn dangos y gyfradd adennill ar bob uned ychwanegol o gyfalaf.
(Noder: yn dechnegol mae effeithlonrwydd ffiniol cyfalaf yn dangos y gyfradd disgowntio sy'n hafalu gwerth presennol llif o fewnlifoedd disgwyliedig â'i gost gychwynnol)

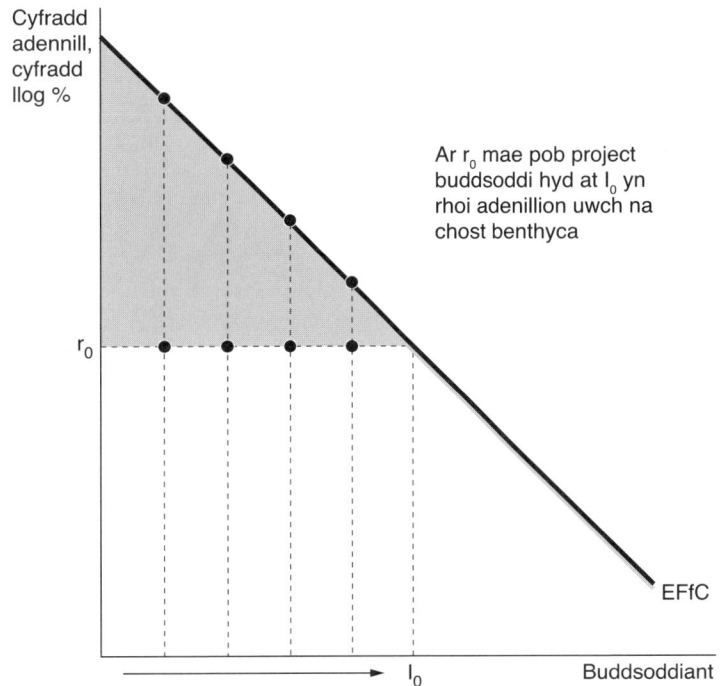

Ar r_0 mae pob project buddsoddi hyd at I_0 yn rhoi adenillion uwch na chost benthyca

Symudiadau rhestr buddsoddiant

Mae **disgwyliadau** yn elfen allweddol o fuddsoddiant. Mae cwmnïau'n amcangyfrif costau a buddion yn y dyfodol i bennu'r gyfradd adennill ddisgwyliedig.

Os bydd disgwyliadau'n fwy cadarnhaol, e.e. mae'r cwmni'n fwy hyderus ynghylch cyflwr yr economi a lefel y galw am ei gynnyrch, bydd disgwyl i bob project gael cyfradd adennill uwch; bydd y rhestr (*schedule*) EFfC yn symud allan

Hefyd gall rhestr buddsoddiant symud oherwydd
- newid mewn technoleg – gall hyn gynyddu cynhyrchedd a gwneud y projectau'n fwy proffidiol
- trethiant is gan y Llywodraeth, gan gynyddu elw disgwyliedig
- gostyngiad ym mhris prynu nwyddau cyfalaf – byddai hyn yn cynyddu'r gyfradd adennill ddisgwyliedig

Os bydd yr EFfC yn symud allan bydd mwy o fuddsoddi'n digwydd ar unrhyw gyfradd llog benodol.

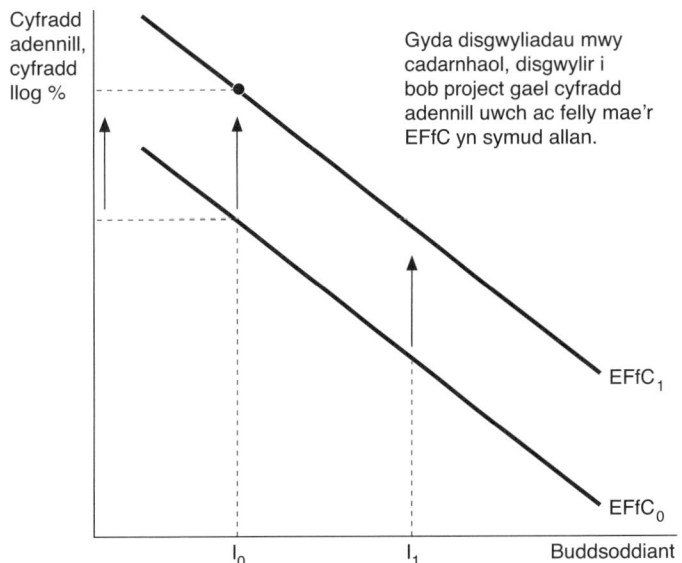

Gyda disgwyliadau mwy cadarnhaol, disgwylir i bob project gael cyfradd adennill uwch ac felly mae'r EFfC yn symud allan.

Buddsoddiant (parhad)

Cynnydd mewn buddsoddiant

Mae cynnydd mewn buddsoddiant
- yn cynyddu'r galw cyfanredol (ac yn dechrau'r lluosydd)
- yn gallu cynyddu twf yr economi (drwy gynyddu'r cyflenwad cyfanredol)
- yn cynyddu'r gallu cynhyrchu

Bydd yr union effaith yn dibynnu ar y math o fuddsoddi, e.e. a yw mewn pobl, cynhyrchion neu brosesau

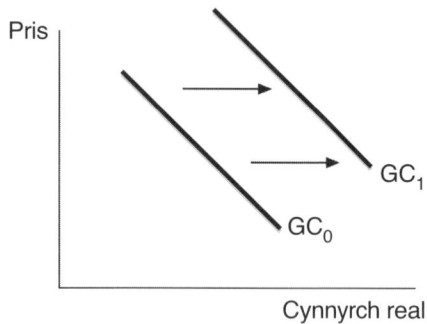

Symudiadau ar hyd rhestr buddsoddiant: newidiadau yn y gyfradd llog

- gyda chynnydd yng nghyfraddau llog, mae buddsoddiant yn debygol o ostwng. Y rheswm yw ei fod yn ddrutach cael benthyg a nawr mae llai o brojectau sydd â'u cyfradd adennill yn uwch na chost benthyca
- gyda gostyngiad yng nghyfraddau llog mae mwy o brojectau sydd ag adenillion uwch na chost benthyca a dylai buddsoddiant gynyddu

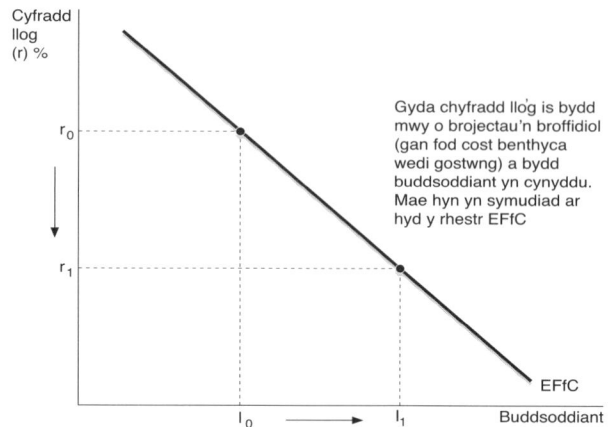

Gyda chyfradd llog is bydd mwy o brojectau'n broffidiol (gan fod cost benthyca wedi gostwng) a bydd buddsoddiant yn cynyddu. Mae hyn yn symudiad ar hyd y rhestr EFfC

Y cyflymydd – mae hwn yn dangos y berthynas rhwng buddsoddiant net a chyfradd newid cynnyrch gwladol.
Mae'r cyflymydd yn tybio bod cymhareb cyfalaf i gynnyrch sy'n gyson, e.e. rhaid prynu £2 o gyfalaf i allu cynyddu cynnyrch £1.

Lefel cynnyrch a ddymunir (£)	Lefel cyfalaf a ddymunir (£)	Newid mewn cynnyrch (£)	Lefel buddsoddiant net (£)
200	400	–	–
220	440	+20	40
250	500	+30	60
300	600	+50	100
400	800	+100	200
600	1200	+200	400
700	1400	+100	200

Tybio cymhareb cyfalaf:cynnyrch o 2:1
- Os ydy cynnyrch yn cynyddu yn ôl maint cynyddol (cyflymol) bydd yn rhaid i gwmnïau brynu mwy o beiriannau bob cyfnod, h.y. bydd buddsoddiant net yn cynyddu.
- Os ydy cynnyrch yn cynyddu yn ôl maint cyson bob cyfnod, bydd yn rhaid i gwmnïau brynu'r un nifer o beiriannau a ffatrïoedd; bydd buddsoddiant net yn gyson.
- Os ydy cynnyrch yn cynyddu ond yn cynyddu llai na'r flwyddyn flaenorol, ni fydd angen i gwmnïau brynu cymaint o beiriannau a ffatrïoedd; bydd buddsoddiant net yn gostwng.

Cyfyngiadau model y cyflymydd
- yn aml mae gan gwmnïau stociau, felly os bydd cynnyrch yn cynyddu gallan nhw gwrdd â hyn heb orfod cynhyrchu mwy; efallai na fydd angen buddsoddiant net arnyn nhw
- efallai na fydd y diwydiant nwyddau cyfalaf, sy'n cynhyrchu'r nwyddau cyfalaf, yn gallu cynyddu cyflenwad, h.y. hyd yn oed os bydd cwmnïau eisiau prynu mwy o beiriannau efallai na fyddan nhw'n gallu
- gyda newidiadau mewn technoleg, gall cyfernod y cyflymydd newid ac efallai na fydd angen i gwmnïau fuddsoddi cymaint ag o'r blaen
- bydd yn rhaid i gwmnïau fod yn argyhoeddedig bod y cynnydd yn y galw yn gynnydd tymor hir; fel arall byddan nhw'n amharod i fuddsoddi – efallai y gwnân nhw geisio cwrdd â'r galw drwy ddefnyddio goramser

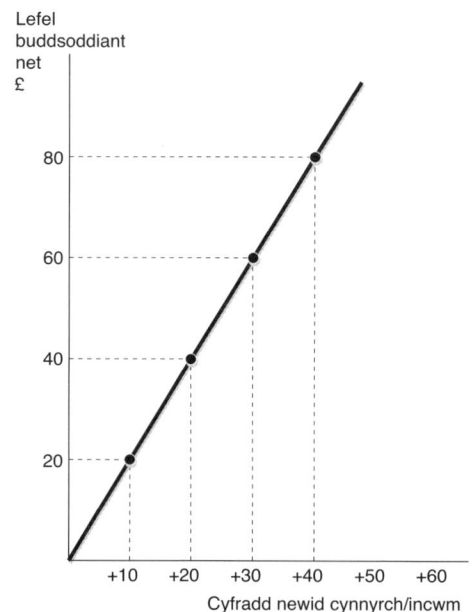

Buddsoddiant (parhad)

Cyfradd llog a galw cyfanredol

Mae cyfraddau llog uwch yn cynyddu cost benthyca. Mae hyn yn effeithio ar y canlynol:

- morgeisiau cartrefi; gyda mwy o arian i'w ad-dalu bydd llai yn weddill ar gyfer prynu nwyddau a gwasanaethau eraill
- cost benthyca ar gardiau credyd
- cost gorddrafftiau
- cost benthyciadau

O ganlyniad mae cyfraddau llog uwch yn golygu bod y galw cyfanredol yn debygol o ostwng.

Noder: Mae'n debygol y bydd mwy o ergyd i'r galw am rai cynhyrchion na'i gilydd, e.e. mae pobl yn tueddu i fenthyca i brynu tŷ neu gar, felly mae'r galw am y cynhyrchion hyn yn sensitif iawn i newidiadau yng nghyfraddau llog. Mae cyfraddau llog yn llai tebygol o effeithio ar y galw am halen.

Cyfradd llog

Dyma'r adenillion a gynhyrchir ar gyfalaf a chost cael benthyg arian.

Bydd y llog sy'n cael ei dalu am gael benthyg yn dibynnu ar y canlynol:

- am faint o amser mae'r benthyciad – yn gyffredinol os gwnewch chi gael benthyg am gyfnod hirach codir mwy o dâl arnoch
- risg – po fwyaf o risg sydd i'r project, mwyaf o dâl y bydd y benthyciwr yn ei godi fel arfer
- cost trefnu'r benthyciad, h.y. mae'n rhatach trefnu un benthyciad o £1 filiwn na 100 o fenthyciadau o £10,000

Beth sy'n pennu'r gyfradd llog?

a Y galw am arian benthyciadwy a chyflenwad arian benthyciadwy.

Mae cyflenwad arian benthyciadwy yn dibynnu ar y canlynol:
- parodrwydd pobl i gynilo (ac felly darparu arian y gellir ei fenthyca)
- gallu'r banciau i roi benthyg

Galw am arian benthyciadwy:
- gan gartrefi i brynu nwyddau traul sy'n para a nwyddau traul nad ydynt yn para
- gan gwmnïau ar gyfer buddsoddi
- gan y Llywodraeth i ariannu ei diffyg

Mae'r galw'n goleddu i lawr oherwydd ar gyfraddau llog uwch bydd cartrefi, cwmnïau a'r Llywodraeth yn dymuno benthyca llai am ei fod yn ddrutach ei ad-dalu. Bydd cwmnïau'n gweld bod llai o brojectau sydd ag adenillion uwch na chost benthyca.

b Y galw am arian a chyflenwad arian *(gweler yn ddiweddarach)*

Ystyr **cyfraddau llog real** yw eu bod nhw wedi'u cymhwyso ar gyfer chwyddiant, e.e. os ydy'r gyfradd enwol yn 10% ond bod chwyddiant yn 4% yna cost real benthyca yw 6%.

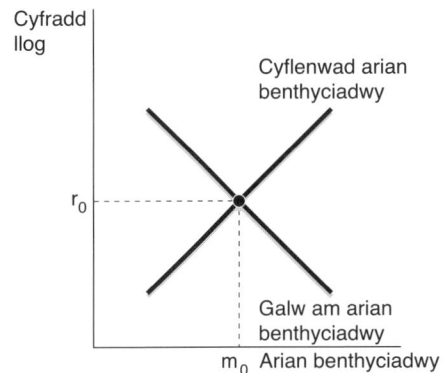

Cyfradd llog / Cyflenwad arian benthyciadwy / r_0 / Galw am arian benthyciadwy / m_0 Arian benthyciadwy

Y gyfradd llog a'r gyfradd gyfnewid

Os bydd cyfraddau llog y DU yn cynyddu bydd hyn yn debygol o arwain at bunt gryfach. Bydd cyfraddau uchel y DU yn denu 'arian trasymudol' (*hot*) i mewn o dramor i gael adenillion uwch am ddal punnoedd ym manciau'r DU nag sydd ar gael rywle arall. Bydd hyn yn cynyddu'r galw am bunnoedd ac yn tynnu'r gyfradd gyfnewid i fyny.

Gwerthuso buddsoddiad a gwerth presennol

Llif arian disgowntiedig: techneg o asesu buddsoddiadau

Mae cwmnïau'n amcangyfrif derbyniadau a chostau disgwyliedig yn y dyfodol ac yn disgowntio'r rhain i gael eu gwerth presennol. Dydy £100 ymhen 5 mlynedd ddim yn hafal i £100 nawr – am fod arian yn tueddu i gynyddu dros amser oherwydd cyfraddau llog. Gallai £60 nawr ddod yn £100 ymhen pum mlynedd, oherwydd cyfraddau llog, ac felly gwerth presennol £100 ymhen pum mlynedd yw £60 nawr. Mae £100 wedi cael ei disgowntio i £60. Po uchaf yw'r gyfradd llog, cyflymaf i gyd y bydd arian yn tyfu dros amser ac isaf i gyd y bydd gwerth presennol unrhyw incwm yn y dyfodol.

Mae cwmnïau'n cymharu gwerth presennol eu henillion disgwyliedig o broject â'r pris cyflenwi. Os ydy'r project yn werth mwy yn nhermau heddiw na'r gost gychwynnol, bydd y cwmni'n buddsoddi, h.y. os ydy gwerth presennol > pris cyflenwi, buddsoddi. Os ydy'r project yn nhermau heddiw yn werth llai na'r gost gychwynnol, ni fydd yn buddsoddi. Gyda chyfradd llog is, bydd gwerth presennol mewnlifoedd disgwyliedig yn y dyfodol yn cynyddu ac felly bydd mwy o fuddsoddi yn debygol o ddigwydd.

Dadansoddiad cost a budd

Techneg yw hon a ddefnyddir gan lywodraethau i benderfynu a ddylen nhw fynd ymlaen â buddsoddiadau fel ffyrdd, ysgolion a phrojectau amddiffyn. Yn wahanol i brojectau buddsoddi sector preifat, mae dadansoddiad cost a budd yn ystyried buddion a chostau cymdeithasol (nid buddion a chostau preifat yn unig), h.y. mae'n ystyried allanolderau. Os ydy'r gost ffiniol gymdeithasol yn fwy na'r budd ffiniol cymdeithasol, ni ddylai'r project fynd yn ei flaen. Os ydy'r budd ffiniol cymdeithasol yn fwy na'r gost ffiniol gymdeithasol, dylai'r project fynd yn ei flaen. Gallai project fel Gemau Olympaidd Llundain 2012 fynd yn ei flaen oherwydd y buddion allanol.

Amcangyfrifir yr holl gostau a buddion a rhoddir gwerthoedd ariannol iddyn nhw. Yn ymarferol, gall amcangyfrif y rhain fod yn anodd ac yn ddadleuol am fod yr asesiad yn farn normadol.

Wrth wneud dadansoddiad cost a budd ar gyfer adeiladu ffordd:

- Gall **costau cymdeithasol** gynnwys niwed i'r amgylchedd, dinistrio cynefinoedd anifeiliaid, effeithiau anffafriol ar y dirwedd, niwed i safle o ddiddordeb gwyddonol arbennig, niwed i ardal o harddwch naturiol eithriadol, cynyddu llygredd a phroblemau cynhesu byd-eang.
- Gall **buddion cymdeithasol** gynnwys cynyddu cyflymder trafnidiaeth, cynyddu llif trafnidiaeth, llai o ddamweiniau.

Mae maen prawf **Hicks Kaldor** yn awgrymu bod project yn ddymunol os, yn ddamcaniaethol, gallai'r rhai sy'n ennill oherwydd y project ddigolleddu'r rhai sy'n colli. Y ddamcaniaeth hon sydd y tu ôl i ddadansoddiad cost a budd; os ydy'r buddion yn gorbwyso'r costau, yna yn ddamcaniaethol gallai'r rhai sy'n dioddef gael eu digolledu (ond nid yw hynny'n golygu eu bod nhw yn cael eu digolledu).

Problemau dadansoddiad cost a budd

- Pa ffactorau y dylid eu cynnwys/mesur?
- Mae'n anodd meintioli costau allanol a rhoi gwerthoedd iddyn nhw; os defnyddir y gwerthoedd anghywir, efallai y gwneir y penderfyniadau anghywir.
- Mae gosod gwerthoedd ariannol yn golygu graddau o oddrychedd; bydd rhai pobl â meddwl uwch o rai ffactorau na'i gilydd, h.y. mae'n cynnwys barnau ar werth ac o bosibl rhagfarn.

Polisi ac amcanion y Llywodraeth a'r lluosydd

Amcanion

- Prisiau sefydlog, h.y. cadw chwyddiant dan reolaeth. Mae hyn yn bwysig er mwyn cadw cwmnïau'r DU yn gystadleuol dramor a helpu cwmnïau a chartrefi i gynllunio.
- Cyflogaeth lawn, h.y. pan fydd pawb sy'n fodlon gweithio ac yn gallu gweithio am y cyflog real a roddir yn gweithio. Mae diweithdra'n wastraff adnoddau ac yn golygu bod yr economi'n tangynhyrchu.
- Twf economaidd – mae hyn yn cynyddu safon byw.
- Cydbwysedd yng nghyfrif cyfredol y fantol daliadau – mae diffyg yn golygu bod mwy o wario ar fewnforion o nwyddau a gwasanaethau nag a enillir gan allforion o nwyddau a gwasanaethau; mae gwarged yn golygu bod gan wlad arall ddiffyg. Gall 'cydbwysedd' fod yn ddymunol.

Blaenoriaethau
Ni all yr amcanion hyn o reidrwydd gael eu cyflawni yr un pryd. Gallai polisïau a weithredir i gyflawni un amcan amharu ar amcanion eraill, e.e. gall mwy o wariant i gynyddu lefelau cyflogaeth arwain at chwyddiant uwch.

Yn yr 1950au a'r 1960au y flaenoriaeth fel arfer oedd cyflogaeth lawn. O ran olaf yr 1970au y flaenoriaeth oedd rheoli chwyddiant.

Mathau o bolisi Llywodraeth
- **Polisïau ochr-alw:** ymdrechion i ddylanwadu ar y galw cyfanredol
- **Polisïau ochr-gyflenwad:** ymdrechion i ddylanwadau ar y cyflenwad cyfanredol
- **Polisïau atchwyddol:** cynyddu'r galw cyfanredol, e.e. gostwng cyfraddau trethi, cynyddu gwariant y Llywodraeth, cyfraddau llog is
- **Polisïau dadchwyddol:** gostwng y galw cyfanredol, e.e. cynyddu cyfraddau trethi, gostwng gwariant y Llywodraeth, cyfraddau llog uwch

Arfau polisi Llywodraeth
- Polisi cyllidol: gwariant y Llywodraeth a chyfraddau trethi
- Polisi ariannol: rheoli'r cyflenwad arian a chyfraddau llog
- Polisi incwm: rheoli twf cyflogau
- Rheoliadau, e.e. newidiadau yn y gyfraith

Polisïau rhanbarthol
Y nod yw gostwng diweithdra a chynyddu incwm rhanbarthau neu ardaloedd dirwasgedig.

Polisïau ymyrrol:
- cymorthdaliadau a chonsesiynau treth – gellir eu defnyddio i hybu cwmnïau i fynd i ardal ac i hybu cwmnïau i gyflogi mwy o bobl
- darparu cyfleusterau mewn ardaloedd dirwasgedig, e.e. gwell isadeiledd (ffyrdd, cyfathrebiadau, ayb.)
- gellir defnyddio trethi i drethu cwmnïau fwy mewn ardaloedd mwy cyfoethog
- rheoleiddio – gall y Llywodraeth ei gwneud yn anodd i gwmnïau ehangu mewn ardaloedd mwy cyfoethog ac yn haws ehangu mewn rhanbarthau mwy tlawd, e.e. o ran rhoi caniatâd cynllunio

Cyllid
- Mae Cymorth Dewisol Rhanbarthol yn cynnwys grantiau dewisol ar gyfer projectau mewn ardaloedd cynorthwyedig. I gael y grantiau, rhaid i gwmnïau brofi y byddan nhw'n creu swyddi.
- Cronfa Datblygu Rhanbarthol Ewrop – yn darparu grantiau ar gyfer projectau sy'n creu swyddi ac sy'n datblygu'r isadeiledd.
- Grantiau Menter Rhanbarthol – yn cynnwys grantiau arloesi a grantiau buddsoddi

Mae polisi trefol yn cynnwys
- Ardaloedd menter – ardaloedd bach iawn mewn ardaloedd trefol. Rhoddir cymhellion mawr i'r cwmnïau sy'n lleoli yma, e.e. llai o fiwrocratiaeth, rhyddhad o ardrethi.

Lluosydd
Os ydy'r galw cyfanredol yn cynyddu a bod y cyflenwad cyfanredol yn elastig, bydd y cynnydd mewn incwm gwladol yn fwy na'r cynnydd cychwynnol yn y galw cyfanredol. Y rheswm dros hyn yw effaith y lluosydd.

Pan fydd galw'n cynyddu gyntaf bydd cwmnïau'n cynhyrchu mwy a bydd hyn yn creu incwm ychwanegol i gyflenwyr a gweithwyr. Yna bydd y cyflenwyr a'r gweithwyr yn gwario cyfran o'r incwm ychwanegol hwn yn prynu mwy o nwyddau a gwasanaethau. Bydd gan gynhyrchwyr y cynhyrchion hyn incwm ychwanegol ac eto caiff cyfran o hyn ei gwario ar fwy o nwyddau. Mae'r lluosydd yn seiliedig ar yr egwyddor bod 'gwariant un person yn incwm i berson arall'; bydd cynnydd cychwynnol yn y galw yn arwain at rowndiau o wario a chynnydd mwy mewn incwm yn yr economi.

Enghraifft: Mae'r llywodraeth yn gwario £200 miliwn ar ffyrdd. Mae'r cwmnïau adeiladu ffyrdd, eu gweithwyr a'u cyflenwyr yn ennill £200 miliwn. O hyn dywedwn fod £100 miliwn yn cael ei wario ar nwyddau a gwasanaethau eraill. Bydd cynhyrchwyr y nwyddau hyn yn ennill £100 miliwn; o hyn caiff £50 miliwn, dyweder, ei wario ac yn y blaen. Mae hyn yn golygu bod y gwariant cychwynnol o £200 miliwn wedi creu incwm o £200m + £100m + £50m + ... mae yna effaith luosydd.

Bydd maint y lluosydd yn dibynnu ar ba gyfran o incwm gaiff ei gwario ym mhob cam o fewn yr economi. Bydd hyn yn dibynnu ar y tueddfryd ffiniol i dreulio (TFfD) a gyfrifir o'r hafaliad:

$$TFfD = \frac{\text{newid mewn treuliant}}{\text{newid mewn incwm}}$$

Er enghraifft, os ydy'r TFfD yn 0.8 mae hyn yn golygu y caiff 80% ei wario ym mhob cam. Yn yr enghraifft uchod tybiwyd bod y TFfD yn 0.5. Po fwyaf yw'r TFfD mwyaf i gyd gaiff ei wario ym mhob cam a mwyaf i gyd fydd y lluosydd.

Am ragor o fanylion am sut i gyfrifo'r lluosydd gweler tudalennau 72-73.

Fodd bynnag dydy proses y lluosydd ddim yn parhau am byth oherwydd y canlynol:

a wrth i incwm pobl gynyddu maen nhw'n tueddu i symud i mewn i haenau treth uwch a gwario mwy ar nwyddau a fewnforir; mae hyn yn lleihau'r gyfran sy'n cael ei gwario o fewn yr economi.

b wrth i'r economi agosáu at gyflogaeth lawn, bydd cyflenwad cyfanredol yn mynd yn fwy anelastig ac felly bydd prisiau'n cynyddu yn hytrach na chynnyrch, h.y. efallai y bydd incwm gwladol enwol yn cynyddu ond ni fydd incwm gwladol real yn cynyddu gymaint. Ar gyflogaeth lawn ni all cynnyrch gynyddu.

Preifateiddio

Preifateiddio

Mae hyn yn golygu trosglwyddo asedau o'r sector cyhoeddus i'r sector preifat, e.e.

- contractio allan – caiff gweithgareddau a wneir gan y sector cyhoeddus eu gwerthu i'r sector preifat, e.e. darparu prydau bwyd mewn ysgolion, glanhau'r ffyrdd
- dadreoleiddio – caiff rheoliadau eu newid neu eu dileu i ganiatáu mwy o gystadleuaeth, e.e. gwasanaethau bysiau
- gwerthu asedau, e.e. mae cyrff fel Nwy Prydain wedi cael eu gwerthu i gyfranddalwyr ac maen nhw nawr dan berchenogaeth breifat

Enghreifftiau o breifateiddio

British Aerospace 1981, Nwy Prydain 1986, *British Airways* 1987, Dur Prydain 1989.

Pam peidio â phreifateiddio?

- gall greu monopolïau preifat
- yn aml yn cael eu gwerthu'n rhad iawn i sicrhau gwerthu'r cyfranddaliadau
- gall arwain at golli swyddi (sy'n wleidyddol amhoblogaidd)
- gall arwain at ganolbwyntio ar elw ar draul, er enghraifft, diogelwch neu amcanion cymdeithasol
- gall arwain at fonopoli naturiol

Rheoleiddio diwydiannau preifateiddiedig

Mae pob un o'r gwasanaethau sector cyhoeddus a breifateiddiwyd wedi cael eu monitro gan gorff rheoleiddio, e.e. Swyddfa Marchnadoedd Nwy a Thrydan (*Ofgem*), Swyddfa Cyfathrebiadau (*Ofcom*) a Swyddfa Rheoleiddio'r Rheilffyrdd (*ORR*). Mae'r cyrff hyn yn bwriadu gwarchod y defnyddiwr a sicrhau na fydd y cwmnïau preifateiddiedig yn camddefnyddio'u grym monopoli. Gellir gwneud hyn drwy'r canlynol:

- cyfyngiadau ar brisiau: mae rheoli prisiau wedi cael ei osod ar y gwasanaethau gan ddefnyddio hafaliad sy'n seiliedig ar chwyddiant. Gosodir targedau 'Indecs Prisiau Adwerthu – X', lle mae'n rhaid i'r cwmnïau wneud enillion effeithlonrwydd i wneud yn siŵr bod eu prisiau'n gostwng mewn gwirionedd.
- gwahardd ymddygiad gwrthgystadleuol, e.e. atal trin prisiau (*price rigging*)
- cynyddu cystadleuaeth, e.e. ei gwneud hi'n haws mynd i mewn i farchnad. Er enghraifft, nid oes gan Nwy Pyrdain fonopoli ar ddarparu nwy bellach ac o ganlyniad mae llawer o gwmnïau eraill wedi symud i mewn i'r farchnad hon
- gosod isafswm ar gyfer lefelau buddsoddi er mwyn sicrhau bod safonau gwasanaeth yn ddigon uchel.

Gwerthuso **rheoleiddio diwydiannau preifateiddiedig**

- Os gosodir y ganran X yn rhy isel a bod cwmnïau'n gallu gwneud arbedion cost mawr drwy dechnoleg neu ad-drefnu, gallen nhw wneud elw mawr iawn.
- Mae perygl y bydd cwmnïau'n cymryd camau gweithredu tymor byr fel torri costau ar ymchwil a datblygu.
- Perygl 'cipio rheoleiddiol' (*regulatory capture*) – wrth i'r rheolyddion ymwneud â'r diwydiant fwy, maen nhw'n fwyfwy tebygol o weld safbwynt y rheolwyr ac efallai na fyddan nhw'n ddigon llym. Posibilrwydd arall yw y gallen nhw weithredu er lles gwleidyddol y Llywodraeth yn hytrach na gwneud penderfyniadau ar sail economaidd.

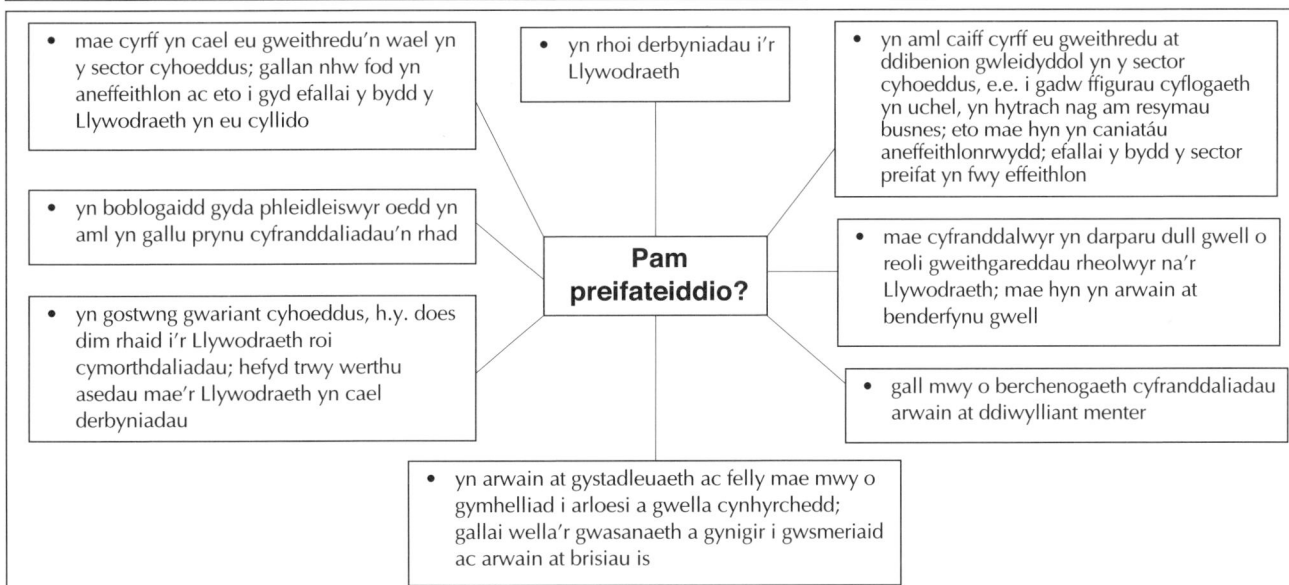

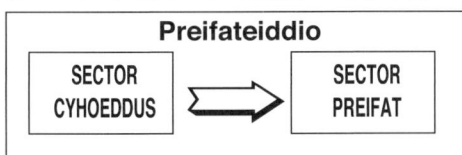

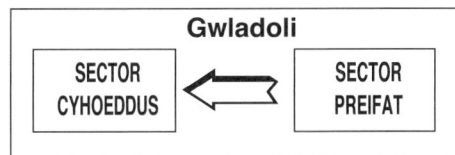

- mae cyrff yn cael eu gweithredu'n wael yn y sector cyhoeddus; gallan nhw fod yn aneffeithlon ac eto i gyd efallai y bydd y Llywodraeth yn eu cyllido

- yn boblogaidd gyda phleidleiswyr oedd yn aml yn gallu prynu cyfranddaliadau'n rhad

- yn gostwng gwariant cyhoeddus, h.y. does dim rhaid i'r Llywodraeth roi cymorthdaliadau; hefyd trwy werthu asedau mae'r Llywodraeth yn cael derbyniadau

- yn rhoi derbyniadau i'r Llywodraeth

Pam preifateiddio?

- yn aml caiff cyrff eu gweithredu at ddibenion gwleidyddol yn y sector cyhoeddus, e.e. i gadw ffigurau cyflogaeth yn uchel, yn hytrach nag am resymau busnes; eto mae hyn yn caniatáu aneffeithlonrwydd; efallai y bydd y sector preifat yn fwy effeithlon

- mae cyfranddalwyr yn darparu dull gwell o reoli gweithgareddau rheolwyr na'r Llywodraeth; mae hyn yn arwain at benderfynu gwell

- gall mwy o berchenogaeth cyfranddaliadau arwain at ddiwylliant menter

- yn arwain at gystadleuaeth ac felly mae mwy o gymhelliad i arloesi a gwella cynhyrchedd; gallai wella'r gwasanaeth a gynigir i gwsmeriaid ac arwain at brisiau is

---

Preifateiddio

SECTOR CYHOEDDUS	⟹	SECTOR PREIFAT

Gwladoli

SECTOR CYHOEDDUS	⟸	SECTOR PREIFAT

Dadleuon yn erbyn gwladoli

- diffyg cymhelliad – nid oes gan weithwyr yn y sector cyhoeddus gymhelliad i arloesi
- gall cwmnïau gamddefnyddio'u grym monopoli
- gall cwmnïau fod â diffyg pwysau cystadleuol
- gall penderfyniadau gael eu gwneud am resymau gwleidyddol, nid rhesymau busnes

Yn 2008 fe wnaeth Llywodraeth y DU wladoli banciau *Northern Rock* a *Bradford & Bingley*. Roedd y rhain mewn argyfwng ariannol o ganlyniad i fenthyca peryglus ac roedd y Llywodraeth eisiau sefydlogi'r system ariannol.

Rhesymau dros wladoli

- darbodion maint mawr – mae cael sawl cwmni yn cynhyrchu mewn diwydiant â darbodion maint mawr yn gallu arwain at ddyblygu adnoddau
- allanolderau – trwy weithredu diwydiant ei hun, gall y Llywodraeth ystyried allanolderau negatif a phos, e.e. ystyried buddion cymdeithasol

- gwariant cyfalaf – gall lefelau uchel o wariant fod yn ofynnol mewn rhai diwydiannau; efallai na fydd cwmnïau preifat yn gallu codi'r arian hwn
- mae'n atal grym monopoli gan gwmnïau preifat
- rhesymau strategol, e.e. cadw rheolaeth ar ddiwydiant pwysig fel amddiffyn

Galw a chyflenwad cyfanredol

Galw cyfanredol

Mae'r rhestr alw cyfanredol hon yn dangos lefel gyfan y gwariant bwriedig ar nwyddau a gwasanaethau terfynol am lefel prisiau wahanol, h.y. mae'n dangos y berthynas rhwng lefel prisiau a chynnyrch gwladol real.

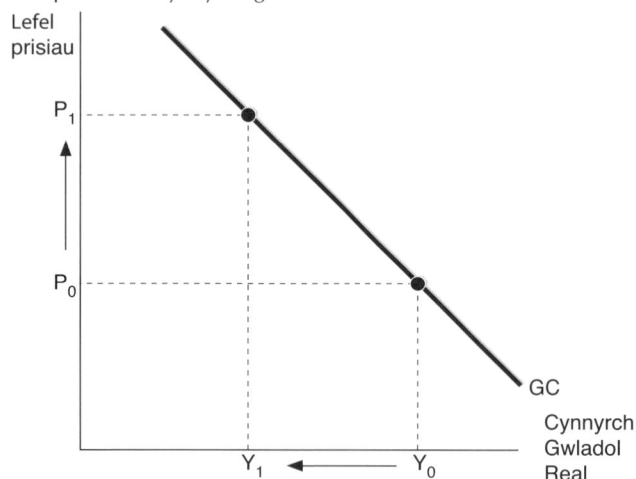

Pam mae galw cyfanredol yn goleddu i lawr?

- effaith cyfraddau llog – gyda phrisiau uwch yn yr economi, mae cyfraddau llog enwol yn tueddu i gynyddu. Mae hyn yn gostwng y galw am nwyddau sy'n sensitif i gyfraddau llog, fel ceir, tai neu setiau teledu, a brynir fel arfer ar gredyd neu â benthyciad.
- effaith cyfoeth – mae prisiau uwch yn gostwng gallu prynu unrhyw ddaliannau arian parod. Felly mae unigolion yn tueddu i wario llai.
- prynu nwyddau a gwasanaethau gwledydd tramor – os ydy prisiau'r DU yn codi, mae defnyddwyr a chwmnïau yn tueddu i droi at fewnforion sy'n gymharol ratach. Hefyd bydd llai o alw am nwyddau'r DU gan wledydd tramor.

Symudiadau yn y galw cyfanredol

Achosir y rhain gan newid mewn ffactorau ar wahân i bris. Gallai symudiad allan gael ei achosi gan y canlynol:

- cynnydd yn hyder defnyddwyr neu fusnesau
- polisi cyllidol neu ariannol ehangol, e.e. gostwng cyfraddau trethi, cynyddu gwariant y Llywodraeth, cynyddu allforion, gostwng cyfraddau llog, gostwng gwariant ar fewnforion.

Cyflenwad cyfanredol

Mae'r **cyflenwad cyfanredol** yn dangos lefel yr incwm (a'r cynnyrch) real mewn economi mewn perthynas â'r pris.

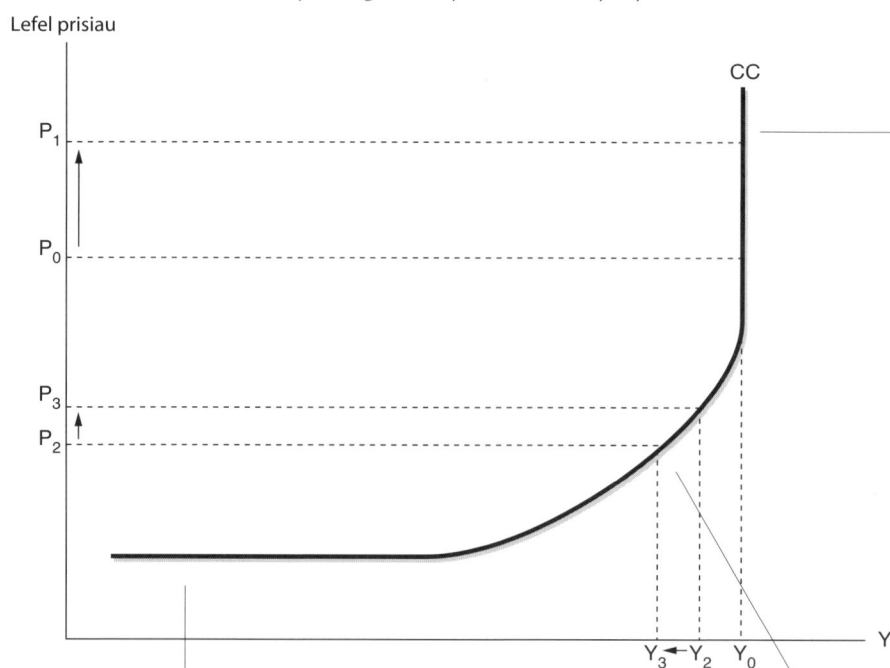

Gallu cynhyrchu llawn

Ar y lefel hon o gynnyrch mae'r economi ar ei allu cynhyrchu llawn (cyflogaeth lawn). Ni ellir cynhyrchu mwy yn y tymor byr hyd yn oed os bydd pris yn codi. Mae'r cyflenwad yn gwbl anelastig. *(Noder: yn y tymor hir, bydd gwelliannau mewn technoleg a chynnydd yng nghyflenwad adnoddau yn symud y cyflenwad cyfanredol i'r dde.)*

Gallu cynhyrchu heb ei ddefnyddio

Gall cwmnïau gynhyrchu llawer mwy nag maen nhw'n ei wneud ar hyn o bryd. Mae peiriannau nad ydynt yn cael eu defnyddio ac mae gweithwyr sy'n ddi-waith. Gall cwmnïau gynyddu cynnyrch am yr un pris; does dim angen iddyn nhw brynu mwy o gyfarpar ac ni fydd angen iddyn nhw dalu cyflogau uwch i ddenu mwy o weithwyr oherwydd y lefelau uchel o ddiweithdra. Mae cromlin y cyflenwad yn berffaith elastig – gellir cynhyrchu mwy am yr un pris; mae gweithwyr yn fodlon gweithio am y cyflog penodedig ac mae'r cynnyrch ffiniol yn gyson felly mae'r costau ffiniol yn gyson. Bydd cynnydd yn y galw cyfanredol yn cynyddu cynnyrch real ac nid prisiau pan fydd yr economi mor bell â hyn islaw cyflogaeth lawn gan fod gallu cynhyrchu sbâr yn yr economi.

Ystod ryngol

Yn yr ystod hon o'r cyflenwad cyfanredol, mae cwmnïau'n gallu cynhyrchu mwy ond maen nhw'n debygol o orfod talu mwy i ddenu gweithwyr neu i brynu cyfarpar. Mae angen prisiau uwch ar gwmnïau i dalu'r costau hyn ac felly mae'r cyflenwad cyfanredol yn goleddu i fyny. Po agosaf y bydd yr economi at gyflogaeth lawn, mwyaf anodd y bydd i'r cwmnïau ddenu adnoddau prin a mwyaf i gyd fydd y cynnydd mewn costau (ac felly prisiau) am bob cynnydd mewn cynnyrch, h.y. mae'r cyflenwad cyfanredol yn mynd yn fwy serth (neu'n fwy anelastig).

Galw a chyflenwad cyfanredol (parhad)

Cyflenwad cyfanredol

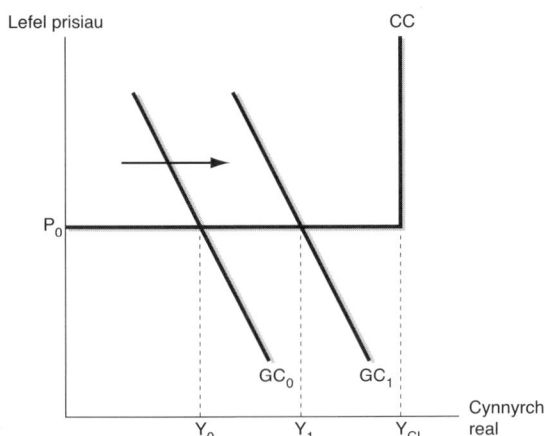

Barn Keynesaidd eithafol am yr economi
I fyny at gyflogaeth lawn mae'r cyflenwad cyfanredol yn llorweddol, yn berffaith elastig. Bydd cynnydd yn y galw cyfanredol yn cynyddu cynnyrch ac nid prisiau. Dim ond pan gyrhaeddir cyflogaeth lawn y bydd prisiau'n codi. Dylai'r Llywodraeth reoli'r galw cyfanredol i sicrhau bod cydbwysedd yn digwydd ar gyflogaeth lawn.

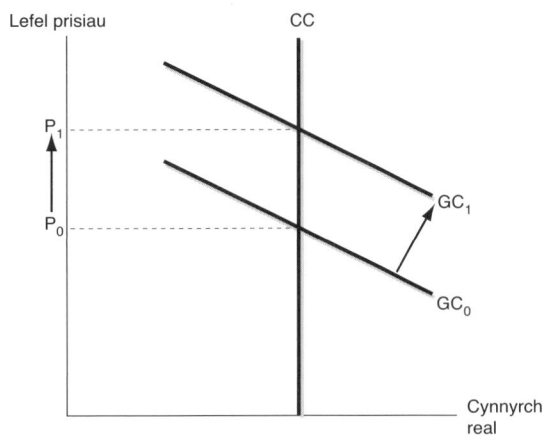

Barn arianolaethol eithafol am yr economi
(clasurol newydd)
Mae'r cyflenwad cyfanredol yn fertigol – bydd unrhyw gynnydd yn y galw cyfanredol yn cynyddu lefel prisiau ond nid cynnyrch a chyflogaeth. I gynyddu cynnyrch a chyflogaeth mae angen polisïau ochr-gyflenwad i symud cyflenwad cyfanredol i'r dde.

- defnyddiau rhatach a fewnforir
- cyflogau arian is
- mwy o gyfalaf
- technoleg well
- cyfraddau llog is
- budd-daliadau is (felly mwy o gymhelliad i weithio)
- mwy o boblogaeth o oed gweithio

Ffactorau fydd yn symud cyflenwad cyfanredol i'r dde

Polisïau ochr-gyflenwad: cynyddu cyflenwad cyfanredol
Polisïau ar gyfer y farchnad lafur
- Gall gostwng budd-daliadau lles annog pobl i gymryd gwaith yn hytrach na dibynnu ar y wladwriaeth am arian
- Gall cynyddu lleiafswm cyflogau gynyddu enillion rhai swyddi a thrwy hynny annog mwy o bobl i weithio
- Newid cyfraddau ffiniol trethi; mae angen i'r llywodraeth sicrhau nad ydy pobl yn waeth eu byd drwy weithio, e.e. oherwydd eu bod nhw nawr yn talu treth ac yn colli budd-daliadau (eu galluogi nhw i ddod allan o'r fagl dlodi)
- Mwy o wybodaeth am swyddi ar gael fel y bydd pobl yn gwybod beth yw eu dewisiadau
- Cyfloeoedd addysg a hyfforddiant i roi i weithwyr fwy o hyblygrwydd a'r sgiliau i gael swyddi gwell
- Gall lleihau grym undebau llafur arwain at fwy o gystadleuaeth rhwng gweithwyr am swyddi (drwy ddileu cyfyngiadau ar gyflenwad) a galluogi rheolwyr i gael mwy o hyblygrwydd o ran oriau a dyletswyddau

Polisïau ar gyfer marchnad nwyddau cyfalaf
Gall y llywodraeth helpu i wella'r cyflenwad cyfanredol drwy wneud y canlynol:
- darparu amgylchedd busnes sefydlog sy'n hybu buddsoddi ac yn galluogi cwmnïau i gynhyrchu elw (a fydd yn cyllido rhagor o fuddsoddi)
- hybu'r system ariannol i ddarparu'r cyllid ar gyfer buddsoddi, e.e. cyfrannu at greu diwylliant mentergar a dileu rhwystrau gweinyddol

Polisïau ar gyfer y farchnad nwyddau
- Hybu masnach rydd
- Hybu cychwyniadau busnes bach
- Preifateiddio
- Dadreoleiddio

Mae'r rhain i gyd yn hyrwyddo cystadleuaeth, sy'n gallu hybu arloesi a chynhyrchedd gwell.

Ochr-gyflenwad a threthi
Mae Keynesiaid yn canolbwyntio ar effeithiau ochr-alw newidiadau mewn trethi a gwariant y Llywodraeth, e.e. gall gostyngiad treth gynyddu'r galw cyfanredol. Mae economeg ochr-gyflenwad yn canolbwyntio ar y micro-effeithiau, e.e. effaith gostyngiad treth ar y cymhelliad i fuddsoddi neu i weithio. Gall gostyngiadau treth symud cyflenwad i'r dde drwy annog gweithwyr i weithio a chwmnïau i fuddsoddi.

Cromlin Laffer
Bydd cyfraddau uwch o dreth yn arwain yn y pen draw at ostyngiad yn nerbyniadau'r dreth. Mae'r cyfraddau uwch o dreth yn gweithredu fel anghymhelliad i gwmnïau a gweithwyr – er bod y gyfradd yn uwch, mae llai o bobl yn gweithio ac felly mae'r derbyniadau'n is. Yn yr achos hwn, gall gostyngiadau treth arwain at fwy o dderbyniadau i'r Llywodraeth (gan fod mwy o bobl eisiau gweithio a bod cwmnïau eisiau ehangu).

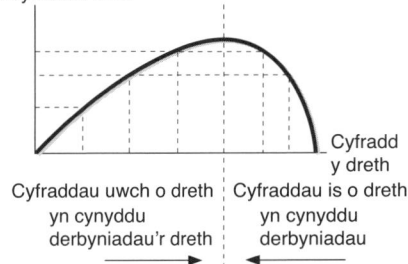

Galw a chyflenwad cyfanredol (parhad)

O gyflenwad cyfanredol y tymor byr (CCTB) i gyflenwad cyfanredol y tymor hir (CCTH)

Caiff pob cyflenwad cyfanredol tymor byr ei lunio ar gyfer cyflog arian penodol. Os bydd cyflogau arian yn cynyddu, bydd cwmnïau eisiau cyflogi llai a chynhyrchu llai am bob lefel prisiau. Bydd cyflenwad cyfanredol y tymor byr yn symud i fyny. Os bydd costau'n gostwng, e.e. oherwydd gostyngiad cyflogau arian, bydd y cyflenwad cyfanredol yn symud i lawr.

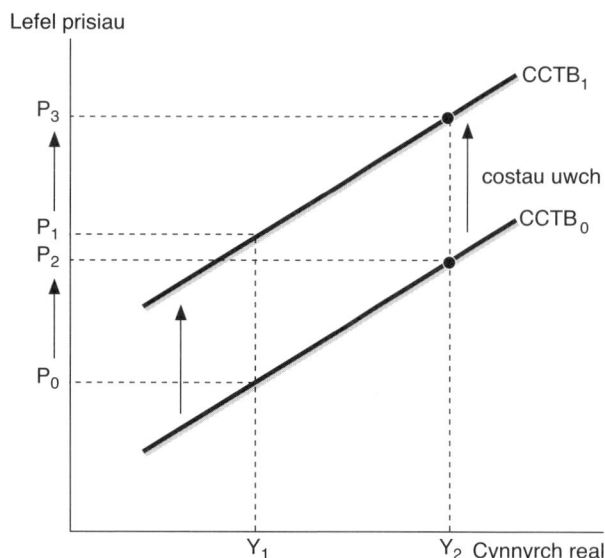

• effaith cynnydd yn y galw cyfanredol

Yn y diagram isod mae'r cydbwysedd tymor hir i'w gael yn E; mae'r economi ar gyflogaeth lawn. Mae cynnydd yn y galw cyfanredol yn tynnu lefel prisiau i fyny. Mae'r prisiau uwch yn gostwng cyflogau real, mae cwmnïau'n cyflogi mwy ac mae cyflenwad yn cynyddu, fel y dangosir ar y cyflenwad cyfanredol (pwynt F). Nawr mae cwmnïau'n cynhyrchu y tu hwnt i'w gallu cynhyrchu normal, felly mae yna oralw am lafur, gan dynnu cyflogau arian i fyny a symud cyflenwad cyfanredol i fyny (pwynt H). Os bydd cyflogau real yn dychwelyd i'w hen lefel, bydd cydbwysedd yn ôl ar lefel cyflogaeth lawn; bydd prisiau a chyflogau arian wedi cynyddu ond bydd yr economi yn ôl ar gyflogaeth lawn. Mae cyflenwad cyfanredol y tymor hir yn fertigol.

Mae Keynesiaid yn credu bod y symud o gyflenwad cyfanredol y tymor byr i gyflenwad cyfanredol y tymor hir yn araf, gan fod cyflogau arian yn araf i gymhwyso. Mae arianyddwyr yn credu bod y cymhwysiad yn gyflym, gan fod cyflogau arian yn gyflym i gymhwyso.

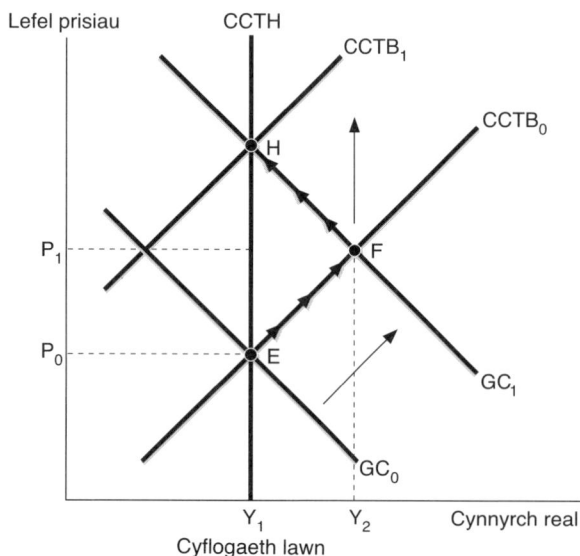

• effaith gostyngiad yn y galw cyfanredol

Mae'r cydbwysedd tymor hir i'w gael yn E; mae'r economi ar gyflogaeth lawn. Mae gostyngiad yn y galw cyfanredol yn arwain at ostyngiad yn lefel prisiau a chydbwysedd newydd yn B. Gyda'r hen gyflogau arian a phrisiau is, mae cyflogau real wedi cynyddu. Mae llai yn cael ei gynhyrchu ac mae yna orgyflenwad llafur. Mae'r economi islaw cyflogaeth lawn. Yn y tymor hir, bydd cyflogau arian yn gostwng, gan symud cyflenwad cyfanredol i lawr. Gyda chyflogau arian is a phrisiau is, bydd y cyflog real yn dychwelyd i gyfradd cydbwysedd y tymor hir a bydd yr economi yn ôl ar gyflogaeth lawn. Mae arianyddwyr yn credu bod y broses hon yn gyflym; mae Keynesiaid yn credu bod cyflogau arian yn araf i ostwng ac felly gall yr economi aros yn B islaw cyflogaeth lawn.

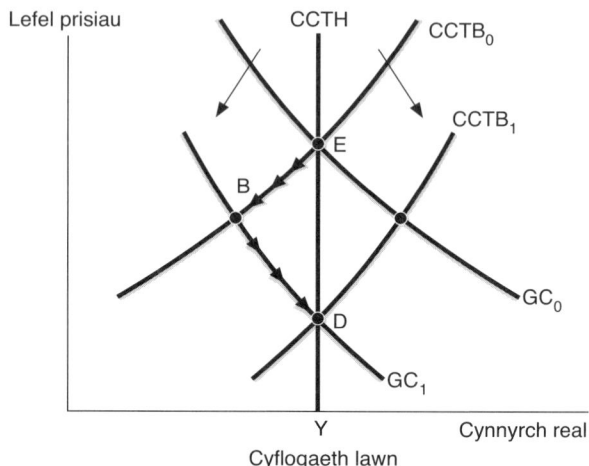

• effaith cynnydd mewn costau

Yn y tymor byr, mae cynnydd mewn costau yn symud y cyflenwad cyfanredol i fyny (i $CCTB_1$) gan fod costau cynhyrchu wedi cynyddu. Mae lefel prisiau'n codi i P_1; mae cynnyrch yn gostwng i Y_1. Mae hyn yn darlunio 'chwyddwasgiad' (*stagflation*), h.y. prisiau uwch a chynnyrch a chyflogaeth is. Os na fydd y Llywodraeth yn gwneud dim, yna yn ôl economegwyr arianolaethol bydd yr economi'n dychwelyd i gydbwysedd y tymor hir – bydd diweithdra'n rhoi pwysau tuag i lawr ar gyflogau arian, fydd yn gostwng costau a bydd cyflenwad cyfanredol y tymor byr yn symud yn ôl i $CCTB_0$. Mae Keynesiaid yn dadlau bod y cymhwysiad hwn yn debygol o gymryd amser hir, oherwydd bod cyflogau arian yn araf i ostwng. Dewis arall yw y gallai'r Llywodraeth ymyrryd drwy gynyddu'r cyflenwad arian a hybu'r galw, am fod cynnyrch wedi gostwng i Y_1. Bydd y gweithredu atchwyddol hyn yn symud galw cyfanredol allan i GC_1; bydd cynnyrch yn dychwelyd i lefel cyflogaeth lawn; a bydd prisiau'n codi i P_2. Bydd yr economi yn ôl ar gyflogaeth lawn, gyda chyfradd naturiol diweithdra ond prisiau uwch.

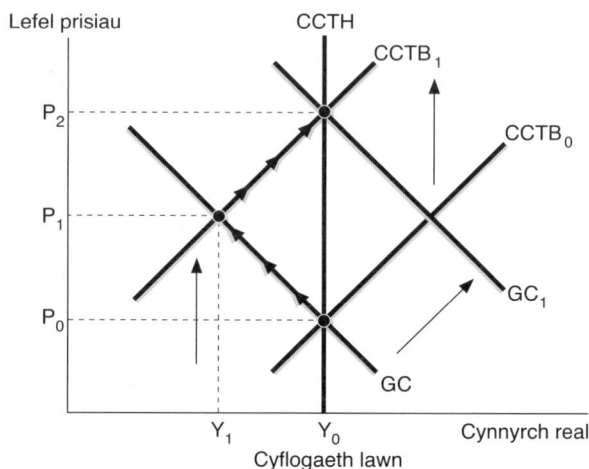

Croesddiagramau Keynesaidd (diagramau 45°)

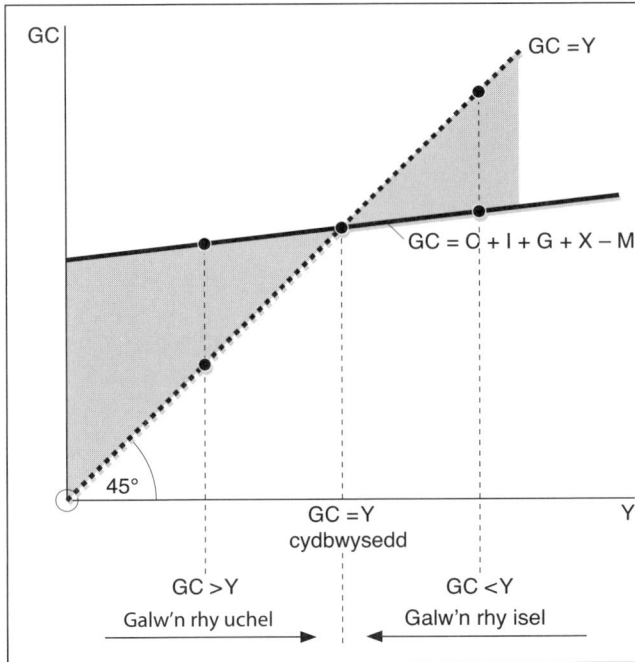

Mae'r llinell 45 gradd yn dangos yr holl gyfuniadau o bwyntiau lle mae gwerthoedd y ddwy echelin yn hafal.

Yn yr achos hwn mae'r llinell 45 gradd yn dangos yr holl bwyntiau lle mae lefel galw cyfanredol (GC) yn hafal i lefel cynnyrch ac incwm (Y), h.y. yr holl bwyntiau cydbwysedd posibl lle mae GC = Y, h.y. galw cyfanredol = cynnyrch.

Bydd yr economi bob amser yn symud tuag at y pwynt hwn. Os ydy'r galw cyfanredol yn fwy na'r cynnyrch mae cymhelliad i gwmnïau gynhyrchu mwy. Os ydy'r galw cyfanredol yn llai na'r cynnyrch mae cymhelliad i gwmnïau gynhyrchu llai.

Noder: yn y model Keynesaidd, tybir bod prisiau'n gyson; h.y. mae cwmnïau'n newid eu cynnyrch nid eu prisiau.

Mae rhestr y galw cyfanredol = C + I + G + X – M

Bydd y galw cyfanredol yn symud i fyny os bydd:
* cynnydd mewn treuliant awtonomaidd
* cynnydd mewn buddsoddiant (e.e. oherwydd cyfraddau llog is)
* cynnydd yng ngwariant y Llywodraeth (e.e. polisi cyllidol ehangol)
* cynnydd mewn allforion (e.e. oherwydd cyfradd gyfnewid is)
* gostyngiad mewn mewnforion (e.e. oherwydd cwotâu)

Mae goledd y galw cyfanredol yn dibynnu ar y tueddfryd ffiniol i dreulio.

Galw cyfanredol

Mewn economi dau sector, mae'r galw cyfanredol yn cynnwys treuliant gan gartrefi a buddsoddiant gan gwmnïau.

Caiff buddsoddiant ei luniadu fel llinell syth yn y diagram hwn – tybir nad yw'n gysylltiedig â lefel incwm gwladol (h.y. mae'n alldarddol neu'n awtonomaidd/annibynnol ar incwm). Mae buddsoddiant yn dueddol o fod yn gysylltiedig â chyfraddau llog a disgwyliadau ynghylch lefel incwm yn y dyfodol yn hytrach na lefel *bresennol* incwm yn yr economi.

Mewn economi tri sector, mae'r galw cyfanredol yn cynnwys treuliant gan gartrefi, buddsoddiant gan gwmnïau a gwariant y Llywodraeth.

Caiff gwariant y Llywodraeth ei luniadu fel llinell syth yn y diagram. Y rheswm yw bod lefel gwariant y Llywodraeth yn dibynnu ar bolisi'r Llywodraeth yn hytrach na lefel incwm. Efallai y bydd y Llywodraeth yn gwario mwy yn ystod ffyniant neu enciliad neu efallai na fydd, ni allwn ddweud yn bendant, felly tybiwn yn y model hwn ei fod yn awtonomaidd/ annibynnol ar incwm gwladol.

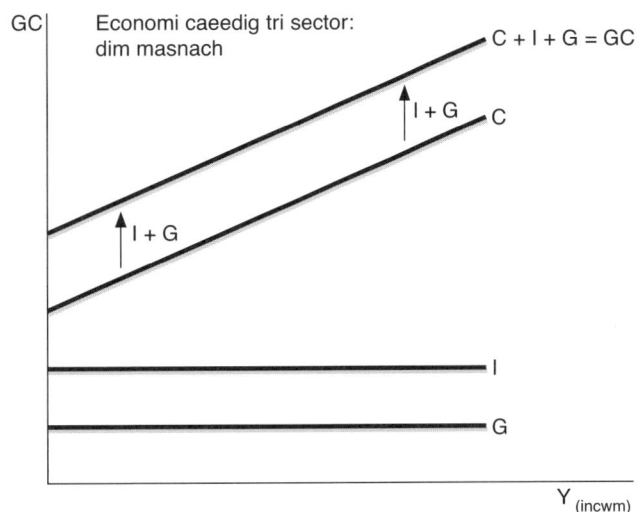

Bwlch chwyddiannol

Mae hwn i'w gael pan fydd lefel y galw cyfanredol yn fwy na lefel cynnyrch cyflogaeth lawn; bydd hyn yn achosi pwysau tuag i fyny ar brisiau.

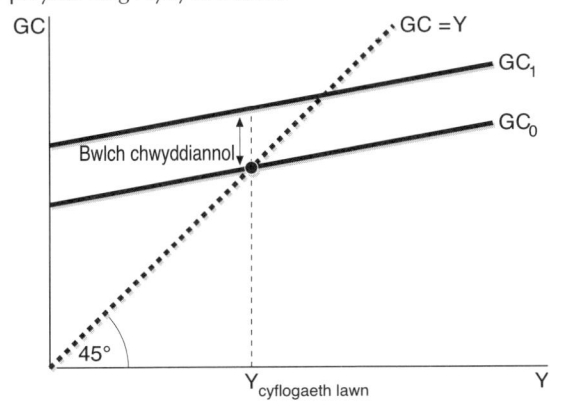

Bwlch dadchwyddol

Mae hwn i'w gael pan fydd lefel y galw cyfanredol yn is na lefel cynnyrch cyflogaeth lawn.

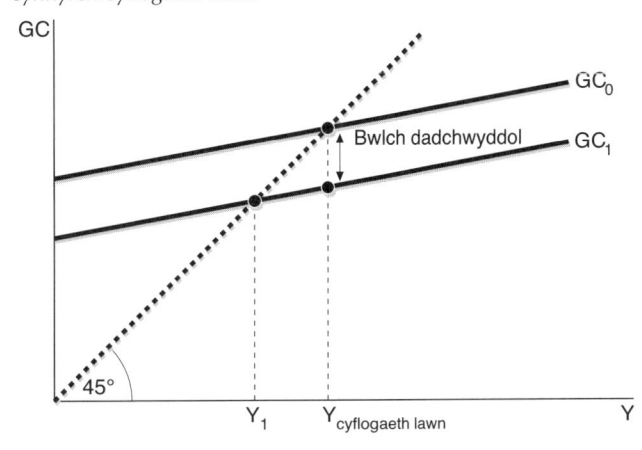

Croesddiagramau Keynesaidd (parhad)

Incwm gwladol a'r sefyllfa gyllidol

Gyda chynnydd mewn incwm gwladol, bydd derbyniadau trethi net yn cynyddu, e.e. bydd y Llywodraeth yn ennill mwy o dreth incwm a TAW ac yn talu llai o fudd-daliadau. A thybio bod gwariant y Llywodraeth yn awtonomaidd, bydd y sefyllfa gyllidol yn symud tuag at warged.

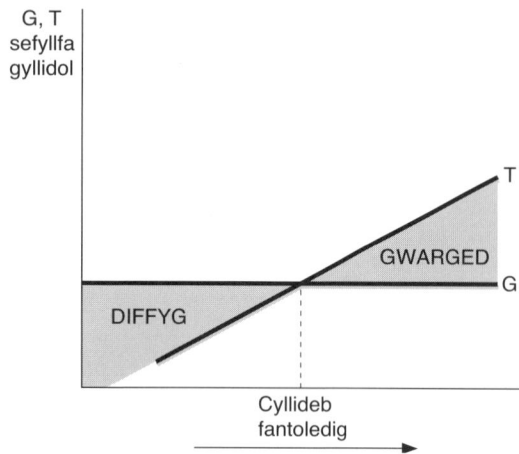

Y lluosydd

Mae'r lluosydd yn dangos sut mae cynnydd mewn chwistrelliadau bwriedig i mewn i'r economi yn arwain at gynnydd mwy mewn cynnyrch ac incwm. Y rheswm yw bod y chwistrelliad cychwynnol yn dechrau rowndiau o wario. Mae'n seiliedig ar y syniad bod 'gwariant un person yn incwm i berson arall'. Dychmygwch fod y Llywodraeth yn gwario £100 miliwn ar adeiladu ffordd newydd. Caiff y £100 miliwn hyn ei dalu i gwmni adeiladu ffyrdd fydd yn gwario peth o hyn ar brynu cyfarpar a defnyddiau, talu am lafur, talu ei orbenion a thalu cyfranddalwyr. Er enghraifft, efallai y bydd yn gwario £80 miliwn. Cynilir y gweddill. Mae'r gwahanol grwpiau sydd wedi derbyn yr arian hwn nawr yn gwario peth o'r £80 miliwn. Gallai'r cyfranddalwyr brynu gwyliau, mae'r gweithwyr yn talu am eu bwyd, mae'r cyflenwyr yn talu eu gweithwyr nhw ac yn prynu eu defnyddiau. O'r £80 miliwn, efallai y caiff £64 miliwn ei wario. Daw hyn wedyn yn incwm i set arall o bobl sy'n mynd ati i wario rhywfaint ohono.

Mae'r £100 miliwn cychwynnol yn creu cyfres o godiadau llai a llai mewn gwario ledled yr economi (yn yr achos hwn £100m + £80m + £64m + ...).

Bydd maint y lluosydd yn dibynnu ar faint sy'n cael ei wario ym mhob cam, h.y. y tueddfryd ffiniol i dreulio (TFfD). Po fwyaf gaiff ei wario ym mhob cam (h.y. po fwyaf yw'r TFfD), mwyaf i gyd fydd yr effaith gyfan.

$$\text{Lluosydd} = \frac{\text{newid mewn incwm}}{\text{newid mewn chwistrelliadau}} = \frac{\Delta Y}{\Delta J}$$

Incwm gwladol a'r fantol daliadau (cyfrif cyfredol)

Gyda chynnydd mewn incwm, bydd mwy yn cael ei wario ar fewnforion. A thybio bod allforion yn awtonomaidd, bydd sefyllfa'r fantol daliadau yn gwaethygu.

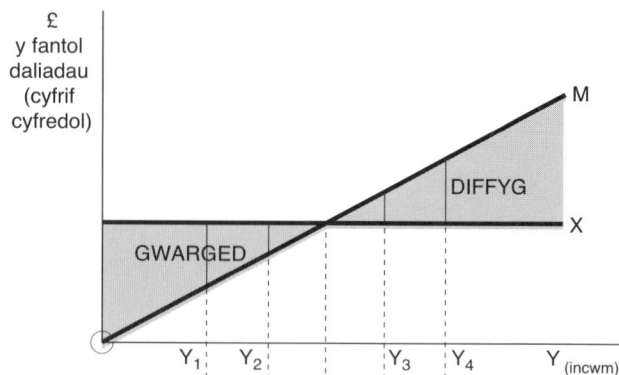

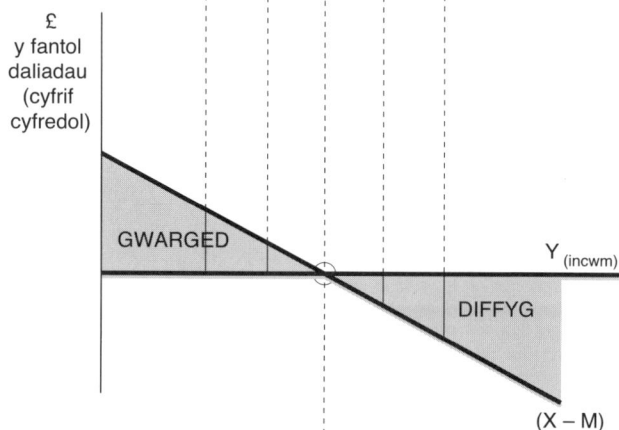

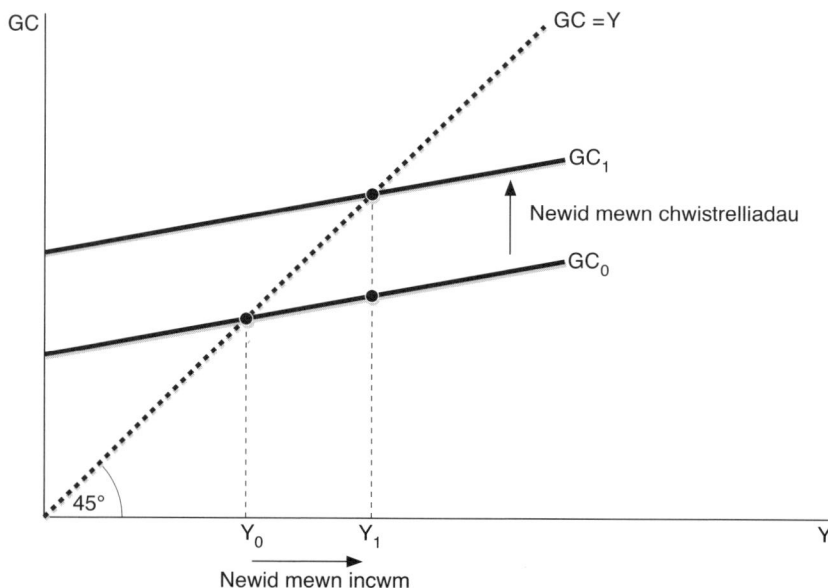

Croesddiagramau Keynesaidd (parhad)

Maint y lluosydd

Gellir cyfrifo maint y lluosydd gan ddefnyddio'r hafaliad:

$$\frac{1}{1 - \text{TFfD}}$$

Er enghraifft, os ydy'r TFfD yn 0.5, mae'r lluosydd yn 2. Os ydy'r TFfD yn 0.9, mae'r lluosydd yn 10.

Os ydy'r lluosydd yn 2, mae hyn yn golygu y bydd unrhyw chwistrelliad yn cael dwywaith gymaint o effaith ar incwm, e.e. os bydd y Llywodraeth yn gwario £100m bydd hyn yn arwain at gynnydd o £200m mewn incwm gwladol. Os ydy'r lluosydd yn 10, mae hyn yn golygu y bydd unrhyw chwistrelliad i mewn i'r economi yn cael 10 gwaith gymaint o effaith ar incwm gwladol, e.e. os bydd y Llywodraeth yn gwario £100m bydd hyn yn arwain at gynnydd cyfan o £1000m.

Gall y lluosydd gael ei fynegi hefyd fel

$$\frac{1}{\text{TFfG} + \text{TFfF} + \text{CFfD}}$$

lle mae CFfD = cyfradd ffiniol y dreth = faint o dreth sy'n cael ei thalu allan o bob punt ychwanegol.

GC — TFfD uchel (GC serth) lluosydd mawr — GC = Y — GC₁ — Cynnydd mewn chwistrelliadau — GC₀

$$\text{Lluosydd} = \frac{\text{newid mewn incwm}}{\text{newid mewn chwistrelliadau}}$$

45° — Y_0 — Y_1 — Y — Cynnydd mewn cynhyrch

GC — TFfD isel (GC gwastad) lluosydd isel — GC = Y — GC₁ — GC₀ — 45° — Y_0 — Y_1 — Y

TFfF = tueddfryd ffiniol i fewnforio = faint sy'n cael ei wario ar fewnforion allan o bob punt ychwanegol.

TFfG = tueddfryd ffiniol i gynilo = faint sy'n cael ei gynilo allan o bob punt ychwanegol.

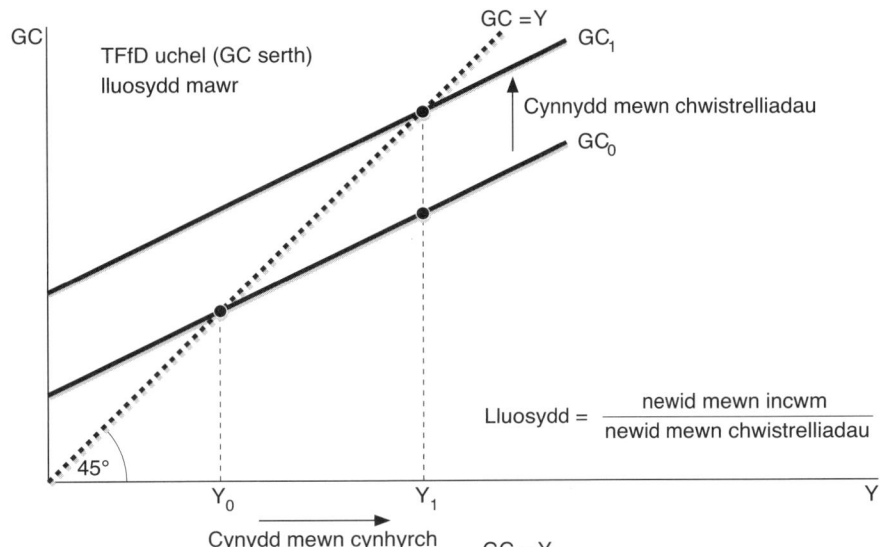

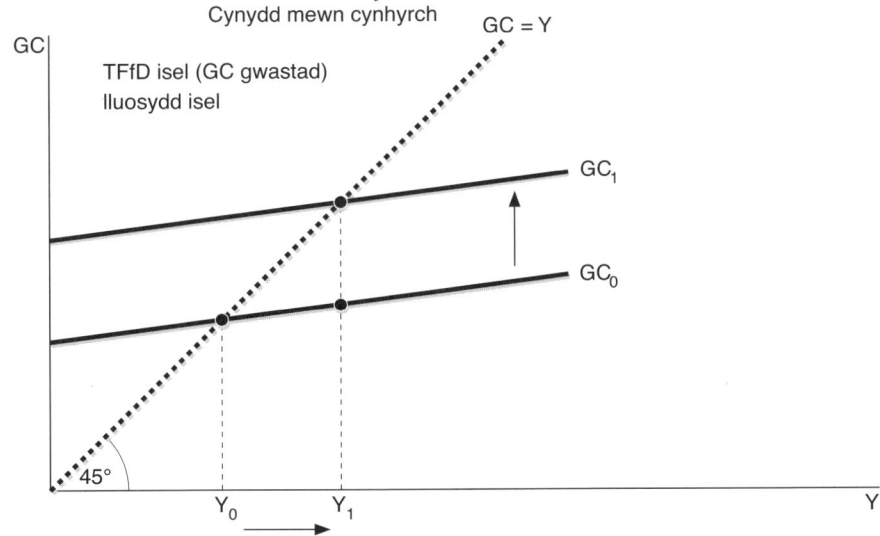

Penderfynyddion maint y lluosydd

- os ydy'r economi'n agored yn hytrach nag yn gaeedig, bydd defnyddwyr yn prynu mewnforion – bydd hyn yn lleihau faint o arian a drosglwyddir ym mhob cam o broses y lluosydd o fewn y DU, h.y. mae'n lleihau'r tueddfryd ffiniol i dreulio o fewn y DU, felly mae'r lluosydd yn llai
- cyfraddau llog – gallai cyfraddau llog uwch hybu mwy o gynilo a llai o wario ac felly lleihau'r lluosydd
- cyfraddau trethi – gyda chyfraddau uwch o drethi, caiff mwy o bob punt ei roi i'r Llywodraeth a chaiff llai ei wario ar nwyddau a gwasanaethau'r DU; mae'r lluosydd yn llai

Tueddfryd ffiniol i fewnforio (TFfF)

Mae'n dibynnu ar y canlynol:

- prisiau cymharol nwyddau'r DU a nwyddau gwledydd tramor – bydd hyn yn dibynnu ar y gyfradd gyfnewid i raddau helaeth
- ansawdd nwyddau a gwasanaethau
- incwm
- cyfraddau llog – os ydy cyfraddau llog dramor yn uchel, bydd pobl yn y DU eisiau cynilo dramor a bydd arian yn gadael y DU
- hapfasnachu – os ydy pobl yn credu y bydd y bunt yn gostwng, byddan nhw'n gwerthu punnoedd nawr ac yn prynu arian cyfred tramor

Polisi cyllidol

Mae polisi cyllidol yn golygu defnyddio gwariant y Llywodraeth a chyfraddau trethi i reoli'r economi.

Mae gwariant y Llywodraeth yn cynnwys

- iechyd
- addysg
- cyfraith a threfn
- cludiant
- nawdd cymdeithasol
- tai
- amddiffyn

Un o elfennau mwyaf sylweddol gwariant Llywodraeth y DU yw nawdd cymdeithasol sydd yn aml yn cynrychioli mwy na 20% o gyfanswm y gwariant. Ar ôl hwn, iechyd ac amddiffyn fel arfer yw elfennau mwyaf sylweddol gwariant y Llywodraeth.

Mae ffynonellau derbyniadau'r Llywodraeth yn cynnwys

- trethi
- derbyniadau preifateiddio
- rhenti o adeiladau a thir y Llywodraeth
- elw diwydiannau gwladoledig
- incwm buddrannau o unrhyw gyfranddaliadau sydd gan y Llywodraeth mewn mentrau preifat

Fel arfer y ffynhonnell fwyaf sylweddol o dderbyniadau Llywodraeth y DU yw treth incwm, ac yn dilyn hwnnw TAW a chyfraniadau nawdd cymdeithasol.

Gofyniad Arian Net y Sector Cyhoeddus *(PSNCR)*

Dyma fenthyca'r sector cyhoeddus (Llywodraeth ganolog, Llywodraeth leol a sefydliadau gwladwriaethol eraill fel diwydiannau gwladoledig). Yn ystod rhai cyfnodau mae incwm y Llywodraeth yn fwy na'i gwariant (e.e. yn y DU yn 1988-91 ac 1999-2001); mae hyn yn golygu bod yna warged cyllidol, sef *PSNCR* negatif.

Sefyllfa gyllidol

- Diffyg cyllidol: mae'r llywodraeth ganolog yn gwario mwy nag mae'n ei dderbyn mewn derbyniadau trethi
- Gwarged cyllidol: mae gwariant y llywodraeth ganolog yn llai na'i derbyniadau trethi

Dyddiadau allweddol ym mlwyddyn gyllidol y DU

- Y gyllideb ym mis Mawrth; dyma pryd mae'r Canghellor yn rhoi rhagfynegiad o wariant y Llywodraeth a threthi am y flwyddyn sydd i ddod. Hefyd cyhoeddir newidiadau mewn trethi.
- Tachwedd neu Ragfyr: mae'r Canghellor yn cyflwyno Adroddiad Cyn-y-Gyllideb ac Adolygiad Gwariant Cynhwysfawr, gan gyhoeddi hefyd gwariant a threthi a ragfynegir.

Treth

Trethi uniongyrchol: mae'r rhain yn cymryd arian yn uniongyrchol o incwm pobl neu o elw cwmnïau, e.e.

- treth incwm – yn daladwy ar incwm
- treth gorfforaeth – yn cael ei thalu gan gwmnïau ar eu helw
- cyfraniadau Yswiriant Gwladol – yn cael eu talu gan unigolion
- treth derbyniadau petroliwm a godir ar incwm net meysydd Môr y Gogledd

Trethi ar eiddo

- treth etifeddiaeth – yn cael ei thalu pan gaiff arian ei etifeddu
- treth enillion cyfalaf – yn cael ei thalu pan fydd gwerth ased yn cynyddu a gwerthir yr ased am fwy nag a dalwyd amdano
- treth gyngor – treth leol sy'n cael ei thalu gan gartrefi ac sy'n cael ei gosod gan y llywodraeth leol ym mhob ardal

Trethi anuniongyrchol: mae'r rhain yn cael eu talu pan fydd nwyddau a gwasanaethau yn cael eu prynu, e.e.

- Treth ar Werth (TAW)
- treth ar dybaco
- tollau ecseis ar alcohol

Dylai system dda o drethi fod

- â thegwch llorweddol – mae pobl yn yr un amgylchiadau yn talu'r un swm
- â thegwch fertigol – dylai trethi fod yn deg o ran cyfoethog a thlawd
- yn rhad i'w gweinyddu
- yn anodd ei hosgoi; yn gyfleus i'w thalu
- yn hawdd ei deall gan y trethdalwr
- ag effaith anghymell gyfyngedig, e.e. ni ddylai hybu pobl i beidio â gweithio

---

Magl ddiweithdra – pan fydd pobl yn waeth eu byd drwy weithio nag y byddan nhw pan fyddan nhw'n derbyn budd-daliadau. Oherwydd eu bod yn colli budd-daliadau pan fyddan nhw'n dechrau gweithio a'u bod yn cael eu trethi ar eu hincwm, bydd cyfanswm eu hincwm yn disgyn pan fyddan nhw'n dechrau gweithio. Mae hyn yn creu cymhelliad i *beidio* â gweithio.

Magl dlodi – pan fydd pobl yn waeth eu byd pan fyddan nhw'n ennill mwy! Y rheswm yw eu bod yn colli rhai budd-daliadau.

Systemau treth

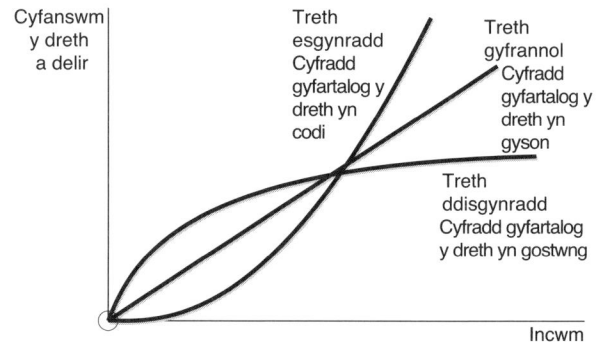

(Noder: i ddarganfod cyfradd gyfartalog y dreth yn y diagram, mesurwch raddiant y pelydrau o'r tarddbwynt i bwyntiau gwahanol ar y cromliniau)

- Treth gyfrannol – wrth i incwm godi, mae'r gyfran a gaiff ei thalu mewn treth yn aros yn gyson, e.e. os ydy pobl yn talu 15% ar eu holl enillion
- Treth esgynradd – wrth i incwm godi, mae cyfradd gyfartalog y dreth yn codi, h.y. mae pobl yn talu cyfran fwy o'u hincwm mewn treth
- Treth ddisgynradd – wrth i incwm godi, mae cyfradd gyfartalog treth incwm yn gostwng, h.y. mae pobl yn talu cyfran lai o'u hincwm mewn treth

---

Safiad cyllidol – mae hyn yn cyfeirio at ydy'r Llywodraeth yn dilyn polisi ehangu neu grebachu, h.y. ydy'r Llywodraeth yn cynyddu'r galw cyfanredol neu'n ei ostwng? I ddarganfod hyn, mae'n bwysig edrych ar bolisi cyllidol dewisol ac anwybyddu effeithiau awtomatig newidiadau yn lefelau incwm.

Mae **polisïau cyllidol atchwyddol (ehangu)** yn cynnwys trethi is a mwy o wariant Llywodraeth. Mae'r rhain yn cynyddu'r galw cyfanredol.

Mae **polisïau cyllidol dadchwyddol (crebachu)** yn cynnwys trethi uwch a llai o wariant Llywodraeth. Mae'r rhain yn gostwng y galw cyfanredol.

Polisi cyllidol (parhad)

Cromlin Lorenz

% o incwm

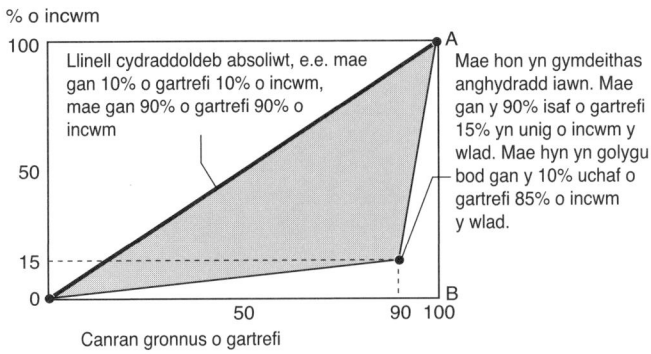

Llinell cydraddoldeb absoliwt, e.e. mae gan 10% o gartrefi 10% o incwm, mae gan 90% o gartrefi 90% o incwm

Mae hon yn gymdeithas anghydradd iawn. Mae gan y 90% isaf o gartrefi 15% yn unig o incwm y wlad. Mae hyn yn golygu bod gan y 10% uchaf o gartrefi 85% o incwm y wlad.

Canran gronnus o gartrefi

Mae'r **Cyfernod Gini** yn mesur y rhanbarth rhwng y gromlin Lorenz a llinell cydraddoldeb absoliwt (y rhanbarth sydd wedi'i dywyllu) o'i gymharu â'r cyfan o'r triongl isaf (OAB). Po fwyaf yw'r Cyfernod Gini, mwyaf i gyd yw'r anghydraddoldeb mewn gwlad. Gall polisi cyllidol helpu i ailddosrannu incwm a lleihau anghydraddoldeb, e.e. trwy dreth incwm a budd-daliadau.

Sefydlogyddion awtomatig

Os ydy'r incwm yn yr economi yn dechrau cynyddu, mae'r system dreth esgynradd yn gweithredu fel sefydlogydd awtomatig. Y rheswm yw y bydd mwy o bobl yn talu cyfradd uwch o dreth ac felly bydd lefel incwm gwario a gwariant yn llai nag a fyddai heb Lywodraeth. Bydd hyn yn lleddfu effaith y ffyniant.

Yn yr un modd, caiff effaith dirwasgiad ei lleihau oherwydd taliadau trosglwydd. Pan fydd incwm yn gostwng, bydd rhai pobl nawr â hawl i fudd-daliadau fydd yn cadw eu hincwm a'u gwariant yn uwch nag a fyddent heb Lywodraeth.

Mae'r system dreth yn lleihau maint y lluosydd hefyd – allan o bob punt ychwanegol bydd yn rhaid i'r defnyddiwr dalu rhywfaint o dreth, felly bydd y tueddfryd ffiniol i dreulio yn gostwng. Bydd hyn yn lleihau'r lluosydd ac felly bydd unrhyw newid mewn chwistrelliadau yn cael effaith lai.

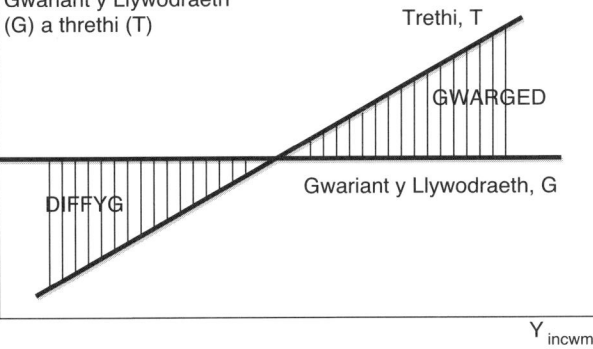

Gwariant y Llywodraeth (G) a threthi (T)

Trethi, T

GWARGED

Gwariant y Llywodraeth, G

DIFFYG

Y incwm

Os bydd incwm yn cynyddu, bydd y sefyllfa gyllidol yn awtomatig yn symud tuag at warged

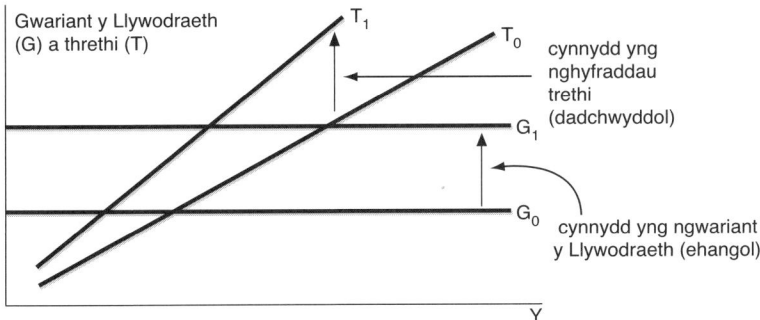

Gwariant y Llywodraeth (G) a threthi (T)

cynnydd yng nghyfraddau trethi (dadchwyddol)

cynnydd yng ngwariant y Llywodraeth (ehangol)

Y

Newidiadau dewisol mewn polisi cyllidol, e.e. cynnydd yng nghyfraddau trethi neu gynnydd yng ngwariant y Llywodraeth

Rheolau cyllidol

Yn 1998 cyhoeddodd y Llywodraeth ddwy reol gyllidol:

- Y **rheol euraidd**: dim ond arian i'w fuddsoddi y byddai'r Llywodraeth yn ei fenthyca dros gyfnod cyfan cychred fasnach. Gallai gynyddu benthyca i gyllido gwariant cyfredol ond byddai angen i hynny gael ei hafalu gan ad-daliadau yn ddiweddarach. Dros y gylchred gyfan, byddai'n rhaid i fenthyca net ar gyfer gwariant cyfredol fod yn sero. Fodd bynnag, gallai'r Llywodraeth fenthyca ar gyfer gwariant cyfalaf fel buddsoddi mewn ffyrdd ac ysbytai. (Noder: **gwariant cyfredol** yw gwariant ar eitemau a ddefnyddir yn y cyfnod cyfredol, e.e. cyflogau a defnyddiau; **gwariant cyfalaf** yw gwariant ar asedau tymor hir sy'n darparu budd dros gyfnod, fel isadeiledd.)
- **Rheol y ddyled gyhoeddus**: byddai cymhareb dyled gyhoeddus i incwm gwladol yn cael ei chadw ar 'lefel sefydlog a challl' dros y gylchred fasnach ar lai na 40% o CMC.

Defnyddio newidiadau trethi o'u cymharu â newidiadau gwariant

Newidiadau trethi:

- gall newidiadau i drethi a budd-daliadau gael eu cyflwyno a chael effaith yn eithaf cyflym
- gall gostyngiadau trethi gynyddu cymhellion (i weithio neu i fuddsoddi) ac felly cael effeithiau ochr-gyflenwad

ond

- maen nhw'n ddull anuniongyrchol, h.y. efallai na fydd y Llywodraeth yn gallu rhagfynegi sut y bydd defnyddwyr yn ymateb i ostyngiad treth – gallen nhw wario neu gynilo'r arian ychwanegol

Newidiadau gwariant:

- gall gwariant y Llywodraeth gael ei dargedu at ddiwydiannau neu ranbarthau penodol
- mae hyn yn cynyddu'r galw cyfanredol yn uniongyrchol ac felly yn cael effeithiau lluosydd llawn, e.e. bydd £100 o wariant yn cychwyn y lluosydd â £100 o gynnydd yn y galw; os bydd y Llywodraeth yn dychwelyd £100 mewn treth, bydd rhywfaint yn cael ei gynilo, felly bydd y cynnydd cychwynnol yn y galw yn llai

ond

- mae oediad amser cyn i'r gwariant ddigwydd, e.e. gall fod oedi hir rhwng penderfynu cynyddu gwariant a'r gwariant yn digwydd

Cyllido diffyg

I gyllido diffyg gall y Llywodraeth werthu

- biliau Trysorlys (benthyca tymor byr gan y Llywodraeth) – dogfennau cydnabod dyled (*IOUs*) a adbrynir ar ôl tri mis yw'r biliau hyn
- bondiau – dyled dymor hirach yw'r rhain, h.y. *IOUs* tymor hirach
- tystysgrifau Cynilion Gwladol

neu

- gall Banc Lloegr fenthyca i'r Llywodraeth fel banciwr y Llywodraeth

Sefydlogyddion dewisol

Gweithredu bwriadol gan y Llywodraeth i sefydlogi'r economi, e.e. newidiadau yng nghyfradd trethiant, gwario ar nwyddau a gwasanaethau. Yn ystod dirwasgiad, er enghraifft, bydd y Llywodraeth fel arfer yn ceisio atchwyddo'r economi drwy ysgogi galw cyfanredol; yn ystod ffyniant bydd yn ceisio dadchwyddo'r economi drwy ostwng galw cyfanredol.

Polisi cyllidol (parhad)

Effaith cyllido diffyg ar y cyflenwad arian

Mae bodolaeth diffyg yn golygu bod y Llywodraeth yn rhoi mwy o arian i mewn i'r economi nag mae'n ei dynnu allan. Bydd hyn yn cynyddu swm yr arian sydd yn yr economi. Fodd bynnag, os bydd y Llywodraeth yn gwerthu dyled i'r cyhoedd allfanc (*non-bank*), neu'n annog pobl i ddefnyddio'r Cynilion Gwladol, bydd hynny'n mynd â'r arian gormodol allan eto, a gall yr effaith gyfan ar y cyflenwad arian fod yn niwtral. Yn yr un modd, os bydd y Llywodraeth yn gwerthu dyled dymor hir i fanciau, bydd hynny'n gostwng hylifedd y banciau (am eu bod wedi cyfnewid arian am *IOUs* tymor hir) a gall leihau eu benthyca. Gallai hynny wrthbwyso'r cynnydd yn y cyflenwad arian o'r diffyg. Os bydd y Llywodraeth yn gwerthu biliau Trysorlys i fanciau, mae'r rhain mor hylifol fel na fydd hyn yn debygol o effeithio ar eu benthyca – ar y cyfan bydd y cyflenwad arian wedi cynyddu.

Y Ddyled Wladol

Y Ddyled Wladol yw cyfanswm dyled y Llywodraeth – mae'n cynyddu pryd bynnag y bydd gan y Llywodraeth ddiffyg, gan fod y Llywodraeth yn cael benthyg mwy o arian. Rhaid i'r Llywodraeth dalu llog y benthyca hyn o enillion yn y dyfodol.

- Os ydy'r Ddyled Wladol yn cynnwys benthyciadau o fewn y wlad yn unig, mae'r Llywodraeth yn symud arian o gwmpas o un grŵp i grŵp arall. Mae llog yn ddyledus ganddo i rai pobl ac i dalu'r rhain mae'n cael benthyg gan grŵp arall. Pan fydd yn rhaid ad-dalu'r rhain, bydd yn cael benthyg gan grŵp arall. Mae'r arian yn aros yn yr economi.
- Os ydy'r Llywodraeth yn benthyca o wledydd tramor, rhaid i'r llog gael ei dalu i bobl y tu allan i'r wlad ac felly gallai'r Ddyled Wladol fod yn faich.

Problemau rheoli gwariant y Llywodraeth

- mae rhai eitemau gwariant yn anodd iawn eu lleihau, e.e. gwariant ar iechyd ac addysg – mae'r galw am y rhain yn cynyddu byth a hefyd. Mae pobl yn disgwyl safonau gwell ac mae'n wleidyddol annoeth cwtogi ar y rhain.
- ffactorau y tu hwnt i reolaeth y Llywodraeth, e.e. mae poblogaeth sy'n heneiddio yn gosod mwy o faich ar y gwasanaeth iechyd. Gall rhyfeloedd wneud ymyriad neu fwy o wario ar amddiffyn yn ofynnol.
- nid yw ymrwymiadau i wledydd eraill neu gyfundrefnau fel yr Undeb Ewropeaidd yn hawdd eu terfynu

Problemau polisi cyllidol

- oediadau amser – bydd unrhyw newid mewn polisi yn cymryd amser i weithio drwy'r economi, ac erbyn hynny efallai na fydd angen y newid polisi
- problemau gwybodaeth – mae'n anodd gwybod union sefyllfa'r economi ar unrhyw adeg benodol neu amcangyfrif maint y lluosydd neu'r cyflymydd
- llusgiad cyllidol (*fiscal drag*) – os ydy'r Llywodraeth yn parhau i wario a bod cyfraddau trethi yn gyson, gall hyn gael effaith ddadchwyddol ar yr economi; wrth i gartrefi a chwmnïau ennill mwy, maen nhw'n symud i mewn i haenau treth uwch ac yn talu mwy o dderbyniadau trethi i'r Llywodraeth
- allwthio (*crowding out*) – mae hyn yn digwydd pan fydd gwariant y Llywodraeth yn 'allwthio' gwariant y sector preifat (h.y. mae'r Llywodraeth yn gwario mwy ond mae'r sector preifat yn gwario llai, felly nid yw'r effaith ar wariant cyfan yn fawr). Mae dau fath o allwthio:
  1. **Allwthio adnoddau:** os ydy'r economi'n agos at allu cynhyrchu llawn a bod y Llywodraeth yn defnyddio adnoddau fel llafur a chyfalaf a fyddai fel arall wedi cael eu defnyddio gan y sector preifat (nid yw'r ddadl hon yn gweithio os oes llawer iawn o adnoddau heb eu defnyddio, oherwydd wedyn dydy'r Llywodraeth a'r sector preifat ddim yn cystadlu am adnoddau).
  2. **Allwthio ariannol:** mae hyn i'w gael pan fydd gwariant y Llywodraeth yn dargyfeirio adnoddau ariannol i ffwrdd o'r sector preifat. Os ydy'r Llywodraeth yn gwario mwy, efallai y bydd angen iddi fenthyca mwy; i godi'r arian hwn, efallai y bydd angen iddi gynyddu cyfraddau llog a gall hynny rwystro buddsoddi gan y sector preifat. Hefyd, os ydy'r Llywodraeth yn cael benthyg gan fanciau, bydd gan y rhain lai i'w fenthyca i'r sector preifat, gan leihau ei wariant.
- efallai na fydd treuliant yn sensitif i newidiadau mewn trethi, e.e. efallai y bydd defnyddwyr yn cynilo unrhyw gynnydd mewn incwm gwario yn hytrach na gwario cyfran ohono
- yn aml mae ymyriad Llywodraeth yn mynd yn rhy bell neu heb fynd yn ddigon pell, h.y. mae'n cynyddu'r galw cyfanredol ormod neu rhy ychydig oherwydd oediadau amser a gwybodaeth wael; gall hyn ansefydlogi'r economi

Polisïau manwl diwnio/sefydlogi

Ymdrechion yw'r rhain gan y Llywodraeth i ddefnyddio polisi cyllidol yn rheolaidd i gynyddu neu ostwng galw cyfanredol, er mwyn ei gadw ar lefel a ddymunir i gyflawni ei hamcanion. Roedd y rhain yn gyffredin yn yr 1950au a'r 1960au.

Polisi cyllidol yn erbyn polisi ariannol

Mae polisi cyllidol yn debygol o fod yn fwy effeithiol na pholisi ariannol:

- os ydy'r galw am arian yn llog elastig (felly ni fydd newidiadau yn y cyflenwad arian yn cael fawr ddim effaith ar gyfraddau llog)
- os ydy effeithlonrwydd ffiniol cyfalaf yn llog anelastig (felly ni fydd newidiadau yng nghyfraddau llog yn cael fawr ddim effaith ar fuddsoddi)

Polisi cyllidol Keynesaidd

O'r 1930au hyd at yr 1970au, roedd llywodraethau'n tueddu i ddilyn polisïau Keynesaidd ynghylch sut i reoli'r economi. Roedden nhw'n credu'r canlynol:

- na fydd yr economi o reidrwydd mewn cydbwysedd ar gyflogaeth lawn a bod angen i'r Llywodraeth ymyrryd i fynd ag ef i gyflogaeth lawn

- bod polisi cyllidol yn effeithiol
- bod y Llywodraeth, drwy gael diffyg, yn gallu cynyddu'r galw cyfanredol i gyflawni cyflogaeth lawn
- bod polisi cyllidol yn gallu cael ei ddefnyddio i fanwl diwnio'r economi i sefydlogi twf

Lluosydd cyllideb fantoledig (yn hafal i 1)

Mae cynnydd yng ngwariant y Llywodraeth ynghyd â chynnydd cyfartal mewn derbyniadau o drethi yn arwain at gynnydd mewn cynnyrch. Er enghraifft, os ydy gwariant y Llywodraeth yn cynyddu £100, ac ar yr un pryd mae'r Llywodraeth yn codi £100 yn ychwanegol mewn treth, bydd effaith luosol ar yr economi. Allan o bob £100 a roddir i gartrefi, caiff rhywfaint ei wario a rhywfaint ei gynilo, e.e. gwario £80 a chynilo £20. Felly, os cynyddir derbyniadau trethi £100, yr effaith ar wariant yw gostyngiad o £80 yn unig (daw'r gweddill o gynilion). O ganlyniad, os bydd gwariant y Llywodraeth yn cynyddu £100 bydd galw cyfanredol yn cynyddu £100, ond os bydd trethi'n cynyddu £100 bydd galw cyfanredol ar y cychwyn yn gostwng £80 yn unig. Y canlyniad cyfan yw cynnydd o £20 yn y galw, fydd yn cychwyn y lluosydd er bod y gyllideb yn fantoledig. Mae lluosydd cyllideb fantoledig yn hafal i 1. Yn yr achos hwn 5 fydd y lluosydd (TFfD = 0.8); felly yr effaith gyfan fydd £20 × 5 = £100, sy'n hafal i'r chwistrelliad cychwynnol.

Arian a bancio

Swyddogaethau arian:
- cyfrwng cyfnewid – mae pobl yn fodlon cyfnewid eu nwyddau a'u gwasanaethau am arian
- stôr gwerth – mae pobl yn fodlon cadw arian am ei fod yn gyffredinol yn cadw ei werth (ond nid gyda chwyddiant)
- uned cyfrif – gall pobl fesur gwerth pethau yn nhermau arian
- safon taliadau gohiriedig – mae pobl yn fodlon derbyn arian fel tâl yn y dyfodol, e.e. pan fydd y gwaith wedi'i gwblhau

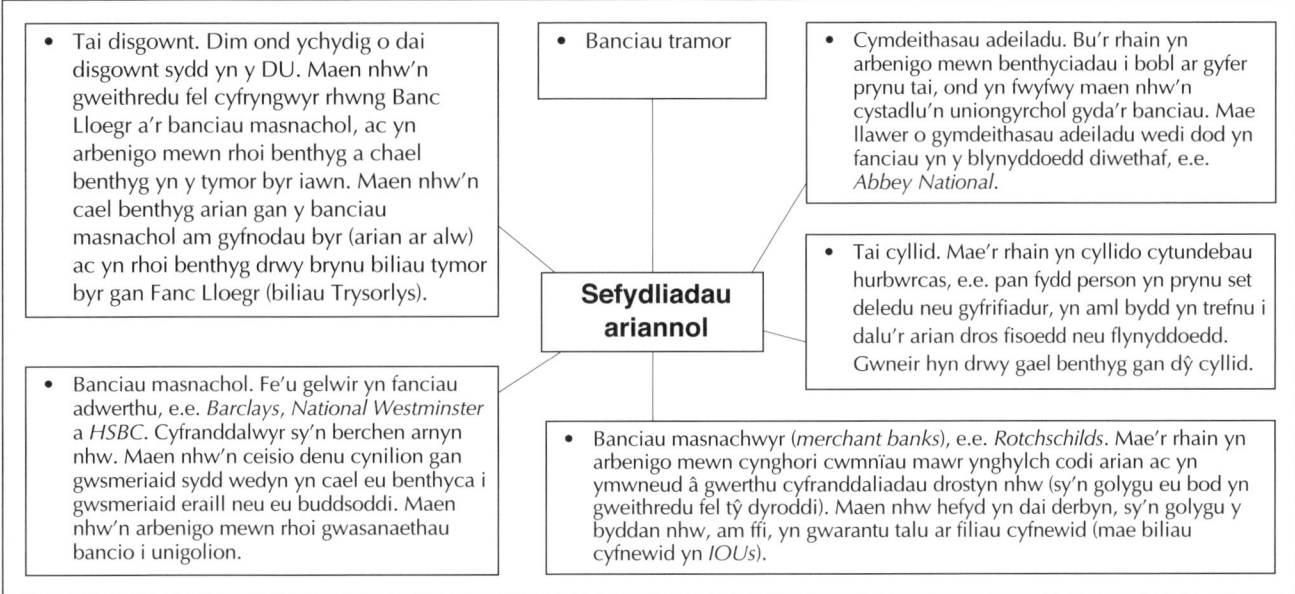

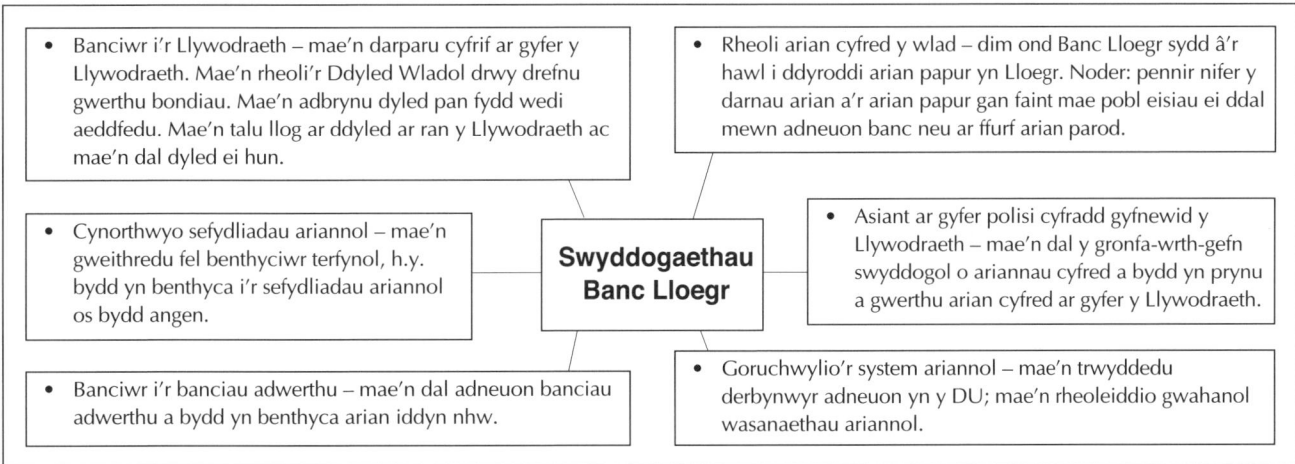

Sefydliadau ariannol

- Tai disgownt. Dim ond ychydig o dai disgownt sydd yn y DU. Maen nhw'n gweithredu fel cyfryngwyr rhwng Banc Lloegr a'r banciau masnachol, ac yn arbenigo mewn rhoi benthyg a chael benthyg yn y tymor byr iawn. Maen nhw'n cael benthyg arian gan y banciau masnachol am gyfnodau byr (arian ar alw) ac yn rhoi benthyg drwy brynu biliau tymor byr gan Fanc Lloegr (biliau Trysorlys).

- Banciau masnachol. Fe'u gelwir yn fanciau adwerthu, e.e. *Barclays, National Westminster* a *HSBC*. Cyfranddalwyr sy'n berchen arnyn nhw. Maen nhw'n ceisio denu cynilion gan gwsmeriaid sydd wedyn yn cael eu benthyca i gwsmeriaid eraill neu eu buddsoddi. Maen nhw'n arbenigo mewn rhoi gwasanaethau bancio i unigolion.

- Banciau tramor

- Cymdeithasau adeiladu. Bu'r rhain yn arbenigo mewn benthyciadau i bobl ar gyfer prynu tai, ond yn fwyfwy maen nhw'n cystadlu'n uniongyrchol gyda'r banciau. Mae llawer o gymdeithasau adeiladu wedi dod yn fanciau yn y blynyddoedd diwethaf, e.e. *Abbey National*.

- Tai cyllid. Mae'r rhain yn cyllido cytundebau hurbwrcas, e.e. pan fydd person yn prynu set deledu neu gyfrifiadur, yn aml bydd yn trefnu i dalu'r arian dros fisoedd neu flynyddoedd. Gwneir hyn drwy gael benthyg gan dŷ cyllid.

- Banciau masnachwyr (*merchant banks*), e.e. *Rotchschilds*. Mae'r rhain yn arbenigo mewn cynghori cwmnïau mawr ynghylch codi arian ac yn ymwneud â gwerthu cyfranddaliadau drostyn nhw (sy'n golygu eu bod yn gweithredu fel tŷ dyroddi). Maen nhw hefyd yn dai derbyn, sy'n golygu y byddan nhw, am ffi, yn gwarantu talu ar filiau cyfnewid (mae biliau cyfnewid yn *IOUs*).

Swyddogaethau Banc Lloegr

- Banciwr i'r Llywodraeth – mae'n darparu cyfrif ar gyfer y Llywodraeth. Mae'n rheoli'r Ddyled Wladol drwy drefnu gwerthu bondiau. Mae'n adbrynu dyled pan fydd wedi aeddfedu. Mae'n talu llog ar ddyled ar ran y Llywodraeth ac mae'n dal dyled ei hun.

- Cynorthwyo sefydliadau ariannol – mae'n gweithredu fel benthyciwr terfynol, h.y. bydd yn benthyca i'r sefydliadau ariannol os bydd angen.

- Banciwr i'r banciau adwerthu – mae'n dal adneuon banciau adwerthu a bydd yn benthyca arian iddyn nhw.

- Rheoli arian cyfred y wlad – dim ond Banc Lloegr sydd â'r hawl i ddyroddi arian papur yn Lloegr. Noder: pennir nifer y darnau arian a'r arian papur gan faint mae pobl eisiau ei ddal mewn adneuon banc neu ar ffurf arian parod.

- Asiant ar gyfer polisi cyfradd gyfnewid y Llywodraeth – mae'n dal y gronfa-wrth-gefn swyddogol o ariannau cyfred a bydd yn prynu a gwerthu arian cyfred ar gyfer y Llywodraeth.

- Goruchwylio'r system ariannol – mae'n trwyddedu derbynwyr adneuon yn y DU; mae'n rheoleiddio gwahanol wasanaethau ariannol.

Adrannau Banc Lloegr

Adran ddyroddi – yn gyfrifol am ddyroddi arian papur a darnau arian

Adran fancio – yn gweithredu fel banciwr i'r Llywodraeth a banciau adwerthu

Ym mis Mai 1997 cyhoeddodd Canghellor Trysorlys y DU sawl newid a wnaeth Fanc Lloegr yn fwy annibynnol ar bwysau gan y Llywodraeth. Nawr gosodir cyfraddau llog gan Bwyllgor Polisi Ariannol y Banc, sy'n defnyddio ei farn ei hun am lefel briodol i reoli chwyddiant. Y targed gweithredol gwreiddiol ar gyfer y Pwyllgor yn 1997 oedd chwyddiant gwaelodol (*RPI* ac eithrio taliadau llog morgeisiau, fe'i gelwir yn *RPIX*) o 2.5%. Mae'r Pwyllgor yn gosod cyfraddau llog gyda golwg ar chwyddiant ddwy flynedd i'r dyfodol.

Creu credyd a'r lluosydd arian

Pan gaiff arian ei adneuo mewn banc, mae rhywfaint yn cael ei gadw wrth gefn a'r gweddill yn cael ei fenthyca; mae hyn yn cynyddu'r cyflenwad arian a'r term amdano yw 'creu credyd'. Os r yw cymhareb yr asedau wrth gefn (h.y. y ganran o adneuon a gedwir wrth gefn), effaith adnau cychwynnol yw cynnydd o $\frac{1}{r}$ × yr adnau cychwynnol.

e.e. $r = 0.1$ (h.y. mae'r banciau'n cadw 10% wrth gefn)
adnau cychwynnol = £20
Effaith gyfan $= (\frac{1}{0.1}) \times 20 = £200$

h.y. gydag adnau cychwynnol o £20, yr effaith gyfan fydd adneuon yn cynyddu i £200.

Arian a bancio (parhad)

Mesurau o'r cyflenwad arian

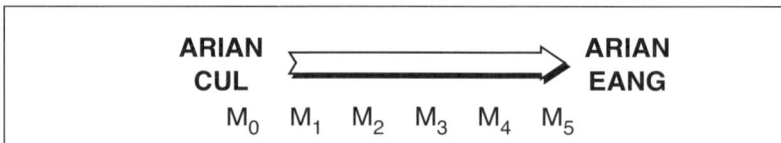

ARIAN CUL ⟶ ARIAN EANG

M_0 M_1 M_2 M_3 M_4 M_5

M_0 (y diffiniad mwyaf cul o arian) – arian papur a darnau arian (mewn tiliau ac yn nhiliau'r banciau) a daliannau gweithredol (*operational balances*) mae banciau'n eu cadw gyda Banc Lloegr. Dyma fesur o'r 'sail arian'.

M_1 – arian papur a darnau arian mewn cylchrediad ac adneuon parod sterling sector preifat

Rhoddwyd y gorau i'r mesur hwn yn 1989.

$NIBM_1$ (M_1 nad yw'n ennill llog) – mae heb gynnwys yr holl adneuon parod sy'n talu llog

M_2 – $NIBM_1$ plws yr holl adneuon adwerthu eraill mewn banciau a chymdeithasau adeiladu

M_3 – M_2 plws yr holl adneuon tymor sterling sector preifat mewn banciau plws daliannau sector preifat o dystysgrifau adneuo banc

M_3c – M_3 plws daliannau sector preifat o adneuon banc mewn arian tramor

M_4 – M_3 plws daliannau sector preifat o gyfranddaliadau ac adneuon cymdeithas adeiladu a thystysgrifau adneuo sterling

M_4c – mae'n cynnwys adneuon sector preifat mewn sterling ac arian tramor mewn banciau a chymdeithasau adeiladu

M_3H – mae'n cynnwys daliannau corfforaethau cyhoeddus o arian

M_5 – M_4 plws daliannau eraill o asedau hylifol, e.e. biliau cyfnewid sy'n gymwys ar gyfer eu hailddisgowntio ym Manc Lloegr, benthyciadau tymor byr i awdurdodau lleol, adenuon tymor byr a chanolig yn y Banc Cynilion Gwladol a thystysgrifau adneuo treth

Noder:
- *adneuon parod – adneuon mewn banciau y gellir eu tynnu allan heb rybudd*
- *adneuon tymor – cyfrifon banc lle mae angen isafswm penodol o gyfnod rhybudd*
- *adneuon adwerthu – adneuon y cyhoedd mewn banciau a chymdeithasau adeiladu y gellir eu defnyddio at ddibenion trafodion*
- *adneuon cyfanwerth – fel arfer yn cael eu dal gan fanciau a sefydliadau ariannol mewn banciau a sefydliadau ariannol eraill*

Mae bodolaeth diffiniadau gwahanol yn amlygu problem rheoli'r cyflenwad arian, h.y. mae llawer o farnau am wir ystyr y cyflenwad arian. Os gwnewch chi reoli un diffiniad dydych chi ddim o reidrwydd yn rheoli diffiniad arall, e.e. os gwnewch chi reoli adneuon parod, gallai pobl symud i adneuon tymor.

Yn y DU, rhoddodd y Llywodraeth y gorau i gyhoeddi targedau ar gyfer arian eang (e.e. M_3) ar ôl 1986 er iddi ddal i fonitro ei dwf. Wrth i adneuon cymdeithasau adeiladu ddod yn fwy hylifol, daeth M_2 ac M_4 yn brif fesurau arian cul ac arian eang, yn hytrach nag M_1 ac M_3.

Arfau ac amcanion polisi ariannol

- Amcanion – yr hyn mae'r awdurdodau'n ceisio ei gyflawni.
- Arfau – yr hyn maen nhw'n ei ddefnyddio i gyflawni eu hamcanion, e.e. cyfraddau llog.

Fel arfer amcan polisi ariannol yw rheoli chwyddiant. Yn 2003 cafodd targed gweithredol polisi ariannol ei osod ar gyfer Indecs Prisiau Defnyddwyr (*CPI*). 2% oedd y targed a osodwyd.
Yn rhan gyntaf yr 1980au ceisiodd y Llywodraeth gyflawni hyn drwy reoli benthyca gan y banciau. Ers canol yr 1980au mae'r Llywodraeth wedi defnyddio'r gyfradd llog fel y prif arf polisi; mae hyn â'r nod o reoli'r galw am arian yn hytrach na'r cyflenwad.

Targedau ariannol a thargedau chwyddiant

Cyflwynwyd targedau ariannol gan y Llywodraeth yn rhan gyntaf yr 1980au fel rhan o'i Strategaeth Ariannol Dymor Canolig. Nododd y rhain y targedau ar gyfer twf y cyflenwad arian. Trwy eu cyflawni, roedd y Llywodraeth yn gobeithio rheoli twf y cyflenwad arian a rheoli chwyddiant. Trwy gyhoeddi targedau ar gyfer y cyflenwad arian, roedden nhw'n gobeithio y byddai pobl yn credu y byddai chwyddiant yn gostwng ac y bydden nhw felly yn gostwng eu hawliadau cyflog yn unol â hynny. Mewn gwirionedd, ni chyflawnodd y Llywodraeth ei thargedau. Nawr mae'r Llywodraeth yn cyhoeddi targedau chwyddiant.

Rheoli'r cyflenwad arian

- gweithrediadau marchnad agored – mae Banc Lloegr yn gwerthu dyled y Llywodraeth (gelwir dyled dymor byr yn filiau Trysorlys; gelwir dyled dymor hirach yn fondiau). Mae'r prynwr yn talu am y rhain drwy ysgrifennu siec ar eu banciau. Mae'r banciau'n derbyn y siec ac yn talu Banc Lloegr. Mae hyn yn gostwng eu cronfa wrth gefn ac felly eu gallu i fenthyca.
- cymarebau hylifedd (neu gymarebau asedau wrth gefn) – trwy orfodi banc i gadw mwy o arian wrth gefn, mae banc canolog yn gallu cyfyngu ar fenthyca'r banciau masnachol; ond gall banciau gael hyd i ffyrdd o oresgyn hyn, e.e. Deddf Goodhart (os bydd Banc Lloegr yn ceisio rheoli un math o fenthyca, bydd banciau'n cael hyd i ffyrdd o gynyddu mathau eraill).
- gostwng y swm mae'r Llywodraeth yn ei fenthyca (Gofyniad Arian Net y Sector Cyhoeddus (*PSNCR*)) – mae'r *PSNCR* yn cynyddu'r cyflenwad arian os caiff ei gyllido drwy werthu biliau Trysorlys neu gael benthyg gan Fanc Lloegr; ond gall gostwng y *PSNCR* fod yn anodd gan ei fod yn golygu gostwng gwariant cyhoeddus a chynyddu trethi.
- cydgyfnerthu (*funding*) – mae hyn yn golygu trawsnewid dyled dymor byr y Llywodraeth yn ddyled dymor hir. Trwy werthu dyled dymor hirach i fanciau yn gyfnewid am ddyled dymor byrrach, mae'r banc canolog yn gostwng eu hylifedd a'u gallu i roi benthyg. Yng nghanol yr 1980au fe wnaeth y Llywodraeth 'orgydgyfnerthu', lle roedd gwerth y bondiau a werthwyd yn fwy na gofyniad benthyca'r Llywodraeth.
- cyfarwyddiadau arbennig ac adneuon arbennig – gall banciau gael eu gorfodi i adneuo canran benodol o'u rhwymedigaethau gyda Banc Lloegr, e.e. yn yr 1970au defnyddiodd yr awdurdodau Adneuon Atodol Arbennig (y term am hyn oedd Y Staes (*Corset*). Bu'n rhaid i fanciau roi cyfran o'u hadneuon ym Manc Lloegr heb log. Hefyd gall Banc Lloegr roi cyfarwyddiadau ynghylch faint y caniateir i fanciau ei fenthyca (rheolaethau meintiol) neu i bwy (rheolaethau ansoddol). Dydy'r mathau hyn o reoli ddim wedi cael eu defnyddio yn y DU ers yr 1970au.
- perswâd moesol – gall y banc canolog ei gwneud hi'n hysbys a fyddai'n hoffi gweld mwy neu lai o fenthyca; yn aml bydd banciau'n gwrando ar gyngor neu ddymuniadau'r banc canolog gan wybod y gall Banc Lloegr eu gorfodi nhw i newid os na fyddan nhw'n gwrando.

Cyfradd sylfaenol y banciau: y gyfradd mae banc yn ei gosod i bennu ei gyfradd fenthyca a'i gyfradd gynilo. Mae'n benthyca yn uwch na'r gyfradd sylfaenol ac yn talu cynilwyr yn is na'r gyfradd sylfaenol.

Nodweddion allweddol polisi ariannol y DU

- Mae'r Llywodraeth yn gosod amcan polisi ariannol a'r targed chwyddiant yn flynyddol.,
- Mae gofyn i'r Pwyllgor Polisi Ariannol gwrdd â tharged chwyddiant y Llywodraeth bob amser, e.e. cynnydd o 2% yn yr Indecs Prisiau Defnyddwyr 12-mis.
- Gosodir cyfraddau llog gan Bwyllgor Polisi Ariannol y Banc. Mae'r Pwyllgor yn gosod cyfradd llog fydd yn ei farn ef yn galluogi cyflawni'r targed chwyddiant. Mae Pwyllgor Polisi Ariannol y Banc yn cynnwys naw aelod – y Llywodraethwr, y ddau Ddirprwy Lywodraethwyr, Prif Economegydd y Banc, y Cyfarwyddwr Gweithredol ar gyfer Marchnadoedd a phedwar aelod allanol a benodir yn uniongyrchol gan y Canghellor. Bwriad penodi aelodau allanol yw sicrhau bod y Pwyllgor yn elwa ar feddwl ac arbenigedd sy'n ychwanegol at yr hyn a geir y tu mewn i Fanc Lloegr.

- Mae'r targed yn gymesur; felly caiff gwyriadau islaw'r targed eu trin yr un mor ddifrifol â gwyriadau uwchlaw'r targed.
- Os bydd gwyriadau o fwy nag un pwynt canrannol uwchlaw neu islaw'r targed, mae Llythyr Agored yn ofynnol oddi wrth Lywodraethwr y Banc at y Canghellor yn egluro achos a hyd y gwyriad, a hefyd pa gamau gweithredu mae'r Pwyllgor yn eu cymryd yn gyson ag amcanion polisi economaidd ehangach y Llywodraeth.
- Wrth benderfynu pa gyfradd llog i'w gosod, bydd y Pwyllgor Polisi Ariannol yn ystyried ffactorau fel:
  1. cyfradd cynnydd enillion cyfartalog
  2. prisiau tai
  3. y gyfradd gyfnewid
  4. y bwlch cynnyrch
  Fodd bynnag, dydy'r dangosyddion ddim bob amser yn rhoi'r un negeseuon a dydyn nhw ddim bob amser yn ddibynadwy gan y gallan nhw fod yn ffigurau diweddar iawn ac â lwfans gwallau (*margin of error*). Hefyd gall arbenigwyr gwahanol fod â barnau gwahanol am union sefyllfa'r economi a'r hyn sy'n mynd i ddigwydd nesaf.

Arian a bancio (parhad)

Newidiadau yn y gyfradd llog swyddogol

Mae Banc Lloegr yn newid y gyfradd ar gyfer ei fenthyca i sefydliadau ariannol; mae hyn yn effeithio ar amrywiaeth o gyrff fel banciau a chymdeithasau adeiladu. Mae gostyngiad yng nghyfraddau llog:

- yn gwneud cynilo'n llai atyniadol a chael benthyg yn fwy atyniadol (am ei fod yn rhatach), sy'n ysgogi gwario.
- yn gallu cynyddu prisiau asedau fel cyfranddaliadau a thai. Gyda chyfraddau llog is bydd pobl yn prynu mwy o asedau, gan gynyddu eu pris. Bydd gwerthoedd uwch i asedau yn cynyddu cyfoeth cartrefi ac efallai y byddan nhw'n fwy parod i wario arian. Bydd hyn yn cynyddu galw.
- yn gallu achosi all-lifoedd o'r DU wrth i fuddsoddwyr chwilio am adenillion uwch dramor. Gall hyn ostwng gwerth y gyfradd gyfnewid, gan wneud nwyddau a gwasanaethau'r DU yn rhatach dramor a chynyddu galw.

Felly gall newidiadau yng nghyfraddau llog effeithio ar alw a byddan nhw hefyd yn dylanwadu ar hawliadau cyflog a phrisiau.

Yn gyffredinol mae oediadau amser rhwng newidiadau yng nghyfraddau llog a'r effaith ar alw, weithiau hyd at ddwy flynedd. Felly rhaid i asesiadau ynghylch cyfraddau llog gael eu gwneud am chwyddiant a ddisgwylir yn y dyfodol, yn hytrach na chael eu seilio ar chwyddiant heddiw.

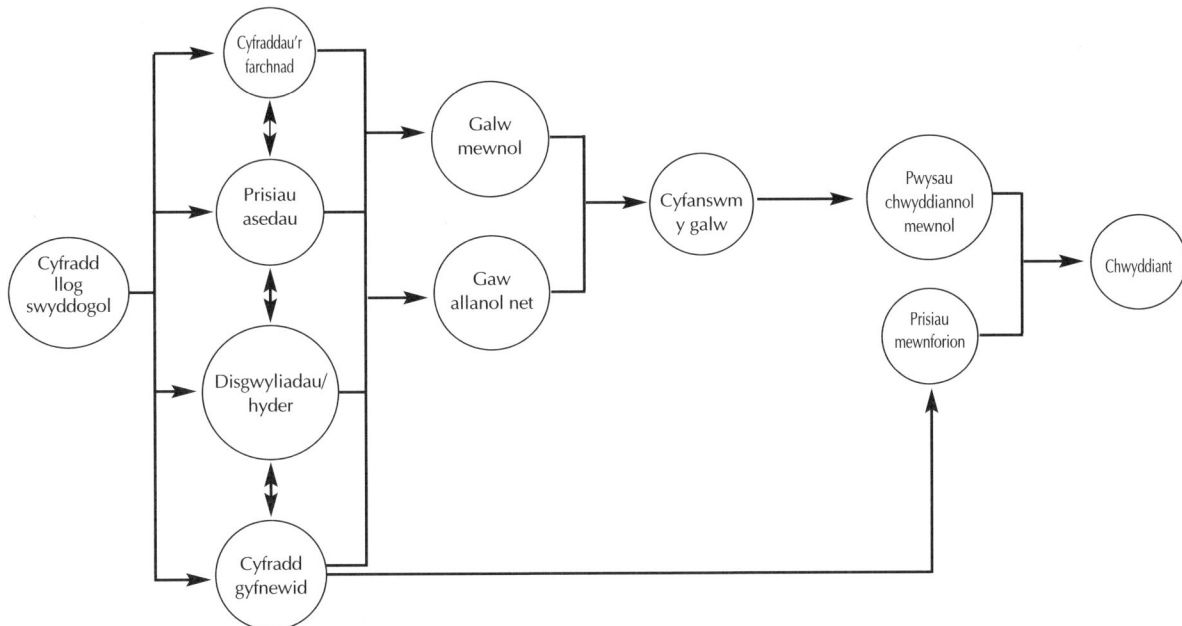

O gyfraddau llog i chwyddiant: mecanwaith trosglwyddo polisi ariannol
Ffynhonnell: Banc Lloegr

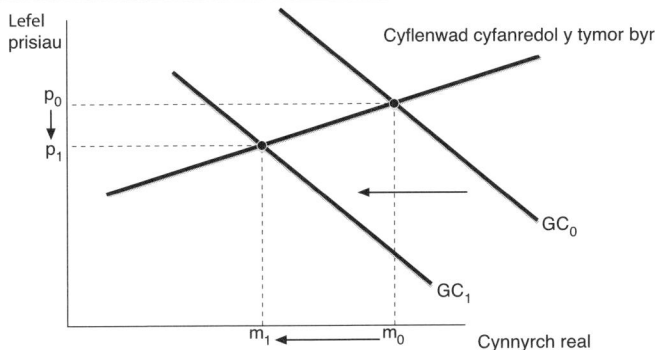

Effaith cynnydd yng nghyfraddau llog

Mae cyfraddau llog uwch yn arwain at lai o wario gan gwmnïau a chartrefi. Gyda chyfraddau uwch, mae cael benthyg yn ddrutach ac mae adenillion gwell i gynilo. O ganlyniad, bydd galw cyfanredol yn gostwng. Yn y diagram ar y chwith mae lefel prisiau'n gostwng. Mewn gwirionedd mae galw cyfanredol fel arfer yn cynyddu dros amser, felly mae cyfraddau llog uwch yn tueddu i arafu'r cynnydd hwn yn hytrach na gostwng galw cyfanredol; mae prisiau'n dal i godi ond nid mor gyflym ag y bydden nhw wedi fel arall.

Problemau rheoli ariannol

- efallai y bydd banciau'n dal mwy na'r asedau wrth gefn a osodir gan yr awdurdodau, felly efallai na fydd cymhareb asedau wrth gefn neu adneuon arbennig yn cael dim effaith.
- Deddf Goodhart – bydd ymdrechion i reoli mathau penodol o fenthyca neu fenthyca gan sefydliadau ariannol penodol yn arwain at fwy o fenthyca o fath gwahanol neu gan gyrff gwahanol.
- anghyfryngu (disintermediation) – mae benthyca'n parhau, ond nid banciau yw'r cyfryngwyr bellach, h.y. nid yw bellach yn cael ei drefnu'n swyddogol gan fanciau ac felly ni all yr awdurdodau ei reoli.

Rheoli cyfraddau llog

Yn aml cynhelir gweithrediadau marchnad agored i adael y banciau'n brin o arian parod. Yna bydd y banciau'n benthyca hyn, sydd yn aml yn golygu eu bod nhw'n cystadlu am arian prin a bydd hynny'n gwneud benthyca'n ddrutach, h.y. yn cynyddu cyfraddau llog. Hefyd gall Banc Lloegr newid y gyfradd llog drwy newid ei gyfradd disgowntio – sef y gyfradd y bydd yn prynu biliau amdani. Trwy ddylanwadu ar y gyfradd llog, mae Banc Lloegr yn dylanwadu ar y galw am arian.

Problemau defnyddio cyfraddau llog i ddylanwadu ar yr economi

Mae newidiadau yng nghyfraddau llog yn debygol o effeithio ar y canlynol:

- y gyfradd gyfnewid, e.e. efallai y bydd defnyddio cyfraddau llog uwch i ostwng benthyca yn cynyddu gwerth y gyfradd gyfnewid ac yn gwneud cwmnïau'r DU yn anghystadleuol
- benthyca gan gartrefi a chwmnïau.

Noder: gall newidiadau yng nghyfraddau llog gymryd amser i gael effaith.

Y galw am arian (hylifddewis)

Pam dal arian?

Gall pobl ddal arian neu gallan nhw ddal asedau eraill fel tai neu fondiau (*IOUs*). Yn ôl Keynes, mae pobl yn dal arian am dri phrif reswm:

- Galw trafod – mae angen arian i hwyluso trafodion, h.y. i brynu nwyddau a gwasanaethau. Bydd hwn yn cynyddu os:
  - **a** bydd gennym fwy o incwm (oherwydd byddwn yn prynu mwy o nwyddau a gwasanaethau)
  - **b** bydd prisiau'n codi (oherwydd bydd angen mwy o arian i brynu ein nwyddau a'n gwasanaethau)
  - **c** byddwn yn cael ein talu'n llai rheolaidd

Tybiwch fod y cartref yn derbyn £2000 bob 4 wythnos ac yn defnyddio hyn yn gyson
£1000 fydd y daliannau cyfartalog

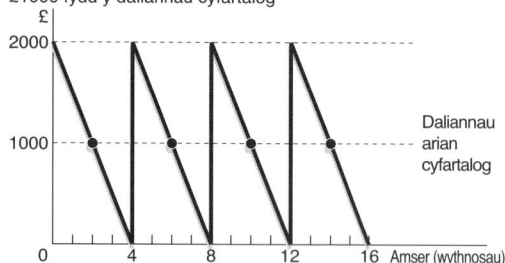

Os caiff y cartref ei dalu'n llai rheolaidd, bydd daliannau cyfartalog yn cynyddu.

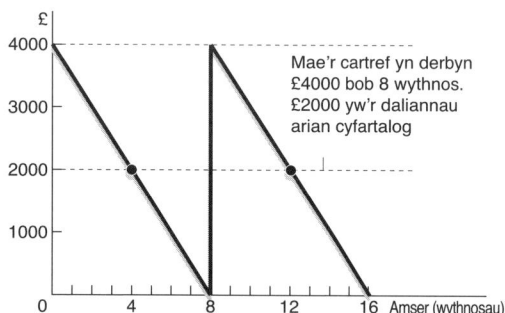

Mae'r cartref yn derbyn £4000 bob 8 wythnos. £2000 yw'r daliannau arian cyfartalog

- Galw rhagofalu (*precautionary*) – caiff yr arian hwn ei ddal rhag ofn y bydd argyfwng, e.e. gallai pobl ddal arian rhag ofn y byddan nhw'n colli eu swydd. Fel arfer bydd y galw hwn yn cynyddu gydag incwm.
- Galw hapfasnachol – arian yw hwn sy'n cael ei ddal yn hytrach na'i fuddsoddi mewn bondiau neu asedau eraill. Mae arian yn hylifol ond nid yw'n ennill cyfradd adenillion. Os ydy pobl yn dal arian, dydyn nhw ddim yn ennill llog. Y gyfradd llog yw cost ymwad (neu bris) dal arian. Os ydy'r gyfradd llog yn uchel, bydd hyn yn lleihau'r awydd i ddal arian, h.y. bydd yn gostwng y galw hapfasnachol am arian. Os ydy'r gyfradd llog yn isel, bydd llai o gymhelliad i symud allan o arian i mewn i asedau eraill, h.y. bydd yn cynyddu'r galw hapfasnachol am arian.

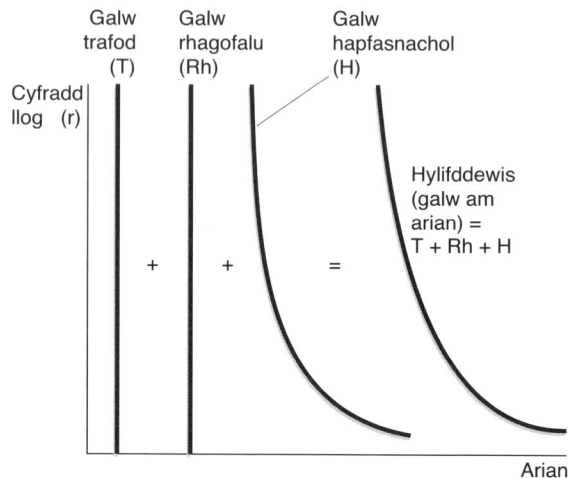

Daliannau gweithredol a segur

Gelwir y galw trafod a'r galw rhagofalu am arian yn alw am 'ddaliannau gweithredol', h.y. mae rheswm gweithredol dros ddal arian.

Gelwir y galw hapfasnachol yn 'ddaliannau segur' – caiff arian ei ddal am fod yr unigolyn yn pryderu ynghylch dal bondiau.

Y farchnad arian a'r farchnad fondiau

Mae gan fond adenillion sefydlog, e.e. £10 y flwyddyn. Os ydy pris y bond yn £100 mae hyn yn cynrychioli adenillion o 10%. Os ydy pris y bond yn £50 mae hyn yn cynrychioli adenillion o 20%, h.y. po isaf yw pris y bond, mwyaf i gyd fydd yr adenillion.

Os ydy cartrefi a chwmnïau yn teimlo bod ganddyn nhw ormod o hylifedd, h.y. eu bod nhw dal gormod o arian, byddan nhw eisiau symud i mewn i fondiau. Bydd hyn yn codi pris bondiau (ac felly yn gostwng eu hadenillion). Bydd y broses hon yn parhau nes y bydd pris bondiau wedi codi (y gyfradd adenill ar fondiau wedi gostwng) i bwynt lle nad oes rhagor o awydd i symud i ffwrdd o arian, h.y. bydd y farchnad arian a'r farchnad fondiau yn ôl mewn cydbwysedd.

Ar gyfraddau llog uwchlaw r_0 mae gorgyflenwad o arian; bydd cartrefi'n prynu bondiau nes cyrraedd cydbwysedd r_0.

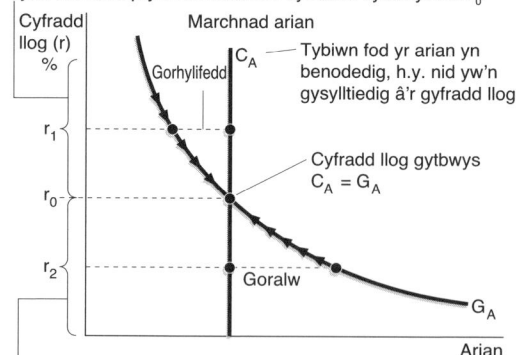

Ar gyfraddau llog islaw r_0 mae goralw am arian; bydd cartrefi'n gwerthu bondiau sy'n arwain at ostyngiad eu pris a chynnydd yng nghyfraddau llog nes na fydd rhagor o gymhelliad i werthu ar r_0.

Keynesiaid ac arianyddwyr a'r galw am arian

Mae Keynesiaid yn ystyried arian yn ddewis arall i fondiau ac asedau ariannol. Mae arianyddwyr yn credu bod arian yn ddewis arall i amrywiaeth ehangach o ddewisiadau, gan gynnwys nwyddau ffisegol. Bydd unrhyw orhylifedd yn arwain at gynnydd uniongyrchol mewn gwario ar nwyddau, yn ogystal â symud i mewn i asedau ariannol, yn ôl yr arianyddwyr. Fodd bynnag, mae arianyddwyr yn credu hefyd NAD yw arian yn amnewid agos am asedau eraill ac felly na fydd newidiadau yn y gyfradd llog yn cael fawr ddim effaith yn gymharol, h.y. mae'r galw am arian yn llog anelastig.

Y mecanwaith trosglwyddo ariannol

Mae hwn yn dangos sut y gall newidiadau yn y cyflenwad arian neu'r galw am arian ddylanwadu ar lefel incwm gwladol.

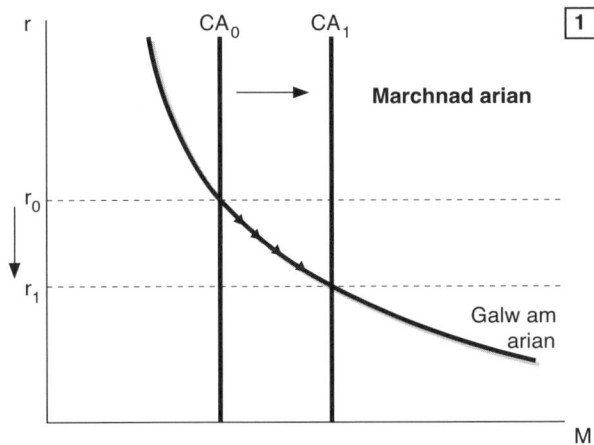

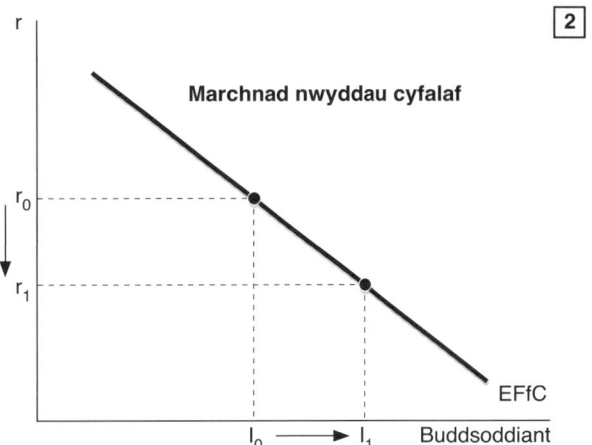

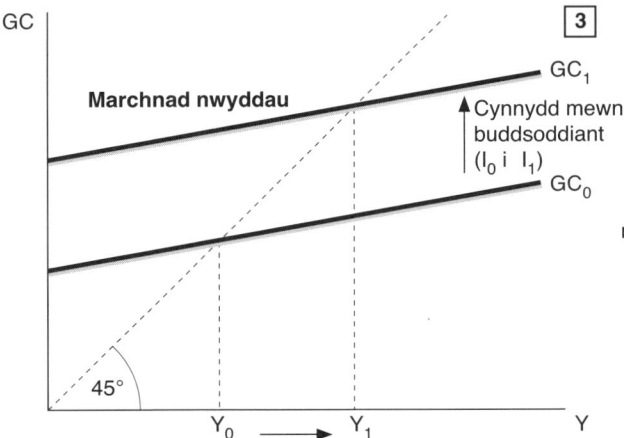

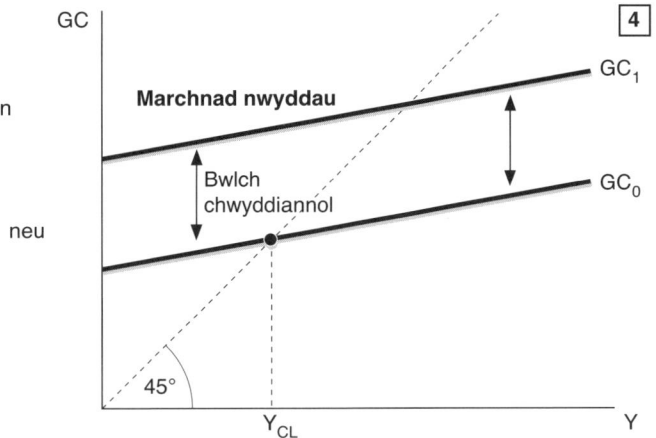

Cynnydd yn y cyflenwad arian

- **Y farchnad arian** (diagram 1)
  Dychmygwch fod cynnydd yn y cyflenwad arian. Ar hen lefel cyfraddau llog mae gorhylifedd nawr, h.y. gormod o arian. Bydd cartrefi'n ceisio cael gwared â'r hylifedd hwn drwy symud allan o arian i mewn i fondiau ac asedau eraill. Bydd hyn yn codi pris bondiau (ac felly yn gostwng eu hadenillion – y gyfradd llog). Bydd y broses hon yn parhau nes bydd prisiau bondiau mor uchel (cyfraddau llog mor isel) fel na fydd rhagor o gymhelliad i symud allan o arian. Bydd y farchnad arian a'r farchnad fondiau yn ôl mewn cydbwysedd.

- **Y farchnad nwyddau cyfalaf** (diagram 2)
  Bydd y gyfradd llog is yn cynyddu buddsoddiant – oherwydd bod cost cael benthyg wedi gostwng, mae mwy o brojectau buddsoddi sydd nawr yn broffidiol. Bydd maint y cynnydd mewn buddsoddiant yn dibynnu ar ba mor sensitif ydy buddsoddiant i newidiadau yn y gyfradd llog, h.y. elastigedd buddsoddiant mewn perthynas â'r gyfradd llog.

- **Y farchnad nwyddau** (diagramau 3 a 4)
  Gyda chynnydd mewn buddsoddiant, mae cynnydd yn y galw cyfanredol.

  Os ydy'r economi islaw cyflogaeth lawn, bydd hyn yn arwain at gynnydd mewn cynnyrch a chyflogaeth (diagram 3).

  Os ydy'r economi ar gyflogaeth lawn, bydd hyn yn arwain at fwlch chwyddiannol a phwysau tuag i fyny ar brisiau (diagram 4).

  Os bydd prisiau'n codi, bydd hyn yn cynyddu gwerth ariannol incwm gwladol, fydd yn cynyddu'r galw trafod am arian. Bydd hyn yn symud y galw am arian allan a bydd hynny yn ei dro yn cynyddu cyfraddau llog ac yn dod â'r galw cyfanredol i lawr eto, h.y. bydd cynnydd unigryw yn y cyflenwad arian yn creu grymoedd fydd yn gostwng unrhyw fwlch chwyddiannol ac felly y chwyddiant. Mae hyn yn tybio bod y cyflenwad arian yn cael ei gadw'n ddigyfnewid ac nad yw'n cael ei gynyddu eto.

  Os caiff y cyflenwad arian ei gynyddu ar yr un gyfradd ag mae prisiau'n cynyddu, gall chwyddiant barhau.

Cynnydd yn y galw am arian

- **Y farchnad arian**
  Ar yr hen gyfradd llog mae goralw am arian nawr. Bydd cartrefi'n symud allan o asedau i mewn i arian, h.y. byddan nhw'n gwerthu eu bondiau. Bydd hyn yn gostwng pris y bondiau ac yn cynyddu eu cyfradd adennill (y gyfradd llog). Bydd y broses hon yn parhau nes na fydd rhagor o gymhelliad i symud allan o fondiau.

- **Y farchnad nwyddau cyfalaf**
  Dylai'r gyfradd llog uwch arwain at ostyngiad mewn buddsoddiant, yn dibynnu ar elastigedd buddsoddiant mewn perthynas â'r gyfradd llog.

- **Y farchnad nwyddau**
  Gyda gostyngiad mewn buddsoddiant bydd gostyngiad yn lefel y galw cyfanredol.

Y mecanwaith trosglwyddo ariannol (parhad)

Arianyddwyr a'r mecanwaith trosglwyddo

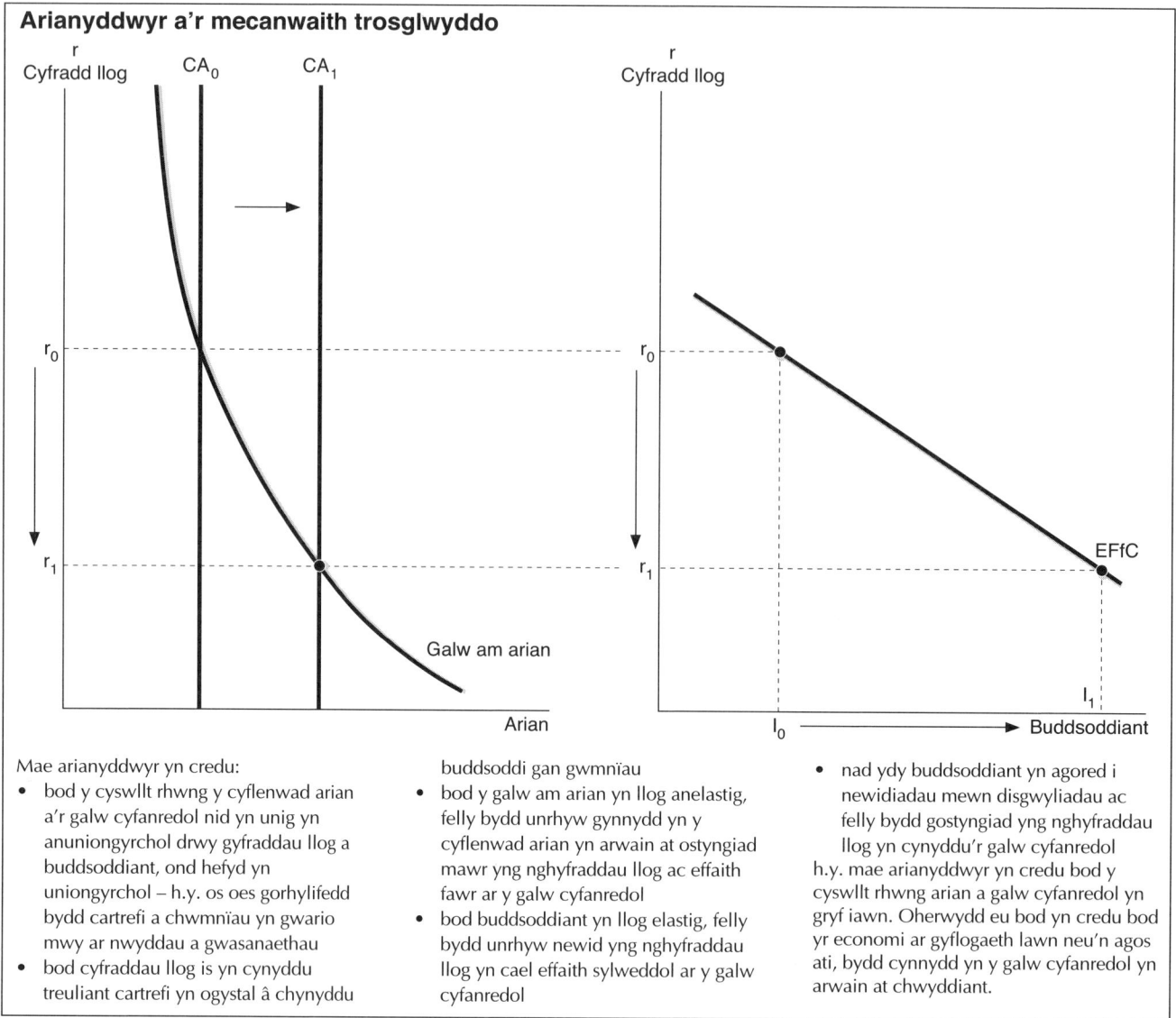

Mae arianyddwyr yn credu:
- bod y cyswllt rhwng y cyflenwad arian a'r galw cyfanredol nid yn unig yn anuniongyrchol drwy gyfraddau llog a buddsoddiant, ond hefyd yn uniongyrchol – h.y. os oes gorhylifedd bydd cartrefi a chwmnïau yn gwario mwy ar nwyddau a gwasanaethau
- bod cyfraddau llog is yn cynyddu treuliant cartrefi yn ogystal â chynyddu

buddsoddi gan gwmnïau
- bod y galw am arian yn llog anelastig, felly bydd unrhyw gynnydd yn y cyflenwad arian yn arwain at ostyngiad mawr yng nghyfraddau llog ac effaith fawr ar y galw cyfanredol
- bod buddsoddiant yn llog elastig, felly bydd unrhyw newid yng nghyfraddau llog yn cael effaith sylweddol ar y galw cyfanredol

- nad ydy buddsoddiant yn agored i newidiadau mewn disgwyliadau ac felly bydd gostyngiad yng nghyfraddau llog yn cynyddu'r galw cyfanredol

h.y. mae arianyddwyr yn credu bod y cyswllt rhwng arian a galw cyfanredol yn gryf iawn. Oherwydd eu bod yn credu bod yr economi ar gyflogaeth lawn neu'n agos ati, bydd cynnydd yn y galw cyfanredol yn arwain at chwyddiant.

Magl hylifedd – mae hon i'w chael pan na fydd cynnydd yn y cyflenwad arian yn effeithio ar y gyfradd llog (ac felly ni fydd yn effeithio ar fuddsoddiant na galw cyfanredol).

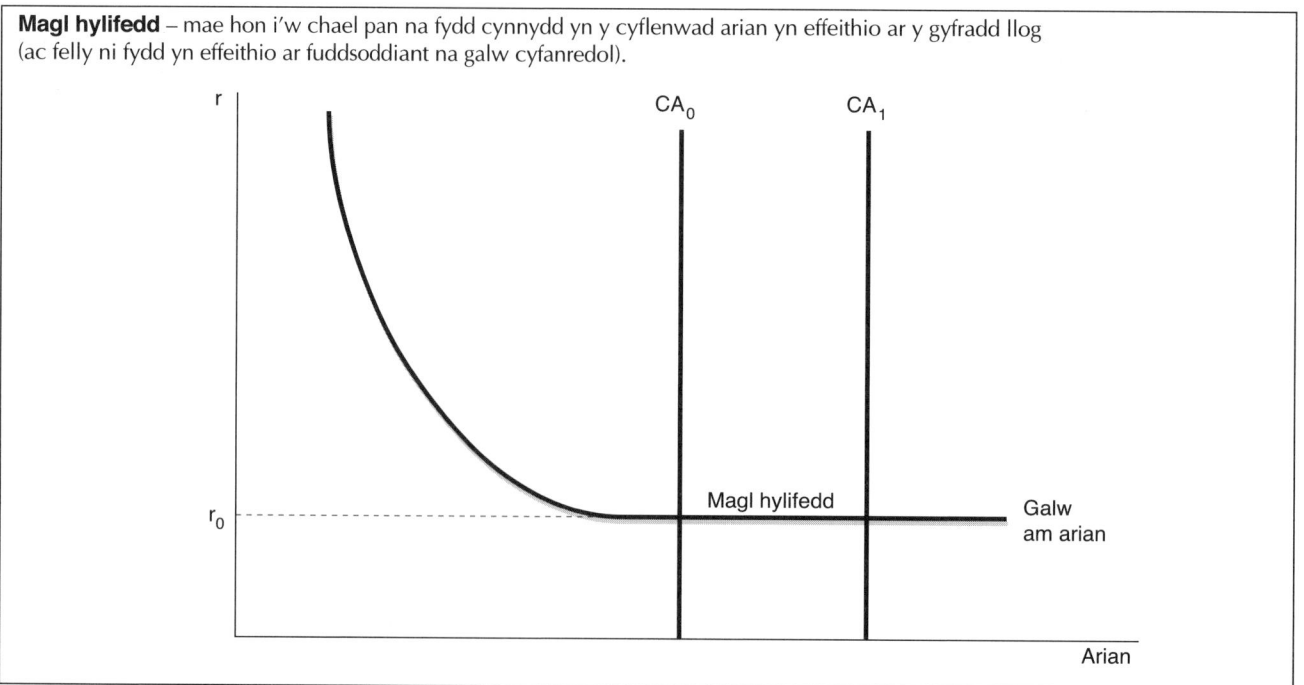

Chwyddiant

Chwyddiant a'i achosion

Chwyddiant yw cynnydd parhaol yn lefel gyffredinol prisiau. Fel arfer fe'i mesurir gan yr Indecs Prisiau Adwerthu (*RPI*) neu'r Indecs Prisiau Defnyddwyr (*CPI*), sef cyfartaledd pwysol o brisiau adwerthu. I'w gyfrifo, rhoddir pwysau gwahanol i nwyddau a gwasanaethau yn ôl y ganran o incwm mae cartrefi'n ei gwario arnyn nhw. Pennir pwysau gan ganlyniadau Arolwg Gwariant Teulu.

Gall chwyddiant gael ei achosi gan y canlynol:

- gormod o alw yn yr economi. Y term am hyn yw chwyddiant galw-dynnu, e.e. y DU yn yr 1980au. Os bydd galw'n cynyddu ac ni all cwmnïau gynhyrchu digon o gynnyrch, byddan nhw'n codi eu prisiau.
- costau uwch yn gorfodi cwmnïau i godi eu prisiau. Y term am hyn yw chwyddiant costwthiol, e.e. fel a ddigwyddodd yng Ngorllewin Ewrop yn yr 1970au ac yn 2008 pan gododd prisiau olew.
- twf gormodol y cyflenwad arian

Mae **dadchwyddiant** i'w gael pan fydd prisiau'n gostwng (mae chwyddiant yn negatif). Gall hyn ddigwydd oherwydd cynnydd yn y cyflenwad a/neu ostyngiad yn y galw.

Indecsau prisiau gwahanol

Indecs Prisiau Adwerthu (*RPI*) ac Indecs Prisiau Defnyddwyr (*CPI*)

Caiff y ddau indecs hyn eu cyfrifo ar sail data arolwg lle caiff mwy na 100,000 o brisiau eu casglu bob mis ar gyfer basged 'nodweddiadol' o nwyddau. Bydd cynnwys basged 'nodweddiadol' yn newid dros amser wrth i'n harferion prynu newid. Wrth gyfrifo'r indecsau rhoddir pwysau i'r eitemau i gymryd i ystyriaeth eu pwysigrwydd cymharol.

Mae'r *CPI* yn seiliedig ar y fasged gyfartalog o nwyddau a brynir gan bob cartref. Nid yw'r *RPI* yn cynnwys y 4% uchaf o gartrefi o ran incwm na chartrefi pensiynwyr sydd ag o leiaf 75% o'u hincwm yn deillio o bensiynau'r wladwriaeth a budd-daliadau'r wladwriaeth.

- *RPIX*. Mae hwn yn mesur yr Indecs Prisiau Adwerthu ond heb gynnwys taliadau llog morgeisiau. Mae hwn yn dangos y chwyddiant gwaelodol, sy'n ei gwneud hi'n haws cymharu ffigurau yn rhyngwladol (gan fod pwysigrwydd morgeisiau a benthyca i brynu tai yn amrywio gryn dipyn rhwng gwledydd; mewn rhai gwledydd mae'n fwy cyffredin rhentu na phrynu). Mae'r *RPIX* yn cael ei ddefnyddio gan Fanc Lloegr ar gyfer targedau chwyddiant swyddogol.
- *RPIY*. Mae hwn yn cymhwyso'r *RPI* i adael allan taliadau llog morgeisiau ac amrywiaeth o drethi fel TAW, tollau exceis, treth gyngor a threth maes awyr.
- Indecs trethi a phrisiau. Mae hwn yn ceisio mesur incwm y person cyfartalog cyn treth; mae'n cymryd i ystyriaeth newidiadau mewn prisiau a threthi uniongyrchol.
- Indecs prisiau cynhyrchwyr. Mae hwn yn amcangyfrif prisiau nwyddau a gynhyrchir gan wneuthurwyr, h.y. wrth adael y ffatri yn hytrach nag yn y siopau. Gall cynnydd yn yr indecs prisiau cynhyrchwyr fod yn arwydd o gynnydd yn yr indecs prisiau adwerthu yn ddiweddarach.
- Dadchwyddydd CMC. Mae hwn yn ceisio dangos newidiadau yn lefel prisiau yr holl nwyddau a gwasanaethau, nid nwyddau traul yn unig (e.e. yn cynnwys eitemau allforio a nwyddau a gwasanaethau a dreulir gan y Llywodraeth).

Indecsau Prisiau

I gyfrifo indecs prisiau cymharwch bris basged gynrychioliadol o nwyddau heddiw â'r flwyddyn sail gan ddefnyddio'r hafaliad:

$$\text{Indecs prisiau} = \frac{\text{cost bresennol basged o nwyddau}}{\text{cost y fasged o nwyddau yn y flwyddyn sail}} \times 100$$

Noder: wrth gyfrifo'r *RPI* rhoddir pwysau i'r nwyddau yn ôl eu pwysigrwydd cymharol.

Mathau o chwyddiant

- chwyddiant ymlusgol – cyfraddau chwyddiant sy'n cynyddu'n raddol, e.e. o 5% i 6%
- stratochwyddiant – chwyddiant uchel, e.e. 10% i sawl cant %
- gorchwyddiant – cyfraddau chwyddiant eithriadol uchel, e.e. miloedd o %, e.e. Zimbabwe 2008
- chwyddwasgiad – chwyddiant uchel ynghyd â diweithdra uchel

Achosion chwyddiant galw-dynnu

- polisïau atchwyddol gan y Llywodraeth
- cynnydd yng ngwariant defnyddwyr, e.e. drwy fwy o hyder defnyddwyr

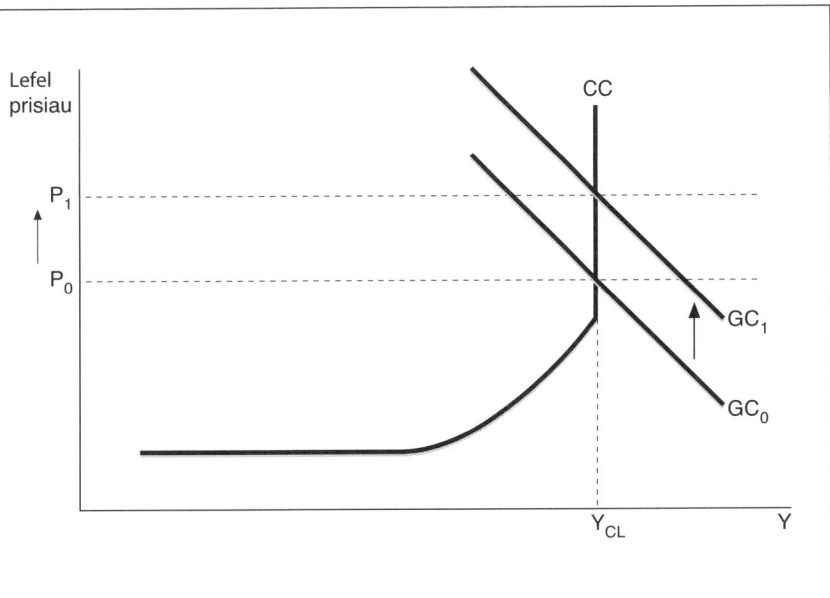

Chwyddiant (parhad)

Achosion chwyddiant costwthiol

- codiadau cyflog i weithwyr nad ydynt yn gysylltiedig â chynhyrchedd uwch

- cynnydd yng nghost defnyddiau crai a fewnforir, e.e. oherwydd gostyngiad yng ngwerth y bunt

- cynnydd ym mhrisiau mewngyrch, e.e. oherwydd grym monopoli cyflenwyr neu brisiau uwch am egni

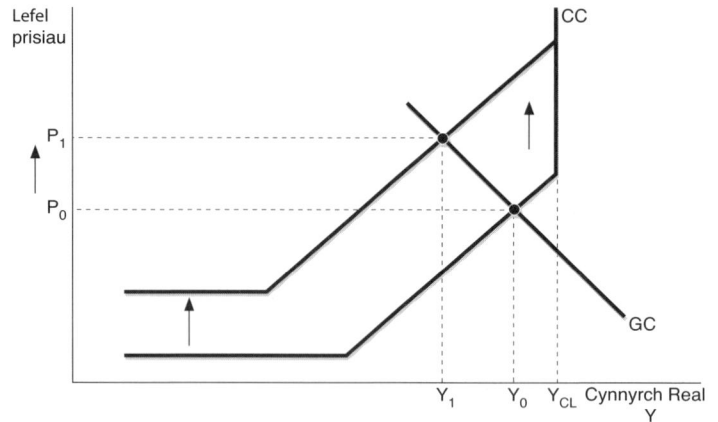

Chwydd-dro prisiau a chyflogau

Bydd hawliadau cyflog uwch heb unrhyw gynnydd mewn cynhyrchedd yn arwain at gostau uwch ac yna prisiau uwch (chwyddiant costwthiol); bydd prisiau uwch yn arwain at hawliadau cyflog uwch.

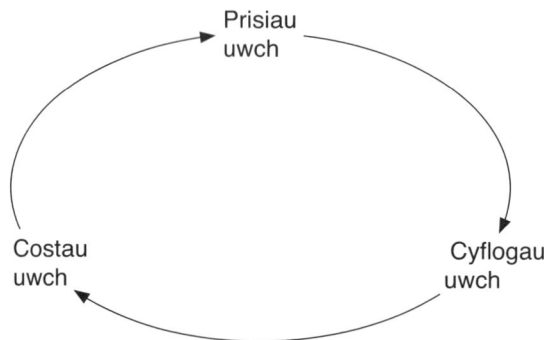

Disgwyliadau a chwyddiant

Mae disgwyliadau gweithwyr yn chwarae rhan bwysig mewn chwyddiant. Os ydy gweithwyr yn disgwyl chwyddiant uchel, maen nhw'n debygol o hawlio cyflogau uwch sy'n achosi'r chwyddiant roedden nhw'n ei ofni! Felly mae llywodraethau'n awyddus i gael gweithwyr i gredu y bydd chwyddiant yn gostwng – yna byddan nhw'n debygol o ostwng hawliadau cyflog a gall hynny helpu i ostwng chwyddiant yn yr economi.

- ailddosrannu incwm – bydd rhai grwpiau nad yw eu henillion wedi'u cysylltu â chwyddiant yn gweld bod eu henillion real yn gostwng (e.e. gweithwyr â grym bargeinio gwan, fel gweithwyr siop); hefyd gall y rhai sy'n cael benthyg ennill tra bydd y rhai sy'n rhoi benthyg yn colli oni fydd y benthyciadau'n indecs gyswllt (h.y. wedi'u cysylltu â chwyddiant)

- anawsterau cynllunio – gall cwmnïau ohirio buddsoddi os ydyn nhw ansicr ynghylch y pris y byddan nhw'n prynu mewngyrch amdano neu'r pris y byddan nhw'n gwerthu eu nwyddau amdano

- diffyg gallu i gystadlu dramor (a thybio bod chwyddiant y DU yn uwch na thramor ac na fydd y gyfradd gyfnewid yn gostwng i wneud iawn am hyn); gall waethygu sefyllfa'r fantol daliadau

Problemau chwyddiant

- costau lledr esgidiau – gyda chwyddiant, bydd yn rhaid i gartrefi a chwmnïau chwilio am adenillion da o'u cynilion i ddiogelu eu henillion real. Mae hyn yn golygu costau ychwanegol a elwir yn gostau 'lledr esgidiau'

- costau prislen, e.e. costau newid y prisiau mewn deunydd cyhoeddusrwydd, arddangosiadau a pheiriannau gwerthu

Bydd graddau'r broblem yn dibynnu ar y canlynol:
- ydy'r chwyddiant yn ddisgwyliedig ai peidio
- graddau'r cynnydd mewn chwyddiant
- i ba raddau mae gwledydd eraill yn cael chwyddiant

Chwyddiant (parhad)

Hafaliad cyfnewid Fisher

$MV = PY$

lle mae

M = maint arian, h.y. y cyflenwad arian

V = cyflymder cylchrediad incwm, h.y. sawl gwaith y flwyddyn ar gyfartaledd mae'n rhaid i'r uned nodweddiadol o arian gael ei gwario i brynu'r nwyddau a'r gwasanaethau a brynir y flwyddyn honno

P = lefel gyfartalog yr holl brisiau

Y = nifer y trafodion o gynhyrchion terfynol

Nid yw hwn yn hafaliad, ond yn hytrach mae'n unfathiant (*identity*), h.y rhaid ei fod yn wir. Mae MV yn cynrychioli cyfanswm y gwariant mewn economi; mae PY yn cynrychioli'r cyfanswm a dderbynnir am y nwyddau a'r gwasanaethau, h.y. incwm gwladol yn nhermau arian. Maen nhw'n dangos yr un pethau. Er enghraifft, os oes £100bn yn yr economi, sy'n cael ei wario 5 gwaith, rhaid mai £500bn yw cyfanswm y gwariant. Rhaid bod hyn yn hafal i'r arian a dderbynnir am nwyddau a gwasanaethau (h.y. £500bn).

Ai ffenomen ariannol yw chwyddiant?

Yn ôl arianyddwyr, mae chwyddiant 'bob amser ac ym mhobman yn ffenomen ariannol'. Gall hyrddiau dros dro o chwyddiant gael eu hachosi gan, er enghraifft, costau'n cynyddu, ond os ydy prisiau i godi'n barhaol, rhaid i'r cyflenwad arian gael ei gynyddu hefyd.

Damcaniaeth Stoc Arian

Mae damcaniaeth stoc arian (*quantity theory of money*) yn nodi bod perthynas uniongyrchol rhwng lefel prisiau a swm yr arian yn yr economi.

Gan ddefnyddio $MV = PY$, gallwn weld bod hyn yn wir os ydy V ac Y yn gyson, h.y. os ydy V ac Y yn sefydlog, mae lefel prisiau mewn cyfrannedd uniongyrchol â'r cyflenwad arian.

Dychmygwch fod V = 10 ac Y = 30

Os ydy'r cyflenwad arian yn £60, bydd prisiau'n £20; (£60 × 10 = £20 × 30)

Os ydy'r cyflenwad arian yn dyblu i £120 a dydy V ac Y ddim yn newid, bydd prisiau'n cynyddu i £40 (£120 × 10 = £40 × 30), h.y. mae lefel prisiau yn dibynnu ar y cyflenwad arian.

Pam y dylai V ac Y fod yn gyson?

- Gall V fod yn gyson oherwydd efallai na fydd cyfradd gwario arian yn newid lawer iawn dros amser.
- Gall Y fod yn gyson os ydy'r economi'n agos at gyflogaeth lawn, a fyddai'n golygu na allai'r cynnyrch, ac felly nifer y trafodion yn yr economi, newid lawer.

Keynesiaid a hafaliad cyfnewid Fisher

Mae Keynesiaid yn credu

- bod cyflymder cylchrediad yn gallu newid – gyda mwy o arian efallai y bydd pobl yn ei gadw (mae V yn gostwng)
- bod cynnydd yn y cyflenwad arian yn gallu arwain at fwy o gynnyrch (Y) yn hytrach na phrisiau uwch

Defnyddio MV = PY

Os ydy nifer y trafodion yn 200 a lefel gyfartalog prisiau yn £20, rhaid i'r cyfanswm sy'n cael ei wario fod yn 200 × £20, h.y. £4000.

Os ydy cyfanswm yr arian yn yr economi yn £400, rhaid bod pob punt wedi cael ei ddefnyddio 10 gwaith, h.y. y cyflymder yw 10.

Damcaniaeth Stoc Arian ac arianyddwyr

Mae arianyddwyr yn credu yn y ddamcaniaeth stoc arian. Yn ôl arianyddwyr, mae perthynas uniongyrchol rhwng lefel prisiau a'r cyflenwad arian. I reoli prisiau (ac felly chwyddiant) dylai'r Llywodraeth reoli'r cyflenwad arian.

Gwella chwyddiant

Mae'r ffordd o wella chwyddiant yn dibynnu ar yr achos, h.y. pa fath o chwyddiant sydd. Mae polisïau'n cynnwys:

- polisïau ochr-alw –gostwng y galw cyfanredol, e.e. gostwng gwariant cyhoeddus, cynyddu trethi, cynyddu cyfraddau llog; gwneir hyn i geisio gwella chwyddiant galw-dynnu
- polisïau ochr-gyflenwad – i wneud y farchnad lafur yn fwy cystadleuol (e.e. lleihau grym undebau llafur, gostwng budd-daliadau diweithdra) neu i gynyddu cystadleuaeth (e.e. preifateiddio, hybu busnesau bach a chychwyniadau busnes); mae hyn yn cynyddu'r cyflenwad cyfanredol
- polisïau prisiau ac incwm – i geisio gwella chwyddiant costwthiol
- polisi cyfradd gyfnewid, e.e. cynyddu gwerth yr arian cyfred i ostwng prisiau mewnforion a gostwng y galw am allforion

Polisïau prisiau ac incwm

Ymdrechion gan y Llywodraeth i reoli'r cynnydd mewn prisiau a/neu incwm drwy ddeddfwriaeth yw'r rhain. Maen nhw'n cyfyngu ar y codiadau cyflog y gall cwmnïau eu rhoi a/neu faint y gall prisiau gael eu codi.

Problemau polisïau incwm

- pan ddaw'r cyfyngiadau cyfreithiol i ben, yn aml bydd pobl yn ceisio dal i fyny ar yr arian na chawson nhw o'r blaen, h.y. bydd ymchwydd mewn cyflogau a phrisiau
- maen nhw'n atal system y farchnad rhag gweithio, e.e. ni all cwmnïau ddenu'r llafur maen nhw ei eisiau drwy gyflogau uwch
- maen nhw'n wleidyddol amhoblogaidd ac yn gallu achosi problemau cysylltiadau diwydiannol
- mae cwmnïau'n cael hyd i ffyrdd o osgoi'r polisi. Y term am hyn yw llusgiant cyflogau (*wage drift*) – er bod y cyflog yr awr yn ddigyfnewid, mae'r gost gynhyrchu yr uned yn cynyddu am fod cwmnïau'n cael hyd i ffyrdd o dalu mwy, e.e. buddion ychwanegol (fel ceir neu fenthyca rhad), taliadau ychwanegol am oramser na chaiff ei weithio, neu dâl gwyliau ychwanegol.

Chwyddiant amlachos

Mewn gwirionedd, mae chwyddiant yn debygol o fod yn ganlyniad i amrywiaeth o achosion, nid un yn unig. Felly efallai y bydd yn rhaid i'r ffordd o wella chwyddiant fod yn eithaf cymhleth.

Diweithdra

- Diweithdra – nifer y bobl sydd heb waith ond sy'n chwilio am waith
- Cyfradd diweithdra – nifer y bobl ddi-waith fel canran o'r llafurlu
- Llafurlu – y bobl sydd â swydd a'r bobl sy'n ddi-waith

Mesur diweithdra

- Cyfrif hawlwyr – cyfanswm misol y bobl sy'n hawlio budd-dal, h.y. y bobl sydd wedi'u cofrestru'n swyddogol ac sy'n gallu gweithio ond sy'n hawlio Lwfans Ceisio Gwaith; mae'n hawdd ei gasglu ond nid yw'n cynnwys yr holl bobl nad ydynt yn gymwys ar gyfer budd-dal, e.e. yr holl ddynion dros 60 oed nad oes raid iddyn nhw gofrestru (*sign on*) bellach i gael budd-daliadau; mae'n cynnwys pobl sy'n hawlio'n anghyfreithlon ond sydd hefyd yn gweithio. Mae llywodraethau wedi cael eu cyhuddo o addasu'r cyfrif hawlwyr drwy newid y diffiniadau o bwy fydd yn cael ei gynnwys a phwy na fydd, e.e. yn 1988 cafodd pobl 16-17 oed eu gadael allan am nad oedden nhw bellach yn cael hawlio budd-dal oherwydd bod lle yn cael ei warantu iddyn nhw naill ai mewn addysg neu ar gynllun hyfforddiant.
- Mesur safonedig o ddiweithdra: yn seiliedig ar arolwg chwarterol o fwy na 60,000 o gartrefi. Mae'n diffinio diweithdra fel pobl heb swyddi sy'n dweud eu bod nhw wedi ceisio gwaith yn y pedair wythnos diwethaf neu sy'n aros i gymryd swydd yn y pythefnos nesaf. Defnyddir y mesur hwn yn rhyngwladol, sy'n galluogi cymharu rhwng gwledydd, ond mae'n debygol y bydd rhywfaint o gyfeiliornad samplu (gan mai dim ond canran o'r cartrefi mewn gwlad a holir).

Y Gyfundrefn Lafur Ryngwladol (*ILO*) sy'n gweinyddu'r mesur hwn sy'n seiliedig ar arolwg a chyfeirir at ei ganlyniadau fel **cyfradd diweithdra ILO**.

Gall y ffigurau *ILO* amrywio'n sylweddol o'r cyfrif hawlwyr; rhesymau posibl yw:

- gall fod llawer o ferched di-waith yn chwilio am waith ond yn cael eu gadael allan o'r cyfrif hawlwyr, e.e. am fod eu partneriaid yn ennill gymaint fel nad ydyn nhw'n gymwys ar gyfer budd-dal
- efallai bod pobl hŷn yn derbyn pensiwn ac felly does ganddyn nhw ddim hawl i fudd-daliadau ond gallan nhw fod yn chwilio am waith
- ni all gweithwyr sy'n cael eu gwneud yn ddi-waith hawlio budd-dal am nifer o wythnosau er y bydden nhw'n cael eu cyfrif yn ddi-waith yn arolwg yr *ILO*.

Mae'r ddau ddull yn amcangyfrif diweithdra cyfan yn rhy isel oherwydd y canlynol:

- dydyn nhw ddim yn cynnwys gweithwyr rhan-amser, e.e. os ydych yn gweithio am ychydig o oriau yr wythnos ond yn chwilio am swydd amser llawn ni chewch eich cynnwys
- ni chyfrifir unrhyw un sydd ar gynlluniau hyfforddiant a chynlluniau gwaith y llywodraeth er y bydden nhw eisiau gwaith amser-llawn

Mae ffigur diweithdra yn gysyniad stoc: mae'n mesur nifer y bobl sy'n ddi-waith ar adeg benodol. Fodd bynnag, mae pobl yn symud i mewn i ddiweithdra ac allan ohono drwy'r amser. Mae'n bwysig ystyried cyfradd y llif. Ydy'r un bobl yn aros yn ddi-waith am gyfnodau hir – neu ydy pobl yn symud trwodd yn eithaf cyflym? Os ydy pobl yn cael eu gwneud yn ddi-waith ac yna'n cael hyd i waith, gall hyn fod yn llai o broblem na ffigur diweithdra tymor hir uchel.

$$\text{Cyfradd diweithdra (\%)} = \frac{\text{di-waith}}{\text{llafurlu}} \times 100$$

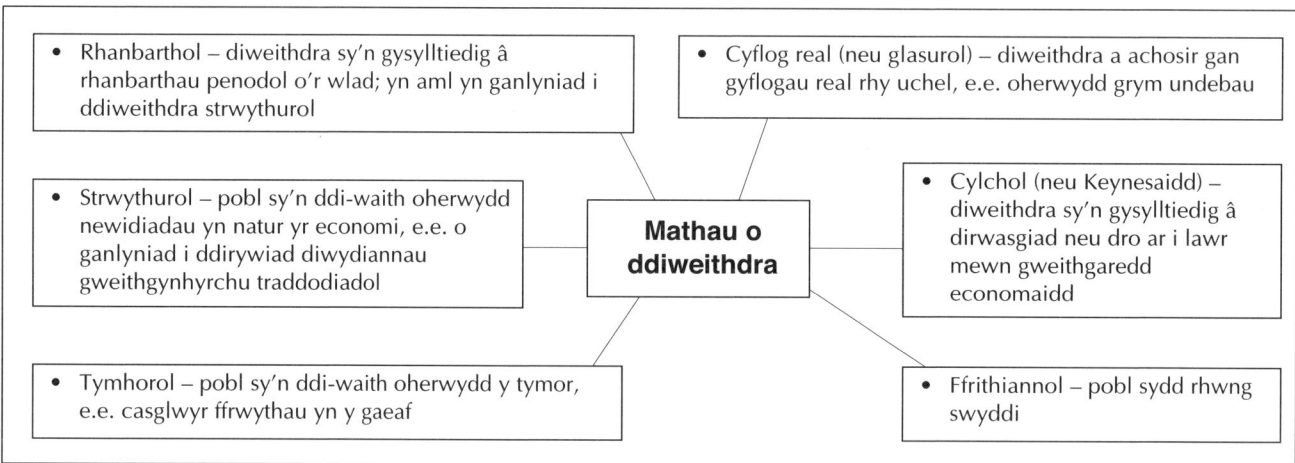

Mathau o ddiweithdra

- Rhanbarthol – diweithdra sy'n gysylltiedig â rhanbarthau penodol o'r wlad; yn aml yn ganlyniad i ddiweithdra strwythurol
- Strwythurol – pobl sy'n ddi-waith oherwydd newidiadau yn natur yr economi, e.e. o ganlyniad i ddirywiad diwydiannau gweithgynhyrchu traddodiadol
- Tymhorol – pobl sy'n ddi-waith oherwydd y tymor, e.e. casglwyr ffrwythau yn y gaeaf
- Cyflog real (neu glasurol) – diweithdra a achosir gan gyflogau real rhy uchel, e.e. oherwydd grym undebau
- Cylchol (neu Keynesaidd) – diweithdra sy'n gysylltiedig â dirwasgiad neu dro ar i lawr mewn gweithgaredd economaidd
- Ffrithiannol – pobl sydd rhwng swyddi

Gwirfoddol ac anwirfoddol

- Mae diweithdra 'gwirfoddol' yn digwydd pan fydd pawb sy'n fodlon gweithio ac yn gallu gweithio ar y gyfradd cyflog real benodedig yn gweithio, h.y. mae'r economi ar gyflogaeth lawn. Hyd yn oed ar gyflogaeth lawn bydd rhai pobl yn ddi-waith, e.e. oherwydd achosion ffrithiannol.
- Mae diweithdra 'anwirfoddol' yn digwydd pan fydd pobl yn fodlon gweithio ac yn gallu gweithio ar y gyfradd cyflog real benodedig ond nid oes swydd ar gael, h.y. mae'r economi islaw cyflogaeth lawn. Mae gweithiwr yn 'anwirfoddol' ddi-waith os byddai'n fodlon derbyn swydd ar y cyflog real penodedig.

Cyfradd naturiol diweithdra, neu'r *NAIRU* (cyfradd diweithdra chwyddiant sefydlog *(non-accelerating inflation rate of unemployment)*

Dyma'r gyfradd diweithdra sydd i'w chael pan gaiff chwyddiant ei ragweld yn gywir. Mae'r lefel hon o ddiweithdra i'w chael pan fydd yr economi ar gyflogaeth lawn, h.y. pan fydd y farchnad lafur mewn cydbwysedd. Mae lefel cyfradd naturiol diweithdra yn dibynnu ar ochr gyflenwad y farchnad lafur, e.e. hyfforddiant, gwybodaeth, lefelau budd-daliadau, undebau.

Mae **cyflogaeth lawn** i'w chael pan fydd pawb sy'n fodlon gweithio ac yn gallu gweithio ar y cyflog real penodedig yn gweithio, h.y. mae diweithdra i gyd yn 'wirfoddol'.

Diweithdra (parhad)

Barn arianyddwyr a Keynesiaid am ddiweithdra

Mae arianyddwyr yn credu bod cyflogau arian a phrisiau yn hyblyg ac yn addasu'n gyflym, fel y bydd y cyflog real ar y lefel iawn i gyflawni cydbwysedd tymor hir yn y farchnad lafur, h.y. mae'r farchnad lafur yn clirio'n gyflym ac mae naill ai ar gyflogaeth lawn neu'n agos ati; mae diweithdra i gyd yn 'wirfoddol'.

Mae Keynesiaid yn credu bod cyflogau arian yn araf i addasu (e.e. oherwydd rhith arian neu gontractau) , ac felly efallai na fydd y cyflog real yn addasu i glirio'r farchnad lafur, h.y. gall fod diweithdra 'anwirfoddol' a 'gwirfoddol'.

Dychmygwch fod galw'n gostwng a bod chwyddiant yn gostwng. Os ydy twf cyflogau real yn gostwng hefyd, mae'r cyflog real yn ddigyfnewid ac mae'r economi'n aros ar gyflogaeth lawn (arianyddwyr). Os nad ydy twf cyflogau real yn gostwng, mae'r cyflog real wedi cynyddu a bydd llai o alw am lafur a bydd diweithdra 'anwirfoddol' yn y tymor byr nes y bydd twf cyflogau arian yn gostwng. Y broblem yn ôl Keynesiaid yw bod y 'tymor byr' yn gallu bod yn gyfnod eithaf hir, a dyna pam y dylai'r Llywodraeth ymyrryd.

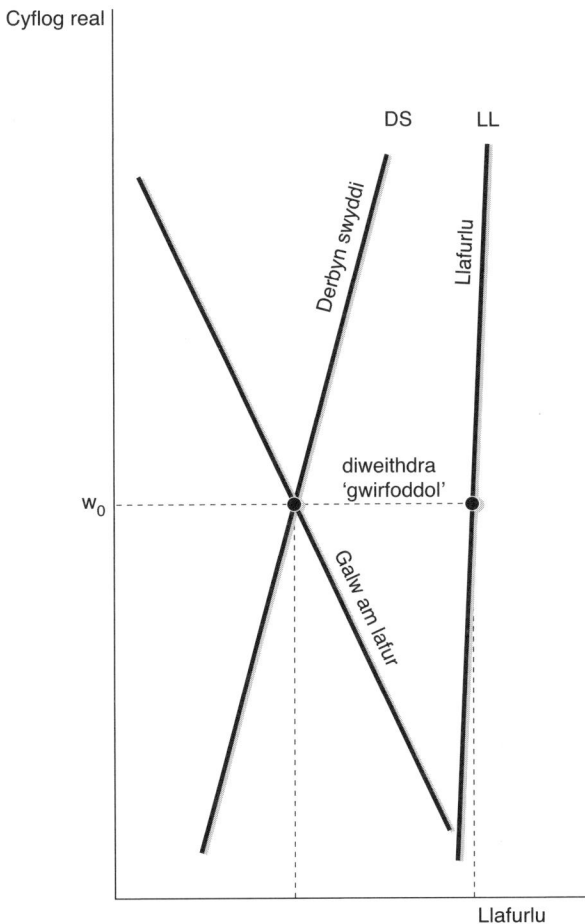

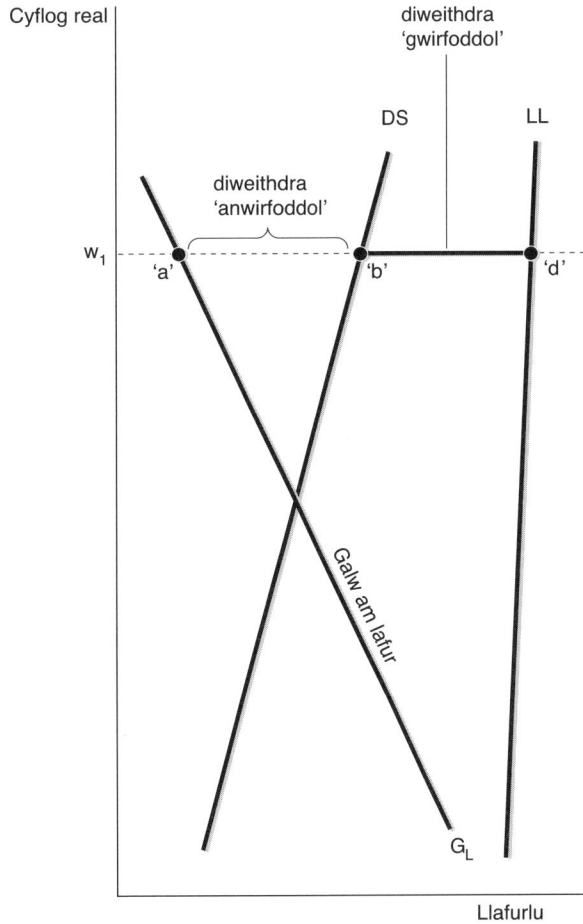

Derbyn swyddi = nifer y gweithwyr sy'n fodlon derbyn swydd ar bob cyflog real ac sy'n gallu gwneud hynny. Wrth i'r cyflog real gynyddu, mae nifer y bobl sy'n fodlon derbyn swyddi yn cynyddu hefyd.

Llafurlu = nifer y bobl sydd wedi'u cofrestru ar gyfer gwaith; bydd hyn hefyd yn cynyddu ar gyflogau real uwch wrth i bobl ddychwelyd i'r llafurlu.

Y gwahaniaeth rhwng nifer y bobl yn y llafurlu a'r nifer sy'n derbyn swydd yw 'diweithdra gwirfoddol'.

Ar y cyflog real w_1, mae 'd' o bobl yn y llafurlu; mae 'b' eisiau derbyn swydd, felly 'bd' yw diweithdra 'gwirfoddol'; 'ab' yw diweithdra 'anwirfoddol' – mae'r bobl hyn yn fodlon gweithio ac yn gallu gweithio ond nid oes galw amdanyn nhw ar y cyflog real uwch.

Mae hyn yn tybio bod y cyflog real uchel yn cael ei achosi gan amherffeithrwydd yn y farchnad lafur, e.e. rhith arian sy'n atal cyflogau arian rhag newid yn gyflym.

Noder: Os ydy'r cyflog real uwchlaw cydbwysedd oherwydd grym undebau, gellid dadlau bod 'ab' yn 'wirfoddol' – mae'r undebau wedi gwirfoddoli gweithwyr ar gyfer diweithdra. 'Diweithdra clasurol' yw hwn.

Diweithdra (parhad)

Ydy diweithdra i gyd yn 'wirfoddol' ar gyflogaeth lawn?

Gellir dadlau 'ydy', er enghraifft:

- Mae diweithdra ffrithiannol yn 'wirfoddol' am fod pobl wedi penderfynu chwilio am swydd arall
- Mae diweithdra tymhorol yn 'wirfoddol' am fod pobl wedi penderfynu cymryd swydd lle maen nhw â gwaith tymhorol yn unig; gallen nhw gymryd gwaith arall y tu allan i'r tymor
- Mae diweithdra cyflog real yn 'wirfoddol' am fod

gweithwyr neu eu hundebau wedi penderfynu gwthio cyflogau i fyny ac wedi 'gwirfoddoli' rhai gweithwyr ar gyfer diweithdra

- Gellir ystyried diweithdra strwythurol yn 'wirfoddol' os nad ydy gweithwyr sydd wedi gadael swydd mewn diwydiant sy'n dirywio yn fodlon derbyn swydd ar gyfradd cyflog is mewn diwydiant arall.

Dydy'r gair 'gwirfoddol' ddim yn golygu bod pobl yn gwirfoddoli i fod yn ddi-waith.

Pam mae diweithdra o bwys?

- mae'n wastraff adnoddau felly mae'r economi'n tangynhyrchu o'i gymharu â'i gynnyrch posibl; mae'n aneffeithlon
- gall achosi problemau cymdeithasol, e.e. mwy o droseddu

- mae'r Llywodraeth yn colli derbyniadau trethi, e.e. llai o dreth incwm gan fod llai o bobl yn gweithio, a llai o TAW gan fod llai o wario

Ffyrdd o wella diweithdra: polisïau ochr-alw

I wella diweithdra 'anwirfoddol', gall y Llywodraeth ysgogi'r galw i ddarparu mwy o swyddi, h.y. defnyddio polisïau ochr-alw. Mae'r rhain yn cynnwys gostwng trethi, cynyddu gwariant y Llywodraeth, gostwng cyfraddau llog (gyda'r rhain i gyd â'r bwriad o gynyddu'r galw cyfanredol, GC). Bydd cynnydd yn y galw cyfanredol yn cynyddu cynnyrch (a thybio nad ydy'r economi eisoes ar gyflogaeth lawn). Bydd hyn yn gostwng diweithdra cylchol neu anwirfoddol. Fodd bynnag, ar gyflogaeth lawn bydd cynnydd yn GC yn cynyddu chwyddiant.

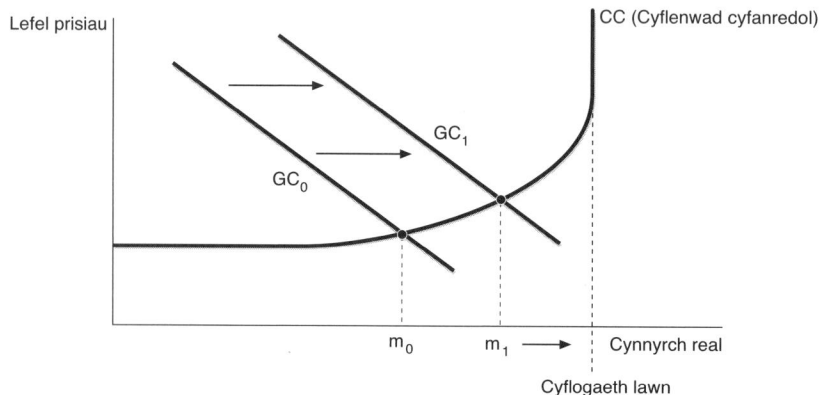

Ffyrdd o wella diweithdra: polisïau ochr-gyflenwad

I wella diweithdra 'gwirfoddol', rhaid i'r Llywodraeth wneud mwy o bobl yn fodlon gweithio ac yn abl i weithio. Gellir gwneud hyn drwy bolisïau ochr-gyflenwad, e.e.

- mwy o hyfforddiant i roi'r sgiliau angenrheidiol i bobl
- gostwng treth incwm fel y bydd enillion gweithio o'u cymharu â chael budd-dal yn uwch (h.y. dileu'r fagl dlodi)

- gostwng budd-daliadau di-waith i roi i bobl fwy o gymhelliad i chwilio am waith
- mwy o wybodaeth am swyddi gwag a chymorth gyda cheisiadau
- cymorth (e.e. ariannol) i bobl sy'n adleoli
- gostwng rhwystrau i bobl rhag derbyn swyddi, e.e. gynt roedd yna siopau caeedig, sef ffatrïoedd lle na allai neb ond aelodau undeb weithio; roedd hyn yn atal pobl nad oeddent yn aelodau undeb rhag gweithio

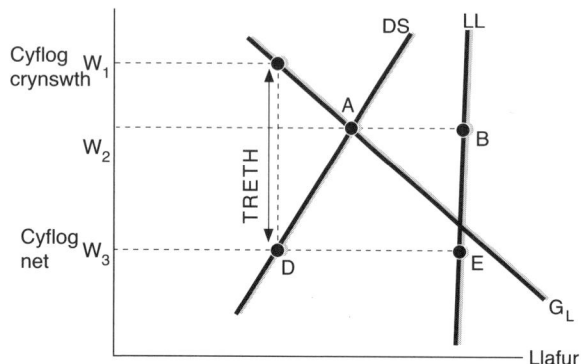

Effaith gostwng treth incwm

Gyda threth incwm mae gwahaniaeth rhwng y cyflog crynswth mae'r cwmni'n ei dalu a'r cyflog net mae'r gweithiwr yn ei dderbyn, e.e. $W_1 W_3$. Ar W_3 cyfradd naturiol diweithdra yw DE; mae D o bobl eisiau gweithio ar y cyflog hwn ond mae E o bobl yn y llafurlu. Os caiff trethi incwm eu dileu, mae'r cyflog crynswth a'r cyflog net yr un fath ar W_2 ac mae lefel diweithdra 'gwirfoddol' yn gostwng i AB.

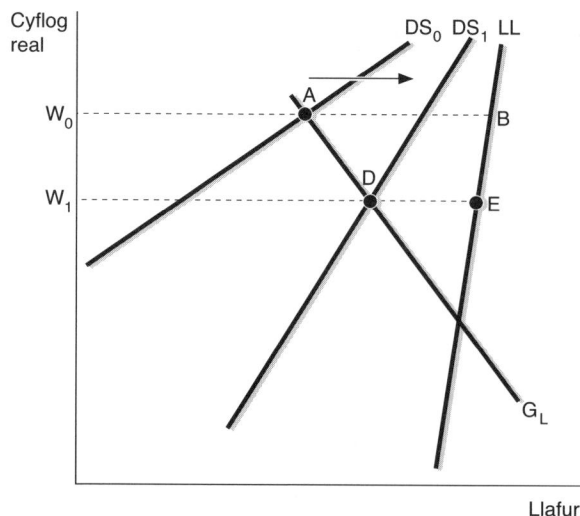

Bydd polisïau sydd â'r bwriad o wneud pobl yn fwy parod i weithio neu'n fwy abl i weithio yn symud cromlin derbyn swyddi i'r dde. Bydd diweithdra 'gwirfoddol' yn gostwng o AB i DE.

Diweithdra (parhad)

Mae cyflenwad llafur yn dibynnu ar y canlynol:

- Newidiadau ym mhatrymau mudo: pan wnaeth llawer o aelod wladwriaethau newydd yr UE ymaelodi â'r UE, gwelodd gwledydd fel y DU gynnydd mewn mewnfudwyr, ac felly cynnydd yng nghyflenwad llafur.
- Treth incwm: pan fydd treth incwm yn uchel, gall gweithwyr deimlo nad yw'n werth gweithio am eu bod yn mynd adref â rhy ychydig o'u cyflog, ac felly gall cyflenwad llafur ostwng, h.y. mae gwerth eu hamser hamdden yn fwy na gwerth awr o waith, ac felly maen nhw'n amnewid hamdden am waith. Ar y llaw arall, gall gweithwyr deimlo bod yn rhaid iddyn nhw weithio mwy o oriau i wneud iawn am y gostyngiad yn y cyflog, ac felly gall cyflenwad llafur gynyddu.
- Budd-daliadau: os ydy budd-daliadau'r wladwriaeth (e.e. ar gyfer afiechyd, anabledd, diweithdra ayb.) yn hael, mae pobl yn fwy tebygol o aros gartref yn hytrach na gweithio, gan ostwng cyflenwad llafur.

- Undebau llafur: oherwydd bod undebau llafur yn gweithredu i gynyddu cyfraddau cyflog drwy broses o gydfargeinio, gall hyn gynyddu cyflenwad llafur gan ei fod yn hybu mwy o bobl i ymuno â'r gweithlu. Fodd bynnag, mae cyfraddau cyflog uwch yn golygu llai o alw am lafur, felly gallai diweithdra fod yn ganlyniad. Gall canlyniad tebyg ddeillio o Leiafswm Cyflog Cenedlaethol.
- Tueddiadau cymdeithasol: mae cyfranogiad merched yn llafurlu'r DU yn fwy nag y bu ychydig ddegawdau yn ôl, gan ei bod hi'n fwy derbyniol erbyn hyn i ferched weithio a bod gofal plant yn haws ei gael.

Bargen Newydd i Lafur

Wrth i economi'r DU symud o'r sector gweithgynhyrchu i'r sector gwasanaethau, mae rhai gweithwyr llaw â lefel isel o sgiliau wedi colli eu swyddi. Mae cynlluniau fel Bargen Newydd i Lafur wedi cael eu cyflwyno gan y Llywodraeth i ddarparu hyfforddiant (er na all rhai pobl fforddio treulio'u hamser mewn hyfforddiant yn hytrach na gwaith).

Effaith polisïau ochr-gyflenwad ar lefelau cyflogaeth lawn

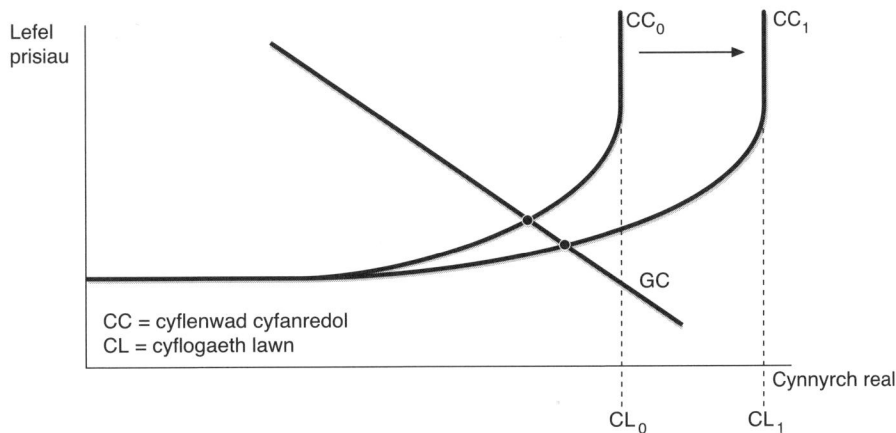

Bydd polisïau ochr-gyflenwad sydd â'r bwriad o gael mwy o bobl yn fodlon derbyn swyddi ac yn gallu derbyn swyddi ar bob cyflog real yn symud y cyflenwad cyfanredol i'r dde. Bydd hyn yn cynyddu lefel cyflogaeth lawn.

Tueddiadau cyflogaeth yn y DU

- Twf gweithio hyblyg: gwaith rhan-amser, contractau dros dro, amser hyblyg
- Dad-ddiwydiannu – dirywiad yn y sector gweithgynhyrchu

Twf cyflogaeth mewn gwasanaethau

Oherwydd y canlynol:

- mae elastigedd incwm y galw am wasanaethau yn uchel sy'n gwneud hwn yn sector twf wrth i'r economi dyfu
- mae gan y DU fantais gymharol yn y sector hwn
- mae treiddiad mewnforion yn llai hawdd yn y sector gwasanaethau

Gostyngiad mewn cyflogaeth mewn gweithgynhyrchu

- roedd cyfraddau cyfnewid uchel yn rhan gyntaf yr 1980au a rhan olaf yr 1990au yn gwneud llawer o wneuthurwyr y DU yn anghystadleuol
- roedd cyfraddau llog uchel yn gwneud ehangu'n ddrud
- fe wnaeth newid technolegol gael gwared â rhai swyddi llaw
- aneffeithlonrwydd – angen i leihau gorstaffio a gwella arferion gweithio
- dirywiad strwythurol rhai diwydiannau, e.e. glo
- mwy o gystadleuaeth o wledydd tramor

Twf hunangyflogaeth

O ganlyniad i'r canlynol:

- cyngor a chymhellion gan y Llywodraeth
- llwyddiant pobl eraill yn ysbrydoli
- colli gwaith – mae llawer yn defnyddio taliadau colli gwaith i gychwyn busnes

---

Y fagl dlodi

Mae'r **fagl dlodi** i'w chael pan fydd pobl yn cael eu cadw rhag gweithio oherwydd na fydd gweithio'n eu gwneud nhw'n well eu byd; os gwnân nhw ddechrau gweithio bydd cyfradd y dreth ar eu henillion a cholli budd-daliadau yn golygu na fydd fawr ddim cynnydd ariannol net os o gwbl.

Y gromlin Phillips: chwyddiant a diweithdra

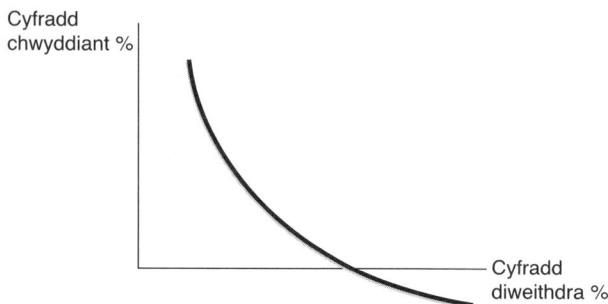

Mae'r **gromlin Phillips** yn dangos y berthynas rhwng chwyddiant a diweithdra.

(Noder: roedd y gromlin wreiddiol yn dangos y berthynas rhwng cyfradd newid cyflogau enwol a diweithdra, NID cyfradd newid prisiau a diweithdra.)

Cynhyrchwyd y gromlin yn wreiddiol gan A W Phillips yn 1958, ac roedd yn awgrymu gwrthddewis (*trade-off*) rhwng chwyddiant a diweithdra, h.y. pe bai diweithdra'n gostwng, byddai chwyddiant yn cynyddu ac i'r gwrthwyneb. Roedd hyn yn cyd-fynd â'r meddwl ar y pryd, h.y. i ostwng diweithdra roedd yn rhaid i'r Llywodraeth wario mwy o arian i gynyddu'r galw cyfanredol, a byddai hyn yn fwy na thebyg yn achosi rhywfaint o chwyddiant; byddai'r lefelau uwch o alw yn tynnu prisiau i fyny. Byddai gweithwyr yn dod yn fwy hyderus am fod yr economi'n gwneud yn dda ac am nad oedd hi mor hawdd i gyflogwyr gael hyd i weithwyr newydd, ac felly byddai cyflogau'n cael eu gwthio i fyny gan achosi chwyddiant costwthiol. Awgrymodd y model fod angen i'r Llywodraeth ddewis ar ba bwynt ar y gromlin Phillips roedd hi eisiau i'r economi fod ac yna cyflwyno'r polisïau priodol.

Fodd bynnag, yn yr 1970au roedd lefelau uchel o chwyddiant a diweithdra uchel (y term am hyn yw chwyddwasgiad) ac roedd yn ymddangos nad oedd hyn yn cyd-fynd â'r gromlin Phillips wreiddiol. Eglurwyd y sefyllfa newydd gan gromlin Phillips ddisgwyliadau-estynedig (Friedman). Cyflwynodd y model hwn gromliniau Phillips y tymor byr a'r tymor hir ac awgrymodd fod gwrthddewis tymor byr rhwng chwyddiant a diweithdra ond nad oedd gwrthddewis tymor hir rhyngddyn nhw.

Cromlin Phillips ddisgwyliadau-estynedig

Caiff pob cromlin dymor byr ei llunio ar sail lefel o chwyddiant disgwyliedig.

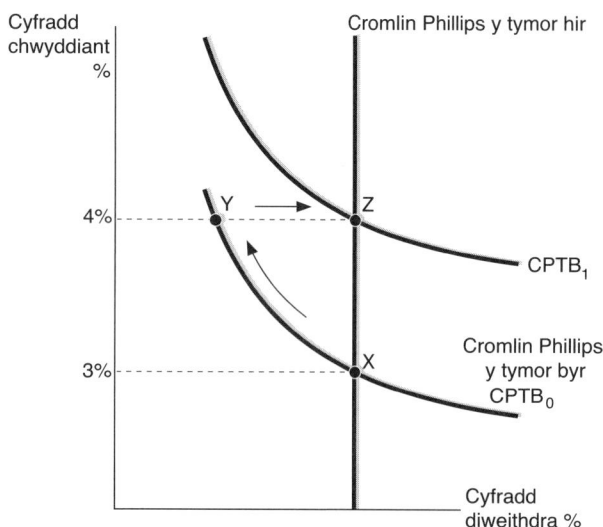

Dychmygwch fod yr economi mewn cydbwysedd yn X. Mae gweithwyr yn disgwyl chwyddiant i fod yn 3% ac mae chwyddiant yn 3%; mae'r economi mewn cydbwysedd tymor hir; mae diweithdra ar y gyfradd naturiol. Yna mae cynnydd yn y galw cyfanredol yn tynnu chwyddiant i fyny i 4%. Mae gweithwyr yn dal i ddisgwyl 3% ac maen nhw'n ymrwymedig i gontractau am flwyddyn o leiaf. Felly mewn termau real mae gweithwyr yn rhatach (maen nhw'n cael eu talu 3% ond mae prisiau'n cynyddu 4%), ac felly mae cwmnïau'n galw am fwy o lafur. Bydd y goalw hwn am lafur yn raddol yn tynnu cyflogau arian i fyny, e.e. i 3.5% a bydd mwy o weithwyr yn derbyn swyddi am eu bod nhw'n credu eu bod nhw'n well eu byd (noder: mewn gwirionedd mewn termau real maen nhw'n waeth eu byd am fod chwyddiant yn 4%). Bydd diweithdra'n gostwng i Y. Dros amser, fodd bynnag, bydd gweithwyr yn dysgu bod chwyddiant yn 4% ac yn bargeinio am fwy o gyflog. Bydd prisiau a chyflogau eto yn tyfu gyda'i gilydd ar 4%; ni fydd gweithwyr yn rhad bellach mewn termau real ac felly bydd yr economi'n dychwelyd i gyflogaeth lawn yn Z.

Nawr mae pawb yn disgwyl 4%, ond os bydd y Llywodraeth yn defnyddio polisïau ehangu sy'n arwain at chwyddiant o 5%, gall gweithwyr gael eu dal eto. Byddan nhw'n gymharol rad am eu bod nhw'n cael eu talu, dyweder, 4.5% nes iddyn nhw sylweddoli bod prisiau'n cynyddu 5%.

I barhau i dwyllo gweithwyr yn y dyfodol, bydd yn rhaid i'r Llywodraeth achosi codiadau mwy mewn chwyddiant fel na fydd gweithwyr byth yn gallu rhagfynegi beth fydd chwyddiant flwyddyn nesaf. Mae'r model hwn yn awgrymu y gall diweithdra gael ei gadw islaw cyflogaeth lawn yn y tymor byr drwy dwyllo'r gweithwyr, ond efallai y bydd angen codiadau mwy a mwy mewn chwyddiant i wneud hynny. Mae hyn yn tybio bod gan weithwyr 'ddisgwyliadau addasol' a'u bod nhw'n seilio eu barn am chwyddiant yn y dyfodol ar yr hyn sydd wedi digwydd yn y gorffennol. Os bydd y Llywodraeth yn parhau i achosi codiadau bythol gyflymol mewn chwyddiant, gall gweithwyr gael eu twyllo.

Yn y tymor hir mae'n ymddangos nad oes gwrthddewis rhwng chwyddiant a diweithdra; mae'r economi'n dychwelyd i'w gydbwysedd tymor hir. Pan fydd gweithwyr yn sylweddoli beth yw chwyddiant ac yn cynyddu eu cyflogau arian yn unol â hynny, bydd y cyflog real yn dychwelyd i'r cydbwysedd tymor hir a bydd yr economi ar gyflogaeth lawn.

Mae gwrthddewis y tymor byr i'w gael oherwydd 'rhith arian' – mae gweithwyr yn canolbwyntio ar eu cyflogau arian yn hytrach na'u cyflogau real, e.e. pan fydd cyflogau arian yn cynyddu, bydd mwy o bobl yn derbyn swyddi yn y tymor byr er y gall cyflogau real fod heb godi; pan fydd gweithwyr yn sylweddoli'r hyn sydd wedi digwydd i brisiau ac yn hawlio cyflogau enwol uwch, caiff y cyflog real ei ddychwelyd i gydbwysedd y tymor hir.

Model disgwyliadau rhesymegol:

Mae hwn yn tybio nad ydy pobl yn llunio disgwyliadau am chwyddiant yn y dyfodol ar sail y gorffennol, h.y. nid oes ganddyn nhw ddisgwyliadau addasol – maen nhw'n edrych ymlaen ac yn gwneud amcangyfrif ar sail yr holl wybodaeth sydd ar gael iddyn nhw bryd hynny, h.y. maen nhw'n rhesymegol. Er enghraifft, os ydy gweithwyr yn credu y bydd y Llywodraeth yn gostwng chwyddiant yn y dyfodol, byddan nhw'n gostwng eu hawliadau cyflog yn gymharol gyflym. Felly gall yr economi addasu i gydbwysedd y tymor hir yn weddol gyflym ac mae unrhyw gromlin Phillips dymor byr yn dymor byr iawn. Yn ei fersiwn eithafol, mae disgwyliadau rhesymegol yn golygu na all gweithwyr gael eu twyllo o gwbl (h.y. does dim rhith arian) ac na all y Llywodraeth ostwng diweithdra islaw'r gyfradd naturiol hyd yn oed yn y tymor byr.

Keynesiaid ac arianyddwyr

Keynesiaid

Roedd Keynesiaid yr 1950au a'r 1960au yn dadlau o blaid polisïau ochr-alw, h.y. bod y Llywodraeth yn rheoli'r galw cyfanredol. Pe bai'r economi'n tyfu'n rhy gyflym, byddai'r Llywodraeth yn dadchwyddo; pe bai'n tyfu'n rhy araf byddai'n atchwyddo drwy bolisi cyllidol. Arweiniodd hyn at gyfres o bolisïau atchwyddo-dadchwyddo (*stop-go*), e.e. dadchwyddo, atchwyddo, dadchwyddo.

Mae **Keynesiaid** yn credu'r canlynol:
- dydy marchnadoedd ddim yn clirio ac maen nhw'n araf i addasu, e.e. y farchnad lafur. Mae hyn yn golygu y gall yr economi aros mewn cydbwysedd islaw cyflogaeth lawn, felly mae diweithdra cylchol neu 'anwirfoddol' yn bodoli
- dylai'r Llywodraeth ymyrryd i sefydlogi'r economi
- mae polisi cyllidol yn fwy effeithiol na pholisi ariannol
- yn aml achosir chwyddiant gan ffactorau costwthiol

Mae **Keynesiaid eithafol** yn credu:
- nad ydy marchnadoedd yn clirio ac na fydd yr economi'n symud tuag at gyflogaeth lawn. Rhaid i'r Llywodraeth ehangu'r galw.

Arianyddwyr

Yn yr 1970au roedd chwyddwasgiad (chwyddiant uchel a diweithdra uchel) yn y DU. Roedd damcaniaethau oedd eisoes yn bodoli yn cael trafferth i egluro hyn; cynyddodd apêl arianolaeth. Mae arianolaeth yn seiliedig ar ddamcaniaeth stoc arian, MV = PY. Tybir bod V ac Y yn gyson, felly mae perthynas uniongyrchol rhwng prisiau a'r cyflenwad arian.

Mae arianyddwyr yn credu'r canlynol:
- mae chwyddiant yn ganlyniad i'r ffaith bod y cyflenwad arian yn cynyddu'n gyflymach na thwf cynnyrch. Bydd gostwng cyfradd twf y cyflenwad arian yn arwain at lai o chwyddiant heb fwy o ddiweithdra (yn y tymor hir) (gweler cromlin Phillips ddisgwyliadau-estynedig ar dudalen 90)
- mae prisiau a chyflogau yn newid yn eithaf cyflym, felly mae'r economi'n tueddu tuag at gyflogaeth lawn

- mae chwyddiant yn gwneud cwmnïau'n anghystadleuol, mae'n gostwng buddsoddiant, ac felly rhaid i'r Llywodraeth reoli chwyddiant. I wneud hyn, rhaid iddi reoli'r cyflenwad arian. Ar wahân i hynny, ni ddylai'r Llywodraeth ymyrryd fawr ddim.

Defnyddir y term y **garfan glasurol newydd** am arianyddwyr eithafol – maen nhw'n credu bod marchnadoedd yn clirio'n gyflym a bod disgwyliadau'n addasu'n gyflym iawn. Bydd twf cyflymach y cyflenwad arian yn arwain yn gyflym at chwyddiant; hyd yn oed yn y tymor byr mae'r gromlin Phillips yn fertigol.

Mae **arianyddwyr cymedrol** yn credu:
- bod marchnadoedd yn addasu'n weddol gyflym. Bydd cynnydd yn y cyflenwad arian ac felly galw yn arwain ar rywfaint o ostyngiad mewn diweithdra yn y tymor byr. Yn yr un modd, gall gostyngiad sydyn yn y cyflenwad arian achosi diweithdra yn y tymor byr.

Pa mor gyflym mae cyflogau arian a phrisiau yn addasu?
h.y. Pa mor gyflym mae'r farchnad lafur yn clirio

Araf — Cyflym

Keynesiaid — Arianyddwyr

Y farchnad lafur

Mae'r farchnad lafur yn elfen allweddol o'r economi ac mae ei gallu i glirio (h.y. i'r cyflenwad fod yn hafal i'r galw) yn bwysig. Mae hyn yn dibynnu ar hyblygrwydd cyflogau. Os ydy'r galw cyfanredol yn gostwng a bod gorgyflenwad o lafur, mewn byd perffaith gystadleuol bydd cyflogau arian yn gostwng a bydd y farchnad lafur yn clirio – bydd yr economi'n aros ar gyflogaeth lawn.

OND
- gall undebau frwydro yn erbyn gostyngiad mewn cyflogau
- gall cyflogau gymryd amser i ostwng, e.e. yn aml cân nhw eu trafod ar gyfer blwyddyn ymlaen llaw. Os na fydd cyflogau'n gostwng, bydd diweithdra am gyfnodau hir a gall yr economi aros islaw cyflogaeth lawn am gyfnodau hir.

Mae arianyddwyr yn credu bod cyflogau arian a phrisiau yn hyblyg, ac felly mae'r farchnad lafur yn clirio – mae'r economi ar gyflogaeth lawn neu'n symud tuag ati. Mae Keynesiaid yn credu nad ydy cyflogau arian a phrisiau yn hyblyg, ac felly dydy'r farchnad lafur ddim o reidrwydd yn clirio – gall yr economi fod mewn cydbwysedd islaw cyflogaeth lawn.

Cyfraddau cyfnewid

Y **gyfradd gyfnewid** yw pris un arian cyfred yn nhermau arian cyfred arall. Dyma werth allanol arian cyfred (y gwerth mewnol yw'r hyn y gall yr arian cyfred ei brynu yn ei wlad ei hun ac mae'n dibynnu ar lefel prisiau). Defnyddir y term 'gwerth y bunt' neu 'gwerth sterling' am gyfradd gyfnewid y DU.

Mewn system cyfraddau cyfnewid arnawf (*floating*), pennir y pris hwn gan rymoedd y farchnad sef cyflenwad a galw.
Mewn system cyfraddau cyfnewid gosodedig (*fixed*) mae'r Llywodraeth yn ymyrryd i gynnal gwerth allanol yr arian cyfred.

Ar unrhyw adeg benodol mae llawer o gyfraddau cyfnewid, e.e. y bunt mewn perthynas â'r ddoler, mewn perthynas â'r yen, mewn perthynas â'r ewro ac yn y blaen. Gall gwerth y bunt fynd i fyny mewn perthynas â rhai ac i lawr mewn perthynas ag eraill.

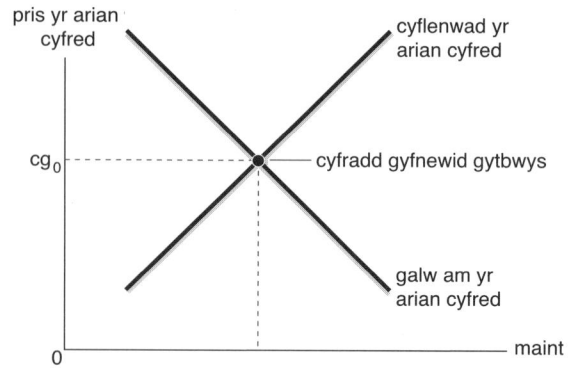

Cyfraddau cyfnewid ar y pryd ac yn y dyfodol
- **Cyfradd ar y pryd** (*spot rate*): pris cyfredol cynnyrch neu arian cyfred
- **Marchnad blaendrafodion neu flaenfarchnad:** marchnad lle gwneir contractau i brynu a gwerthu cynhyrchion neu ariannau cyfred am bris cytunedig yn y dyfodol
- **Pris blaendrafodyn:** pris a gytunir heddiw ar gyfer masnachu cynnyrch neu arian cyfred yn y dyfodol. Gall cwmnïau sy'n pryderu am newidiadau yn y gyfradd gyfnewid yn y dyfodol geisio gosod y pris heddiw ar gyfer masnachu yn y dyfodol; mae hyn yn golygu y gallan nhw wedyn gynllunio ymlaen gan wybod y pris y byddan nhw'n masnachu amdano.

Newidiadau yn y gyfradd gyfnewid
- Mewn system cyfraddau cyfnewid arnawf, y term am gynnydd yn y gyfradd gyfnewid yw arbrisiad (*appreciation*), y term am ostyngiad yw dibrisiad (*depreciation*).
- Mewn system cyfraddau cyfnewid gosodedig, os cynyddir y gyfradd osodedig y term am hyn yw adbrisiad (*revaluation*). Os gostyngir y gyfradd osodedig, y term am hyn yw datbrisiad (*devaluation*).

- **Indecs masnach-bwysol:** mae'n mesur gwerth sterling mewn perthynas â basged o ariannau cyfred sydd wedi'u pwysoli yn ôl eu pwysigrwydd cymharol ym masnach y DU

- **Cyfradd gyfnewid effeithiol:** mae'n cymryd i ystyriaeth faint o fasnach mae'r wlad yn ei gwneud gyda'r gwledydd eraill (ac yn pwysoli symudiadau yn unol â hynny); mae hefyd yn ystyried i ba raddau mae'r wlad yn cystadlu â'r gwledydd hyn yn rhyngwladol.

Mathau o gyfraddau cyfnewid

- **Cyfradd gyfnewid real:** mae'n cymryd chwyddiant i ystyriaeth, e.e. os ydy'r bunt yn gostwng 3% mewn perthynas â'r ddoler ond mae chwyddiant y DU 3% yn uwch na chwyddiant UDA, nid yw'r gyfradd gyfnewid real yn newid

Y galw am bunnoedd (neu sterling)
Mae hyn yn cyfeirio at yr awydd i newid ariannau cyfred eraill yn bunnoedd er mwyn:
- gwario ar nwyddau a gwasanaethau'r DU
- cynilo ym manciau a sefydliadau ariannol eraill y DU (symudiadau cyfalaf tymor hir)
- hapfasnachu ar yr arian cyfred yn y gobaith y bydd y bunt yn fwy gwerthfawr yn y dyfodol (mae'r rhain yn symudiadau cyfalaf tymor byr, a elwir yn 'arian trasymudol' – *hot money*)

Bydd y galw am bunnoedd yn cynyddu os bydd:
- mwy o alw am nwyddau a gwasanaethau'r DU, e.e. mae'r ansawdd yn gwella, mae incwm mewn gwledydd tramor yn cynyddu neu maen nhw'n gymharol ratach, mwy o dwristiaeth i mewn i'r DU
- cyfraddau llog y DU yn cynyddu, oherwydd bydd mwy o awydd i gynilo yn y DU i ennill cyfraddau adennill uwch
- pobl yn meddwl y bydd gwerth y bunt yn codi yn y dyfodol ac felly maen nhw'n ei phrynu nawr

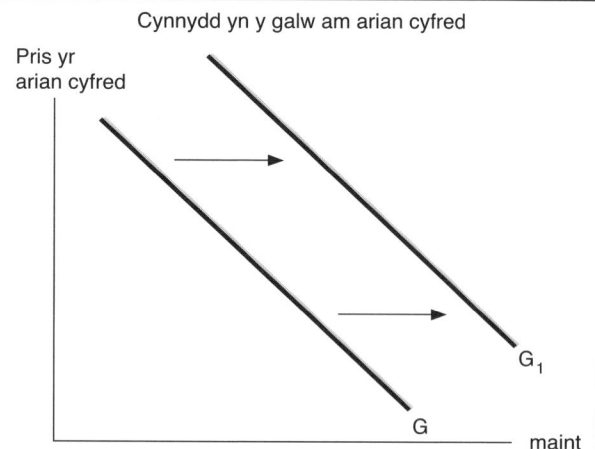

Cynnydd yn y galw am arian cyfred

Elastigedd y galw am bunnoedd
Os bydd y bunt yn gostwng, bydd pris nwyddau neu wasanaethau'r DU mewn arian cyfred tramor yn gostwng hefyd – bydd y galw am nwyddau'r DU yn cynyddu. Mae graddau'r cynnydd, ac felly graddau'r cynnydd ym maint y galw am bunnoedd, yn dibynnu ar elastigedd pris y galw am nwyddau a gwasanaethau'r DU. Po fwyaf pris elastig yw'r galw am nwyddau a gwasanaethau'r DU, mwyaf elastig fydd y galw am bunnoedd.

Cyfraddau cyfnewid (parhad)

Cyflenwad punnoedd (neu sterling)

Mae hyn yn cyfeirio at yr awydd i newid punnoedd yn ariannau cyfred eraill er mwyn:

- prynu nwyddau a gwasanaethau gwledydd tramor; teithio dramor
- cynilo mewn sefydliadau ariannol dramor
- hapfasnachu ar arian cyfred tramor yn y gobaith y bydd ei werth yn cynyddu

---

Goledd cromlin cyflenwad punnoedd

Os ydy cyfradd gyfnewid y DU yn gostwng, mae pris mewnforion yn arian cyfred y DU yn codi – bydd hyn yn gostwng maint y mewnforion a brynir. Os ydy'r galw am fewnforion yn anelastig, bydd cyfanswm y gwariant ar fewnforion yn cynyddu ac mae cyflenwad punnoedd yn goleddu i lawr.

Os ydy'r galw am fewnforion yn elastig, yna pan fydd eu pris yn codi mewn punnoedd (o ganlyniad i ostyngiad yng ngwerth y bunt) bydd cyfanswm y gwariant arnyn nhw yn gostwng. Mae hyn yn golygu bod cromlin cyflenwad punnoedd yn goleddu i fyny. Fel arfer tybiwn fod cromlin cyflenwad arian cyfred yn goleddu i fyny.

Bydd cyflenwad punnoedd yn cynyddu (symud i'r dde) os bydd:
- cyfraddau llog dramor yn cynyddu ac felly mae cynilo dramor yn fwy atyniadol
- mwy o alw am nwyddau gwledydd tramor, e.e. am fod eu hansawdd yn well, am fod incwm yn y DU yn cynyddu neu am fod nwyddau tramor yn gymharol ratach; mwy o dwristiaeth i wledydd tramor
- pobl yn credu y bydd y bunt yn gostwng yn y dyfodol ac felly maen nhw'n gwerthu punnoedd nawr

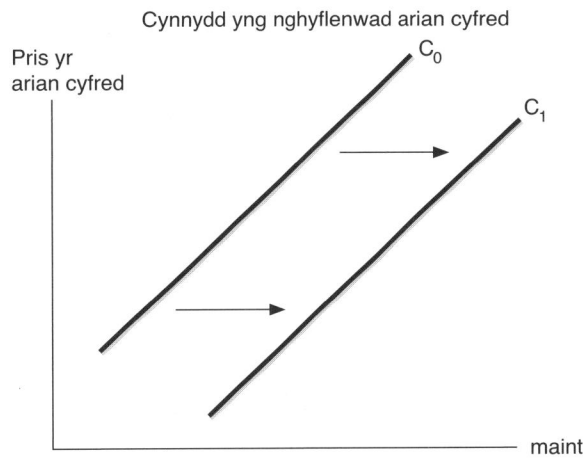

Cynnydd yng nghyflenwad arian cyfred

Pris yr arian cyfred

C_0

C_1

maint

System cyfraddau cyfnewid arnawf

Pennir y gyfradd gyfnewid gan y galw am yr arian cyfred a'i gyflenwad yn y farchnad ariannau tramor. Dim ymyriad Llywodraeth.

Manteision system cyfraddau cyfnewid arnawf

- Mae'r gyfradd gyfnewid yn addasu'n awtomatig fel y bydd cyflenwad yr arian cyfred yn hafal i'r galw – gall hyn ddileu diffygion neu wargedion y fantol daliadau yn awtomatig. Os bydd mewnforion yn cynyddu, er enghraifft, bydd cyflenwad punnoedd yn cynyddu, gan arwain at ostyngiad yn y gyfradd gyfnewid. Wrth i'r bunt ostwng bydd allforion yn fwy cystadleuol a bydd mewnforion yn llai cystadleuol, a ddylai ddileu'r diffyg.
- Nid oes angen i'r banc canolog gadw ariannau tramor wrth gefn
- Gall y Llywodraeth ddilyn ei pholisïau mewnol ei hun, e.e. gall addasu cyfraddau llog yn haws.
- Mae'n atal mewnforio chwyddiant – os oes gan un wlad chwyddiant uwch, yna dan system cyfraddau cyfnewid gosodedig bydd gwlad arall yn mewnforio hynny drwy brisiau uwch am fewnforion.
- Mae o bosibl yn lleihau hapfasnachu, oherwydd gallai hapfasnachwyr golli ac felly wnân nhw ddim cymryd y risg.

Anfanteision system cyfraddau cyfnewid arnawf

- Mae'n achosi ansefydlogrwydd, sy'n rhwystro buddsoddi a masnach (er y gall busnes ddiogelu rhag symudiadau cyfradd gyfnewid drwy brynu neu werthu arian cyfred ar ryw ddyddiad yn y dyfodol yn y blaenfarchnadoedd ariannau cyfred i leihau'r risg).
- Gall arwain at chwyddiant – os oes gan wlad chwyddiant sy'n gwneud ei nwyddau'n anghystadleuol, bydd hyn yn arwain at ostyngiad yn y galw am ei harian cyfred a gostyngiad yn y gyfradd gyfnewid. Bydd hyn yn gwneud ei nwyddau'n gystadleuol eto ond yn gwneud mewnforion yn ddrutach, fydd yn y tymor hir yn arwain at fwy o chwyddiant (costwthiol).
- Gall hapfasnachu ar symudiadau yn y dyfodol arwain at newidiadau mawr yn y gyfradd.
- Ni orfodir llywodraethau i reoli eu heconomïau, e.e. nid oes raid iddyn nhw sicrhau bod chwyddiant mewnol yn unol â gwledydd eraill i sicrhau bod eu cwmnïau'n gystadleuol (y rheswm dros hyn yw bod y bunt yn gallu arnofio ar i lawr).

Cyfraddau cyfnewid (parhad)

Y Llywodraeth a'r gyfradd gyfnewid

Gall Llywodraeth ddylanwadu ar y gyfradd gyfnewid drwy:
- brynu a gwerthu arian cyfred
- newid y gyfradd llog i ddylanwadu ar fewnlifoedd cyfalaf i mewn i'r economi ac all-lifoedd cyfalaf o'r economi

I gynyddu'r galw am yr arian cyfred mae Llywodraeth yn gallu:
- prynu'r arian cyfred
- cynyddu cyfraddau llog i ddenu buddsoddwyr

Cyfradd gyfnewid osodedig

Mae'r Llywodraeth yn ymyrryd i gynnal y gyfradd gyfnewid. Os ydy pris yr arian cyfred ar fin gostwng, gall y Llywodraeth gynyddu'r galw drwy brynu ei harian cyfred ei hun (gan ddefnyddio ariannau tramor wrth gefn) neu gynyddu cyfraddau llog. Os ydy pris yr arian cyfred ar fin codi, gall y Llywodraeth werthu ei harian cyfred ei hun neu ostwng cyfraddau llog.

Manteision cyfraddau cyfnewid gosodedig

- Maen nhw'n darparu sefydlogrwydd ar gyfer cwmnïau a chartrefi – mae hyn yn hybu buddsoddi a masnach.
- Maen nhw'n gweithredu fel cyfyngiad ar chwyddiant mewnol – os oes gan wlad chwyddiant uwch na'i phartneriaid masnachu, bydd yn anghystadleuol (ni fydd yr arian cyfred yn dibrisio i wrthbwyso'r chwyddiant). Rhaid i gwmnïau reoli costau i gystadlu.
- Yn ddamcaniaethol maen nhw'n atal hapfasnachu, gan mai ofer fyddai hynny am fod y gyfradd gyfnewid yn osodedig.

Anfanteision cyfraddau cyfnewid gosodedig

- Rhaid i Lywodraeth fod â digon o ariannau cyfred wrth gefn i ymyrryd i gynnal pris ei harian cyfred.
- Gall cwmnïau gwlad fod yn anghystadleuol os gosodir y gyfradd gyfnewid yn rhy uchel.
- Rhaid i'r Llywodraeth wneud ymyrryd yn flaenoriaeth. Gall hyn olygu ei bod yn defnyddio polisïau sy'n niweidio'r economi mewnol, e.e. i gadw'r galw am bunnoedd i fyny yn y farchnad cyfraddau cyfnewid, gallai'r Llywodraeth gynyddu cyfraddau llog. Y broblem yw bod hyn yn arwain at lai o alw o fewn y wlad.

System cyfraddau cyfnewid rheoledig

Mae'r Llywodraeth yn ymyrryd ar adegau i ddylanwadu ar y pris, ond nid yw'n ei osod.

Paredd gallu prynu (Purchasing power parity – PPP)

Y ddamcaniaeth bod cyfraddau cyfnewid mewn system arnawf yn addasu nes y gall uned o arian cyfred brynu'r un maint yn union o nwyddau a gwasanaethau ag uned o arian cyfred arall.

Mecanwaith Cyfraddau Cyfnewid (ERM)

Cytunodd pob aelod wlad â'r UE i sefydlogi ei harian cyfred mewn perthynas â chyfradd ganolog, e.e. ymunodd y DU yn 1990 ar gyfradd ganolog o £1: 2.95DM. Gallai pob arian cyfred amrywio o fewn haen o amgylch y cyfraddau hyn (fel arfer 2.25% y naill ffordd neu'r llall, ond caniatawyd i'r bunt symud 6% y naill ffordd neu'r lall). Byddai'r banc canolog yn ymyrryd i gadw'r arian cyfred o fewn yr haen hon. Pe bai angen adalinio'r gyfradd ganolog, gellid gwneud hynny pe bai'r aelodau i gyd yn cytuno.

Pam ymuno â system fel yr ERM?

- Gall arwain at lai o chwyddiant – mae cwmnïau a gweithwyr yn sylweddoli na fydd prisiau uwch yn cael eu gwrthbwyso gan gyfradd gyfnewd is; mae hyn yn rhoi pwysau anyn nhw i reoli costau a phrisiau.
- Sefydlogrwydd – sy'n hybu masnach a buddsoddi ac yn galluogi cwmnïau a chartrefi i gynllunio'n fwy effeithiol.

Profiad y DU yn yr ERM

Roedd y gyfradd y gosodwyd y bunt arni yn rhy uchel, a gwnaeth hynny gwmnïau'r DU yn anghystadleuol. Bu'n rhaid i'r Llywodraeth ymyrryd i gadw'r gyfradd gyfnewid o fewn yr haenau a osodwyd – bu'n rhaid iddi brynu arian cyfred a chynyddu cyfraddau llog. Roedd cyfraddau llog uwch yn gwneud cael benthyg yn ddrutach i gwmnïau a chartrefi yn y DU. Effaith yr ERM oedd gwaethygu enciliad y DU. Gwerthodd hapfasnachwyr bunnoedd, gan roi mwy byth o bwysau ar y Llywodraeth. Gadawodd y DU yr ERM yn 1992. Ebyn hyn mae llawer o aelodau'r UE wedi symud i arian cyfred sengl (gweler tud. 107).

Polisi cyllidol ac ariannol a systemau cyfraddau cyfnewid

Dan system cyfraddau cyfnewid gosodedig, daw polisi ariannol yn fwy anodd – mae unrhyw newid yn y gyfradd llog yn debygol o arian at fewnlifoedd neu all-lifoedd o arian cyfred a rhoi pwysau ar yr arian cyfred, e.e. mae'r Llywodraeth yn ceisio rheoli'r cyflenwad arian, sy'n arwain at gyfraddau llog uwch, sy'n hybu mewnlifoedd yn y cyfrif cyfalaf. Mae'r mewnflioedd hyn yn cynyddu'r cyflenwad arian eto.

Mae polisi cyllidol yn effeithiol, e.e. mae'r Llywodraeth yn ceisio dadchwyddo'r economi drwy drethi uwch a llai o wariant. Mae hyn yn gostwng y galw cyfanredol a gwariant ar fewnforion. Bydd galw is hefyd yn gostwng y galw am arian a chyfraddau llog. Bydd cyfraddau llog is yn arwain at all-lifoedd cyfalaf sy'n atgyfnerthu'r polisi cyllidol crebachol (contractionary).

Mewn system arnawf mae polisi ariannol yn fwy grymus

Er enghraifft, bydd ehangu'r cyflenwad arian yn gostwng cyfraddau llog, fydd yn cynyddu gwariant yn yr economi. Bydd hefyd yn arwain at all-lifoedd arian cyfred o'r cyfrif cyfalaf. Bydd hyn yn arwain at ostyngiad yng ngwerth yr arian cyfred, fydd yn cynyddu allforion gan arwain at gynnydd pellach yn y galw cyfanredol.

Bydd polisi ariannol tynn (crebachol) yn cynyddu cyfraddau llog ac yn gostwng y galw cyfanredol. Bydd cyfraddau llog uwch yn arwain at fewnlifoedd cyfalaf ac arbrisiad o'r bunt. Bydd hyn yn gostwng y galw cyfanredol ymhellach.

Mae polisi cyllidol yn llai effeithiol, e.e. mae polisi cyllidol crebachol yn gostwng incwm a'r galw am arian. Mae hyn yn gostwng cyfraddau llog ac yn arwain at all-lif yn y cyfrif cyfalaf. Mae hyn yn ei dro yn arwain at ddibrisiad o'r gyfradd gyfnewid sy'n cynyddu'r galw cyfanredol.

Y fantol daliadau

Y fantol daliadau

Mae'r **fantol daliadau** yn gofnod o drafodion gwlad gyda gweddill y byd. Mae'n dangos taliadau a derbyniadau'r wlad o'i masnach. Mae ganddi ddwy brif adran:

1. **Cyfrif cyfredol:** yn cofnodi taliadau am brynu a gwerthu nwyddau a gwasanaethau
2. **Cyfrifon cyfalaf ac ariannol:** yn cofnodi llif arian sy'n ymwneud â chynilion, buddsoddi, hapfasnachu

Mae tair rhan i'r **cyfrif cyfredol**:

- Y Fantol Fasnach – mae hon yn mesur gwerth mewnforion a gwerth allforion. Allforion yw nwyddau/gwasanaethau a wneir gan gwmnïau'r DU ac a werthir dramor. Maen nhw'n cynhyrchu cofnod positif yn y Fantol Daliadau am eu bod yn dod ag arian i mewn i'r wlad. Mewnforion yw nwyddau/gwasanaethau a wneir dramor ac a werthir i bobl yn y DU. Maen nhw'n cynhyrchu cofnod negatif yn y Fantol Daliadau am fod arian yn gadael y wlad. Gall y Fantol Fasnach gael ei rhannu ymhellach yn fasnach mewn nwyddau, neu fasnach weladwy, a masnach mewn gwasanaethau, neu fasnach anweladwy.
- Incwm – mae hyn yn golygu incwm a enillir gan ddinasyddion y DU sy'n berchen ar asedau dramor ac mae'n cynnwys elw, buddrannau ar fuddsoddiadau dramor (taliadau a wneir i gyfranddalwyr gan gwmnïau sy'n gwneud elw) a llog.
- Trosglwyddiadau rhyngwladol – yn gyffredinol mae'r rhain yn drosglwyddiadau arian rhwng llywodraethau canolog (sy'n cael benthyg arian gan ei gilydd ac yn rhoi benthyg arian i'w gilydd) neu'n grantiau (e.e. fel rhan o'r Polisi Amaethyddol Cyffredin gan yr Undeb Ewropeaidd).

Os oes diffyg yn y cyfrif cyfredol mae'r arian sy'n gadael y wlad yn fwy na gwerth yr arian sy'n dod i mewn i'r wlad. Os daw mwy o arian i mewn nag sy'n mynd allan mae gwarged.

Mae'r **cyfrif cyfalaf** yn cynnwys trosglwyddiadau arian gan fewnfudwyr ac allfudwyr a throsglwyddiadau Llywodraeth ynghylch ad-daliadau dyled neu gymorthdaliadau gyda gwledydd eraill. Mae'r cyfrif cyfalaf yn cyfeirio at drafodion mewn asedau sefydlog ac mae'n gymharol fach. Mae'r agwedd fwyaf ar y cyfrif cyfalaf yn cyfeirio at lifoedd cyfalaf sy'n gysylltiedig â mudo. Wrth i fewnfudo i'r DU gynyddu, mae hyn yn cynyddu'r gwarged yn y cyfrif cyfalaf, gan fod asedau mewnfudwyr yn dod yn rhan o asedau'r DU.

Mae'r **cyfrif ariannol** yn cofnodi llifoedd cyfalaf arian i mewn i'r wlad ac allan ohoni. Mae hyn yn cynnwys:

- buddsoddiadau uniongyrchol o wledydd tramor, e.e. arian a ddaw i mewn i'r wlad o wledydd tramor i gyllido trosfeddiant
- buddsoddiadau portffolio: yn cynnwys llifoedd arian i brynu cyfranddaliadau (lle mae'n llai na 10% o'r cwmni) a phrynu bondiau a dyled a ddyroddir gan gwmnïau a llywodraethau
- 'buddsoddiadau eraill' fel prynu arian cyfred a benthyciadau

Mae llifoedd arian byd-eang wedi cynyddu yn y blynyddoedd diwethaf o ganlyniad i'r canlynol:

- mwy o hapfasnachu; gyda llai o rwystrau i symudiadau arian mae mwy o gyfleoedd ar gyfer hapfasnachu
- ariannu masnach, e.e. benthyca o wledydd tramor
- mwy o drosglwyddiadau arian dramor, e.e.wrth i fwy o bobl weithio dramor, byw dramor neu gael ail gartrefi dramor
- mwy o drosfeddiannau rhyngwladol wrth i gwmnïau ehangu dramor
- lledu risgiau gan gwmnïau a chartrefi, wrth iddyn nhw amrywiaethu eu portffolio o fuddsoddiadau

Buddion a phroblemau llifoedd cyfalaf arian rhyngwladol

Mae llifoedd cyfalaf rhyngwladol yn helpu i hwyluso busnes rhyngwladol. Gall cyfundrefnau ennill buddsoddiad a gallan nhw fuddsoddi'n fyd-eang. Mae hyn yn hyrwyddo masnach fyd-eang a thwf economaidd.

Fodd bynnag, mae'n gwneud economïau'n ddibynnol ar ei gilydd. Mae problemau yn system fancio UDA, er enghraifft, yn cael effaith ar fanciau'r DU os ydyn nhw wedi benthyca i UDA neu gael benthyg gan UDA.

Y fantol daliadau a chyfraddau cyfnewid arnawf

Mewn system cyfraddau cyfnewid arnawf rhydd, bydd y fantol daliadau'n mantoli'n awtomatig. Mae'r gyfradd gyfnewid yn newid yn awtomatig nes y bydd cyflenwad punnoedd yn hafal i'r galw am bunnoedd, h.y. nes y bydd nifer y punnoedd sy'n gadael y wlad yn hafal i'r nifer sy'n dod i mewn. Dydy hyn ddim yn golygu bod pob elfen o'r fantol daliadau yn mantoli, h.y. gall fod diffyg yn y cyfrif cyfredol os oes gwarged yn y cyfrifon cyfalaf ac ariannol neu i'r gwrthwyneb.

Os oes diffyg yn y cyfrif cyfredol, rhaid bod gwarged yn y cyfrifon cyfalaf ac ariannol. Y rheswm yw bod yn rhaid i'r wlad dalu am yr hyn sy'n cael ei dreulio rywfodd ac felly, i ariannu'r diffyg yn y cyfrif cyfredol a achosir gan arian yn gadael y wlad, rhaid i asedau gael eu gwerthu i ddod ag arian i mewn. Efallai na ellir cynnal hyn yn y tymor hir oherwydd os ydy tramorwyr yn buddsoddi yn y DU, ar ryw adeg byddan nhw eisiau adenillion ar eu buddsoddiad, fydd yn achosi diffyg yn y cyfrif ariannol.

Y fantol daliadau a chyfraddau cyfnewid gosodedig

Os ydy'r gyfradd gyfnewid yn osodedig uwchlaw'r gyfradd gytbwys (e.e. cg_0) bydd gorgyflenwad o'r arian cyfred, h.y. mae mwy o arian eisiau gadael y wlad nag sy'n dod i mewn iddi. Felly, os nad oes ymyriad Llywodraeth, bydd diffyg yn y fantol daliadau.

Os ydy'r gyfradd gyfnewid yn osodedig islaw'r gyfradd gytbwys (e.e. cg_1) bydd goralw am yr arian cyfred, h.y. mae mwy o arian eisiau dod i mewn i'r wlad nag sy'n ei gadael. Felly, os nad oes ymyriad Llywodraeth, bydd gwarged yn y fantol daliadau.

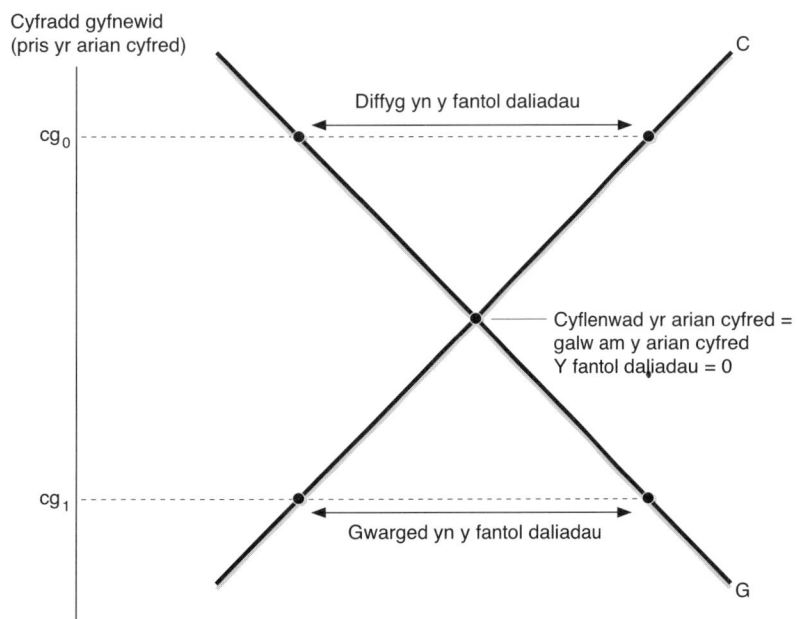

Cyfradd gyfnewid (pris yr arian cyfred)

Diffyg yn y fantol daliadau

cg_0

Cyflenwad yr arian cyfred = galw am y arian cyfred
Y fantol daliadau = 0

cg_1

Gwarged yn y fantol daliadau

Y fantol daliadau (parhad)

Diffyg yn y cyfrif cyfredol

Mae'r DU yn gwario mwy ar nwyddau a gwasanaethau gwledydd tramor nag sy'n cael ei wario ar nwyddau a gwasanaethau'r DU. Mae arian yn gadael y wlad.

Problemau diffyg yn y cyfrif cyfredol

Yn y tymor hir gallai hyn ddangos problemau gyda gallu diwydiannau gwlad i gystadlu. Mae fel arfer yn fwy o broblem mewn system cyfraddau cyfnewid gosodedig o'i chymharu â system arnawf. Mewn system arnawf bydd gwerth allanol yr arian cyfred yn gostwng, gan wneud allforion yn gystadleuol eto. Mewn system osodedig gall y diffyg gael ei wrthbwyso gan fewnlifoedd yn y cyfrif cyfalaf neu bydd yn rhaid i'r Llywodraeth ymyrryd i brynu arian cyfred dros ben (ni all hyn barhau'n ddiderfyn gan na fydd gan y wlad ragor o ariannau cyfred wrth gefn).

Polisïau i ostwng diffyg yng nghyfrif cyfredol y fantol daliadau

Polisïau ochr-gyflenwad

E.e. gwario ar addysg a hyfforddiant i wella ansawdd yr allforion ac felly eu gallu i gystadlu. Y nod yw cynyddu gwerthiant allforion yn hytrach na gostwng gwariant ar fewnforion (ond gall defnyddwyr mewnol symud o fewnforion i gynhyrchion mewnol hefyd).

Polisïau ochr-alw

Polisïau symud gwariant

Ymdrechion yw'r rhain i wneud mewnforion yn gymharol ddrud o'u cymharu ag allforion, e.e.
a   rheolaethau ar fewnforion, fel tollau
b   achosi gostyngiad yn y gyfradd gyfnewid, fel datbrisiad

Polisïau gostwng gwariant

Mae'r Llywodraeth yn ceisio gostwng gwariant ledled yr economi, h.y. dadchwyddo'r economi. Mae hyn yn debygol o ostwng y swm gaiff ei wario ar fewnforion (ond ar yr un pryd bydd y swm gaiff ei wario ar nwyddau a gwasanaethau'r DU yn gostwng hefyd). I ostwng gwariant, gallai'r Llywodraeth gynyddu cyfraddau trethi, gostwng ei gwariant ei hun neu gynyddu cyfraddau llog.

Pecynnau polisïau

Efallai y bydd angen defnyddio cyfuniad o bolisïau i wella diffyg yn y fantol daliadau, e.e. bydd dibrisiad yn arwain at ddefnyddwyr yn symud o fewnforion i allforion ond, os ydy diwydiant y DU ar ei allu cynhyrchu llawn neu'n agos at hynny, ni all gynhyrchu digon a'r canlyniad fydd chwyddiant. Felly, gallai'r Llywodraeth ddadchwyddo'r economi (gostwng gwariant) i ddarparu gallu cynhyrchu ar gyfer dibrisiad (symud gwariant). Mae polisïau gostwng gwariant a pholisïau symud gwariant yn gyfategol, nid yn amnewidion.

Effaith y gromlin J

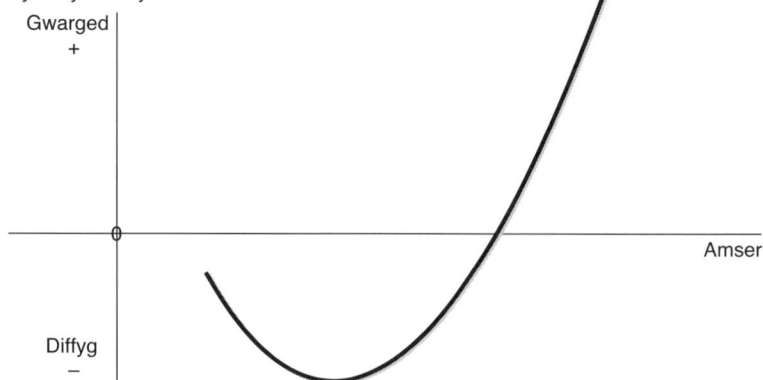

Cyfrif cyfredol y fantol daliadau

Gwarged +

Diffyg −

Amser

Os ydy gwerth y bunt yn gostwng, mae hynny'n gwneud allforion yn gymharol rad mewn ariannau cyfred tramor a mewnforion yn gymharol ddrud mewn punnoedd.

Yn y tymor byr mae'r galw am fewnforion a'r galw am allforion yn debygol o fod yn anelastig. Y rheswm yw bod defnyddwyr a chwmnïau eisoes wedi cael hyd i'w ffynonellau cyflenwad a gallan nhw fod yn amharod i newid. Er bod pris allforion yn gostwng yn nhermau ariannau cyfred tramor, bydd cyfanswm y gwariant arnyn nhw yn gostwng am fod y galw'n bris anelastig. Er bod pris mewnforion wedi codi, bydd cyfanswm y gwariant arnyn nhw yn cynyddu am fod y galw'n bris anelastig. Y canlyniad cyfan yw bod y diffyg yn y cyfrif cyfredol yn gwaethygu yn y tymor byr.

Yn y tymor hir, bydd defnyddwyr a chwmnïau yn cael hyd i gyflenwyr eraill sy'n rhatach; bydd prynwyr mewn gwledydd eraill yn troi at allforion rhatach y DU a bydd prynwyr yn y DU yn symud o'r mewnforion drutach, h.y. mae'r galw am fewnforion ac allforion yn bris elastig. Gyda'r prisiau is am allforion bydd gwariant ar allforion yn cynyddu; gyda'r prisiau uwch am fewnforion bydd gwariant ar fewnforion yn gostwng a bydd cyfrif cyfredol y fantol daliadau yn gwella (gweler amod Marshall-Lerner ar y dudalen nesaf).

Yn y tymor hir iawn gallai'r cyfrif cyfredol waethygu eto. Y rheswm yw bod y prisiau uwch am fewnforion yn gallu achosi chwyddiant costwthiol a gwneud nwyddau a gwasanaethau'r DU yn anghystadleuol dramor. Felly mae llawer yn dadlau na fydd datbrisiad yn gwella sefyllfa cyfrif cyfredol y fantol daliadau dros y tymor hir iawn.

Ydy diffyg yn y cyfrif cyfredol o bwys?

Yr effeithiau cadarnhaol yn y tymor byr yw ei fod yn galluogi treuliant y tu hwnt i'r **Ffin Posibilrwydd Cynhyrchu** (drwy fewnforio). Ond:
* gall gael effaith ddadchwyddol drwy ostwng y galw cyfanredol (gyda gwariant yn gollwng o'r economi)
* gall arwain at bwysau ar i lawr ar y gyfradd gyfnewid (gan fod y galw am yr arian cyfred mewnol o wledydd tramor yn llai na'r galw am ariannau cyfred tramor); gall hyn wella diffyg y cyfrif cyfredol ond fantol daliadau yn y tymor canolig ond arwain at chwyddiant costwthiol yn y tymor hir (gweler effaith y gromlin J)
* caiff ei gyllido gan fewnlifoedd ariannol a all arwain at fwy o all-lifoedd ar ffurf elw yn ddiweddarach.
Mae pwysigrwydd y diffyg yn y cyfrif cyfredol yn dibynnu ar ei faint a'i hyd (gall diffygion mawr tymor hir fod yn fwy o achos pryder na diffygion bach byr).

Y fantol daliadau (parhad)

Amod Marshall-Lerner

Pan fydd gwerth y bunt yn gostwng, bydd pris allforion mewn ariannau cyfred tramor yn gostwng a bydd maint y galw yn cynyddu, gan arwain at fwy o bunnoedd yn cael eu gwario (os ydy'r galw'n elastig). Bydd graddau'r cynnydd yn dibynnu ar elastigedd pris y galw am allforion. Yn y cyfamser, bydd y gostyngiad yn y bunt yn cynyddu pris mewnforion mewn punnoedd; bydd y gwariant ar fewnforion yn gostwng os ydy'r galw am fewnforion yn elastig. Ar y cyfan bydd cyfrif cyfredol y fantol daliadau yn gwella ar ôl dibrisiad os ydy:

Elastigedd y galw am fewnforion + elastigedd y galw am allforion > 1

Gelwir hyn yn amod Marshall-Lerner.

Effaith incwm

Os ydy dibrisiad yn arwain at ostyngiad mewn mewnforion bydd y gwledydd a gynhyrchodd y nwyddau hyn yn cael gostyngiad yn eu hincwm. Os ydy'r DU yn allforio i'r gwledydd hyn, efallai y bydd ei hallforion hi yn dioddef hefyd. Yn ogystal, gall gostyngiadau yn lefelau incwm ostwng pwysau ar brisiau yn y gwledydd hyn, felly bydd nwyddau'r DU yn ymddangos yn gymharol anghystadleuol.

Dull amsugno

Mae hwn yn archwilio'r fantol daliadau o safbwynt Keynesaidd, h.y. gallu'r economi i amsugno cynnydd mewn galw. Er enghraifft, os ydy'r economi ar gyflogaeth lawn, bydd polisïau symud gwariant yn arwain at chwyddiant. Rhaid i'r economi gael ei ddadchwyddo gyntaf i ddarparu gormodedd gallu cynhyrchu fel y gall yr economi gwrdd â'r galw uwch o wledydd tramor.

Gostwng gwarged yng nghyfrif cyfredol y fantol daliadau

- atchwyddo i gynyddu galw ac felly cynyddu mewnforion
- dileu rheolaethau ar fewnforion
- adbrisio'r arian cyfred

- gwarged un wlad yw diffyg gwlad arall – efallai y bydd y wlad â'r diffyg yn cyflwyno mesurau diffynnaeth

- effaith clefyd yr Iseldiroedd – yn yr 1950au fe wnaeth yr Iseldirwyr ddarganfod nwy naturiol yn yr Iseldiroedd; allforiwyd y nwy gan achosi gwargedion mawr yn y fantol daliadau, ond arweiniodd y cynnydd yn y galw am nwy'r Iseldiroedd at gynnydd yn y gyfradd gyfnewid, a wnaeth cwmnïau'r Iseldiroedd yn anghystadleuol. Yn y DU, achosodd olew Môr y Gogledd wargedion ond arweiniodd at arbrisiad o'r bunt, a niweidiodd allu diwydiant y DU i gystadlu.

Problemau gwarged yng nghyfrif cyfredol y fantol daliadau

- os ydy'r gyfradd gyfnewid yn osodedig, bydd gwarged yn y fantol daliadau yn cynyddu'r cyflenwad arian mewnol (mae gwarged yn golygu bod goralw am yr arian cyfred, felly rhaid i'r awdurdodau werthu'r arian cyfred). Gall y cynnydd hwn yn y cyflenwad arian arwain at chwyddiant.

Gallu i gystadlu'n rhyngwladol

Mae hyn yn cyfeirio at allu gwlad (neu gwmni) i ddarparu nwyddau a gwasanaethau sy'n darparu gwell gwerth na'u cystadleuwyr tramor.

Mae gallu i gystadlu'n rhyngwladol yn dibynnu ar y canlynol:
- cynhyrchedd, e.e. cynnyrch y gweithiwr
- costau yr uned fel costau llafur yr uned
- cyflwr technoleg
- buddsoddi mewn cyfarpar cyfalaf
- ansawdd dylunio a chynhyrchu
- ymchwil a datblygu ac arloesi
- mentergarwch
- y gyfradd gyfnewid

Sut y gall y Llywodraeth wella gallu'r DU i gystadlu'n rhyngwladol?
- gostwng cyfraddau llog i ysgogi buddsoddi
- cymhellion treth ar gyfer ymchwil a datblygu a buddsoddi
- helpu mentrwyr i gychwyn a goroesi, e.e. lleihau baich rheoleiddio a biwrocratiaeth
- hybu rhannu syniadau ac 'arfer da' (h.y. cwmnïau'n dysgu oddi wrth ei gilydd y ffordd orau o wneud rhywbeth)
- lleihau rhwystrau diffynnaeth i ysgogi cystadleuaeth

Masnach ryngwladol

Mae masnach yn seiliedig ar egwyddor mantais gymharol, sydd yn ei thro yn seiliedig ar y cysyniad cost ymwad. Os gall gwlad gynhyrchu nwydd X â chost ymwad is na gwlad arall, mae ganddi fantais gymharol mewn cynhyrchu X. Mae hyn yn golygu ei bod yn aberthu llai o nwyddau eraill i wneud un uned o X.

O gymharu, os ydy ei chost ymwad o gynhyrchu nwydd Y yn uwch na gwlad arall, mae ganddi anfantais gymharol.

Mantais absoliwt

Mae gan wlad fantais absoliwt mewn cynhyrchu nwydd os gall maint hafal o adnoddau gynhyrchu mwy o'r nwydd na gwlad arall. Dydy hyn ddim o reidrwydd yn golygu bod ganddi fantais gymharol. Er ei bod efallai yn gallu gwneud mwy o X na gwlad arall, gallai hefyd olygu mwy o aberth o nwyddau eraill fel Y.

Masnach rydd – mae'n digwydd pan na fydd dim rhwystrau i fewnforio neu allforio (h.y. dim diffynnaeth), felly mae masnach yn digwydd yn ddirwystr.

Buddion masnach rydd

Dychmygwch fod adnoddau'n cael eu dyrannu rhwng dau nwydd, X ac Y, mewn dwy wlad, A a B, a bod y cynnyrch fel a ganlyn:

	Nwydd X	Nwydd Y
Gwlad A	1	4
Gwlad B	2	3
CYFANSWM	**3**	**7**

Mae costau ymwad cynhyrchu fel a ganlyn:

	Cost ymwad 1X	Cost ymwad 1Y
Gwlad A	4Y	$\frac{1}{4}$ X
Gwlad B	$1\frac{1}{2}$ Y	$\frac{2}{3}$ X

Os bydd pob gwlad yn arbenigo mewn cynhyrchu'r nwydd lle mae ganddi fantais gymharol, bydd A yn gwneud Y oherwydd bod y gost ymwad yn $\frac{1}{4}$X yn hytrach na $\frac{2}{3}$X.

Bydd B yn gwneud X oherwydd bod y gost ymwad yn $1\frac{1}{2}$Y yn hytrach na 4Y.

Os caiff yr holl adnoddau eu dargyfeirio nawr i'r nwyddau hyn, yna, a thybio adenillion maint digyfnewid, bydd y cynnyrch yn dyblu (oherwydd bydd dwywaith gymaint o adnoddau yn cynhyrchu'r nwyddau penodol hyn), h.y.

	Nwydd X	Nwydd Y
Gwlad A	0	8
Gwlad B	4	0
CYFANSWM	**4**	**8**

Heb fasnach gwnaeth yr economïau 3X a 7Y; gyda masnach maen nhw'n gwneud 4X ac 8Y, h.y. mae mwy o'r ddau nwydd. Mae masnach yn galluogi'r ddwy wlad i gael budd o fwy o nwyddau a gwasanaethau drwy arbenigo mewn nwyddau a gwasanaethau lle mae ganddyn nhw fantais gymharol. Mae masnach ryngwladol bob amser yn fuddiol os oes gwahaniaeth yng nghymarebau'r costau ymwad rhwng dwy wlad. Trwy fasnach gall defnyddwyr gael amrywiaeth ehangach o nwyddau am bris rhatach nag sy'n bosibl os na wnân nhw fasnachu.

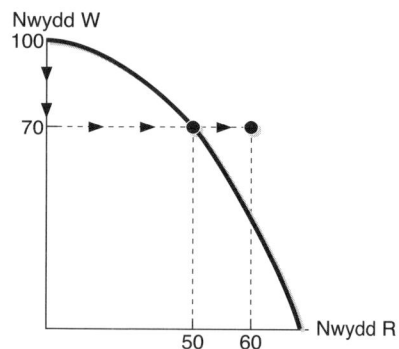

Mae masnach yn galluogi gwledydd i dreulio y tu hwnt i'w ffiniau posibilrwydd cynhyrchu, e.e. heb fasnach os ydy'r wlad yn rhoi'r gorau i 30 uned o W mae'n cyflawni 50 uned o R yn gyfnewid am hynny. Gyda masnach efallai y gall allforio ei 30W am 60R.

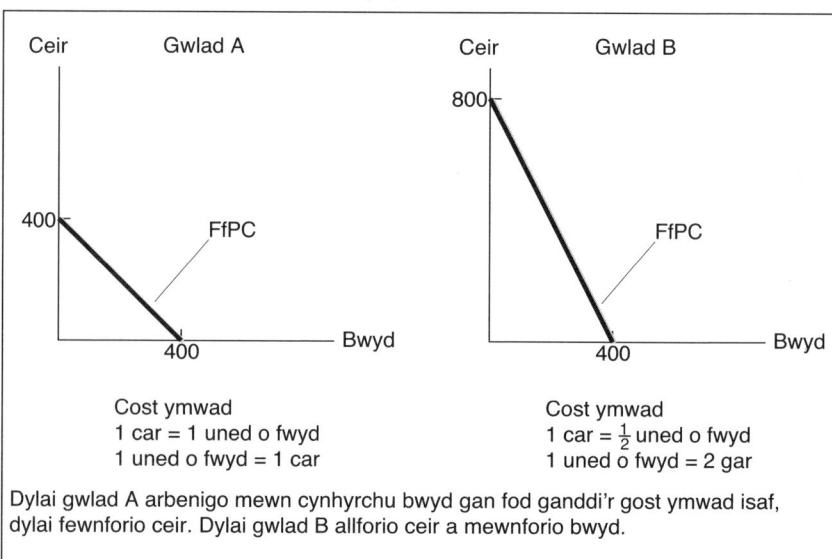

Cost ymwad
1 car = 1 uned o fwyd
1 uned o fwyd = 1 car

Cost ymwad
1 car = $\frac{1}{2}$ uned o fwyd
1 uned o fwyd = 2 gar

Dylai gwlad A arbenigo mewn cynhyrchu bwyd gan fod ganddi'r gost ymwad isaf, dylai fewnforio ceir. Dylai gwlad B allforio ceir a mewnforio bwyd.

Masnach ryngwladol (parhad)

Rhagor o enillion o fasnach

- darbodion maint – trwy arbenigo, gall gwledydd gynyddu eu cynnyrch a chael costau is yr uned
- effeithlonrwydd – mae'r cystadlu sy'n deillio o fasnach yn gweithredu fel cymhelliad i gwmnïau mewnol gynyddu eu gallu i gystadlu
- enillion gwleidyddol, cymdeithasol a diwylliannol o ddod â gwledydd yn agosach at ei gilydd

Cyfyngiadau ar fuddion masnach rydd

- costau cynhyrchu yn cynyddu – gall cwmnïau ddioddef o annarbodion maint
- gall costau cludiant ei gwneud hi'n ddrutach masnachu, hyd yn oed os oes gan wlad fantais gymharol

---

Mae **telerau masnach** yn cyfeirio at gyfradd gyfnewid un nwydd am nwydd arall rhwng partneriaid masnachu. Mae hyn yn dibynnu ar gymarebau'r costau ymwad, e.e. gall gwlad A wneud 1X am 4Y; gall gwlad B wneud 1X am 1.5Y.

Bydd masnach yn digwydd os bydd

1.5Y < 1X < 4Y er enghraifft, gallai masnach ddigwydd os ydy 1X = 2Y

Ar y gyfradd hon mae B yn gwerthu unedau o X am fwy na chost eu gwneud; mae A yn eu prynu nhw am lai nag y gallai eu cynhyrchu nhw ei hun. Felly mae masnach yn fuddiol i'r naill a'r llall.

Mesurir telerau masnach gan y fformiwla:

$$\frac{\text{prisiau cyfartalog allforion (indecs)}}{\text{prisiau cyfartalog mewnforion (indecs)}} \times 100$$

Os ydy prisiau allforion yn cynyddu o'u cymharu â phrisiau mewnforion, mae telerau masnach yn gwella (gelwir hyn yn symudiad 'ffafriol' yn nhelerau masnach). Os ydy prisiau allforion yn gostwng o'u cymharu â phrisiau mewnforion (e.e. dydyn nhw ddim yn cynyddu gymaint) mae telerau masnach yn gwaethygu (symudiad 'anffafriol').

Masnach y DU

- Mae'r rhan fwyaf o fasnach y DU gyda gwledydd diwydiannol; yn fwyfwy mae o fewn Ewrop
- Yn y blynyddoedd diwethaf cafwyd diffyg ym mantol weithgynhyrchion y DU (o ganlyniad i'r dirywiad mewn gweithgynhyrchu a dirywiad yn y gallu i gystadlu)

- Ers yr 1970au (gan gyrraedd ei uchafbwynt yng nghanol yr 1980au) mae olew Môr y Gogledd wedi gwneud cyfraniad positif i fantol daliadau'r DU – heb olew Môr y Gogledd byddai diffyg y cyfrif cyfredol wedi bod yn fwy byth
- Am y rhan fwyaf o'r ugeinfed ganrif cafwyd diffyg yn y fantol fasnach a gwarged yn y fantol anweladwy.

Mae'r DU wedi colli mantais gymharol mewn llawer o ddiwydiannau gweithgynhyrchu ond mae ganddi fantais gymharol mewn gwasanaethau, e.e. cyllid. Mae'r fantol anweladwy hefyd wedi ennill o incwm eiddo net o dramor – mae'r DU wedi buddsoddi'n helaeth dramor ac mae'r buddsoddiadau hyn nawr yn talu buddrannau.

Globaleiddio

Mae **globaleiddio** yn digwydd gyda mwy o integreiddio economïau'r byd yn farchnad sengl. Gellir ei weld gyda mwy o ryddid symud ar draws ffiniau i'r canlynol:

- nwyddau a gwasanaethau
- pobl
- arian
- technoleg

Globaleiddio yw 'Y gallu i gynhyrchu unrhyw nwyddau (neu wasanaeth) unrhyw le yn y byd, gan ddefnyddio defnyddiau crai, cydrannau, cyfalaf a thechnoleg o unrhyw le, gwerthu'r cynnyrch canlyniadol unrhyw le, a gosod yr elw unrhyw le.' (Peter Jay)

Mae achosion globaleiddio yn cynnwys:

- gwelliannau isadeiledd cludiant a gweithrediadau, sy'n gwneud masnach yn haws;
- gwelliannau technoleg cyfathrebu a TG, sy'n ei gwneud yn haws cael hyd i gyflenwyr a chwsmeriaid ac i fasnachu'n fyd-eang;
- llai o fesurau diffynnaeth. sy'n galluogi pobl, arian a chynhyrchion i symud yn fwy rhydd.

Effeithiau globaleiddio:

- Busnesau'n cynhyrchu'n fyd-eang, yn defnyddio'r adnoddau rhataf a gorau ledled y byd.
- Mwy o ddewis i gwsmeriaid, sy'n gallu dewis cynhyrchion o bob rhan o'r byd.
- Busnesau'n gwerthu'n fyd-eang, yn cyrraedd mwy o gwsmeriaid, yn cynyddu eu gwerthiant.
- Prisiau'n newid, e.e. mae mwy o alw am rai cynhyrchion fel dur ac olew gan economïau sy'n tyfu yn cynyddu prisiau byd-eang; mae'r gallu i gynhyrchu mewn lleoliadau sydd â chostau isel yn gostwng prisiau rhai nwyddau i gwsmeriaid (fel nwyddau traul electronig).
- Cynnydd mewn incwm; trwy gymryd rhan yn yr economi byd-eang gall gwledydd ennill mwy.
- Newidiadau ym mhatrymau cyflogaeth; mae lleoliad cyfleusterau cynhyrchu wedi cynyddu cyflogaeth mewn rhai rhanbarthau fel China ac India ond mae hyn wedi cymryd swyddi o'r rhanbarthau mwy datblygedig.
- Effaith amgylcheddol; mae twf byd-eang wedi arwain at fwy o ofynion ar adnoddau naturiol ac, mewn rhai achosion, niwed i'r amgylchedd; fodd bynnag, mae pwysau cynyddol ar lywodraethau i reoli'r niwed amgylcheddol o dwf.

Mwy o economïau cyd-ddibynnol

Mae economïau ledled y byd yn fwyfwy dibynnol ar ei gilydd.

- Cyd-ddibyniaeth drwy fasnach: mae gwledydd yn masnachu â'i gilydd ac felly bydd newidiadau yn eu heconomïau mewnol yn effeithio ar wledydd eraill. Er enghraifft, os ydy economi UDA yn arafu, bydd hynny'n effeithio ar y galw am allforion eu partneriaid masnachu. Po fwyaf agored yw economi, mwyaf agored yw i newidiadau yng nghyflwr economïau tramor.
- Cyd-ddibyniaeth ariannol: mae llifoedd ariannol enfawr ar draws ffiniau; bydd newidiadau mewn polisi ariannol yn arwain at symudiadau ledled y byd, e.e. bydd cyfraddau llog uwch yn UDA yn arwain at all-lifoedd o rai gwledydd i mewn i UDA i elwa ar yr adenillion uwch.

Masnach ryngwladol (parhad)

Diffynnaeth; mae'n cynnwys rhwystrau i fasnach

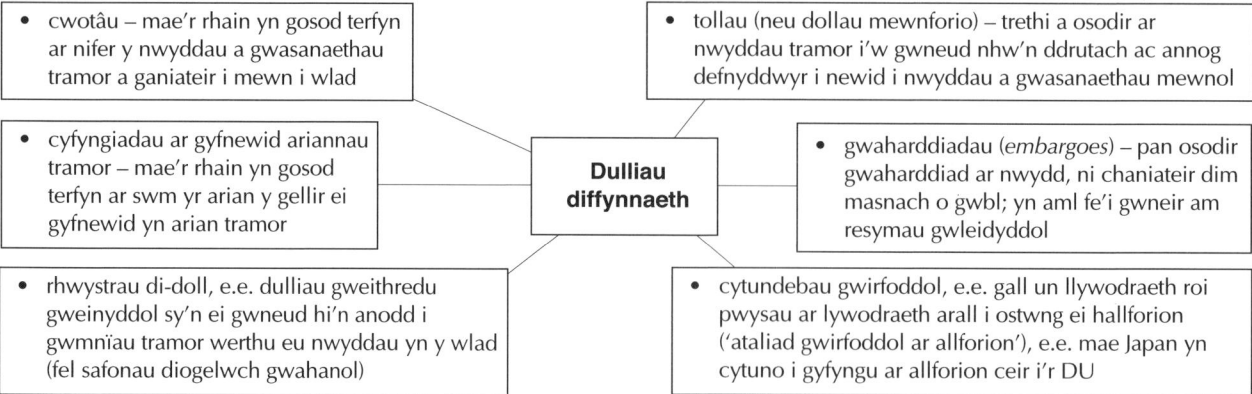

- cwotâu – mae'r rhain yn gosod terfyn ar nifer y nwyddau a gwasanaethau tramor a ganiateir i mewn i wlad

- tollau (neu dollau mewnforio) – trethi a osodir ar nwyddau tramor i'w gwneud nhw'n ddrutach ac annog defnyddwyr i newid i nwyddau a gwasanaethau mewnol

- cyfyngiadau ar gyfnewid ariannau tramor – mae'r rhain yn gosod terfyn ar swm yr arian y gellir ei gyfnewid yn arian tramor

Dulliau diffynnaeth

- gwaharddiadau (*embargoes*) – pan osodir gwaharddiad ar nwydd, ni chaniateir dim masnach o gwbl; yn aml fe'i gwneir am resymau gwleidyddol

- rhwystrau di-doll, e.e. dulliau gweithredu gweinyddol sy'n ei gwneud hi'n anodd i gwmnïau tramor werthu eu nwyddau yn y wlad (fel safonau diogelwch gwahanol)

- cytundebau gwirfoddol, e.e. gall un llywodraeth roi pwysau ar lywodraeth arall i ostwng ei hallforion ('ataliad gwirfoddol ar allforion'), e.e. mae Japan yn cytuno i gyfyngu ar allforion ceir i'r DU

Rhesymau dros ddifynnaeth

- dadl diwydiant ifanc: mae angen amddiffyn busnesau bach i roi amser iddyn nhw ehangu ac ennill darbodion maint, fydd yn eu galluogi nhw i gystadlu'n rhyngwladol
- dympio: atal cwmnïau tramor rhag gwerthu nwyddau am golled i ddistrywio'r diwydiant mewnol. Os ydy'r cwmnïau tramor yn mynd i werthu am y pris isel yn ddiderfyn, dylai'r wlad arall groesawu'r nwyddau rhad. Ond os yw'n bolisi i ddistrywio diwydiant mewnol, gallai tollau gwrthddympio gael eu cyfiawnhau.
- codi derbyniadau i'r Llywodraeth drwy dollau
- atal gorarbenigo ac annarbodion maint
- dileu diffyg yn y fantol daliadau (ond dydy hyn ddim yn datrys achos sylfaenol y diffyg)

Rhesymau dros ddiffynnaeth nad ydynt yn economaidd

- buddiannau strategol – gall fod angen cadw rhai diwydiannau (fel amddiffyn ac amaethyddiaeth) mewn dwylo cenedlaethol am resymau strategol (e.e. rhag ofn y bydd rhyfel)
- rhesymau gwleidyddol, e.e. efallai na fydd gwlad eisiau masnachu â gwlad arall oherwydd gwahaniaethau gwleidyddol
- atal nwyddau niweidiol, e.e. efallai y bydd gwlad eisiau gwahardd mewnforio llenyddiaeth benodol neu gyffuriau penodol
- ffordd o fyw – efallai y bydd gwlad eisiau cadw ei ffordd bresennol o fyw, e.e. amddiffyn ffermio
- amddiffyn rhag economïau cyflogau isel. Mae rhai gwledydd yn defnyddio diffynnaeth i frwydro yn erbyn y cyflogau isel sy'n cael eu talu mewn mannau eraill. <u>Nid</u> yw hyn yn ddadl economaidd dros ddiffynnaeth. Os oes gan un wlad fantais gymharol am ei bod yn talu cyflogau isel, dylai'r wlad arall groesawu'r nwyddau a gwasanaethau rhatach a chanolbwyntio ar gynhyrchu eitemau lle mae ganddi hi fantais gymharol.

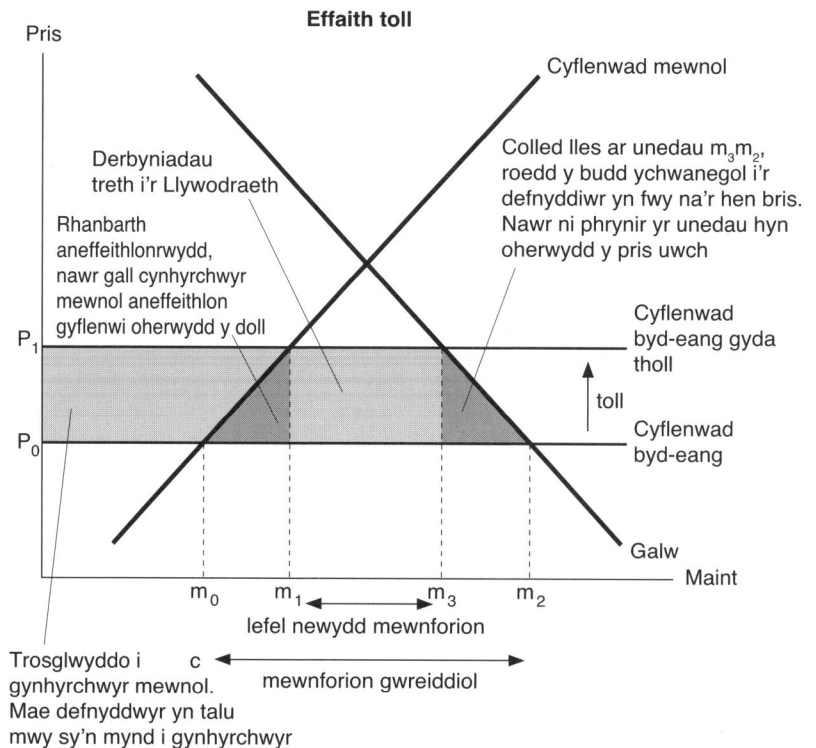

Effaith toll

Pris

Cyflenwad mewnol

Derbyniadau treth i'r Llywodraeth

Colled lles ar unedau $m_3 m_2$, roedd y budd ychwanegol i'r defnyddiwr yn fwy na'r hen bris. Nawr ni phrynir yr unedau hyn oherwydd y pris uwch

Rhanbarth aneffeithlonrwydd, nawr gall cynhyrchwyr mewnol aneffeithlon gyflenwi oherwydd y doll

P_1

Cyflenwad byd-eang gyda tholl

toll

P_0

Cyflenwad byd-eang

Galw

Maint

m_0 m_1 m_3 m_2

lefel newydd mewnforion

Trosglwyddo i gynhyrchwyr mewnol. Mae defnyddwyr yn talu mwy sy'n mynd i gynhyrchwyr

mewnforion gwreiddiol

Problemau diffynnaeth
- Mae'n anodd penderfynu/rhagfynegi pa ddiwydiannau sy'n debygol o oroesi yn y tymor hir (h.y. pa rai y dylid eu helpu?).
- Mae bod yn aelod o gyfundrefnau rhyngwladol yn cyfyngu ar y gallu i amddiffyn diwydiannau (fyddai'n golygu torri cytundebau).
- Efallai na ddaw diwydiannau'n effeithlon (felly cymorthdalu aneffeithlonrwydd).
- Efallai y bydd dial.

Masnach ryngwladol (parhad)

Dewisiadau eraill i ddiffynnaeth

Hyd yn oed os ydy rhai o'r dadleuon dros ddifynnaeth yn ddilys, efallai y gellir cael yr un canlyniadau yn fwy effeithlon. Er enghraifft, gallai'r Llywodraeth gymorthdalu cynhyrchu mewnol – byddai hyn yn cael yr effaith o roi mwy o nwyddau a gwasanaethau ar gael am bris rhatach yn hytrach na chyfyngu ar ddewis defnyddwyr i lai o nwyddau am bris uwch. Yn wleidyddol mae hyn yn llai poblogaidd, gan fod yn rhaid ariannu'r cymorthdaliadau allan o drethi uwch, ac mae gosod toll ar nwyddau tramor yn edrych yn fwy ymosodol.

Mae'r mathau o flociau masnachu yn cynnwys:

- **Ardal masnach rydd:** masnach rydd rhwng aelod wledydd; caniateir i aelodau godi pa dollau bynnag a ddymunant ar wledydd nad ydynt yn aelodau.
- **Undeb tollau:** masnach rydd rhwng aelod wledydd; rhaid i aelodau godi toll allanol gyffredin ar wledydd nad ydynt yn aelodau.
- **Blociau masnachu:** grŵp o wledydd sydd â chytundeb i leihau neu ddileu mesurau diffynnaeth fel tollau a chwotâu.
- **Cytundebau masnach blaenoriaethol** (*preferential*): caiff mesurau diffynnaeth eu lleihau ar rai nwyddau sy'n cael eu masnachu rhwng aelod wledydd ond nid ar bob cynnyrch.

Blociau masnachu

- *NAFTA* – Cymdeithas Masnach Rydd Gogledd America: bloc masnachu pwerus a grewyd yn 1994 ac sy'n cynnwys UDA, Canada a México. Mae tollau'n cael eu dileu yn raddol ac ni chaniateir cyfyngiadau di-doll newydd (er y bydd rhai sydd eisoes yn bodoli yn parhau). Mae *NAFTA* ar y gorau yn ardal masnach rydd; does dim ymdrech i gysoni deddfau a rheoliadau (yn wahanol i'r UE).
- *ASEAN* – Cymdeithas Cenhedloedd De Ddwyrain Asia: Brunei, Indonesia, Malaysia, Pilipinas, Singapore, Gwlad Thai, Laos, Myanmar, Viet Nam, Cambodia. Mae'n ceisio cynyddu cydweithrediad economaidd o fewn y rhanbarth a dileu tollau dros amser. Mae'n gobeithio y bydd gwledydd eraill fel China, Japan, India ac Awstralia yn ymuno â'r ardal masnach rydd erbyn 2013. Yn wahanol i *NAFTA* nid oes ganddi nodau gwleidyddol, e.e. cytundebau ar yr amgylchedd ac egni.
- UE – Undeb Ewropeaidd: undeb tollau o 27 gwlad (gweler tudalennau 107-108).

Buddion undeb tollau

- darbodion maint mewnol – mae cwmnïau'n gweithredu mewn marchnad fwy ac efallai y gallan nhw gynyddu cynnyrch a gwerthiant a gostwng cost yr uned
- gall mwy o gystadleuaeth wella effeithlonrwydd
- gall yr undeb cyfan fod â mwy o rym bargeinio a chael telerau masnach gwell

OND ystyriwch y canlynol:

- cost gweinyddu'r undeb
- posibilrwydd annarbodion maint

Sefydliadau rhyngwladol

- Y Gronfa Arian Ryngwladol (*IMF*)
  Nod: darparu cyllid i gynnal sefydlogrwydd cyfraddau cyfnewid – mae gwledydd yn talu i mewn i'r gronfa, fydd yn benthyca iddyn nhw pan fydd angen cyllid ychwanegol arnyn nhw i gynnal eu harian cyfred, e.e. y DU yn 1976. Rhoddir benthyciadau *IMF* gydag amodau penodol, e.e. bod yn rhaid i'r Llywodraeth reoli twf ei chyflenwad arian neu dorri ei gwariant.
- Banc y Byd, a elwir hefyd yn Fanc Rhyngwladol ar gyfer

Adnewyddu a Datblygu (*IBRD*)
Mae'n ariannu projectau datblygu fel argaeau a ffyrdd, yn enwedig yn y byd sy'n datblygu.

- Cyfundrefn Masnach y Byd (*WTO*); gynt y Cytundeb Cyffredinol ar Dollau a Masnach (*GATT*)
  Fe'i sefydlwyd yn 1945. Mae aelod wledydd yn ceisio gostwng lefel diffynnaeth rhyngddyn nhw. Roedd cyfarfod cyntaf *GATT* yn 1947. Ers hynny cafwyd gwahanol 'gyfresi' o drafodaethau i ostwng rhwystrau i fasnach, fel cyfres Tokyo a chyfres Uruguay.

Gallu i gystadlu'n rhyngwladol

Bydd gallu cwmnïau'r DU i gystadlu dramor yn dibynnu ar y canlynol:

- Costau llafur cymharol yr uned: mae'r rhain yn eu tro yn dibynnu ar ffactorau fel cyfraddau cyflogau, cynhyrchedd a chostau pensiwn. Mae costau llafur uchel yr uned yn debygol o wneud busnes yn llai cystadleuol.
- Y gyfradd gyfnewid: er enghraifft, bydd punt gref (gyda phopeth arall yn ddigyfnewid) yn gwneud cynhyrchion y DU yn ddrutach mewn gwledydd tramor.
- Amodau'r farchnad fewnol: mae marchnadoedd lleol cystadleuol yn helpu i orfodi cwmnïau lleol i fod yn fwy arloesol a darparu cynhyrchion a gwasanaethau gwell; mae hyn yn ei dro yn helpu'r cwmnïau hyn i gystadlu dramor.
- Rheoliadau: mae rheoliadau fel tollau a chwotâu yn gallu cyfyngu ar allu cwmnïau'r DU i gystadlu dramor; hefyd mae rheoliadau mewnol yn gallu cynyddu costau cwmnïau, e.e. trwy osod safonau uwch neu fwy o gyfyngiadau ar eu cynhyrchu.
- Trethi: mae cyfraddau uchel o dreth ar elw cwmnïau yn gostwng yr arian sydd ar gael gan gwmni ar gyfer buddsoddi ac felly ei allu i ddatblygu cynhyrchion a phrosesau newydd ac i gystadlu'n effeithiol.

- Arloesi: gall cwmnïau sy'n cynhyrchu cynhyrchion arloesol drwy ymchwil a datblygu fod yn fwy cystadleuol; mae hyn yn gofyn am olwg tymor hir fel y bydd cwmnïau'n barod i fuddsoddi. Hefyd gall polisi'r llywodraeth effeithio ar wariant ar ymchwil a datblygu, e.e. cymorthdaliadau'r llywodraeth.

Bwlch cynhyrchedd: Mae lefelau cynhyrchedd y DU yn is na rhai o'r prif economïau eraill fel UDA a'r Almaen. Mae hyn yn golygu bod cwmnïau'r DU, ar gyfartaledd, yn llai effeithlon na'u cystadleuwyr rhyngwladol (cynnrych is y gweithiwr). Gallai hyn arwain at bris uwch yr uned o ganlyniad i gostau llafur uwch a diffyg gallu i gystadlu.

Efallai bod cynhyrchedd y DU yn is na rhai gwledydd eraill oherwydd:

- rheoli gwael
- hyfforddiant llai effeithiol
- arferion gweithio gwael
- llai o fuddsoddi mewn technoleg a llai o arloesi.

Gall y Llywodraeth helpu drwy'r canlynol:

- lwfansau treth ar gyfer ymchwil a datblygu
- mwy o gyllido addysg a hyfforddiant
- hybu rhannu gwybodaeth ac arfer gorau.

Economeg mewn gwledydd sy'n datblygu

Categoreiddio gwledydd

- **Gwledydd y Byd Cyntaf:** grŵp bach o wledydd diwydiannol iawn a chyfoethog, e.e. UDA, Canada, Ffrainc, yr Eidal, yr Almaen, y DU a Japan (sef grŵp y G7). Fe'u gelwir hefyd yn **Economïau Datblygedig.**
- **Gwledydd yr Ail Fyd:** yn cynnwys gwledydd Dwyrain Ewrop a'r Undeb Sofietaidd. Gan fod y Rhyfel Oer wedi dod i ben, mae hunaniaeth wahaniaethol yr Ail Fyd wedi diflannu i raddau helaeth ac ni ddefnyddir y term lawer.
- **Gwledydd y Trydydd Byd:** yn gyffredinol gwledydd cymharol dlawd, yn aml yn Asia, Affrica ac America Ladin. Yn bennaf yn hemisffer y de. Weithiau fe'u gelwir yn **Wledydd Sy'n Datblygu** neu **Wledydd Llai Datblygedig.** O fewn y rhain mae rhai gwledydd, e.e. Singapore, De Korea a México, a elwir yn **wledydd datblygol** (*emerging*) am eu bod yn tyfu'n gyflym i fod yn Economïau'r Byd Cyntaf. Gelwir y rhain hefyd yn **Wledydd Newydd eu Diwydiannu** (*NICs*) am yr un rheswm.

Nid yw rhai dadansoddwyr yn gwahaniaethu rhwng gwledydd y Byd Cyntaf, yr Ail Fyd a'r Trydydd Byd; yn hytrach maen nhw'n canolbwyntio ar y gwahaniaethau rhwng economïau yn hemisffer y Gogledd ac economïau yn hemisffer y De.

Ffyrdd eraill o ddosbarthu gwledydd:

- Mae'r Gronfa Arian Ryngwladol (*IMF*) yn rhannu gwledydd yn dri chategori:
  - gwledydd diwydiannol
  - gwledydd sy'n datblygu
  - gwledydd trawsnewidiol (*transitional*)
- Mae Banc y Byd a'r Cenhedloedd Unedig yn eu rhannu ymhellach yn incwm uchel, incwm canolig ac incwm isel.
- Mae gan economi **incwm isel** incwm y pen sy'n is nag $875. Dyma'r grŵp mwyaf o wledydd â'r lefelau isaf o ddatblygu. Mae safonau byw yn isel ac maen nhw'n dioddef y lefelau mwyaf o amddifadedd.
- **Gwledydd trawsnewidiol** yw'r economïau a fu gynt yn economïau gorfodol ac sydd wedi mabwysiadu systemau marchnad. Mae'r rhain yn bennaf yn wledydd a fu yn y bloc Sofietaidd ond maen nhw hefyd yn cynnwys nifer bach o economïau Asia. Mae eu safonau byw yn uwch; maen nhw fel arfer yn wledydd incwm canolig ac mae rhai yn datblygu'n gyflym tuag at safonau gorllewin Ewrop. Maen nhw'n fwy technolegol ddatblygedig a rhyngwladol gystadleuol.

Noder: Gall fod gwahaniaethau sylweddol rhwng gwledydd a elwir yn wledydd y Trydydd Byd. er enghraifft, mae gan wledydd fel yr Emiradau Arabaidd Unedig incwm cymharol uchel y pen o'u cymharu â'r DU ac UDA, h.y. nid yw economïau'r 'Trydydd Byd' i gyd yn dlawd.

Problemau nodweddiadol economïau'r Trydydd Byd

- Cyfraddau genedigaethau uchel, cyfraddau marwolaethau cymharol uchel a disgwyliad oes isel.
- Incwm isel y pen: mae 85% o boblogaeth y byd yn byw yn y Trydydd Byd ond mae ganddyn nhw 22% yn unig o gyfanswm incwm y byd.
- Llai o gyfalaf y person na gwledydd y Byd Cyntaf, e.e. llai o beiriannau, cyfarpar ac isadeiledd y pen.
- Cyfalaf dynol: lefelau is o fuddsoddi mewn cyfalaf dynol, e.e. cyfran is o bobl wedi'u cofrestru mewn addysg. Mae llai o fuddsoddi mewn addysg heddiw yn debygol o arwain at dwf arafach yn y dyfodol o ganlyniad i gynhyrchedd is a llai o arloesi.
- Twf poblogaeth uchel: mae hyn yn golygu bod angen buddsoddi mwy o arian i ddarparu swyddi a nwyddau ar gyfer y boblogaeth gynyddol. Mae twf cyflym poblogaeth yn tueddu i ddod â chymhareb ddibyniaeth uchel, h.y. mae canran uchel o'r boblogaeth yn dibynnu ar y rhai sy'n gweithio. Gall fod yn anodd darparu safon byw addas ar gyfer y bobl sy'n ddibynnol oni fydd y rhai sy'n gweithio yn cael eu trethu'n drwm iawn, a all yn ei dro rwystro gweithio a buddsoddi.
- Iechyd gwael: mae gwledydd y Trydydd Byd yn dueddol o fod ag iechyd gwaeth. Gall hyn fod yn ganlyniad i faeth gwael, diffyg mynediad at gyfleusterau fel dŵr glân ac iechydaeth iawn. Hefyd mae gofal iechyd yn aml yn wael, e.e. mae gwariant y llywodraeth ar iechyd yn ganran isel o CMC.

Strwythur yr economi

Mae gwledydd y Trydydd Byd yn dueddol o fod yn fwy dibynnol ar y sector cynradd. Mewn llawer o achosion mae gwledydd y Trydydd Byd yn ddibynnol iawn ar allforio cynwyddau cynradd penodol, ond yn y blynyddoedd diwethaf mae allforio cynhyrchion technoleg isel wedi cynyddu. Mae llawer o Wledydd Llai Datblygedig yn dibynnu ar un cynwydd am fwy na hanner eu henillion o allforion. Os ydy enillion o allforion yn amrywio, effeithir ar yr economi cyfan. Mae'r amrywiadau hyn yn digwydd o ganlyniad i'r ffaith bod cyflenwad cynwyddau cynradd a'r galw amdanyn nhw yn dueddol o fod yn bris anelastig, felly bydd unrhyw symudiad yn y galw neu'r cyflenwad yn cael effaith fwy sylweddol nag yn achos gweithgynhyrchion.

Hefyd:
- mae datblygu amnewidion synthetig am gynhyrchion naturiol yn tueddu i effeithio ar y gwledydd hyn gan fod hyn yn gostwng y galw am eu cynhyrchion
- yn nodweddiadol mae'r galw am fwydydd yn incwm anelastig, h.y. ni fydd yn tyfu mor gyflym ag incwm, felly mae twf tymor hir yn annhebygol.

Cytundebau Cynwyddau Rhyngwladol

I sefydlogi prisiau cynwyddau mae Gwledydd Llai Datblygedig wedi ceisio trefnu Cytundebau Cynwyddau Rhyngwladol (*ICAs*); yn y bôn, cynlluniau stoc clustogi ar raddfa fyd-eang yw'r rhain. Mae angen i gynhyrchwyr a mewnforwyr gytuno; fodd bynnag, mae'r grwpiau hyn yn aml yn anghytuno ar bris y stoc clustogi. Os gosodir y pris ymyrryd yn rhy uchel, rhaid i'r gorgyflenwad gael ei brynu bob blwyddyn. Digwyddodd hyn gyda Chytundeb Tun 1985.

Economeg mewn gwledydd sy'n datblygu (parhad)

Mesur lles economaidd

CMC yw un mesur o les gwlad ac yn aml fe'i defnyddir i bennu ydy gwlad yn datblygu neu'n ddatblygedig ai peidio. Fodd bynnag, gellir ystyried *dangosyddion nad ydynt yn ariannol* hefyd. Yn 1990 cyflwynodd Rhaglen Ddatblygu'r Cenhedloedd Unedig **Indecs Datblygiad Dynol** (*HDI*). Defnyddir hwn gan y Cenhedloedd Unedig fel mesur o ddatblygiad economaidd. Mae'n seiledig ar dri dangosydd o ddatblygiad:

a Disgwyliad oes adeg geni;

b Lefel addysg mewn gwlad, a fesurir gan lythrennedd oedolion a'r nifer mewn addysg o'i gymharu â maint y boblogaeth sydd o oed addysg;

c Safon byw, a fesurir gan CMC real y person yn ôl paredd gallu prynu.

Cyfunir y cydrannau hyn i roi un gwerth rhwng 0 ac 1. Gall yr Indecs Datblygiad Dynol gael ei addasu i gymryd dosraniad incwm i ystyriaeth a gellir ei ddadagregu ar gyfer grwpiau unigol o ranbarthau. Fodd bynnag, mae rhai yn teimlo ei fod yn gadael allan rhai pethau pwysig, fel

- y ganran o lafur oedolion gwryw mewn amaethyddiaeth
- ffigurau cyfunol cofrestriadau ysgolion cynradd ac uwchradd
- mynediad at ddŵr glân
- treuliant egni y person
- mynediad at ffonau symudol am bob mil o'r boblogaeth

Mae Rhaglen Ddatblygu'r Cenhedloedd Unedig hefyd yn cyfrifo'r **Indecs Tlodi Dynol** (*HPI*), sy'n mesur amddifadedd mewn pedwar maes; yn benodol mae'n mesur:

a Y ganran o bobl na ddisgwylir iddyn nhw fyw tan yn 40 oed;

b Anllythrennedd;

c Y ganran o bobl sydd heb fynediad at wasanaethau iechyd a dŵr diogel;

ch Y ganran o blant dan 5 oed sy'n weddol is na'r pwysau iawn neu'n ddifrifol is na'r pwysau iawn.

Twf mewn economïau sy'n datblygu

Model twf Harrod Domar

Datblygwyd hwn yn yr 1930au. Nododd y ddamcaniaeth hon mai buddsoddiant, cynilion a newid technolegol oedd y newidynnau allweddol mewn twf. Mae cynyddu buddsoddiant yn symud y ffin posibilrwydd cynhyrchu allan.

Goblygiadau polisi model Harrod Domar:

mae cynyddu cyfradd twf yn golygu cynyddu cynilion (i ariannu twf) neu gynyddu technoleg i gynyddu'r cynnyrch am bob uned o gyfalaf.

Y gweddill: Pwysleisiodd model Harrod Domar yr angen am fwy o gyfalaf ffisegol. Ers hynny cafwyd pwyslais ar gyfalaf dynol. Ond hyd yn oed wedyn dydy hyn ddim yn egluro twf i gyd – mae yna elfen 'weddillol' sy'n ganlyniad i arloesi a mentergarwch.

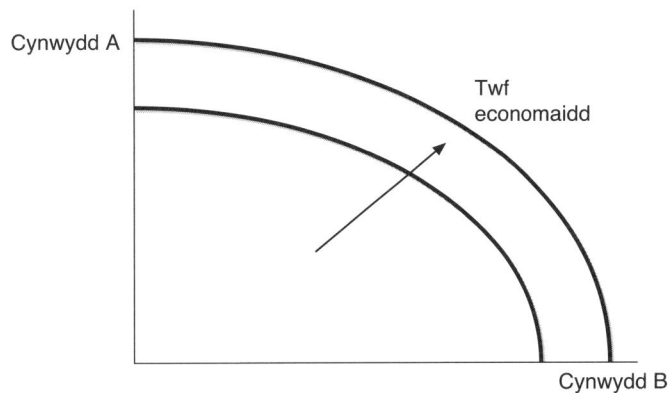

Model twf Lewis

Yn canolbwyntio ar y rhan mae mudo'n ei chwarae yn y broses ddatblygu.

Dadleuodd Lewis y gallai twf gael ei gynnal drwy symud gweithwyr yn raddol o amaethyddiaeth (sydd â chynhyrchedd isel) mewn ardaloedd gwledig i ddiwydiannau eilaidd a thrydyddol (sydd â chynhyrchedd uwch) mewn ardaloedd trefol. Felly mae diwydiannu yn arwain at ddatblygu. Y ddadl oedd bod gan y gweithwyr gwledig ffiniol gynhyrchedd cyfyngedig ac felly gellid eu trosglwyddo i'r sector eilaidd (gyda chyfradd y trosglwyddo yn dibynnu ar gyfradd cronni cyfalaf).

Fodd bynnag:

- mae'n bosibl na fydd gweithwyr sy'n trosglwyddo yn ychwanegu fawr ddim at gynhyrchedd
- mae'r model yn tybio cyflogau trefol sefydlog ac efallai nad ydy hynny'n wir
- mae technoleg newydd mewn gwledydd sy'n datblygu yn aml wedi cael ei fewnforio ac yn gofyn am weithlu bach medrus iawn. Mae hyn wedi golygu na chafodd llawer o swyddi eu creu. Mewn rhai achosion nid yw llafur lleol â'r sgiliau addas wedi bod ar gael.

Rostow

Nododd Rostow 5 cam datblygu mewn economi:

1 Cymdeithas draddodiadol lle mae ffeirio'n gyffredin ac mae amaethyddiaeth yn bwysig iawn.

2 Economi sydd â'r rhag-amodau ar gyfer esgyn i dwf hunangynhaliol. Mae cynilion yn cynyddu i tua 15-20% o incwm.

3 Esgyn. Mae'r economi'n dechrau tyfu ar gyfradd bositif.

4 Yr ymdrechu am aeddfedrwydd. Mae'r economi'n symud tuag at economi datblygedig.

5 Treuliant torfol. Mae'r economi nawr yn ddatblygedig ac mae dinasyddion yn cyflawni safon uchel o fyw.

Yn ôl Rostow, roedd cynilion yn bwysig i symud i gamau 3 a 4. Roedd economïau'r Byd Cyntaf yn cael eu hannog i roi cymorth i economïau'r Trydydd Byd i ddarparu'r arian ar gyfer twf.

Damcaniaeth twf cytbwys: mae'n dadlau y dylai gwledydd y Trydydd Byd geisio hybu diwydiannau i dyfu ar gyfradd debyg i greu marchnadoedd ar gyfer ei gilydd ac yna bydd buddion twf yn cael eu lledu dros wahanol ddiwydiannau.

Economeg mewn gwledydd sy'n datblygu (parhad)

Damcaniaeth twf anghytbwys: mae'n dadlau y dylai llywodraethau'r Trydydd Byd ganolbwyntio ar ddiwydiannau allweddol penodol a cheisio cael y rhain i dyfu; bydd twf y diwydiannau hyn yn ysgogi'r economi yn gyffredinol.

Damcaniaeth dibyniaeth: mae'n dadlau bod methiant economïau'r Trydydd Byd i dyfu yn ganlyniad i ffactorau allanol yn hytrach na ffactorau mewnol. Yn aml mae gwledydd y Byd Cyntaf wedi ecsbloetio gwledydd y Trydydd Byd a hyd yn oed ar ôl cael annibyniaeth mae llawer o wledydd y Trydydd Byd wedi parhau i fod ynghlwm wrth y Byd Cyntaf drwy fasnach a chymorth. Hefyd mae gwledydd y Trydydd Byd yn aml yn ddibynnol ar gynhyrchion cynradd, a dadleuir bod gwledydd y Byd Cyntaf wedi hybu hyn a dal y Trydydd Byd yn ôl gyda chyngor gwael, cyfyngiadau annheg ar fasnachu a buddsoddi gwael.

Beth all llywodraethau ei wneud i hyrwyddo twf?

- Darparu hinsawdd macro-economaidd sefydlog, e.e. cyfraddau sefydlog o chwyddiant a thwf CMC. Mae hyn yn hybu cynilion a buddsoddiant.
- Buddsoddi mewn cyfalaf dynol, e.e. mewn addysg a hyfforddiant.
- Darparu system ariannol effeithiol, e.e. i ddarparu arian i alluogi buddsoddiant, i annog cynilion i gasglu'r arian i'w ddyrannu i fuddsoddiant.
- Buddsoddi mewn technoleg i sicrhau bod cyfalaf yn gynhyrchiol.
- Cael polisïau i hybu gwneud defnydd cynhyrchiol o dir, e.e. gwrteithiau a systemau dyfrhau.
- Cael polisïau i hybu datblygu isadeiledd, e.e. ffyrdd, rheilffyrdd.
- Cael polisïau i hybu masnach.

Gall materion eraill gynnwys:
- Atal llygredd (*corruption*) fel y bydd gan bobl fusnes a buddsoddwyr tramor ffydd yn y system.
- Ymyrryd detholus, e.e. i hyrwyddo allforion.
- Cynyddu rôl merched yn y gymdeithas i ddarparu mwy o sgiliau yn yr economi.

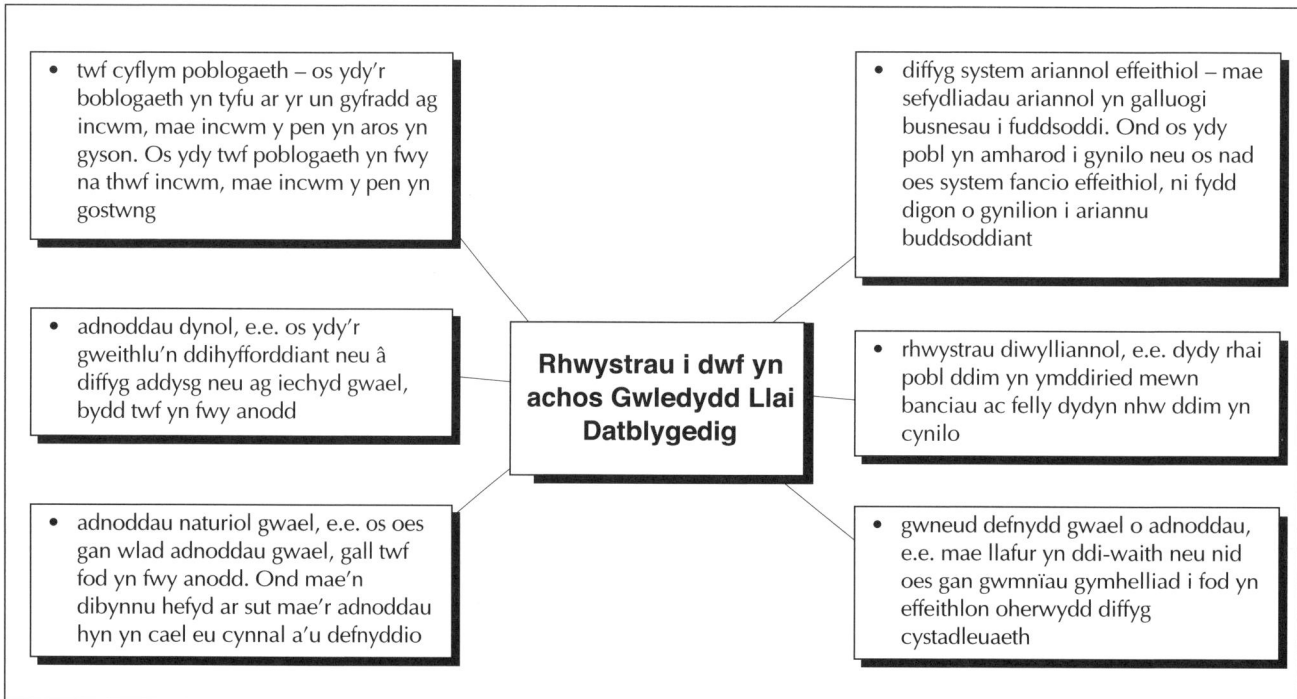

- twf cyflym poblogaeth – os ydy'r boblogaeth yn tyfu ar yr un gyfradd ag incwm, mae incwm y pen yn aros yn gyson. Os ydy twf poblogaeth yn fwy na thwf incwm, mae incwm y pen yn gostwng

- adnoddau dynol, e.e. os ydy'r gweithlu'n ddihyfforddiant neu â diffyg addysg neu ag iechyd gwael, bydd twf yn fwy anodd

- adnoddau naturiol gwael, e.e. os oes gan wlad adnoddau gwael, gall twf fod yn fwy anodd. Ond mae'n dibynnu hefyd ar sut mae'r adnoddau hyn yn cael eu cynnal a'u defnyddio

Rhwystrau i dwf yn achos Gwledydd Llai Datblygedig

- diffyg system ariannol effeithiol – mae sefydliadau ariannol yn galluogi busnesau i fuddsoddi. Ond os ydy pobl yn amharod i gynilo neu os nad oes system fancio effeithiol, ni fydd digon o gynilion i ariannu buddsoddiant

- rhwystrau diwylliannol, e.e. dydy rhai pobl ddim yn ymddiried mewn banciau ac felly dydyn nhw ddim yn cynilo

- gwneud defnydd gwael o adnoddau, e.e. mae llafur yn ddi-waith neu nid oes gan gwmnïau gymhelliad i fod yn effeithlon oherwydd diffyg cystadleuaeth

---

Masnach y Trydydd Byd

- Dydy economïau sy'n datblygu ddim yn tueddu i fasnachu â'i gilydd, maen nhw'n tueddu i fasnachu ag economïau datblygedig.
- Mae masnach economïau sy'n datblygu wedi tyfu fwyaf cyflym yn y blynyddoedd diwethaf yn Nwyrain Asia a'r Môr Tawel, e.e. economïau Teigr fel Taiwan a De Korea.
- Mae'r rhan fwyaf o fasnach y Trydydd Byd mewn nwyddau, nid gwasanaethau.
- Mae gwledydd sy'n datblygu wedi amrywiaethu i leihau eu dibyniaeth ar allforio cynwyddau cynradd ac maen nhw'n dechrau allforio mwy o nwyddau technoleg isel a thechnoleg canolig. Er hynny mae symudiadau mewn cynhyrchion cynradd yn dal i allu effeithio'n sylweddol ar lawer o economïau sy'n datblygu. Mae hyn wedi achosi problemau gan fod prisiau real cynwyddau wedi gostwng dros yr ugain mlynedd diwethaf (ac o fewn y gostyngiadau prisiau hyn cafwyd amrywiadau sylweddol, gan achosi ansefydlogrwydd).

Economeg mewn gwledydd sy'n datblygu (parhad)

Hybu twf yng ngwledydd y Trydydd Byd

1. Amnewid mewnforion

Mae llawer o wledydd y Trydydd Byd wedi ymateb i'r dirywiad mewn cynhyrchion cynradd drwy ddiffynnaeth. Credwyd mai'r ffordd orau i amddiffyn swyddi a chreu twf oedd trwy gadw nwyddau tramor allan. Gwnaethon nhw godi muriau tollau uchel i gadw nwyddau tramor allan. Canolbwyntiodd eu polisïau ar **amnewid mewnforion**, h.y. ceisio cael nwyddau a gynhyrchir yn fewnol i gymryd lle mewnforion.

Ond mae amnewid mewnforion yn dileu buddion masnach rydd; efallai y bydd gwledydd yn cynhyrchu nwyddau yn llai effeithlon ac felly am gost uwch nag y gallen nhw eu mewnforio o wledydd tramor. Hefyd nid oes gan gynhyrchwyr gymhelliad i gynhyrchu'n fwy effeithlon am eu bod nhw'n gwybod eu bod nhw wedi'u hamddiffyn. Yn aml mae yna gost ymwad uchel iawn – mae cwmnïau'n defnyddio adnoddau a allai gael eu defnyddio'n fwy effeithlon rywle arall.

Mae'r strategaethau hyn o ddiffynnaeth ac amnewid mewnforion yn 'strategaethau datblygu sy'n edrych i mewn'.

2. Twf a arweinir gan allforion

Dewis arall yn lle amnewid mewnforion yw **strategaeth a arweinir gan allforion** ('strategaeth ddatblygu sy'n edrych allan'): yn hytrach na mynd yn llai dibynnol ar nwyddau tramor gall gwlad geisio hybu masnach. Mae hyn yn gorfodi diwydiant mewnol i fod yn fwy effeithlon. Caiff adnoddau eu dyrannu i'r sectorau hynny lle mae'r wlad yn fwyaf effeithlon ac yn gallu cael budd o arbenigo ac egwyddorion mantais gymharol.

Mae twf sy'n gyfeiriedig at allforion/twf a arweinir gan allforion wedi bod yn llwyddiannus iawn i wledydd fel De Korea a Hong Kong, Taiwan a Singapore. (Term a ddefnyddir am y rhain yw teigrod Asia.) Hefyd mae'r symudiad i ffwrdd o gynhyrchion cynradd tuag at weithgynhyrchion yn amlwg yn y gwledydd hyn.

3. Twristiaeth

Yn aml gall twristiaeth fod yn ffynhonnell ariannau tramor i wledydd sy'n datblygu. Mae hyn yn cynyddu allforion. Fodd bynnag, gall hefyd gynnwys mewnforio cynhyrchion i gwrdd â disgwyliadau cwsmeriaid, e.e. diodydd a gwasanaethau tramor. Mae hefyd yn debygol o fod yn dymhorol.

Yn ogystal, gall greu allanolderau negatif, e.e. llygredd, distrywio'r amgylchedd a thagfeydd.

4. Cymorth tramor

- gall helpu gwledydd y Trydydd Byd drwy lenwi'r bwlch cynilion. Yng ngwledydd y Trydydd Byd mae'r tueddfryd ffiniol i dreulio yn uchel, felly mae lefel cynilion yn isel ac maen annhebygol o fod yn ddigon i gynhyrchu'r twf sy'n ofynnol.
- gall helpu i ariannu mewnforio technoleg.

Mathau o gymorth:
- grantiau, e.e. cyfraniad ar gyfer project penodol.
- benthyciadau, e.e. rhoddir swm i wlad yn y Trydydd Byd ac mae'n rhaid ei ad-dalu gyda llog.
- cymorth clwm, e.e. rhoddir grantiau neu fenthyciadau ar yr amod y bydd y wlad yn y Trydydd Byd yn defnyddio'r arian i brynu nwyddau neu wasanaethau penodol gan yr economi Byd Cyntaf.
- cymorth dwyochrol ac amlochrog: rhoddir cymorth dwyochrol yn uniongyrchol o un wlad i wlad arall, h.y. mae gwlad X yn rhoi i wlad Y. Yn achos cymorth amlochrog mae'r gwledydd sy'n rhoddwyr yn rhoi arian i asiantaeth sydd wedyn yn dosbarthu'r cymorth.
- cymorth gydag addysg: cymorth i fyfyrwyr o wledydd tramor sy'n dymuno astudio dramor; cymorth technegol, e.e. rhoi arbenigwyr technegol i gynorthwyo gwledydd sy'n datblygu.

Cymhellion dros gymorth tramor:
- awydd go iawn i helpu eraill
- ennill ffafr gwledydd penodol ac ennill mantais wleidyddol
- cael budd o fusnes ddaw yn ôl, e.e. rhoddir cymorth ac yn gyfnewid bydd y wlad arall yn prynu cynhyrchion gan y wlad sy'n rhoi. Hefyd yn y tymor hir os yw'n helpu'r economi i ddatblygu, bydd hyn yn arwain at fwy o fewnforion a all fod o fudd i'r rhoddwr.
- llenwi'r 'bwlch cynilion', h.y. darparu'r cynilion sy'n angenrheidiol i ariannu'r buddsoddi sy'n ofynnol i ddarparu twf
- darparu'r ariannau tramor sy'n angenrheidiol i fewnforio nwyddau a gwasanaethau tramor, e.e. cyfarpar, peiriannau a thechnoleg

Problemau gyda chymorth tramor:
- gall cymorth tramor aros yn nwylo ychydig ac efallai na chaiff ei ddefnyddio i wella'r economi cyfan.
- mae rhai buddsoddiadau cymorth tramor wedi bod yn anghynhyrchiol ac yn aflwyddiannus; efallai nad ydy'r llywodraethau sy'n rhoi neu hyd yn oed llywodraethau'r Trydydd Byd bob amser yn gwybod sut orau i ddefnyddio'r cyllid.
- gall rhai polisïau niweidio'r economi lleol, e.e. gall rhoi meintiau mawr o fwyd ostwng pris mewnol y bwyd a'i gwneud yn anodd i'r cynhyrchwyr lleol oroesi.
- gall ad-daliadau benthyciadau fod yn anodd i'r wlad yn y Trydydd Byd eu talu. Gall arwain at hunanfodlonrwydd ac efallai na fydd y wlad yn mynd i'r afael â'r problemau sylfaenol sydd yno.
- yn aml yn cael ei ganolbwyntio ar ardaloedd trefol ac nid o reidrwydd o werth mawr i'r economi cyfan.

Yn aml caiff cymorth tramor ei dorri adeg enciliad. Mae dinasyddion gwledydd Byd Cyntaf yn mynnu bod eu llywodraethau'n rhoi'r flaenoriaeth i ofalu am eu dinasyddion eu hunain.

Mae **sefydliadau anllywodraethol** yn cynnwys cyfundrefnau gwirfoddol ac elusennau fel *Oxfam* a *World Vision*. Maen nhw'n darparu cymorth sydd ar raddfa fach ac wedi'i ganolbwyntio ac â'r maint lleiaf o amodau. Yn aml mae cymorth ar ffurf personél medrus. Daw cymorth swyddogol oddi wrth lywodraethau a gall ddod gydag amodau; yn wleidyddol, efallai na fydd rhai gwledydd eisiau derbyn cymorth oddi wrth wledydd tramor.

5. Gostyngiad yn y ddyled

Yn yr 1980au a'r 1990au ni allai llawer o wledydd oedd yn datblygu dalu eu dyledion i sefydliadau ariannol o ganlyniad i gyfraddau llog uchel a chynnydd yng ngwerth y ddoler (roedd y rhan fwyaf o fenthyciadau yn nhermau doleri). Sefydlodd yr *IMF* Raglenni Addasu Strwythurol i fenthyca arian i wledydd i ad-dalu'r ddyled os oedden nhw'n cytuno i wahanol drefnau cyllidol ac ariannol. Dewisiadau eraill yw maddau dyledion, lle caiff benthyciadau eu canslo (nid yw'n boblogaidd ymhlith y rhai sy'n rhoi benthyg!), neu ailstrwythuro dyledion, lle mae telerau'r ad-dalu yn cael eu haildrafod.
Mae *Jubilee 2000*, carfan bwyso, yn ymgyrchu dros ganslo dyledion.

6. Masnach decach

Mae rhai gwledydd sy'n datblygu yn honni bod economïau datblygedig yn amddiffyn eu cynhyrchwyr eu hunain, e.e. ffermwyr, gan ei gwneud yn anodd iddyn nhw gystadlu. Mae'r mudiad Masnach Deg yn ceisio helpu cynhyrchwyr mewn gwledydd sy'n datblygu drwy warantu incwm penodol iddyn nhw fel na chân nhw eu hecsbloetio gan y prynwyr mawr yn yr economïau datblygedig, e.e. yn achos coco a chotwm.

Economeg mewn gwledydd sy'n datblygu (parhad)

Argyfwng dyled y Trydydd Byd

Yn yr 1970au cafwyd cynnydd mawr ym mhris olew. Gwnaeth rhai o'r economïau oedd yn allforio olew adneuo eu derbyniadau ychwanegol ym manciau'r Gorllewin. Ceisiodd banciau'r Gorllewin roi benthyg yr arian hwn i wneud elw; ffynhonnell fawr o'r benthyca oedd i wledydd y Trydydd Byd nad oeddent yn allforio olew. Creodd hyn ddyled Trydydd Byd enfawr, gan arwain at ad-daliadau mawr o log gan y gwledydd hyn i fanciau'r Gorllewin.

Gwnaed y sefyllfa'n waeth yn yr 1980au pan gafwyd cynnydd enfawr yn niffyg Llywodraeth UDA (o ganlyniad i doriadau mawr mewn trethi). I ariannu hyn bu'n rhaid i Lywodraeth UDA werthu symiau mawr o ddyled Lywodraeth; i wneud hynny bu'n rhaid iddi gynnig cyfraddau llog uwch o lawer (a gafodd effaith gynyddol ar gyfraddau llog mewn mannau eraill). Oherwydd cyfraddau llog uchel UDA cynyddodd gwerth doler UDA.

Achosodd hyn broblemau mawr i wledydd y Trydydd Byd:
- roedd cyfraddau llog uchel yn ei gwneud yn ddrutach iddyn nhw ad-dalu benthyciadau.
- roedd y ddoler gref yn ei gwneud yn anodd iddyn nhw ad-dalu'r benthyciadau oedd yn nhermau doleri.
- aeth economïau datblygedig i mewn i enciliad mawr gan roi ergyd i allforion y Trydydd Byd.

Yn 1982 dechreuodd México argyfwng Dyled y Trydydd Byd drwy beidio â thalu ei dyledion. Dilynodd gwledydd eraill yn fuan.

Argyfwng Asia 1997-8

Ar ddiwedd 1997 ni allai Gwlad Thai dalu ei dyled. Roedd banciau'r Gorllewin yn amharod iawn i gynnig benthyciadau newydd i fenthycwyr yng Ngwlad Thai. Hefyd gwnaethon nhw gwtogi ar fenthyciadau i wledydd eraill yn Asia y gallai hyn effeithio arnyn nhw yn eu barn nhw, e.e. Indonesia a Malaysia.

Achoswyd hyn yn rhannol am fod gwledydd wedi cael benthyg gormod a hefyd am fod banciau wedi bod yn rhy barod i roi benthyg a pheidio â bod yn ddigon gofalus.

Bu'n rhaid i lawer o gwmnïau gael eu hachub gan lywodraeth Gwlad Thai. Fe wnaeth gwledydd Asia adfer yn gyflym o ganlyniad i weithredu gan lywodraethau a benthyciadau gan y Gronfa Arian Rynglwadol (*IMF*).

Rhaglenni Addasu Strwythurol *(SAPs)*

Mae'r rhain yn cyfeirio at amodau a osodir gan Fanc y Byd a'r Gronfa Arian Ryngwladol pan fyddan nhw'n benthyca i wledydd sy'n datblygu. Bwriedir iddyn nhw sicrhau bod yr arian yn cael ei wario'n effeithlon ac yn effeithiol ac yn helpu i wella'r economi. Yn gyffredinol eu nod yw ceisio rhyddfrydoli economïau a hyrwyddo cystadleuaeth.

Y G8, canslo dyledion a'r amgylchedd

Mae'r G8 yn grŵp anffurfiol o UDA, Japan, yr Almaen, Ffrainc, y DU, yr Eidal, Canada a Rwsia. Mae eu harweinwyr yn cyfarfod yn rheolaidd i drafod problemau yn yr economi byd-eang. Yn 2005 cytunodd uwchgynhadledd y G8 yn Gleneagles yn yr Alban i gynyddu cymorth i wledydd sy'n datblygu, gyda chynnydd o $50bn (£28.8bn). Hefyd cafodd dyled y 18 gwlad tlotaf yn Affrica ei chanslo. Ymhlith y gwledydd a gafodd fudd oedd Benin, Bolivia, Burkina Faso, Cambodia, Ethiopia, Ghana, Guyana, Mali, Nicaragua, Niger, Rwanda a Tanzania. Byddai ugain gwlad arall, â $15 biliwn yn ychwanegol o ddyled, yn gymwys i gael gostyngiad yn y ddyled pe bydden nhw'n cyrraedd targedau ynghylch gostwng llygredd (*corruption*) ac yn bodloni amodau addasu strwythurol i hybu buddsoddi preifat, diwydiannau preifat a gwneud eu heconomïau yn fwy agored. Daeth y cytundeb i rym ym mis Gorffennaf 2006 ac fe'i galwyd yn Gynllun Gostyngiad Dyled Amlochrog (*MDRI*).

Roedd ymgyrchoedd cyn y cyfarfod yn cynnwys cyngerdd *Live 8* a drefnwyd gan Bob Geldof, a gwrthdystiadau gan Ymgyrch Ddyled *Jubilee* (yn cynnwys y gyfundrefn *Make Poverty History*).

Yn **2008** bwriadodd arweinwyr y G8 osod targed byd-eang o dorri allyriadau carbon o leiaf 50% erbyn 2050 mewn ymdrech i fynd i'r afael â chynhesu byd-eang. Dywedodd pump o economïau datblygol mwyaf y byd (China, India, México, Brasil a De Affrica) y dylai'r G8 gynyddu ei dargedau i fwy nag 80% erbyn 2050.

Ymgyrch Ddyled *Jubilee*

Sefydlwyd yr ymgyrch hon i ostwng dyled economïau sy'n datblygu; mae'n galw am ganslo'r ddyled hon 100%. Mae ei llenyddiaeth yn honni: 'Mae gwledydd tlotaf y byd yn gorfod talu mwy na $100 miliwn bob dydd i'r byd cyfoethog mewn ad-daliadau dyled, tra bo tlodi'n lladd miliynau o'u pobl. Yn y cyfamser, mae credydwyr yn defnyddio eu grym dros wledydd sydd mewn dyled i'w gorfodi nhw i breifateiddio eu gwasanaethau, agor eu marchnadoedd neu dorri gwariant hanfodol.' Yn ôl Mudiad Datblygu'r Byd, 'Ar gyfartaledd, mae ad-daliadau dyled yn costio llawer o wledydd tlawd bron dwywaith gymaint â'r hyn maen nhw'n ei wario ar addysg a mwy na theirgwaith gymaint â'r swm gaiff ei wario ar ofal iechyd y boblogaeth.'

Nodau Datblygu'r Mileniwm

Yn Uwchgynhadledd Fileniwm y Cenhedloedd Unedig ym mis Medi 2000, cytunwyd ar wyth Nod Mileniwm. Ers hynny mae bron 190 o wledydd wedi arwyddo eu cefnogaeth. Y nodau yw:

- Dileu tlodi eithafol a newyn
- Cyflawni addysg gynradd gyffredinol
- Hybu cydraddoldeb y rhywiau a rhoi grym i ferched
- Gostwng marwolaethau plant

- Gwella iechyd mam
- Gwrthsefyll *HIV*, *AIDS*, malaria a chlefydau eraill
- Sicrhau cynaliadwyedd amgylcheddol
- Datblygu partneriaeth fyd-eang ar gyfer datblygu

Ym mis Gorffennaf 2007, lansiodd Prif Weinidog y DU, Gordon Brown, yr Alwad i Weithredu Nodau Datblygu'r Mileniwm, gan geisio cyflymu'r datblygiad ynghylch eu cyflawni.

Yr Undeb Ewropeaidd

Mae'r **Undeb Ewropeaidd** yn undeb tollau, h.y. masnach rydd rhwng aelod wledydd a thollau allanol cyffredin ar gyfer gwledydd nad ydynt yn aelodau.

Nodau'r Undeb Ewropeaidd

Sefydlodd **Cytundeb Rhufain 1957** undeb tollau gyda threfniadau ar gyfer dileu tollau yn raddol a tholl allanol gyffredin ar nwyddau oedd yn dod i mewn i'r Gymuned Ewropeaidd.

Mae nodau'r UE yn cynnwys:
- dileu tollau a chwotâu ar fewnforio ac allforio nwyddau rhwng aelod wledydd
- sefydlu toll sengl a pholisi masnachol cyffredin tuag at wledydd nad ydynt yn aelodau
- dileu rhwystrau i symudiad rhydd pobl, gwasanaethau a chyfalaf rhwng aelod wledydd
- sefydlu polisïau cyffredin ar gyfer amaethyddiaeth a chludiant
- gwahardd arferion busnes sy'n cyfyngu ar gystadleuaeth yn y farchnad gyffredin mewn ffyrdd sy'n cael eu hystyried yn niweidiol neu sy'n ystumio'r gystadleuaeth hon.

Cytundeb Maastricht 1992: roedd hwn yn symudiad pellach tuag at undeb economaidd ac ariannol ac undeb gwleidyddol. Nododd hwn bolisi tramor a diogelwch cyffredin, polisi cyfiawnder a mewnol cyffredin, a pholisi cymdeithasol cyffredin. Amlinellodd hefyd raglen fanwl ac amserlen ar gyfer undeb ariannol.

Sefydliadau allweddol yr UE

- **Y Comisiwn Ewropeaidd:** wedi'i leoli ym Mrwsel; ei swyddogaeth yw drafftio polisïau a'u cyflwyno nhw i Gyngor y Gweinidogion. Mae hefyd yn gweinyddu a gweithredu polisïau'r UE.
- **Cyngor y Gweinidogion:** yn gwneud penderfyniadau polisi. Mae aelodau'n cynrychioli llywodraethau cenedlaethol. Mae angen unfrydedd ar gyfer penderfyniadau mawr; mewn rhai meysydd dim ond mwyafrif sy'n angenrheidiol – adolygwyd y rhain yn Nice yn 2000. Mae'r gweinidogion a anfonir gan bob gwlad yn dibynnu ar y materion sy'n cael eu trafod, e.e. gweinidog amaethyddiaeth ar gyfer materion amaethyddol, gweinidog cyllid ar gyfer materion ariannol, ac yn y blaen.
- **Senedd Ewrop:** mae'r Cyngor a'r Comisiwn yn atebol i'r Senedd; mae ganddi'r pŵer i roi feto ar gyllideb yr UE. Mae wedi'i lleoli yn Strasbourg. Mae'n cynnwys cynrychiolwyr a etholwyd (sef Aelodau Senedd Ewrop – *MEPs*).
- **Llys Barn:** wedi'i leoli yn Luxembourg; mae'n setlo unrhyw anghydfod ynghylch dehongli a chymhwyso Cytundeb Rhufain a Chytundeb Maastricht. Gall unigolion, sefydliadau ac aelod lywodraethau apelio at y Llys. Dyma lys terfynol cyfraith yr UE.
- **Banc Canolog Ewrop:** ei brif nod yw sefydlogrwydd prisiau. Mae'n penderfynu ar bolisi ariannol, gan gynnwys polisi cyfraddau cyfnewid, ac yn ei weithredu. Rhaid i fanciau canolog cenedlaethol weithredu'r polisi ariannol yn y gwledydd.

Polisi Amaethyddol Cyffredin *(CAP)*

Mae nodau'r Polisi Amaethyddol Cyffredin yn cynnwys:
- cynyddu cynhyrchedd amaethyddol;
- cyflawni safon resymol o fyw ar gyfer y gymuned amaethyddol;
- sefydlogi marchnadoedd mewn cynhyrchion amaethyddol;
- darparu cyflenwadau digonol o fwyd;
- sicrhau cyflenwadau i ddefnyddwyr am brisiau rhesymol.

Prisiau targed yn y Polisi Amaethyddol Cyffredin

Bob blwyddyn mae Cyngor y Gweinidogion yn gosod pris targed am y cynnyrch ar gyfer y flwyddyn amaethyddol nesaf. Dyma'r pris a ystyrir y pris mwyaf priodol i gwrdd â'r amcanion uchod.

Yna gosodir pris ymyrryd ychydig islaw'r pris targed. Os bydd pris y farchnad yn gostwng islaw'r pris ymyrryd, gall ffermwyr werthu i'r UE fydd yn storio'r cyflenwadau hyn. Yn ddamcaniaethol defnyddir y cyflenwadau hyn mewn blynyddoedd lle mae prinder. Mewn gwirionedd, mae'r UE wedi gorfod brynu cyflenwadau yn llawer mwy aml nag mae wedi gorfod eu dosbarthu, felly mae wedi cronni storfeydd enfawr o fwyd.

Asesiad o'r Polisi Amaethyddol Cyffredin

- mae wedi sicrhau cyflenwadau digonol drwy roi i ffermwyr gymhelliad i gynhyrchu mwy

OND
- mae'n gostus ei weinyddu; gwariant ar y *CAP* yw'r elfen fwyaf o gyllideb yr UE
- gall arwain at wargedion a chostau uchel am storio

Cyllideb yr UE

Mae cyllideb yr UE yn dod o wahanol ffynonellau:
- tollau ar fewnforion o wledydd nad ydynt yn yr UE. Dyma'r derbyniadau o'r Doll Allanol Gyffredin ac maen nhw'n cael eu talu gan holl aelod wledydd yr UE
- tollau amaethyddol ar fwydydd
- canran o CMC pob gwlad
- cyfraniad o TAW pob gwlad

Mae gwariant yr UE yn cynnwys gwariant ar y canlynol:
- y Polisi Amaethyddol Cyffredin
- y gronfa ddatblygu ranbarthol sy'n ceisio lleihau gwahaniaethau rhanbarthol mewn incwm a chyflogaeth
- y Gronfa Gymdeithasol Ewropeaidd (*ESF*) sy'n hybu gwelliannau yn amodau'r farchnad lafur a chyfleoedd cyflogaeth
- y Gronfa Gymunedol
- cymorth tramor yr UE
- gweinyddu

Yr Undeb Ewropeaidd (parhad)

Y Siarter Cymdeithasol (1989): cafodd hwn ei gynnig i warantu hawliau gweithwyr. Daeth y Siarter Cymdeithasol hwn yn **Bennod Gymdeithasol** yng Nghytundeb Maastricht yn 1992.

Cytundeb ar bolisi cymdeithasol oedd y Bennod Gymdeithasol. Mae'r amcanion yn cynnwys: hybu cyflogaeth, gwella amodau byw a gweithio, amddiffyn cymdeithasol priodol, gwella deialog rhwng rheolwyr a llafur,

gwrthsefyll gwahardd cymdeithasol a datblygu adnoddau dynol gyda'r nod o gynnal cyflogaeth uchel.

Mae'r darpariaethau cymdeithasol yn cynnwys lleiafswm cyflog, cyflog cydradd i ddynion a merched am waith cydradd, safonau isaf ar gyfer iechyd a diogelwch yn y gwaith a sefydlu cynghorau gwaith (fforymau ar gyfer trafodaethau rhwng cyflogwyr a gweithwyr).

Ymaelodi â'r UE

Gall ymaelodi â'r UE arwain at y canlynol:

- **Creu masnach:** mae dileu rhwystrau i fasnach yn gallu arwain at fwy o arbenigo yn unol ag egwyddorion mantais gymharol; heb dollau a rhwystrau eraill i fasnach efallai y bydd gwlad yn gallu allforio mwy o nwyddau nag o'r blaen.
- **Dargyfeirio masnach:** treuliant yn symud o gynhyrchwyr cost-isel y tu allan i'r UE i gynhyrchwyr cost-uwch yn yr UE; gyda chyflwyno toll ar wledydd nad ydynt yn aelodau o'r UE efallai bydd cwmni'n gorfod masnachu o fewn yr UE nawr, gan brynu nwyddau sy'n ddrutach na'r cynhyrchion y bu'n eu prynu y tu allan i'r UE cyn i doll gael ei gosod arnyn nhw.

Mae enillion yr UE yn cynnwys:

- mwy o arbenigo a darbodion maint; mae mynediad at farchnad 'gartref' fwy yn galluogi cynhyrchwyr mwy effeithlon i gynhyrchu a gwerthu ar raddfa fwy ac felly elwa ar gostau is yr uned
- mwy o gystadleuaeth; bydd cwmnïau mwy effeithlon yn gallu cystadlu'n fwy teg ac yn fwy llwyddiannus mewn marchnad fwy
- mwy o allforion: efallai y bydd buddion cael mwy o ddarbodion maint a mwy o gystadleuaeth yn gwneud cwmnïau'r UE yn fwy cystadleuol ac yn eu galluogi nhw i allforio mwy i wledydd y tu allan i'r UE
- mwy o gymorth ariannol: efallai y bydd twf yr UE cyfan yn galluogi rhoi mwy o arian ar gael ar gyfer y rhanbarthau tlotaf
- creu masnach, h.y. gallu newid i gyflenwadau rhatach gyda thollau'r UE wedi cael eu dileu

OND:

- annarbodion maint posibl o ganlyniad i orehangu a phroblemau o fewn cwmnïau fel rheoli, cyfathrebu a chyd-drefnu
- diweithdra: gall cwmnïau llai effeithlon neu ranbarthau cost-uchel ddioddef wrth i gystadleuaeth gynyddu
- costau gweinyddol gweithredu sefydliadau'r UE
- dargyfeirio masnach – oherwydd y tollau cyffredin yn erbyn gwledydd nad ydynt yn aelodau, efallai y bydd gwlad yn symud o gyflenwr blaenorol i gyflenwr yn yr UE ac yn talu mwy nag o'r blaen, h.y. mwy nag y bu'n ei dalu heb y doll
- effaith polisi'r UE, e.e. gall polisi cymdeithasol effeithio ar gostau cyflogwyr

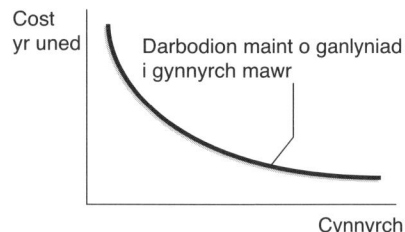

Aelodau'r Undeb Ewropeaidd yn 2008

Awstria, Gwlad Belg, Bwlgaria, Cyprus, Gweriniaeth Tsiec, Denmarc, Estonia, Y Ffindir, Ffrainc, yr Almaen, Groeg, Hwngari, Iwerddon, yr Eidal, Latvia, Lithuania, Luxembourg, Malta, yr Iseldiroedd, Gwlad Pwyl, Portiwgal, Romania, Slofacia, Slovenija, Sbaen, Sweden, y Deyrnas Unedig.

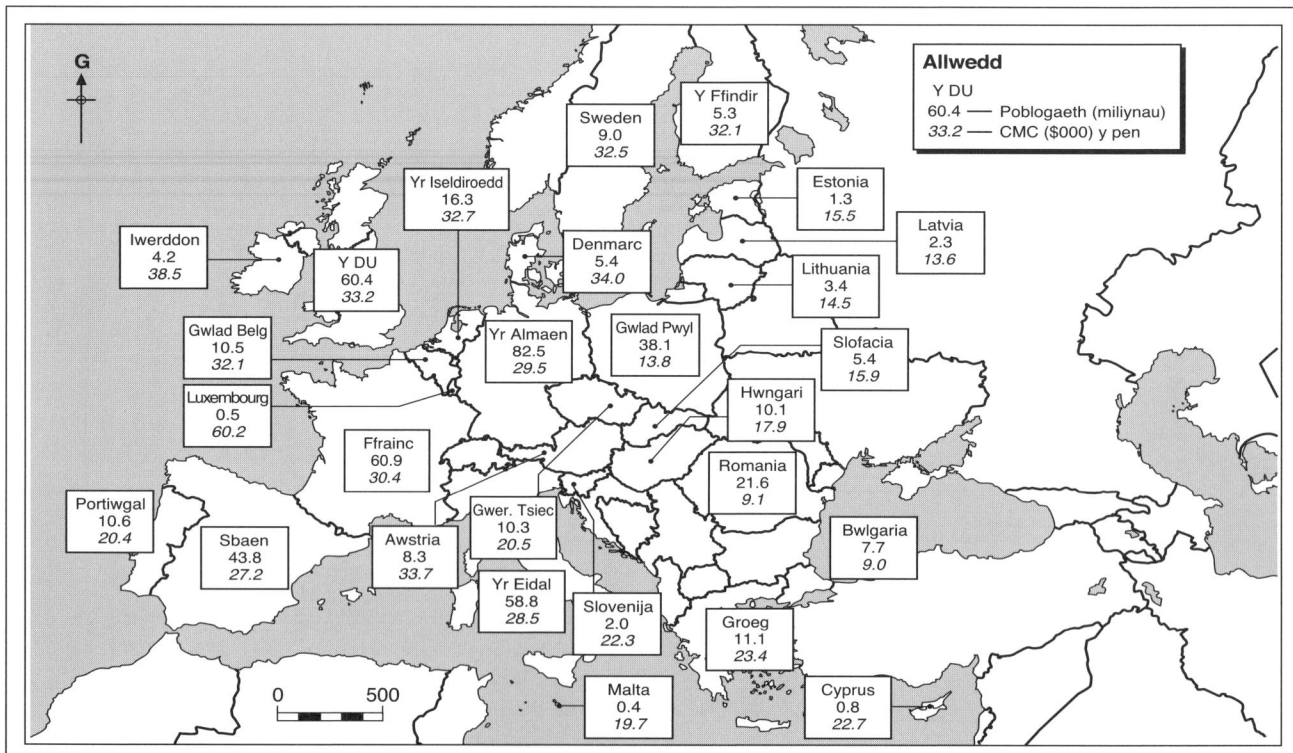

Yr Undeb Ewropeaidd (parhad)

Mudo

Yn 2004, ymaelododd deg gwlad arall â'r UE. Mae hyn wedi arwain at fudo helaeth i mewn i'r DU o lawer o'r rhanbarthau hyn, yn enwedig Gwlad Pwyl. Mae canlyniadau mudo llafur yn cynnwys:

- cynnydd yng nghyflenwad llafur; dylai arwain at gyflogau is a phrisiau is;
- cynnydd yn y cyflenwad cyfanredol a thwf economaidd.

Fodd bynnag, mae buddion mudo i mewn i'r DU yn dibynnu ar y canlynol:

- pwy sy'n dod, e.e. pa sgiliau?
- yr effaith ar dai, budd-daliadau a'r isadeiledd
- y cyd-destun, e.e. ai gweithlu ifanc sy'n dod i mewn i boblogaeth sy'n heneiddio?

Mynediad gwledydd eraill

Mae aelodau presennol yr UE yn gofidio y gall mynediad gwledydd eraill olygu'r canlynol:

- bydd marchnadoedd yn cael eu boddi gan fewnforion rhad o'r aelodau newydd;
- bydd yn rhaid i gyfraniadau'r gwledydd cyfoethocaf gynyddu i ariannu'r gwledydd newydd sy'n dlotach;
- bydden nhw'n colli grym i'r gwledydd newydd.

Undeb Economaidd ac Ariannol *(EMU)*

Amlinellodd Pwyllgor Delors 1989 lwybr tri-cham i undeb ariannol

- *Cam 1:* rhyddhau symudiadau cyfalaf, cryfhau cystadleuaeth a chynyddu cyd-drefnu polisïau
- *Cam 2:* cyfnod newid lle anogwyd gwledydd i weithio tuag at fwy o gydgyfeiriant ariannol drwy osgoi diffygion cyllidol gormodol, cadw cyfraddau chwyddiant a chyfraddau llog yn unol â'i gilydd a chynnal cyfraddau cyfnewid sefydlog
- *Cam 3:* cyflwyno arian cyfred sengl (a ddigwyddodd yn Ionawr 1999); ymunodd 11 gwlad â system yr ewro gan ffurfio 'ardal yr ewro'; penderfynodd Denmarc, Sweden a'r DU beidio ag ymuno ar unwaith. Mae Banc Canolog Ewrop yn gweithredu'r polisi ariannol sy'n cynnwys pennu polisi cyfraddau cyfnewid, rheoli ariannau tramor wrth gefn, rheoli'r cyflenwad arian a gwneud penderfyniadau ar gyfradd llog.
  Ar 1 Ionawr 2002 cafodd arian papur a darnau arian yr arian cyfred newydd eu dosbarthu gyntaf. Ar ôl hynny cafodd arian papur a darnau arian gwledydd yn ardal yr ewro eu tynnu allan o gylchrediad.

Pum prawf ar gyfer y DU i ymuno â'r ewro

Yn 1997 nododd Gordon Brown, oedd yn Ganghellor bryd hynny, bum prawf y byddai'n rhaid eu pasio os oedd y DU i ymuno â'r ewro.

1. Cydgyfeiriant. Mae angen i'r economïau a'u safle yn y gylchred economaidd fod yn gydnaws, e.e. rhaid i newidiadau yng nghyfraddau llog gael effeithiau tebyg ar economïau.
2. Hyblygrwydd. Rhaid bod digon o hyblygrwydd i ymdopi â phroblemau economaidd.
3. Buddsoddi. A fyddai cael yr ewro yn hybu cwmnïau i fuddsoddi yn y DU?
4. Gwasanaethau ariannol. A fydd y marchnadoedd ariannol yn cael budd o ymuno â'r ewro?
5. Cyflogaeth, sefydlogrwydd a thwf. A fydd ymuno â'r ewro yn creu swyddi ac yn arwain at sefydlogrwydd a thwf economaidd?

Meini prawf cydgyfeiriant

Dyma'r profion mae'n rhaid i economïau cenedlaethol eu pasio i ymuno â'r undeb economaidd ac ariannol *(EMU)*. Maen nhw'n cynnwys pum maen prawf, a nodwyd yng Nghytundeb Maastricht.

- rhaid i'r diffyg cyllidol fod yn is na 3% o CMC
- rhaid i gyfanswm yr arian sy'n ddyledus gan lywodraeth (h.y. y ddyled gyhoeddus) fod yn llai na 60% o CMC
- dylai gwlad fod â chyfradd chwyddiant o fewn 1.5% i'r tair gwlad yn yr UE sydd â'r gyfradd isaf
- rhaid i gyfraddau llog tymor hir fod o fewn 2% i'r tair cyfradd llog isaf yn yr UE
- rhaid i gyfraddau cyfnewid gael eu cadw o fewn ffiniau amrywiadau 'normal' mecanwaith cyfraddau cyfnewid Ewrop

Buddion ymuno â'r ewro

- Gostwng costau trafodion: nid oes angen i gwmnïau yn y gwledydd sy'n aelodau ardal yr ewro ac sy'n masnachu â'i gilydd drawsnewid eu harian cyfred; mae hyn yn arbed amser a chomisiwn.
- Dileu risg cyfraddau cyfnewid: nid oes raid i gwmnïau sy'n masnachu mewn ewros bryderu am effaith arian cyfred sy'n arbrisio neu'n dibrisio. Mae hyn yn gwneud cynllunio'n haws i fusnesau a gall hybu buddsoddi.
- Darbodion maint: mae dileu risg cyfraddau cyfnewid yn gallu hybu masnach a allai arwain at ddarbodion maint a mantais gost.
- Mwy o amlygrwydd prisiau: bydd yn haws cymharu prisiau cyflenwyr; gallai hyn arwain at fwy o gystadleuaeth brisiau a phrisiau is am fewngyrch. Gall hyn gael ei drosglwyddo i'r defnyddiwr terfynol. Hefyd bydd mwy o amlygrwydd ar gyfer y cwsmer sy'n dewis rhwng brandiau.
- Buddsoddi o'r tu allan: gall bodolaeth ardal yr ewro hybu cwmnïau tramor i'w lleoli eu hunain yn yr ardal hon i osgoi problemau amrywiadau cyfraddau cyfnewid ac ansicrwydd.
- Gall ymyriad Banc Canolog Ewrop annibynnol arwain at chwyddiant tymor-hir is. Gall hyn ofyn am gyfraddau llog is, a allai ysgogi buddsoddiant a threuliant.

Problemau arian cyfred sengl (yr ewro)

- Costau newid: bydd gwahanol gostau wrth i wledydd drosglwyddo i'r ewro, e.e. cynhyrchu rhestri prisiau newydd, newid peiriannau gwerthu, ayb.
- Polisi ariannol Ewropeaidd: caiff polisi ariannol, fel cyfraddau llog, ei bennu ar sail yr hyn sy'n briodol i ardal yr ewro yn gyfan yn hytrach nag un wlad. Felly gallai cyfraddau llog gael eu cynyddu ar adeg pan fyddai llywodraeth fewnol benodol eisiau iddyn nhw ostwng. Gallai hyn achosi problemau gwleidyddol.
- Llai o ryddid dros bolisi cyllidol: er bod gan aelodau'r ewro gryn dipyn o ryddid dros eu polisïau cyllidol, cyfyngir arnyn nhw gan y ffaith mai dim ond i fyny at 3% o CMC y gall eu diffyg cyllidol fynd.
- Colli'r dewis i ddatbrisio'r arian cyfred mewnol i roi hwb tymor byr i'r gallu i gystadlu'n rhyngwladol.
- Efallai y bydd y gwledydd cyfoethocaf yn ardal yr ewro yn gorfod ariannu'r gwledydd tlotaf i leihau anghydraddoldebau economaidd strwythurol.

Twf a chylchredau economaidd

Twf economaidd

Gellir mesur hwn mewn dwy ffordd: cynnydd mewn CMC real neu gynnydd mewn CMC potensial. Gellir mesur y cyntaf yn gymharol hawdd (er nad yw bob amser yn hawdd ei wneud yn fanwl gywir). Mae'r ail fesur yn dangos yr hyn sy'n digwydd i allu cynhyrchu'r economi (yn hytrach na chynnyrch gwirioneddol), ac nid yw hynny'n hawdd ei amcangyfrif.

Y bwlch cynnyrch yw'r gwahaniaeth rhwng lefel wirioneddol CMC a gwerth amcangyfrifol y duedd dymor hir. Os ydy CMC gwirioneddol islaw llinell y duedd mae bwlch cynnyrch negatif. Os ydy CMC gwirioneddol uwchlaw'r duedd mae bwlch cynnyrch positif.

Buddion a phroblemau twf economaidd

- Gall incwm uwch arwain at wella lles materol, iechyd, addysg a chyfleoedd.
- Gall tlodi gael ei leihau wrth i dderbyniadau trethi ychwanegol gael eu defnyddio i, er enghraifft, gynyddu budd-daliadau, gwario ar gynlluniau i hyfforddi'r di-waith.

Ond

- Gall twf incwm gael ei gyflawni wrth i rai grwpiau gael eu hecsbloetio a dioddef safonau byw gwael ac amodau gwaith gwael.
- Efallai na chaiff yr incwm ychwanegol ei ddefnyddio i roi budd i gartrefi'n uniongyrchol, e.e. gall gael ei wario ar arfau milwrol.
- Efallai y caiff incwm ei gadw gan ychydig, gan gynyddu'r gwahaniaethau rhwng grwpiau incwm uchel ac isel.
- Gall graddau buddion twf economaidd ddibynnu ar p'un ai ydy e'n gynaliadwy ai peidio. Os ydy economi'n tyfu drwy ddisbyddu adnoddau anadnewyddadwy a/neu greu llygredd, efallai na fydd cenedlaethau yn y dyfodol yn gallu cael yr un gyfradd o dwf economaidd.
- Gall cyfradd gyson o dwf economaidd fod yn fwy buddiol na chyfradd sy'n amrywio. Y rheswm yw ei bod yn gwneud cynllunio'n haws a'i bod yn debygol o hybu buddsoddi.

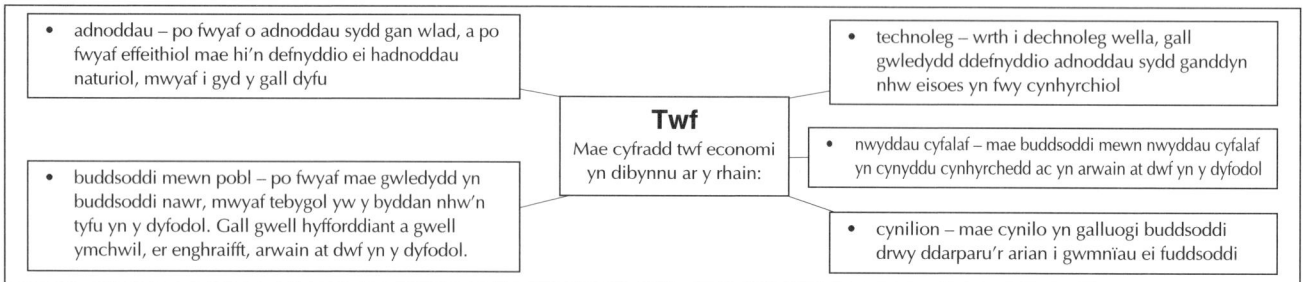

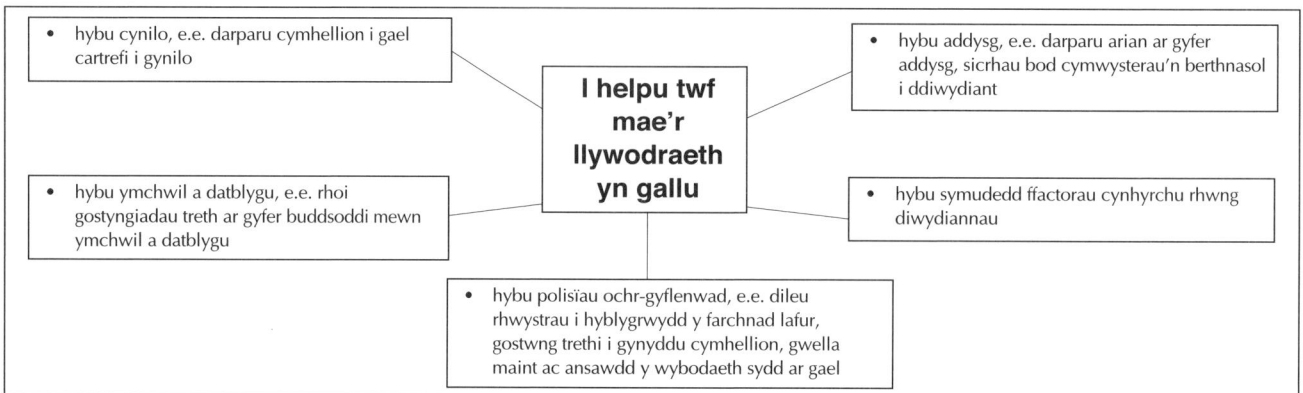

- adnoddau – po fwyaf o adnoddau sydd gan wlad, a po fwyaf effeithiol mae hi'n defnyddio ei hadnoddau naturiol, mwyaf i gyd y gall dyfu

- technoleg – wrth i dechnoleg wella, gall gwledydd ddefnyddio adnoddau sydd ganddyn nhw eisoes yn fwy cynhyrchiol

Twf
Mae cyfradd twf economi yn dibynnu ar y rhain:

- buddsoddi mewn pobl – po fwyaf mae gwledydd yn buddsoddi nawr, mwyaf tebygol yw y byddan nhw'n tyfu yn y dyfodol. Gall gwell hyfforddiant a gwell ymchwil, er enghraifft, arwain at dwf yn y dyfodol.

- nwyddau cyfalaf – mae buddsoddi mewn nwyddau cyfalaf yn cynyddu cynhyrchedd ac yn arwain at dwf yn y dyfodol

- cynilion – mae cynilo yn galluogi buddsoddi drwy ddarparu'r arian i gwmnïau ei fuddsoddi

---

- hybu cynilo, e.e. darparu cymhellion i gael cartrefi i gynilo

- hybu addysg, e.e. darparu arian ar gyfer addysg, sicrhau bod cymwysterau'n berthnasol i ddiwydiant

I helpu twf mae'r llywodraeth yn gallu

- hybu ymchwil a datblygu, e.e. rhoi gostyngiadau treth ar gyfer buddsoddi mewn ymchwil a datblygu

- hybu symudedd ffactorau cynhyrchu rhwng diwydiannau

- hybu polisïau ochr-gyflenwad, e.e. dileu rhwystrau i hyblygrwydd y farchnad lafur, gostwng trethi i gynyddu cymhellion, gwella maint ac ansawdd y wybodaeth sydd ar gael

---

Dadleuon yn erbyn twf economaidd

- Mae'n achosi costau allanol, e.e. llygredd.
- Gall ostwng ansawdd bywyd, e.e. gall mwy o dwf incwm olygu llai o amser hamdden, llygredd, symud i ffwrdd o gefn gwlad i'r trefi.

Mae'r 'cynnig twf sero' yn dadlau y dylai llywodraethau anelu at dwf sero oherwydd cost allanol twf.

Cylchredau economaidd (a elwir hefyd yn gylchredau busnes neu fasnach)

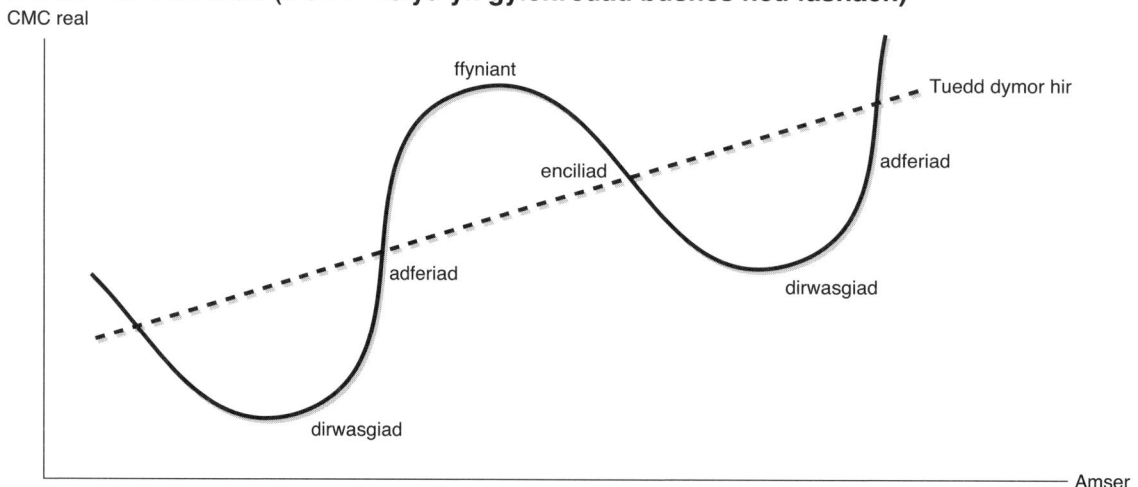

CMC real

ffyniant

Tuedd dymor hir

enciliad

adferiad

adferiad

dirwasgiad

dirwasgiad

Amser

Twf economaidd a chylchredau economaidd (parhad)

Term	Nodweddion
Dirwasgiad	diweithdra uchel, lefelau isel o alw cyfanredol
Adferiad	yr economi'n codi, galw'n cynyddu, cwmnïau'n dechrau buddsoddi
Ffyniant	mwy o hyder yn yr economi, buddsoddiant yn uchel ond prinderau cyflenwad yn dechrau (e.e. prinder llafur)
Enciliad	yr economi'n troi ar i lawr – yn dechnegol dau chwarter yn olynol o dwf CMC negatif; yn gysylltiedig â galw'n gostwng a stociau cynyddol o nwyddau heb eu gwerthu; bydd rhai cwmnïau'n cau a bydd diweithdra'n cynyddu

Achosion posibl enciliad

- Diffyg galw cyfanredol, e.e. o ganlyniad i ddiffyg buddsoddi efallai oherwydd diffyg hyder yn yr economi a/neu gyfraddau llog uwch yn gohirio cael benthyg. Mae enciliad yn gallu cael ei achosi hefyd gan bolisïau llywodraeth sy'n groes i'r sefyllfa, e.e. mae'r Llywodraeth yn cynyddu trethi ormod. Efallai y bydd llywodraeth yn ymyrryd i arafu ffyniant ac yn achosi enciliad.

- Sioc ochr-gyflenwad, e.e. prisiau uwch am egni yn symud y cyflenwad cyfanredol i'r chwith, gan arwain at brisiau uwch ond cynnyrch is.

Rhesymau dros y gylchred economaidd

- Gwleidyddol – yn y cyfnod cyn etholiad, bydd y Llywodraeth eisiau i'r economi dyfu, a bydd yn debygol o gynyddu lefel y galw. Bydd hyn yn achosi twf a bydd lefel diweithdra yn gostwng. Ar ôl yr etholiad, efallai y bydd y Llywodraeth yn wynebu chwyddiant galw-dynnu oherwydd bod gormod o alw yn yr economi ac efallai y bydd yn rhaid iddi ddadchwyddo'r economi.

- Model lluosydd cyflymydd – gall y lluosydd a'r cyflymydd weithio gyda'i gilydd i greu ffyniannau a dirwasgiadau. Er enghraifft, gall cynnydd mewn chwistrelliadau gychwyn y lluosydd, sy'n arwain at gynnydd mewn cynnyrch. I gynhyrchu'r cynnyrch hwn, mae cwmnïau'n cynnal lefel eu buddsoddi net sy'n cychwyn y cyflymydd. Ar ryw adeg mae'r economi'n dechrau cyrraedd ei allu cynhyrchu llawn ac ni ellir cynyddu cynnyrch yn hawdd. Efallai y bydd cynnyrch yn cynyddu ond yn llai nag o'r blaen – bydd hyn yn achosi gostyngiad yn lefel buddsoddiant net (cyflymydd) ac felly lluosydd ar i lawr. Fodd bynnag, mae terfyn ar faint bydd buddsoddiant yn gostwng, h.y. llawr i'r enciliad – bydd rhai cwmnïau bob amser yn buddsoddi, e.e. i amnewid cyfarpar.

- Y gylchred stociau – mae cwmnïau yn aml yn araf i addasu i newidiadau yn lefel gweithgaredd economaidd. Pan fyddan nhw'n newid, yn aml gall eu penderfyniadau chwyddo'r gylchred economaidd. Er enghraifft, os ydy'r galw'n gostwng, efallai y bydd cwmnïau'n amharod i ostwng cynnyrch yn y tymor byr nes eu bod nhw'n argyhoeddedig y bydd y gostyngiad yn y galw yn para. Yn y tymor byr maen nhw'n cynyddu stociau oherwydd eu bod yn parhau i gynhyrchu ar yr hen lefel, er bod y galw wedi gostwng. Ar ryw adeg bydd cwmnïau'n sylweddoli bod y galw wedi gostwng a byddan nhw'n gostwng cynnyrch. Gan eu bod wedi cynyddu stociau, bydd cwmnïau'n gostwng cynnyrch islaw lefel y galw. Bydd hyn yn achosi gostyngiad pellach yn y galw cyfanredol, h.y. bydd yn gwaethygu'r dirwasgiad. Yn yr un modd, pan fydd y galw'n codi, bydd cwmnïau'n defnyddio stociau yn y tymor byr. Yn y tymor hir, bydd cwmnïau'n ehangu eu gallu cynhyrchu, yn buddsoddi ac yn cynhyrchu mwy. Gan eu bod wedi defnyddio'u stociau, byddan nhw'n cynyddu cynnyrch i lefel uwchlaw'r galw, fel y gallan nhw gynyddu stociau eto. Bydd hyn yn rhoi hwb ychwanegol i'r ffyniant.

- blaenddangosyddion – mae'r rhain yn rhoi arwydd y *gallai* ffyniant neu ddirwasgiad ddigwydd, e.e. arolygon hyder busnes, nifer y tai newydd a brynir

Dangosyddion newidiadau yn lefel gweithgaredd economaidd

- dangosyddion oediog (*lagging*) – mae'r rhain yn *dilyn* y ffyniant neu'r dirwasgiad, e.e. diweithdra (mae cwmnïau'n amharod i ddiswyddo pobl nes eu bod nhw'n siŵr bod yr economi mewn enciliad; yn yr un modd maen nhw'n araf i gyflogi pobl nes eu bod nhw'n gwybod bod yr economi'n adfer)

- dangosyddion cyd-drawol (*coincident*) – mae'r rhain yn dangos pryd mae ffyniant neu ddirwasgiad yn digwydd, e.e. lefel gwerthiant

Economi a hanes economaidd y DU

Economi'r DU

- Poblogaeth o 60.6 miliwn (ffynhonnell: *ONS*, 2007)
- Yr ail fwyaf o ran derbyn buddsoddiant uniongyrchol tramor yn fyd-eang yn 2007 (ffynhonnell: *UNCTAD*, 2008)
- Un o'r prif wledydd masnachu byd-eang, yr ail fwyaf o allforwyr gwasanaethau masnachol a'r trydydd mwyaf o fewnforwyr gwasanaethau masnachol, y seithfed mwyaf o allforwyr nwyddau a'r pedwerydd mwyaf o fewnforwyr nwyddau (ffynhonnell: *Cyfundrefn Masnach y Byd*, 2007). Mae'r prif gyrchfannau ar gyfer nwyddau a gwasanaethau'r DU yn cynnwys UDA (16% o'r holl allforion), yr Almaen (9.9%) a Ffrainc (9.7%). Roedd allforion nwyddau a gwasanaethau i'r Undeb Ewropeaidd cyfan yn cyfrif am tua 55% o holl allforion y DU (ffynhonnell: *ONS, Y Llyfr Pinc*, 2007)
- Yn aelod o'r Undeb Ewropeaidd, sef endid masnachu mwyaf y byd, gyda bron 500 miliwn o ddefnyddwyr a CMC o tua $19,000 biliwn (ffynhonnell: *Eurostat*, 2008)

- Un o'r lleoliadau mwyaf cystadleuol yn Ewrop ar gyfer trethi busnes a phersonol, mae â chyfradd diweithdra sy'n is na chyfartaledd yr Undeb Ewropeaidd, a Llundain yw'r ddinas orau yn Ewrop i wneud busnes ynddi (ffynhonnell: Healey & Baker, *European Cities Monitor*, Hydref 2007)
- Mae cyfraddau llog yn cael eu gosod gan Fanc Lloegr i gwrdd â tharged chwyddiant y Llywodraeth o 2% ar gyfer y cynnydd 12-mis yn yr Indecs Prisiau Defnyddwyr (*CPI*)
- Mae â marchnad lafur sy'n fedrus iawn, yn hyblyg ac yn ddynamig, gyda llai o reoleiddio llafur na'r rhan fwyaf o'r gwledydd eraill yn Ewrop
- Roedd â lefel cyflogaeth ym mis Mawrth 2008 oedd yr uchaf erioed gyda mwy na 29.46 miliwn o bobl mewn gwaith, yn cynnwys 21.9 miliwn mewn gwaith amser llawn a 7.56 miliwn mewn gwaith rhan-amser (ffynhonnell: *ONS*, 2008). Roedd lefel cyflogaeth (y gyfran o'r bobl o oedran gwaith sydd mewn gwaith) yn uchel hefyd yn y DU yn 74.8%, o'i chymharu â chyfartaledd yr Undeb Ewropeaidd o 66% (ffynhonnell: *ONS*, 2007).

• 1950 hyd at ganol yr 1970au

Canolbwyntiwyd ar bolisi cyllidol fel modd i ddylanwadu ar y galw cyfanredol. Credwyd y gallai'r Llywodraeth 'fanwl diwnio' yr economi gan ddefnyddio polisïau cyllidol, e.e. yn ystod enciliad byddai'r Llywodraeth yn gostwng trethi ac yn cynyddu gwariant.

Roedd y Llywodraeth yn dilyn barn Keynesaidd am yr economi, gan gredu bod yr economi'n setlo islaw cyflogaeth lawn ac y dylen nhw ddefnyddio polisïau rheoli galw.

Ystyriwyd polisi ariannol yn llai pwysig; pan fyddai'n cael ei ddefnyddio, byddai'r Llywodraeth yn tueddu i ddefnyddio rheolaethau uniongyrchol ar sefydliadau ariannol i reoleiddio eu benthyca.

1966: Polisi incwm i reoli codiadau cyflog
1967: Datbrisiad o'r arian cyfred
1972-3: Ffyniant Barber – arweiniodd polisi cyllidol ehangol a pholisi ariannol llac gan y Llywodraeth at dwf cyflym iawn yn yr economi
1973-4: Achosodd codiadau ym mhris olew chwyddiant costwthiol ac enciliad ledled Gorllewin Ewrop. Achosodd chwyddwasgiad (chwyddiant cynyddol a diweithdra cynyddol), arweiniodd hefyd at y fantol daliadau yn gwaethygu a chynnyrch yn gostwng.

• O ganol yr 1970au ymlaen

Symudiad i ffwrdd o dechnegau Keynesaidd i ddull clasurol neu arianolaethol. Credwyd bod yr economi ar gyflogaeth lawn neu'n symud tuag ati. Credwyd y byddai polisïau cyllidol ehangol yn arwain at chwyddiant.

- **1979:** Etholwyd Margaret Thatcher. Nawr ystyriwyd swyddogaeth polisi cyllidol yn bennaf fel modd i effeithio ar gyflenwad yn yr economi (e.e. gostwng treth incwm i gynyddu'r cymhelliad i weithio). Ni fwriadwyd defnyddio polisi cyllidol ar gyfer rheoli galw. Gosodwyd targedau ar gyfer twf y cyflenwad arian. Credwyd bod chwyddiant yn 'ffenomen ariannol' ac y gellid ei ostwng drwy reoli cyfradd twf y cyflenwad arian. Cyflwynodd Llywodraeth 1980 Strategaeth Ariannol y Tymor Canolig yn nodi targedau ariannol. Fodd bynnag, ni wnaeth y llywodraeth gyrraedd y targedau, yn rhannol o ganlyniad i ddadreoleiddio sefydliadau ariannol (fel y bu'n fwy anodd rheoli eu benthyca), dileu cyfyngiadau ar gyfnewid ariannau tramor, a dileu'r 'staes' *(corset)* oedd yn rheolaeth uniongyrchol ar fenthyca gan fanciau.
- **1980-1:** Cynnydd ym mhris olew – enciliad difrifol; chwyddwasgiad; fe wnaeth diweithdra fwy na dyblu ac ergydiwyd gweithgynhyrchu yn arbennig o wael. Fe wnaeth datblygu olew Môr y Gogledd gynyddu'r gyfradd gyfnewid, gan ostwng y galw am allforion y DU. Hefyd ergydiwyd yr economi gan gyfraddau llog uchel a threthi uchel.
- **1986-9:** Ffyniant Lawson – ehangu'r cyflenwad arian yn gyflym a gostyngiadau treth incwm. Yn arbennig o amlwg oedd y cynnydd ym mhrisiau tai a ysgogodd hyder a gwariant defnyddwyr ymhellach. Arweiniodd cynnydd mawr mewn gwariant at ddifyg yn y cyfrif cyfredol. Erbyn canol yr 1980au roedd y llywodraeth fwy neu lai wedi rhoi'r gorau i geisio rheoli'r cyflenwad arian.
- **1987:** Ceisiwyd dilyn marc yr Almaen – credwyd y byddai hynny'n gorfodi cwmnïau'r DU i fod yn gystadleuol gan na allen nhw ddibynnu ar ddibrisio'r arian cyfred i wneud allforion y DU yn fwy cystadleuol a mewnforion yn llai cystadleuol.
- **1990:** Ymunodd y DU â'r Mecanwaith Cyfraddau Cyfnewid – roedd y bunt yn osodedig mewn perthynas ag ariannau cyfred eraill; fe'i gosodwyd yn rhy uchel a bu'n rhaid i'r Llywodraeth gadw cyfraddau llog yn uchel i gynnal gwerth allanol y bunt. Achosodd hyn enciliad.
- **1992:** Gadawodd y DU y Mecanwaith Cyfraddau Cyfnewid (ar ddydd Mercher Du, 16 Medi); o'r diwedd gallai'r Llywodraeth ostwng cyfraddau llog a helpodd hyn yr economi allan o enciliad ynghyd â gostyngiad yng

ngwerth y bunt.
- **1992+:** Cyfnod o dwf heb ddim siociau allanol mawr.
  – Cafwyd argyfwng Asia yn 1997-8 pan aeth sawl economi yn Asia i mewn i enciliad a dibrisiodd eu hariannau cyfred; fodd bynnag, fe wnaeth yr economïau hyn adfer yn gyflym a helpodd twf cyflym economi UDA allforwyr y DU.
  – Trwy gydol canol yr 1990au hyd at ran olaf yr 1990au defnyddiwyd cyfraddau llog yn ôl y gofyn i reoli chwyddiant a chyflawni targed o 2.5%.
  – Cadwodd Llywodraeth y DU reolaeth ar bolisi cyllidol ac â chymorth y Pwyllgor Polisi Ariannol sicrhawyd twf heb gynyddu chwyddiant.
- **2000+:** Credwyd y dylai'r cyllid cyhoeddus fwy neu lai fantoli dros y gylchred fasnach. Mewn enciliad gall gwariant gynyddu (wrth i fudd-daliadau gynyddu a derbyniadau trethi ostwng); mewn ffyniant gall y gyllideb symud i mewn i warged. Prif swyddogaeth polisi cyllidol yw cyflawni amcanion fel unioni methiannau'r farchnad (e.e. nwyddau cyhoeddus a nwyddau rhinwedd), ailddosrannu incwm, gwella'r cyflenwad cyfanredol; nid oedd yn cael ei ystyried yn bennaf yn arf i reoli'r galw cyfanredol. Gosodwyd cyfraddau llog gan y Pwyllgor Polisi Ariannol i sicrhau bod chwyddiant yn cael ei reoli. Roedd y bunt gref yn rhan olaf yr 1990au a rhan gyntaf y 2000au yn gwneud allforio'n anodd.
- **2008:** Daeth yn amlwg yn 2008 bod banciau UDA a'r DU wedi bod yn benthyca i fenthycwyr risg-uchel, yn yr hyn a alwyd yn 'farchnad is-bennaf' *(sub prime)*; roedden nhw mewn sefyllfa anodd pan na allai'r benthycwyr ad-dalu. Rhoddodd hyn ergyd galed i sawl banc; gostyngodd eu helw a gwelwyd nad oedd yr hyn roedden nhw'n eu hystyried yn asedau (eu benthyca) yn werth fawr ddim. Roedd banciau'n amheus o fenthyca i gartrefi, cwmnïau a hyd yn oed ei gilydd, a defnyddiwyd y term 'gwasgfa gredyd' *(credit crunch)* am hyn. Achosodd hyn i dwf arafu yn UDA a gwledydd eraill fel y DU wrth i gartrefi a chwmnïau fenthyca llai. Ergydiodd hyn sectorau fel hamdden, twristiaeth, nwyddau traul sy'n para ac adeiladu. Arweiniodd hefyd at lai o alw am eiddo a gostyngiad ym mhrisiau tai. Achosodd hyn i gyfoeth cartrefi ostwng, a chyfrannodd hynny ymhellach at ostwng gwariant. Gostyngodd banciau canolog UDA a'r DU gyfraddau llog i hybu gwariant. Arafodd twf economaidd y DU ar ôl 15 mlynedd yn olynol o dwf. Hefyd aeth chwyddiant yn uwch na 4% a chyrhaeddodd y bunt ei lefel isaf ers amser maith mewn perthynas â'r ewro.

Gwefannau defnyddiol ar gyfer gwybodaeth am economi'r DU

Am ragor o wybodaeth am economi'r DU gallwch ymweld â'r canlynol:
- Swyddfa Ystadegau Gwladol (www.statistics.gov.uk)
- *Eurostat*/Comisiwn Ewropeaidd (www.europa.eu.int.comm/eurostat)
- Sefydliad Datblygu Economaidd a Chydweithredu (www.oecd.org)
- Cyfundrefn Masnach y Byd (www.wto.org)

- Cynhadledd y Cenhedloedd Unedig ar Fasnach a Datblygu (www.unctad.org)
- Banc Lloegr (www.bankofengland.co.uk)
- Masnach a Buddsoddiant y DU (www.uktradeinvest.gov.uk)

Cwestiynau adolygu Safon Uwch

Termau allweddol mewn Economeg
1. Beth yw'r problemau economaidd sylfaenol?
2. Diffiniwch 'elw'.
3. Nodwch dri asiant economaidd.
4. Nodwch dri adnodd.
5. Beth yw adnoddau cynaliadwy?
6. Gwahaniaethwch rhwng elw normal ac elw annormal.
7. Beth yw ystyr rhaniad llafur?
8. Eglurwch un fantais ac un anfantais rhaniad llafur.
9. Beth yw'r gwahaniaeth rhwng y tymor byr a'r tymor hir mewn economeg?
10. Beth yw ystyr cydbwysedd?

Cyflwyniad i Economeg
1. Gwahaniaethwch rhwng economeg normadol ac economeg esboniadol.
2. Beth yw ystyr 'y broblem economaidd sylfaenol'?
3. Eglurwch sut mae'r broblem economaidd sylfaenol yn cael ei datrys mewn
   (a) marchnad rydd a
   (b) marchnad gorfodol.
4. Beth yw ystyr yr ymadrodd 'rhaniad llafur'?
5. Beth yw ystyr 'cost ymwad'?
6. Eglurwch ystyr y 'ffin posibilrwydd cynhyrchu'.
7. Eglurwch ddau o fuddion economi marchnad rydd o'i gymharu ag economi cynlluniedig.
8. Eglurwch ddau o fuddion economi cynlluniedig o'i gymharu ag economi marchnad rydd.

Galw
1. Beth yw 'deddf galw'?
2. Lluniadwch gromlin alw ac eglurwch pam mae'n goleddu i lawr.
3. Gwahaniaethwch rhwng symudiad ar hyd cromlin alw a symudiad yn y galw.
4. Eglurwch dri rheswm pam y gallai cromlin alw symud allan.
5. Beth yw nwydd israddol?
6. Pam y gallai cromlin alw oleddu i fyny?
7. Eglurwch y gwahaniaeth rhwng effaith incwm ac effaith amnewid.
8. Beth yw nwydd Giffen?
9. Beth yw nwydd normal?
10. Beth yw ystyr 'defnydd-deb ffiniol'?

Elastigedd galw
1. Gwahaniaethwch rhwng elastigedd pris galw, croeselastigedd galw ac elastigedd incwm galw.
2. Archwiliwch y rhesymau posibl pam y gallai'r galw am gynnyrch fod yn bris anelastig.
3. Beth yw ystyr 'elastigedd pris cyflenwad'?
4. Archwiliwch y ffactorau a allai wneud cyflenwad yn fwy pris elastig.
5. Trafodwch ddefnyddioldeb cysyniad elastigedd i'r canlynol: (a) cynhyrchwyr, (b) y llywodraeth.
6. Ydy'r croeselastigedd pris ar gyfer amnewidion yn bositif neu'n negatif? Eglurwch eich ateb.
7. Ydy'r elastigedd incwm ar gyfer nwydd israddol yn negatif neu'n bositif? Eglurwch eich ateb.
8. Ydy'r elastigedd pris ar gyfer nwydd normal yn bositif neu'n negatif? Eglurwch eich ateb.
9. Os ydy elastigedd pris galw yn –0.8, ydy hyn yn bris elastig neu anelastig? Eglurwch eich ateb.
10. Os ydy'r galw'n bris elastig, a fydd codiad pris yn arwain at gynnydd neu ostyngiad yn y derbyniadau? Eglurwch eich ateb.

Cyflenwad
1. Beth yw ystyr 'cyflenwad'?
2. Lluniadwch gromlin gyflenwad ac eglurwch pam mae'n goleddu i fyny.
3. Gwahaniaethwch rhwng symudiad ar hyd cromlin gyflenwad a symudiad yn y cyflenwad.
4. Eglurwch dri rheswm pam y gallai cromlin gyflenwad symud allan.
5. Beth yw ystyr 'cydgyflenwad'?
6. Os ydy elastigedd pris cyflenwad yn +2, beth yw ystyr hyn?
7. Eglurwch dri ffactor sy'n dylanwadu ar elastigedd pris cyflenwad.
8. Ydy cyflenwad yn debygol o fod yn fwy pris elastig neu bris anelastig? Eglurwch eich ateb.
9. Ydy newid yn y pris yn arwain at symudiad ar hyd cromlin y cyflenwad neu symudiad yn y cyflenwad?
10. Beth yw deddf cyflenwad?

Mecanwaith y farchnad
1. Beth yw ystyr 'marchnad'?
2. Beth yw ystyr 'cydbwysedd'?
3. Beth yw ystyr 'goralw'? Sut y byddai'r mecanwaith prisiau yn achosi dychwelyd i gydbwysedd mewn marchnad rydd?
4. Beth yw ystyr 'gorgyflenwad'? Sut y byddai'r mecanwaith prisiau yn achosi dychwelyd i gydbwysedd mewn marchnad rydd?
5. Archwiliwch swyddogaeth y mecanwaith prisiau yn y farchnad rydd.
6. Archwiliwch effaith cynnydd yn y galw ar y pris cytbwys a'r maint cytbwys mewn marchnad.
7. Archwiliwch effaith cynnydd yn y cyflenwad ar gydbwysedd y farchnad rydd.
8. Beth yw ystyr 'gwarged defnyddwyr'?
9. Beth yw ystyr 'gwarged cynhyrchwyr'?
10. Beth yw ystyr 'effeithlonrwydd dyrannol'?
11. Beth yw ystyr 'effeithlonrwydd cynhyrchiol'?
12. Archwiliwch effaith cynnydd mewn trethi anuniongyrchol ar farchnad.
13. Archwiliwch effaith cynnydd mewn cymorthdaliadau ar gydbwysedd marchnad.
14. Archwiliwch yr effaith ar farchnad o uchafbris a osodir islaw'r pris cytbwys.

Ffiniol, cyfartalog a chyfanswm
1. Beth yw deddf adenillion lleihaol?
2. Beth yw ystyr 'cynnyrch ffiniol'?
3. Beth yw ystyr 'cynnyrch cyfartalog'?
4. Os ydy'r cynnyrch ffiniol yn uwch na'r cynnyrch cyfartalog, beth fydd yn digwydd i'r cynnyrch cyfartalog?
5. Beth yw ystyr 'cynhyrchedd'?
6. Eglurwch ddwy ffordd y gallai cynhyrchedd gael ei gynyddu.
7. Pam mae'r cyfangost gyfartalog a'r gost newidiol gyfartalog yn cydgyfeirio?
8. Os ydy'r gost ffiniol yn is na'r gost gyfartalog, beth sy'n digwydd i'r gost gyfartalog? Eglurwch eich ateb.
9. Beth yw'r gwahaniaeth rhwng y gost gyfartalog a chyfanswm y gost?
10. Pam mae'r gost sefydlog gyfartalog yn gostwng wrth i gynnyrch gynyddu?

Cromliniau cost y tymor hir
1. Beth yw ystyr y 'tymor hir' mewn economeg?
2. Eglurwch ystyr 'cost gyfartalog'.
3. Beth yw'r raddfa effeithlon leiaf?
4. Beth yw'r gwahaniaeth rhwng darbodion maint mewnol ac allanol?

5 Beth yw'r gwahaniaeth rhwng cromlin cost gyfartalog y tymor byr a chromlin cost gyfartalog y tymor hir?

6 Eglurwch ddau o'r darbodion maint mewnol.

7 Beth yw ystyr 'adenillion lleihaol i faint'?

8 Beth yw'r cyfuniad cost isaf o ffactorau?

9 Eglurwch ddau o'r annarbodion maint mewnol posibl.

10 Eglurwch un o'r darbodion maint allanol.

Penderfyniadau pris a chynnyrch

1 Beth yw ystyr 'elw'?

2 Beth yw'r amod ar gyfer uchafu elw?

3 Beth yw'r gwahaniaeth rhwng elw annormal ac elw normal?

4 Beth yw'r gwahaniaeth rhwng elw economaidd ac elw cyfrifydda?

5 Beth yw ystyr 'cyfraniad'?

6 Beth yw ystyr 'colled'?

7 Dan ba amgylchiadau y bydd cwmni'n cynhyrchu yn y tymor byr?

8 Dan ba amgylchiadau y bydd cwmni'n cynhyrchu yn y tymor hir?

9 Beth yw effeithlonrwydd dyrannol?

10 Beth yw effeithlonrwydd cynhyrchiol?

Amcanion busnes

1 Beth yw cwmni amlwladol?

2 Eglurwch y rhesymau posibl pam y gallai cwmni ddymuno bod yn gwmni amlwladol.

3 Beth yw ystyr 'integreiddio llorweddol'?

4 Beth yw ystyr 'integreiddio fertigol'?

5 Beth yw cydsoddiad cyd-dyriad?

6 Archwiliwch y rhesymau posibl pam y byddai cwmni eisiau cynyddu o ran maint.

7 Archwiliwch amcanion posibl cyfundrefnau ar wahân i uchafu elw.

8 Beth yw ystyr 'boddhau'?

Incwm a chyfoeth

1 Gwahaniaethwch rhwng incwm a chyfoeth.

2 Archwiliwch resymau posibl pam mae anghydraddoldeb yn y DU.

3 Eglurwch ystyr y 'gromlin Lorenz'.

4 Archwiliwch ffyrdd y gall y llywodraeth leihau anghydraddoldeb yn y DU.

5 Gwahaniaethwch rhwng tlodi absoliwt a thlodi cymharol.

6 Beth yw ystyr 'tegwch llorweddol'?

7 Beth yw ystyr 'tegwch fertigol'?

8 Beth yw cyfoeth nad yw'n werthadwy?

9 Beth yw incwm heb ei ennill?

10 Pam y gallai cyflog un unigolyn fod yn fwy na chyflog unigolyn arall?

Treuliant

1 Beth yw'r ffwythiant treuliant Keynesaidd?

2 Beth yw ystyr y 'tueddfryd ffiniol i dreulio'?

3 Beth yw ystyr y 'tueddfryd cyfartalog i dreulio'?

4 Eglurwch ddau ffactor sy'n pennu'r tueddfryd ffiniol i dreulio.

5 Eglurwch ystyr treuliant 'awtonomaidd'.

6 Beth yw ystyr 'cynilion dewisol'?

7 Eglurwch sut y gall disgwyliadau effeithio ar dreuliant.

8 Eglurwch ragdybiaeth incwm parhaol.

9 Eglurwch ragdybiaeth cylchred oes.

10 Sut mae cynnydd mewn treuliant yn effeithio ar y galw cyfanredol?

Buddsoddiant

1 Ydy buddsoddiant yn chwistrelliad neu'n ollyngiad?

2 Beth yw'r gwahaniaeth rhwng buddsoddiant crynswth a net?

3 Beth yw'r gwahaniaeth rhwng buddsoddiant awtonomaidd a dibynnol?

4 Eglurwch dri ffactor a allai effeithio ar lefel buddsoddiant yn yr economi.

5 Eglurwch y gwahaniaeth rhwng symudiad ar hyd rhestr EFfC a symudiad rhestr EFfC.

6 Beth yw ystyr y 'cyflymydd'?

7 Eglurwch ddau o gyfyngiadau model y cyflymydd.

8 Beth yw ystyr 'dadansoddiad cost a budd'?

9 Sut mae'r gyfradd llog yn effeithio ar y galw cyfanredol?

10 Eglurwch un o broblemau dadansoddiad cost a budd.

Galw cyfanredol a chyflenwad cyfanredol

1 Eglurwch gyda diagram ystyr 'galw cyfanredol'.

2 Eglurwch ddau reswm posibl pam y gallai'r galw cyfanredol gynyddu.

3 Trafodwch effeithiau posibl cynnydd yn y galw cyfanredol ar yr economi.

4 Eglurwch ystyr y 'lluosydd'.

5 Beth yw ystyr 'cyflenwad cyfanredol'?

6 Archwiliwch y ffactorau posibl a allai achosi i'r cyflenwad cyfanredol symud allan.

7 Gwahaniaethwch rhwng cyflenwad cyfanredol y tymor byr a chyflenwad cyfanredol y tymor hir.

8 Trafodwch effaith gostyngiad yn y galw cyfanredol ar yr economi.

9 Pam y gallai'r cyflenwad cyfanredol fod yn bris elastig?

10 Eglurwch ddwy ffordd o gynyddu'r cyflenwad cyfanredol.

Croesddiagramau Keynesaidd

1 Beth yw'r hafaliad ar gyfer galw cyfanredol?

2 Beth yw economi pedwar sector?

3 Beth yw bwlch chwyddiannol?

4 Beth yw bwlch dadchwyddiannol?

5 Eglurwch ddau ffactor a all gynyddu'r galw cyfanredol.

6 Beth yw ystyr y 'lluosydd'?

7 Beth yw'r hafaliad ar gyfer y lluosydd?

8 Beth sy'n pennu maint y lluosydd?

9 Beth yw'r tueddfryd ffiniol i fewnforio?

10 Sut mae cynnydd mewn incwm yn effeithio ar sefyllfa gyllidol y llywodraeth?

Polisi cyllidol

1 Eglurwch ystyr 'polisi cyllidol'.

2 Eglurwch ddwy ffynhonnell o dderbyniadau'r llywodraeth.

3 Eglurwch ddwy elfen o wariant y llywodraeth.

4 Beth yw treth uniongyrchol?

5 Eglurwch ddwy o nodweddion system dda o drethi.

6 Beth yw polisïau cyllidol atchwyddol?

7 Beth yw system dreth esgynradd?

8 Beth yw system dreth ddisgynradd?

9 Beth yw ystyr 'safiad cyllidol y llywodraeth'?

10 Beth yw ystyr 'allwthio'?

Arian a bancio, y galw am arian a'r mecanwaith trosglwyddo ariannol

1 Eglurwch ddwy o swyddogaethau arian.

2 Eglurwch ddwy o swyddogaethau Banc Lloegr.

3 Beth yw ystyr y 'lluosydd arian'.

4 Eglurwch ddwy o broblemau rheoli ariannol.

5 Eglurwch ddwy o broblemau defnyddio cyfraddau llog i ddylanwadu ar y galw cyfanredol.

Cwestiynau adolygu Safon Uwch (parhad)

6 Eglurwch ddwy o broblemau defnyddio cyfraddau llog i ddylanwadu ar y galw cyfanredol.

7 Beth yw swyddogaeth y Pwyllgor Polisi Ariannol?

8 Eglurwch ddwy ffordd y gallai Banc Lloegr reoli'r cyflenwad arian.

9 Eglurwch ddwy o elfennau'r galw am arian.

10 Beth yw ystyr y 'fagl hylifedd'?

Chwyddiant

1 Beth yw ystyr 'chwyddiant'?

2 Beth yw'r Indecs Prisiau Adwerthu?

3 Archwiliwch achosion posibl chwyddiant.

4 Amlinellwch Ddamcaniaeth Stoc Arian.

5 Eglurwch arwyddocâd Hafaliad Cyfnewid Fisher.

6 Trafodwch y ffyrdd y gallai llywodraeth geisio gostwng chwyddiant mewn economi.

7 Eglurwch ystyr y gromlin Phillips. Yn ôl hon, a oes gwrthddewis rhwng chwyddiant a diweithdra?

8 Beth yw'r Indecs Prisiau Defnyddwyr (CPI)?

9 Beth yw dadchwyddiant?

Diweithdra

1 Eglurwch sut y gallai diweithdra gael ei fesur.

2 Beth yw ystyr cyfradd diweithdra chwyddiant sefydlog?

3 Archwiliwch achosion posibl diweithdra.

4 Archwiliwch effeithiau posibl cynnydd mewn diweithdra ar economi.

5 Trafodwch y ffyrdd posibl y gallai llywodraeth geisio gostwng diweithdra.

6 Beth yw cyflogaeth lawn?

7 Beth yw'r gwahaniaeth rhwng diweithdra gwirfoddol a diweithdra anwirfoddol?

8 Eglurwch ystyr polisïau ochr-alw i wella diweithdra.

9 Eglurwch ystyr polisïau ochr-gyflenwad i wella diweithdra.

10 Eglurwch ddau ffactor sy'n dylanwadu ar gyflenwad llafur.

Cyfraddau cyfnewid

1 Eglurwch sut y caiff y gyfradd gyfnewid ei phennu mewn system cyfraddau cyfnewid arnawf rhydd.

2 Eglurwch ystyr 'punt gref'.

3 Eglurwch dri rheswm pam y gallai'r galw am arian cyfred gynyddu.

4 Archwiliwch effeithiau posibl arian cyfred sy'n dibrisio ar economi.

5 Beth yw ystyr cyfradd gyfnewid?

6 Eglurwch ddau ffactor sy'n dylanwadu ar y galw am arian cyfred.

7 Eglurwch ddau ffactor sy'n dylanwadu ar gyflenwad arian cyfred.

8 Eglurwch ystyr indecs masnach-bwysol.

9 Beth yw ystyr y gyfradd ar y pryd ar gyfer arian cyfred?

Masnach ryngwladol

1 Gwahaniaethwch rhwng mantais gymharol a mantais absoliwt.

2 Amlinellwch fuddion posibl masnach rydd i economi.

3 Beth yw ystyr y 'fantol daliadau'?

4 Archwiliwch effaith bosibl diffyg yn y cyfrif cyfredol ar economi.

5 Trafodwch y ffyrdd y gallai llywodraeth geisio gostwng diffyg yn y cyfrif cyfredol.

6 Eglurwch ystyr amod Marshall-Lerner.

7 Beth yw globaleiddio?

8 Beth yw swyddogaeth Cyfundrefn Masnach y Byd?

9 Gwahaniaethwch rhwng toll a chwota.

10 Trafodwch yr achos o blaid ac yn erbyn llywodraeth yn cyflwyno mesurau diffynnaeth i amddiffyn diwydiant.

11 Archwiliwch y ffactorau sy'n dylanwadu ar allu cwmni i gystadlu'n rhyngwladol.

Economeg mewn gwledydd sy'n datblygu

1 Beth yw'r Indecs Datblygiad Dynol?

2 Beth yw pum cam datblygu mewn economi yn ôl Rostow?

3 Sut y gellir dangos twf economaidd gan ddefnyddio Ffin Posibilrwydd Cynhyrchu?

4 Eglurwch ddwy o broblemau nodweddiadol economïau sy'n datblygu.

5 Beth yw twf a arweinir gan allforion?

6 Beth yw model twf Harrod Domar?

7 Beth yw model twf Lewis?

8 Beth yw'r rhwystrau i dwf mewn gwledydd llai datblygedig?

9 Beth yw ystyr 'amnewid mewnforion'?

10 Trafodwch dair ffordd bosibl o hybu twf mewn gwledydd sy'n datblygu.

Yr Undeb Ewropeaidd

1 Beth yw'r Undeb Ewropeaidd?

2 Amlinellwch swyddogaeth dri o sefydliadau'r Undeb Ewropeaidd.

3 Beth yw'r Polisi Amaethyddol Cyffredin (CAP)? Eglurwch sut mae'r CAP yn gweithredu.

4 Archwiliwch yr achos o blaid ac yn erbyn y Polisi Amaethyddol Cyffredin.

5 Trafodwch y manteision a'r anfanteision posibl i'r DU o fod yn aelod o'r Undeb Ewropeaidd.

6 Beth yw ystyr yr 'Undeb Ariannol Ewropeaidd'?

7 Ystyriwch yr effaith bosibl ar y DU o ymuno ag ardal yr arian cyfred sengl yn yr Undeb Ewropeaidd.

8 Eglurwch bwrpas y Siarter Cymdeithasol.

9 Sut mae'r Undeb Ewropeaidd yn codi arian?

10 Beth yw'r meini prawf cydgyfeiriant?

Twf

1 Beth yw ystyr 'twf economaidd'?

2 Beth yw ystyr 'CMC'?

3 Archwiliwch ffyrdd y gallai llywodraeth geisio cynyddu twf yn yr economi.

4 Eglurwch broblemau posibl twf economaidd cyflym i wlad.

5 Trafodwch broblemau defnyddio incwm gwladol i fesur safon byw gwlad.

6 Beth yw enciliad?

7 Amlinellwch ddwy ddadl yn erbyn twf economaidd.

8 Beth yw'r cynnig twf sero?

9 Beth yw ystyr 'blaenddangosydd'?

10 Beth yw'r model lluosydd cyflymydd?

GEIRFA O DERMAU HANFODOL

Micro-economeg

Adenillion lleihaol Pan fydd y cynnyrch ychwanegol a gynhyrchir yn gostwng wrth i fwy o unedau o'r ffactor newidiol gael eu hychwanegu.

Allanolder Pan fydd gwahaniaeth rhwng costau a buddion preifat a chymdeithasol.

Amcan Targed yw hwn, e.e. uchafu elw.

Amod uchafu elw Mae uchafu elw yn digwydd ar y lefel gynhyrchu lle mae'r derbyniadau ffiniol yn hafal i'r gost ffiniol.

Anallgaeadwyaeth Ceir hyn pan nad yw'n bosibl atal rhywun rhag treulio cynnyrch.

Annarbodion maint (allanol) Pan fydd costau uned cwmni yn cynyddu ar bob lefel cynnyrch o ganlyniad i gynnydd ym maint y diwydiant cyfan.

Annarbodion maint (mewnol) Pan fydd costau cyfartalog y tymor hir yn cynyddu wrth i'r raddfa gynhyrchu gynyddu.

Benthyciwr terfynol Mae Banc Lloegr yn gweithredu fel gwarant o system fancio'r DU.

Cartel Mae hwn i'w gael pan fydd y cwmnïau mewn oligopoli yn cydgynllwynio wrth osod pris a chynnyrch.

Cost ffiniol Cost ychwanegol cynhyrchu uned ychwanegol.

Cost gyfartalog Y gost am bob uned (a elwir hefyd yn gyfangost gyfartalog).

Cost sefydlog gyfartalog Y gost sefydlog am bob uned.

Cost ymwad Y budd y gwneir hebddo – yng nghyd-destun ffin posibilrwydd cynhyrchu, y maint o un cynnyrch mae'n rhaid rhoi'r gorau iddo er mwyn cynhyrchu mwy o gynnyrch arall.

Costau cymdeithasol Y costau preifat plws y costau allanol.

Costau sefydlog Costau nad ydynt yn newid gyda nifer y cynhyrchion a gynhyrchir.

Croeselastigedd pris galw Yn mesur ymateb y galw am un cynnyrch mewn perthynas â newidiadau ym mhris cynnyrch arall.

Cromlin alw ginciedig Model o oligopoli yw hon; tybir bod y galw'n bris elastig uwchlaw'r pris presennol ac yn bris anelastig islaw'r pris presennol.

Cromlin alw Yn dangos maint y galw am bob pris, â phopeth arall yn ddigyfnewid.

Cromlin Engels Yn dangos y berthynas rhwng galw ac incwm.

Cromlin gyflenwad Yn dangos y maint mae cynhyrchwyr yn fodlon ac yn gallu ei gynhyrchu am bob pris, â phopeth arall yn ddigyfnewid.

Cwmni Cyfundrefn fusnes sydd â'i hunaniaeth gyfreithiol ei hun; mae dan berchenogaeth cyfranddalwyr sydd ag atebolrwydd cyfyngedig.

Cwmni amlwladol Cwmni sydd â safleoedd cynhyrchu mewn mwy nag un wlad.

Cydalw Pan fydd galw am un nwydd ar y cyd â nwydd arall.

Cydbwysedd I'w gael pan fydd cyflwr o gydbwysedd a does dim cymhelliad i newid.

Cydgyflenwad Pan fydd cyflenwad un cynnyrch yn gysylltiedig â chyflenwad cynnyrch arall, e.e. mae cynnydd yng nghyflenwad cig eidion yn cynyddu cyflenwad croen (hides).

Cyfanswm y derbyniadau Gwerth gwerthiant (a gyfrifir fel pris cynnyrch wedi'i luosi â'r maint a werthir).

Cyfanswm y gost Mae cyfanswm y gost ar unrhyw lefel o gynnyrch yn hafal i'r costau sefydlog plws y costau newidiol.

Cymhareb crynhoad Mae cymhareb crynhoad 'n' cwmni yn mesur y gyfran o'r farchnad sydd gan yr 'n' mwyaf o gwmnïau mewn marchnad.

Cynaliadwyedd Mae hyn yn cyfeirio at allu'r economi i oroesi i gynhyrchu yn y tymor hir, e.e. gan ddefnyddio adnoddau adnewyddadwy.

Cystadleuaeth amherffaith Yn cyfeirio at strwythurau marchnad nad ydynt yn gystadleuaeth berffaith, e.e. monopoli ac oligopoli.

Cystadleuaeth berffaith Strwythur marchnad gyda llawer o gwmnïau, rhyddid i fynd i mewn a gadael, lle mae cwmnïau'n cynhyrchu cynhyrchion unfath a lle mae cwmnïau'n dderbynyddion pris.

Cystadleuaeth daro a ffoi Pan fydd cwmnïau'n mynd i mewn i farchnad, gan gael eu denu gan elw uchel, ac yna'n gadael pan gaiff yr elw uchel ei gystadlu i ffwrdd.

Cystadleuaeth fonopolaidd Strwythur marchnad lle mae llawer o gwmnïau ond mae pob un yn cynnig cynnyrch wedi'i wahaniaethu.

Dadansoddiad cost a budd Dull o werthuso buddsoddiad sy'n cymryd costau a buddion cymdeithasol i ystyriaeth.

Damcaniaeth cynhyrchedd ffiniol Y ddamcaniaeth bod y galw am lafur yn dibynnu ar dderbyniadau'r cynnyrch ffiniol.

Damcaniaeth gemau Yn cynnwys astudio strategaethau gwahanol y gall oligopolyddion eu dewis yn dibynnu ar eu tybiaethau ynghylch gweithredoedd ei gilydd.

Darbodion maint allanol Pan fydd costau uned cwmni yn gostwng ar bob lefel cynnyrch o ganlyniad i gynnydd ym maint y diwydiant cyfan.

Darbodion maint mewnol Pan fydd gostyngiadau yng nghostau cyfartalog tymor hir cwmni wrth i'r raddfa gynhyrchu gynyddu.

Defnydd-deb Y boddhad mae defnyddiwr yn ei dderbyn o dreulio cynnyrch.

Defnydd-deb ffiniol Y boddhad ychwanegol a geir o dreulio uned arall.

Derbyniadau ffiniol Y derbyniadau ychwanegol a enillir drwy werthu uned arall.

Derbyniadau'r cynnyrch ffiniol Yn mesur gwerth y cynnyrch a gynhyrchir drwy gyflogi gweithiwr ychwanegol.

Economi cymysg Economi sydd â sector preifat a sector cyhoeddus, h.y. caiff nwyddau a gwasanaethau eu darparu gan y farchnad rydd a'r Llywodraeth.

Effeithlonrwydd cynhyrchiol Pan na all mwy o un cynnyrch gael ei gynhyrchu heb gynhyrchu llai o gynnyrch arall. Mae hefyd i'w gael pan fydd cwmni'n cynhyrchu ar isafbwynt cromlin y gost gyfartalog, hynny yw, am y gost isaf bosibl yr uned.

Effeithlonrwydd dyrannol Pan fydd y pris mae'r cwsmer yn ei dalu yn hafal i gost ffiniol gymdeithasol cynhyrchu'r nwydd.

Elastigedd incwm galw Yn mesur ymateb y galw am gynnyrch mewn perthynas â newidiadau mewn incwm.

Elastigedd pris cyflenwad Yn mesur ymateb cyflenwad cynnyrch mewn perthynas â newidiadau yn ei bris.

Elastigedd pris galw Yn mesur ymateb y galw am gynnyrch mewn perthynas â newidiadau yn ei bris.

Elw annormal I'w gael pan fydd cyfanswm y derbyniadau yn fwy na chyfanswm y costau.

Elw normal I'w gael pan fydd cyfanswm y derbyniadau yn hafal i gyfanswm y costau.

Elw uwchnormal Yr un fath ag elw annormal. Mae i'w gael pan fydd y pris yn fwy na'r gost gyfartalog.

Enillion trosglwydd I'w cael pan fydd unigolyn yn ennill y swm sy'n ofynnol i'w gadw/chadw yn y swydd honno.

Ffin posibilrwydd cynhyrchu Yn dangos y cyfuniad mwyaf o gynhyrchion y gall economi ei gynhyrchu ag ystyried ei adnoddau.

Galw cyfansawdd Pan fydd galw am nwydd neu wasanaeth ar gyfer dau ddefnydd neu fwy.

Galw deilliedig Pan fydd y galw am rywbeth yn deillio o'r galw am rywbeth arall, e.e. mae gan gyflogwyr alw am lafur oherwydd bod galw am eu cynhyrchion nhw.

Graddfa Effeithlon Leiaf Lefel y cynnyrch lle caiff costau cyfartalog busnes eu hisafu.

Gwarged cynhyrchwyr Y gwahaniaeth rhwng y pris sy'n cael ei dalu i gynhyrchwyr am gynhyrchion a chost cynhyrchu'r eitemau.

Gwarged defnyddwyr Y gwahaniaeth rhwng y pris a godir am gynnyrch a'r defnydd-deb mae defnyddwyr yn ei gael o'r cynnyrch.

Gwybodaeth anghymesur Pan fydd un unigolyn/gyfundrefn yn gwybod mwy am fater nag un arall, e.e. mae gan y gwerthwr wybodaeth nad yw ar gael i'r prynwyr.

Integreiddio fertigol Pan fydd dau gwmni neu fwy mewn camau gwahanol o'r un broses gynhyrchu yn cael eu hintegreiddio (e.e. trosfeddiant neu gydsoddiad).

Integreiddio llorweddol Pan fydd dau gwmni neu fwy yn yr un cam o'r un broses gynhyrchu yn cael eu hintegreiddio (e.e. trosfeddiant neu gydsoddiad).

Mentergarwch Pan fydd unigolion yn fodlon cymryd y risgiau i gynhyrchu syniadau newydd neu gyflwyno cynhyrchion newydd.

Monopoli I'w gael pan fydd un cwmni'n domninyddu marchnad. Yn y DU mae monopoli i'w gael pan fydd gan un cwmni gyfran o'r farchnad sy'n fwy na 25%. Y gyfran o'r farchnad sydd gan fonopoli 'pur' yw 100%.

Monopsoni I'w gael pan fydd un prynwr mewn marchnad.

Nwydd cyhoeddus Cynnyrch sy'n anlleihadwy ac yn anallgaeadwy.

Nwydd Giffen Mae elastigedd incwm y galw am y rhain yn negatif, h.y. mae'r galw'n gostwng wrth i incwm gynyddu, ac mae elastigedd pris y galw yn bositif, h.y. mae pris uwch yn arwain at gynnydd ym maint y galw.

Nwydd normal Nwyddau lle mae elastigedd pris y galw yn negatif ac mae elastigedd incwm y galw yn bositif.

Nwydd rhinwedd Cynnyrch y caiff rhy ychydig ohono ei dreulio yn y farchnad rydd am nad yw cwsmeriaid yn deall ei fuddion allanol neu'n gwybod amdanyn nhw.

Nwyddau israddol Mae elastigedd incwm y galw am y rhain yn negatif, h.y. mae'r galw'n gostwng wrth i incwm gynyddu, ac mae elastigedd pris y galw yn negatif, h.y. mae pris uwch yn arwain at ostyngiad ym maint y galw.

Oligopoli Strwythur marchnad lle mae ychydig o gwmnïau yn dominyddu'r farchnad.

Oligopoli cydgynllwynol Mae hyn i'w gael pan fydd sawl cwmni sy'n dominyddu diwydiant yn gweithredu gyda'i gilydd, e.e. wrth osod y pris neu'r maint.

Optimwm Pareto Pan nad yw'n bosibl gwneud rhywun yn well ei fyd heb wneud rhywun arall yn waeth ei fyd.

Priswahaniaethu Pan godir prisiau gwahanol ar gwsmeriaid gwahanol am yr un cynnyrch.

Problem y defnyddiwr di-dâl Pan nad yw'n bosibl eithrio unigolion rhag treulio cynnyrch.

Pwynt cau I'w gael pan fydd pris yn hafal i isafbwynt cost newidiol gyfartalog; byddai cwmni'n cau pe bai'r pris yn gostwng islaw'r gost newidiol gyfartalog.

Rhent economaidd I'w gael pan fydd unigolyn yn ennill mwy na'i (h)enillion trosglwydd.

Rhwystrau i fynediad Unrhyw beth sy'n ei gwneud yn anodd i gwmnïau eraill fynd i mewn i farchnad.

Stociau clustogi Stociau a gedwir gan y Llywodraeth i gael eu defnyddio mewn cynllun sefydlogi prisiau.

Treth *ad valorem* Treth a osodir ar y cynhyrchydd sy'n ganran o'r pris.

Treth benodol Treth a osodir ar gynhyrchion; swm sefydlog yr uned.

Treth esgynradd System dreth lle mae cyfradd gyfartalog y dreth yn cynyddu wrth i incwm gynyddu.

Treth gyfrannol System dreth lle mae cyfradd gyfartalog y dreth yn gyson wrth i incwm gynyddu.

Trosfeddiant Un busnes yn prynu rheolaeth ar fusnes arall.

Trothwy elw Y cynnyrch lle mae cyfanswm y derbyniadau yn hafal i gyfanswm y gost.

Tymor byr Y cyfnod pan fydd o leiaf un ffactor cynhyrchu yn sefydlog.

Tymor hir Y cyfnod pan fydd pob ffactor cynhyrchu yn newidiol.

Theorem Coase Mae crewyr a dioddefwyr allanolderau negatif yn gallu mewnoli'r allanolder drwy godi tâl ar y sawl sy'n ei greu neu lwgrwobrwyo'r sawl sy'n dioddef.

Uchafu derbyniadau gwerthiant I'w gael ar lefel y cynnyrch lle mae'r derbyniadau ffiniol yn sero.

Undeb llafur Cyfundrefn sy'n cynrychioli gweithwyr; mae'n ceisio amddiffyn hawliau gweithwyr a hyrwyddo eu buddiannau.

Macro-economeg

Adneuon arbennig Adneuon mae'n rhaid i fanciau eu rhoi ym Manc Lloegr.

Allwthio ariannol Pan fydd gwariant y llywodraeth yn dargyfeirio arian i ffwrdd o'r sector preifat.

Amod Marshall-Lerner Yn nodi y bydd dibrisiad yn y gyfradd gyfnewid yn gwella'r cyfrif cyfredol os ydy elastigedd pris y galw am allforion plws elastigedd pris y galw am fewnforion yn fwy nag 1.

Arbrisiad y gyfradd gyfnewid Pan fydd gwerth allanol arian cyfred yn cynyddu; mae'n dod yn gryfach.

Blaenfarchnad cyfraddau cyfnewid Marchnad lle caiff pris ei osod heddiw ar gyfer masnachu ariannau cyfred ar ddyddiad yn y dyfodol.

Buddsoddiant net Buddsoddiant crynswth minws dibrisiant.

Bwlch chwyddiannol Mae hwn yn mesur y graddau mae'r galw cyfanredol yn uwch na chynnyrch cyflogaeth lawn.

Bwlch dadchwyddiannol Mae hwn yn mesur y graddau mae'r galw cyfanredol yn is na'r lefel sy'n ofynnol ar gyfer cyflogaeth lawn.

Cipio rheoleiddiol Pan fydd y rheolydd yn dechrau gweithredu er lles y diwydiant sy'n cael ei reoleiddio.

Costau prislen Y costau sy'n gysylltiedig â newid prislenni a rhestri prisiau pan fydd chwyddiant.

Creu masnach Mae hyn i'w gael pan fydd undeb tollau yn arwain at symud o fasnachu â gwledydd cost-uwch i wledydd cost-is.

Cromlin J Mae effaith y gromlin J yn dangos sut mae dibrisio arian cyfred yn gallu gwneud y fantol fasnach yn waeth yn y tymor byr cyn iddi wella.

Cromlin Laffer Yn dangos y berthynas rhwng cyfradd y dreth a lefel derbyniadau'r dreth.

Cromlin Lorenz Yn dangos y gyfran o incwm a enillir gan gyfran benodol o'r boblogaeth mewn economi.

Cromlin Phillips Yn dangos y perthnasoedd tymor byr a thymor hir rhwng chwyddiant a diweithdra.

Cwota Cyfyngiad ar faint y gall cwmni ei gynhyrchu.

Cyfernod Gini Yn mesur y graddau o anghydraddoldeb incwm mewn economi.

Cyflenwad cyfanredol Cyfanswm y cynnyrch o nwyddau a gwasanaethau mae cynhyrchwyr yn fodlon ac yn gallu ei gyflenwi mewn economi.

Cyflymder cylchrediad Sawl gwaith mae arian, ar gyfartaledd, yn cael ei wario ar nwyddau a gwasanaethau dros gyfnod penodol.

Cyflymydd Yn dangos y berthynas rhwng lefel buddsoddiant net a chyfradd newid incwm gwladol.

Cyfradd diweithdra Nifer y bobl sy'n chwilio am waith ond sydd ar hyn o bryd heb swydd fel canran o'r gweithlu.

Cyfradd gyfnewid Pris un arian cyfred yn nhermau arian cyfred arall.

Cyfradd llog Cost ymwad arian; mae'n mesur y wobr a gynigir i gynilwyr a chost benthyca.

Cyfradd twf gwirioneddol Y cynnydd canrannol blynyddol yng nghynnyrch economi, e.e. cynnydd mewn CMC.

Cyfrif cyfredol y fantol daliadau Mae hwn yn cofnodi trafodion un wlad mewn nwyddau a gwasanaethau â gwledydd eraill.

Cylchred economaidd (neu gylchred fusnes) Yr amrywiadau mewn incwm gwladol dros amser o amgylch tuedd y tymor hir.

Cylchred fusnes (neu gylchred economaidd) Yr amrywiadau mewn incwm gwladol dros amser o amgylch tuedd y tymor hir.

Cynnyrch mewnol crynswth (CMC) Yn mesur gwerth y nwyddau a'r gwasanaethau terfynol a gynhyrchir mewn economi.

Chwistrelliad Gwariant i mewn i'r economi, yn ychwanegol at dreuliant; mae chwistrelliadau'n cynyddu'r galw cyfanredol.

Chwyddiant Pan fydd cynnydd parhaol yn lefel gyffredinol prisiau. Gellir ei fesur gan defnyddio gwahanol indecsau prisiau fel *RPI*, *RPIX* neu *CPI*.

Chwyddiant costwthiol Pan fydd costau uwch yn gorfodi cynhyrchwyr i godi eu prisiau.

Chwyddiant galw-dynnu Pan fydd y galw cyfanredol yn fwy na'r cyflenwad arian, gan dynnu prisiau i fyny.

Damcaniaeth stoc arian Yn nodi bod MV = PT.

Dargyfeirio masnach Mae hyn i'w gael pan fydd undeb tollau yn arwain at symud o fasnachu â gwledydd cost-is i wledydd cost-uwch oherwydd y mesurau diffynnaeth ar wledydd nad ydynt yn aelodau.

Dibrisiad y gyfradd gyfnewid Pan fydd gwerth allanol arian cyfred yn gostwng.

Diffyg cyllidol Pan fydd gwariant y llywodraeth yn fwy na'i hincwm.

Diffynnaeth Pan fydd llywodraeth yn amddiffyn ei chwmnïau mewnol rhag cystadleuaeth dramor.

Diweithdra Nifer y bobl sy'n chwilio am waith ond sydd ar hyn o bryd heb swydd.

Diweithdra anwirfoddol Yn mesur nifer y bobl sy'n fodlon gweithio ac yn gallu gweithio ar y cyflog real penodedig ond nad ydynt mewn cyflogaeth.

Diweithdra cylchol Pan fydd pobl yn ddi-waith o ganlyniad i ddiffyg galw yn yr economi.

Diweithdra ffrithiannol Pan fydd pobl rhwng swyddi.

Diweithdra gwirfoddol Pan na fydd pobl sy'n chwilio am waith yn barod eto i dderbyn gwaith ar y gyfradd cyflog real benodedig.

Diwydiant ifanc Diwydiant newydd nad yw hyd yma wedi ehangu a chael budd o ddarbodion maint na datblygu ei fantais gymharol.

Dyled Wladol Cyfanswm dyled y Llywodraeth.

Effeithlonrwydd ffiniol cyfalaf (EFfC) Yn dangos y gyfradd adennill a ddisgwylir ar brojectau buddsoddi.

Enciliad Cyfnod o chwe mis neu fwy pan fydd twf incwm gwladol yn negyddol.

Galw am arian Yn dangos faint o arian mae pobl eisiau ei ddal am bob cyfradd llog, â phopeth arall yn ddigyfnewid.

Galw cyfanredol Cyfanswm y galw bwriedig am nwyddau a gwasanaethau terfynol mewn economi.

Galw hapfasnachol Y galw i ddal arian yn hytrach na buddsoddi mewn asedau llai hylifol.

Galw rhagofalu Y galw i ddal arian rhag ofn y bydd argyfwng.

Galw trafod Y galw am arian i ariannu trafodion o ddydd i ddydd.

Gofyniad arian net y sector cyhoeddus (PSNCR) Y diffyg rhwng gwariant y llywodraeth a'i derbyniadau.

Gollyngiad Gollyngiad o'r economi; mae'n gostwng y galw cyfanredol.

Gwarged cyllidol Pan fydd gwariant y llywodraeth yn llai na'i hincwm.

Gwledydd llai datblygedig Economïau sydd ag incwm isel ac sydd fel arfer yn gysylltiedig â disgwyliad oes isel a lefelau isel o lythrennedd.

Hylifddewis Y galw am arian yw hwn; mae'n dangos faint o arian mae pobl eisiau ei ddal ar bob cyfradd llog, â phopeth arall yn gyfartal.

Indecs Datblygiad Dynol (HDI) Mesur o ddatblygiad economaidd sy'n seiliedig ar dri dangosydd o ddatblygiad: disgwyliad oes adeg geni, lefel addysg mewn gwlad, a CMC real y person yn ôl paredd gallu prynu.

Lluosydd Yn dangos sut mae cynnydd yn y galw cyfanredol yn arwain at gynnydd mwy mewn incwm gwladol.

Magl dlodi Mae hon i'w chael pan fydd unigolion yn waeth eu byd os byddan nhw'n gweithio nag y bydden nhw pe bydden nhw'n aros yn ddi-waith, a hynny oherwydd colli budd-daliadau a gorfod talu treth.

Magl hylifedd Mae hon i'w chael pan fydd unrhyw gynnydd yn y cyflenwad arian yn cael ei ddal fel daliannau segur ac ni fydd yn effeithio ar y galw cyfanredol.

Mantais absoliwt Mae gan wlad fantais absoliwt mewn cynhyrchu cynnyrch os yw'n gallu ei gynhyrchu â llai o adnoddau na gwlad arall.

Mantais gymharol Mae gan wlad fantais gymharol mewn cynhyrchu cynnyrch os oes ganddi gost ymwad is na gwledydd eraill.

Mantol daliadau Cofnod o'r holl drafodion rhwng un wlad a gweddill y byd dros gyfnod penodol.

Paradocs cynildeb Mae hwn i'w gael pan fydd cartrefi'n ceisio cynilo mwy ond yn y diwedd maen nhw'n cynilo cyfran fwy o'u hincwm ond yr un cyfanswm.

Paredd gallu prynu (PPP) Y ddamcaniaeth bod y gyfradd gyfnewid yn newid i wrthbwyso gwahaniaeth rhwng cyfraddau chwyddiant gwledydd fel y gall yr un maint o nwyddau a gwasanaethau gael ei brynu dramor ag yn fewnol gyda swm penodol o'r arian cyfred mewnol.

Polisi ariannol Polisi llywodraeth i effeithio ar yr economi drwy reoli'r cyflenwad arian neu ddefnyddio cyfraddau llog.

Polisi cyllidol Defnyddio gwariant y llywodraeth a chyfraddau trethi a budd-daliadau i ddylanwadu ar yr economi.

Sefydlogyddion cyllidol awtomatig Pan fydd derbyniadau trethi yn cynyddu a gwariant yn gostwng yn awtomatig wrth i incwm gwladol gynyddu.

Tegwch fertigol I'w gael pan fydd dosraniad incwm a/neu gyfoeth o'r cyfoethog i'r tlawd.

Telerau masnach Yn mesur prisiau allforion o wlad o'u cymharu â phrisiau mewnforion i mewn i'r wlad.

Toll Treth a osodir ar fewnforion.

Treth ddisgynradd Pan fydd cyfradd gyfartalog y dreth yn gostwng wrth i incwm gynyddu.

Treth esgynradd Pan fydd cyfradd gyfartalog y dreth yn cynyddu gydag incwm.

Treuliant Yn dangos lefel y gwariant bwriedig gan gartrefi ar nwyddau a gwasanaethau terfynol.

Tueddfryd cyfartalog i dreulio Mae hwn yn mesur y ganran o incwm gwario personol sy'n cael ei gwario ar nwyddau traul. Yn gyffredinol mae'n amrywio gyda lefel incwm.

Tueddfryd ffiniol i dreulio Mae hwn yn mesur y gyfran a gaiff ei gwario ar dreuliant allan o bob punt ychwanegol o incwm.

Tueddfryd ffiniol i fewnforio Mae hwn yn mesur y gyfran a gaiff ei gwario ar fewnforion allan o bob punt ychwanegol o incwm.

Twf economaidd potensial I'w gael pan fydd cynnydd yng ngallu cynhyrchu'r economi.

Undeb tollau Ardal o fasnach rydd lle mae aelodau'n mabwysiadu polisi masnach cyffredin â gwledydd nad ydynt yn aelodau, fel toll neu gwota allanol cyffredin.

MYNEGAI

A

adenillion lleihaol 32
adenillion maint 36
adnoddau 1, 3, 26, 29
addasu strwythurol 105, 106
anghydraddoldeb 26, 29, 55
ail orau, damcaniaeth 38
allanolderau 27-8, 29, 30, 110
    cludiant 18, 19, 20
    gofal iechyd 21
    negatif 18, 19, 20, 27, 28, 29, 30
    positif 18, 21, 27, 28, 29
allwthio 76
amgylchedd 20, 27-8, 30, 99, 106
amherffeithrwydd y farchnad 26-9, 52
amnewid mewnforion 105
amod Marshall-Lerner 97
amod y cyfartalog 37
amod y ffiniol 37
aneffeithlonrwydd X 43
annarbodion maint 35, 36
ansefydlogrwydd 29, 38
ansymudedd ffactorau 26, 29
arbenigaeth 1
arenillion treth 15
argyfwng Asia (1997-8) 106
arian 77
    damcaniaeth stoc 85
    galw am 80, 81-2
arian cyfred sengl (ewro) 94, 109
arloesi 36, 38, 101
asiantau 2

B

Banc Lloegr 77, 78, 79
Banc y Byd 101
banciau 77
barn arianolaethol 91
    am chwyddiant 85
    am ddiweithdra 87
    am y galw am arian 80
    am y mecanwaith trosglwyddo ariannol 82
    am yr economi 69, 70
barn Keynesaidd 91
    am bolisi cyllidol 76
    am chwyddiant 85
    am drethi 69
    am ddiweithdra 87
    am y fantol daliadau 97
    am y galw am arian 80
    am yr economi 69, 70, 112
blaenfarchnad 92
blociau masnachu 101
boddhau 50
bondiau 80, 81
buddsoddiant 63-5, 71
bwlch chwyddiannol 71, 81
bwlch cynnyrch 110
bwlch dadchwyddiannol 73

C

camau datblygu Rostow 103
CAP (Polisi Amaethyddol Cyffredin) 17, 107
cartel 46, 48
CGC (Cynnyrch Gwladol Crynswth) 56
cludiant ffyrdd 18, 19, 20
cludiant mewn awyren 19, 20

cludiant rheilffyrdd 18, 19, 20
CMC (Cynnyrch Mewnol Crynswth) 56, 103
    aelodau'r UE 108
    CMC real y pen 57
    dadchwyddydd CMC 56, 83
colledion 37, 39
cost ffiniol llafur 51
cost uned 1, 13
cost ymwad 1, 4, 18, 24
costau 1, 33-4
    cyfartalog 34
    ffiniol 33, 34
    newidiol 33
    sefydlog 33
CPI (Indecs Prisiau Defnyddwyr) 78, 83, 112
creu credyd 77
croesddiagramau Keynesaidd 71-3
croeselastigedd pris galw 7, 11
cromlin alw ginciedig 46
cromlin Engels 11
cromlin Laffer 69
cromlin Lorenz 55, 57, 75
cromlin Phillips 90, 91
cromlin Phillips ddisgwyliadau-estynedig 90
cromliniau cost y tymor byr 35
cromliniau cost y tymor hir 35-6
cromliniau cyflenwad 12, 40
cromliniau cyflenwad y tymor byr 40
cromliniau cyflenwad y tymor hir 40
Cronfa Arian Ryngwladol (*IMF*) 101, 105, 106
cwasi-rent 54
cwmnïau 49-50
cwmnïau amlwladol 49
cwmnïau trawswladol 49
cydalw 8
cydbwysedd 1, 14, 15, 26, 47
cydbwysedd Nash 47
cydgyflenwad 12
cydgynllwynio 46
cydraddoldeb 55
cyfalaf 1, 3
cyfanswm 31
cyfanswm y costau 1, 33
cyfanswm y cynnyrch 32
cyfanswm y derbyniadau 41
cyfartaleddau 31
cyfategolion 2, 6
cyfernod Gini 55, 57, 75
cyflenwad 12-15
    elastigedd pris 13
    llafur 51
    punnoedd/sterling 93
    tai 22, 23
cyflenwad arian 76, 78, 81-2
cyflenwad cyfanredol 64, 66, 68-70
cyflenwad cyfanredol y tymor byr 70
cyflenwad cyfanredol y tymor hir 70
cyflenwyr 2, 15
cyflogaeth 89, 112
    gweler hefyd cyflogaeth lawn; diweithdra
cyflogaeth lawn 66, 68, 69, 70, 86, 87, 88, 89
cyflogau 52, 53, 54, 55, 70, 87, 91
cyflymydd 64, 111
cyfoeth 55
cyfradd diwethdra chwyddiant sefydlog (*NAIRU*) 86

cyfradd naturiol diweithdra 86
cyfraddau cyfnewid 65, 92-4, 95, 97, 101, 109, 112
cyfraddau llog 65, 68, 73, 77, 78, 79
    a buddsoddiant 64
    a thwristiaeth 25 y DU 112
    a'r galw am arian 80
cyfraddau treth 69, 73, 74, 101
cyfranddaliadau 49
cyfrannau newidiol, deddf 32
cyfrifydda incwm gwladol 56-7
Cyfundrefn Masnach y Byd (*WTO*) 101
cylchred stociau 111
cylchredau busnes 110-11
cylchredau economaidd 110-11
cylchredau masnach 110-11
cyllido diffyg 75-6
cymhareb crynhoad 1
cymorth tramor 103, 105
cymorthdaliadau 2, 6, 7
cynaliadwyedd 19, 30
cynhyrchedd 32, 33, 101
cynhyrchion 2
cynhyrchu 3
    cyfalaf-ddwys 3
    llafur-ddwys 3
cynildeb 59
cynilo 58, 60, 110
cynlluniau cymhorthdal incwm 17
cynlluniau pris gwarantiedig 17
cynlluniau stoc clustogi 17, 28, 102
cynnyrch cyfartalog 32
cynnyrch ffiniol 32
cynnyrch ffiniol llafur 51
cynnyrch gwladol 64
Cynnyrch Gwladol Crynswth (CGC) 56
Cynnyrch Gwladol Net 56
Cynnyrch Mewnol Crynswth *gweler* CMC
cynwyddau cynradd 16-17, 102, 104
cystadleuaeth berffaith 1, 39-40, 52
cystadleuaeth fonopolaidd 1, 44
cystadleuaeth nad yw ar sail prisiau 47
Cytundeb Maastricht (1992) 107, 108, 109
Cytundeb Rhufain (1957) 107
Cytundebau Cynwyddau Rhyngwladol (*ICAs*) 102

Ch

chwistrelliadau 58, 72, 73, 111
chwydd-dro prisiau a chyflogau 84
chwyddiant 66, 77, 83-5
    a diweithdra 90
    costwthiol 83, 84, 85
    galw-dynnu 83, 85
    targedau 78, 112
chwyddwasgiad 70, 83, 90, 91

D

dadansoddiad cost a budd 65
dadchwyddiant 83, 97
dadchwyddydd CMC 56, 83
dadreoleiddio 22, 112
daliadaeth 22
damcaniaeth dewis cyhoeddus 29
damcaniaeth dibyniaeth 104
damcaniaeth gemau 47
damcaniaeth stoc arian 85, 91

damcaniaeth twf anghytbwys 104
dangosyddion economaidd 111
darbodion maint 35, 36, 43, 67
Deddf Goodhart 78, 79
deddfwriaeth
  ac undebau llafur 53
  amgylcheddol 30
  cludiant 19, 20
  ynghylch cystadleuaeth 42, 48
defnydd-deb 8
  cyfan 8
  ffiniol 8
  ffiniol lleihaol, deddf 7, 8
derbyniadau 1, 10
  ffiniol 41
derbyniadau'r cynnyrch ffiniol 51
derbyniadau'r Llywodraeth 74
dewis 3
diagramau 45° 71-3
diffynnaeth 97, 100-1, 105
diweithdra 66, 68, 70, 86-90, 111
  anwirfoddol 86, 87, 88
  gwirfoddol 86, 87, 88
DU, y (y Deyrnas Unedig)
  a'r ERM 94, 112
  a'r ewro 109
  cynhyrchedd 101
  economi 112
  gallu i gystadlu'n rhyngwladol 97, 101
  hanes economaidd 112
  mantol daliadau 96
  marchnad dai 22-3
  marchnad gludiant 18-20
  masnach 99
  olew Môr y Gogledd 97, 112
  polisi ariannol 78, 79, 112
  polisi cyllidol 75, 112
  tueddiadau cyflogaeth 89
  twristiaeth 25
dull amsugno 97
Dyled Wladol 76
dyled y Trydydd Byd 105, 106

E

economeg, mathau 3
economi du 15, 24, 57
economïau cymysg 4
economïau cynlluniedig/gorfodol 4, 5, 102
economïau datblygedig 102, 103
economïau datblygol 102
economïau gorfodol/cynlluniedig 4, 5, 102
economïau incwm isel 102
economïau marchnad rydd 4, 5
economïau sy'n datblygu 102-6
economïau trawsnewidiol 102
economïau, mathau 4, 5, 59
ecwiti negatif 22
effaith clefyd yr Iseldiroedd 97
effaith cromlin J 96
effaith incwm 7
effeithlonrwydd 38, 42, 55
  cynhyrchiol 38
  dynamig 38
  dyrannol 38, 43
  statig 38
effeithlonrwydd ffiniol cyfalaf 63

elastigedd galw 7, 9-11
elastigedd incwm galw 7, 11
elastigedd pris cyflenwad 13
elastigedd pris galw 7, 9-11
elw 1, 37
  annormal 1, 37, 39, 41-2
  cyfrifydda 37
  normal 1, 37, 39
  uwchnormal 1, 37
EMU (Undeb Economaidd ac Ariannol) 109
enillion 54, 55
enillion trosglwydd 54
ERM (Peirianwaith Cyfraddau Cyfnewid) 94, 112
ewro 94, 109

Ff

ffactorau cynhyrchu 3, 26, 29
ffin posibilrwydd cynhyrchu 4-5, 96
ffiniol 31
ffwythiant treuliant Keynesaidd 60

G

gallu i gystadlu'n rhyngwladol 97, 101
galw 6-8, 14-15
  am lafur 51
  am bunnoedd/sterling 92
  cyfanredol 58, 64, 65, 66, 68, 69, 70, 71
  cyfansawdd 8
  deilliedig 8, 18, 51
  am arian 80, 81-2
  elastigedd 7, 9-11
  am gludiant 19, 20
  am dai 22, 23
GIG (Gwasanaeth Iechyd Gwladol) 21
globaleiddio 99
Gofyniad Arian Net y Sector Cyhoeddus (PSNCR) 74, 78
gollyngiadau 58
gostyngiadau treth 69, 75, 88
graddfa effeithlon leiaf 36
grym monopoli 19, 26, 36, 67
grym y farchnad 26, 29
gwarged cymunedol 5, 26
gwarged cynhyrchwyr 26
gwarged defnyddwyr 26
gwariant y llywodraeth 66, 71, 74, 75, 76
Gwasanaeth Iechyd Gwladol (GIG) 21
gwerth presennol 65
gwerthoedd enwol 2
gwerthoedd real 2
gwladoli 67
gwledydd llai datblygedig 102-6
gwledydd newydd eu diwydiannu 102
gwledydd y Byd Cyntaf 102, 103
gwledydd y Trydydd Byd 102-6
gwledydd yr Ail Fyd 102
gwybodaeth 21, 28, 29
  anghymesur 21, 28

H

hafaliad cyfnewid Fisher 85
hawliau eiddo 27, 30
  cyffredin 27
HDI (Indecs Datblygiad Dynol) 103
HPI (Indecs Tlodi Dynol) 103
hylifddewis 80
hysbysebu 47

I

ICAs (Cytundebau Cynwyddau Rhyngwladol) 102
IMF (Cronfa Arian Rynglwadol) 101, 105, 106
incwm 55
incwm gwladol 56, 66, 72, 73
Indecs Datblygiad Dynol (HDI) 103
Indecs Prisiau Adwerthu (RPI) 56, 83
Indecs Prisiau Defnyddwyr (CPI) 78, 83, 112
Indecs Tlodi Dynol (HPI) 103
indecsau prisiau 83
isafu costau 36

Ll

llafur 3, 51-4, 89, 103, 109
lleiafswm cyflog 54, 89
lles economaidd 57, 103
  net 57
llifoedd cyfalaf arian rhyngwladol 95
lluosydd 49, 64, 66, 72-3, 75, 76
  cyllideb fantoledig 76
llygredd 27, 28, 30, 106
llywodraeth 2, 5
  a chludiant 18, 19-20
  a chwmnïau amlwladol 49
  a chyfraddau cyfnewid 94
  a materion amgylcheddol 30
  a rheoli prisiau 14-15
  ac elastigedd 11
  ailddosrannu incwm 26, 55
  derbyniadau 74
  polisi tai 22, 23
  polisïau ac amcanion 66
  ymyriad 28, 29, 30, 54, 70, 111

M

maen prawf Hicks Kaldor 65
magl ddiweithdra 74
magl dlodi 74, 89
magl hylifedd 82
mantais absoliwt 98
mantais gymharol 98
mantol daliadau 66, 72, 95-7, 99
marchnad blaendrafodion 92
marchnad rydd, a gwarged cymunedol 26
marchnadoedd 1, 39-47
  amaethyddol 16-17, 28
  gofal iechyd 21, 28
  tai 22-3, 112
  llafur 52-4, 69, 91
  cynhyrchion cynradd 16-17
  chwaraeon a hamdden 24-5
  cludiant 18-20
  cystadladwy 44
  mewnol, GIG, 21
Masnach Deg 105
masnach rydd, buddion 98-9
masnach ryngwladol 95, 98-101, 104, 105
mecanwaith prisiau 5, 14, 26
mecanwaith trosglwyddo ariannol 81-2
meini prawf cydgyfeiriant 109
menter/mentergarwch 1, 3
methiant y farchnad 26-9
model disgwyliadau rhesymegol 90
model gwe corryn 16
model lluosydd cyflymydd 111
model twf Harrod Domar 103
model twf Lewis 103

modelau rheolaethol 50
monopoli 1, 41-3, 48
   dwyffordd 53
   naturiol 43
monopsoni 52
mudo 89, 103, 109

N

NAIRU (cyfradd diwethdra chwyddiant
   sefydlog) 86
nwyddau
   am ddim 4
   cyfalaf 4, 69
   cyhoeddus 28, 29
   dirinwedd 26, 29
   economaidd 4
   Giffen 7, 11
   israddol 7, 11
   lled-gyhoeddus 28
   mathau 4, 11, 26, 28
   normal 7, 11
   rhinwedd 26, 29
   traul 4
   Veblen 7

O

olew Môr y Gogledd 97, 112
oligopoli 1, 44, 46-7
optimwm Pareto 38

P

paradocs Easterlin 57
paradocs gwerth 8
paredd gallu prynu 94
partneriaethau cyhoeddus preifat 29
Peirianwaith Cyfraddau Cyfnewid (*ERM*) 94,
   112
penaethiaid 2
penderfyniadau cynnyrch 37-8
penderfyniadau pris 37-8
Polisi Amaethyddol Cyffredin (*CAP*) 17, 107
polisi ariannol 28, 76, 78-9, 94, 109
   y DU 78, 79, 112
polisi cyfradd gyfnewid 85, 109
polisi cyllidol 28, 74-76, 94, 109
   y DU 75, 112
polisi cystadleuaeth 48
polisi neilltuo 17
polisïau atchwydol 66, 74
polisïau dadchwyddiannol 66, 74
polisïau incwm 85
polisïau manwl-diwnio 76, 112
polisïau ochr-alw 66, 69, 85, 88, 96
polisïau ochr-gyflenwad 2, 66, 69, 85, 88-9,
   96, 110
polisïau prisiau 85
polisïau rhanbarthol 66
polisïau sefydlogi 76
preifateiddio 18, 20, 67
prinder 1, 3
prisiau
   amaethyddol 16, 17
   digwyddiadau ym myd chwaraeon 24
   olew 83, 106
priswahaniaethu 24, 45
PSNCR (Gofyniad Arian Net y Sector
   Cyhoeddus) 74, 78
punnoedd, galw am a chyflenwad 92-3
Pwyllgor Polisi Ariannol 77, 78, 112

R

Rostow 103
RPI (Indecs Prisiau Adwerthu) 56, 83
   RPIX 77, 83
   RPIY 83

Rh

rhagdybiaeth cylchred oes 62
rhagdybiaeth incwm parhaol 62
rhanddeiliaid 2
rhaniad llafur 1
rhent economaidd 54
rheoleiddio 19, 20, 29, 67, 101
rheoli prisiau 14-15
rhith arian 90
rhwystrau i dwf 104
rhwystrau i fasnach 100
rhwystrau i fynediad 42, 44

S

safon byw 57, 66, 102, 103
sector cyhoeddus 3, 4, 67
sector preifat 3, 4
sectorau economi 3
sefydliadau ariannol 77
sefydliadau rhyngwladol 101
sefydlogyddion awtomatig 75
sefydlogyddion dewisol 75
sefyllfa gyllidol 74
Siarter Cymdeithasol (UE, 1989) 108
Smith, Adam (1723-90) 5
sterling, galw am a chyflenwad 92-3
stociau clustogi 17, 28
strategaethau prisio 47
systemau cyfraddau cyfnewid arnawf 92, 93,
   94, 95
systemau cyfraddau cyfnewid gosodedig 92,
   94, 95, 97
systemau trethi 74, 75

T

tai ar rent 22, 23
tai cyngor 22, 23
technoleg 36, 63
tegwch 55, 74
telerau masnach 99
Theorem Coase 27, 30
tir 1, 3
tlodi 55, 103
treth incwm 74, 88, 89
trethi 15, 29, 63, 66, 69, 74, 88, 89
   anuniongyrchol 15, 74
   ar gludiant 19, 20
treuliant 60-2
trwyddedau y gellir eu masnachu 27, 30
tueddfryd cyfartalog i dreulio 61
tueddfryd ffiniol i dreulio 60, 66, 71, 72-3,
   105
tueddfryd ffiniol i fewnforio 73
twf 5, 64, 66, 103-4, 105, 110
   a arweinir gan allforion 105
   economïau sy'n datblygu 103-4, 105
twristiaeth 25, 105
tymor byr 1, 32, 37-8, 39-40, 87
tymor hir 1, 32, 37-8. 39-40

U

uchafu defnydd-deb rheolaethol 50
uchafu derbyniadau gwerthiant 50
uchafu elw 1, 40, 50
uchafu twf 50
Undeb Economaidd ac Ariannol (*EMU*) 109
Undeb Ewropeaidd (*UE*) 101, 107-9
   a'r DU 112
   arian cyfred sengl (ewro) 94, 109
   polisi cystadleuaeth 48,
   polisïau amaethyddol 17, 107
   polisïau cwmnïau hedfan 19
undeb tollau 101
undebau llafur 53, 89, 91

W

WTO (Cyfundrefn Masnach y Byd) 101